개혁주의 진리와 생활

사도신경, 십계명, 주기도 해설 설교집

허순길 지음

REFORMED TRUTH AND LIFE

EXPOSITORY SERMONS OF
APOSTLES' CREED, TEN COMMANDMENTS AND
LORD'S PRAYER

By
Dr. Soon-Gil Hur

2009
Young Moon Publishing Co.,
Seoul, Korea

개혁주의의 진리와 생활
사도신경, 십계명, 주기도 해설 설교집을 내면서

　오늘날 한국 교회는 20세기 중반 이후 기복과 번영 중심으로 설교하기 시작하면서 차츰 사도적인 구원의 진리와 언약의 계명을 선포하고 설교하는 일을 등한하게 되었습니다. 상당수 교회들이 요즘 주일예배 시간에 사도신경을 고백하지만 그 진리를 체계적으로 강단에서 설교하고 십계명을 선포하는 일은 매우 드뭅니다. 그 결과 한국교회는 양적으로 크게 성장했지만 구원의 진리와 십계명의 윤리를 지키는 건전한 교회로 자라고 있지는 못합니다. 역사적으로 개혁주의 신앙의 전통을 지키는 개혁교회들에서는 주일마다 목사가 한번은 요리문답서를 따라 설교하게 되어 있습니다. 하이델베르그 요리문답서에는 사도신경, 십계명, 주기도가 근간을 이루고 있습니다. 따라서 교회 회중은 거의 매년 사도신경에 있는 구원의 진리에 대한 설교를 들으며, 십계명과 주기도의 내용에 대한 설교를 통해 그리스도인의 윤리생활과 영적생활에 대해 들을 수 있게 됩니다. 따라서 교회 회중에게는 목사의 기호에 따른 설교로 영적 편식을 할 위험이 없고 건전하게 자라갈

수 있으며, 에베소 교회가 바울이 "꺼리지 않고 하나님의 뜻을 다" 전함으로 모든 성경의 진리를 듣고 즐긴 것 처럼 즐기게 되는 것입니다. 오늘 구미 개혁교회 세계에서 이런 요리문답 설교를 계속하는 교회는 건전하게 성장하고, 이를 포기한 교회들은 생활이 급속히 세속화되고 무너지는 현상을 봅니다. 필자는 개혁교회 10년 봉사기간 거의 매주일 요리문답 설교를 함으로써 매우 유익했던 경험이 있어 이것을 조금이라도 동역자들과 믿음의 형제 자매들과 함께 나누고자 부족하지만 사도신경, 십계명, 주기도 부분을 정리하여 내어 놓게 되었습니다. 이 해설 설교가 건전한 개혁주의 한국교회 건설에 조금이라도 도움이 되기를 바랍니다.

  이 책의 원고를 매끄럽게 다듬느라 애쓴 조카 허성수 집사에게 고마운 뜻을 전하며, 출판 환경이 매우 어려운 때에 이 책을 내어 주신 영문출판사 김수관 장로님에게도 감사를 드립니다.

2009년 6월

허 순 길

Contents

제1편 사도신경 해설 설교 …… 7

● 성부 하나님과 우리의 창조
  1. 나의 아버지가 되신 전능하신 하나님   9
  2. 섭리하시는 하나님 아버지   24

● 성자 하나님과 우리의 구원
  3. 놀라운 이름 예수   36
  4. 그리스도와 그리스도인   48
  5. 독생자 우리 주의 영광   60
  6. 그리스도의 잉태의 기적과 탄생   74
  7. 나의 구원을 위한 그리스도의 수난   88
  8. 그리스도의 죽음과 우리의 위로   100
  9. 그리스도의 부활과 나의 부활   112
  10. 승천하신 우리의 대언자 그리스도   123
  11. 그리스도의 통치와 재림에서 오는 위로   134

● 성령 하나님과 우리의 성화
  12. 성령님과 그의 사역   146
  13. 거룩한 보편 교회와 성도의 교제   157
  14. 주의 부활을 나의 부활로 만드시는 성령   167

제2편 언약의 십계명 해설 설교 …… 178

1. 서문과 제1계명; 안식의 땅에 이르는 안내서로서 계명 181
2. 제2계명; 하나님이 섬김을 받기 원하시는 길 195
3. 제3계명; 그의 이름에 대한 하나님의 요구 208
4. 제4계명; 안식일은 영원한 안식의 예표 222
5. 제5계명; 권세에 대한 하나님의 계명 233
6. 제6계명; 생명에 대한 존중 245
7. 제7계명; 성결한 결혼생활 258
8. 제8계명; 세상의 소유에 대한 사명 271
9. 제9계명; 진리 안에서 진리를 말할 것 284
10. 제10계명; 온 마음을 원하시는 언약의 하나님 296

제3편 주의 기도 해설 설교 …… 307

1. 그리스도인의 기도 309
2. 기도의 대상; "하늘에 계신 우리 아버지" 321
3. 첫째 간구; 아버지의 이름을 위한 간구 334
4. 둘째 간구; 아버지의 나라가 임하기 위한 간구 347
5. 셋째 간구; 아버지의 뜻이 이뤄지기 위한 간구 361
6. 넷째 간구; 일용할 양식을 위한 간구 375
7. 다섯째 간구; 죄 사함을 위한 간구 388
8. 여섯째 간구; 악으로부터 구원의 간구와 기도의 성취 401

제 1 편
사도신경 해설 설교

사도신경(새번역)

나는 전능하신 아버지 하나님, 천지의 창조주를 믿습니다.
나는 그의 유일하신 아들, 우리 주 예수 그리스도를 믿습니다.
그는 성령으로 잉태되어 동정녀 마리아에게서 나시고,
본디오 빌라도에게 고난을 받아 십자가에 못 박혀 죽으시고,
장사되어 지옥에 내려가신지,
사흘 만에 죽은 자 가운데서 다시 살아나셨으며,
하늘에 오르시어 전능하신 아버지 하나님 우편에 앉아 계시다가,
거기로부터 살아 있는 자와 죽은 자를 심판하려 오십니다.
나는 성령을 믿으며, 거룩한 공교회와 성도의 교제와
죄를 용서 받는 것과 몸의 부활과 영생을 믿습니다. 아멘.

사도신경 해설 설교 ①

I. 성부 하나님과 우리의 창조

나의 아버지가 되신 전능하신 하나님

> **사도신경 본문**
> "나는 전능하신 하나님 아버지, 천지의 창조주를 믿습니다."
> **성경봉독:** 시편 33:1–22

친애하는 형제자매 여러분,

우리는 주일마다 사도신경으로 우리의 신앙을 고백합니다. 이 신경을 사도신경이라 부르는 것은 사도들이 썼기 때문이 아니고, 이 신경이 사도적인 진리를 포함하고 있기 때문입니다. 이 신경이 처음에는 삼위 하나님에 관해 아주 간략하게 정리된 내용이었으나 차츰 내용이 덧붙여져 오늘의 형태로 완성된 것이 주후 4백 년 경입니다. 이후 그리스도의 교회는 이 신경의 내용을 사도적인 진리로 믿고 오늘 날까지 고백해 왔습니다. 이 신경은 크게 세 부분으로 나뉘어 삼위 하나님에 관해 설명하고 있습니다. 곧, 성부 하나님과 우리의 창조, 성자 하나님과 우리의 구원, 성령 하나님과 우리의 성화입니다. 더 자세히는 일반적으로 열두 신앙 항목으로 나누어집니다.

오늘은 이 신앙고백의 첫 부분에 있는 첫 문장에 대하여 전하려 합니다. 그 문장은 "나는 전능하신 하나님 아버지, 천지의 창조주를 믿습니다" 하는 것입니다. 여기 "전능하신 하나님 아버지"란 말이 먼저 나오는 것은 매우 뜻있는 일입니다.

이 신앙고백에서 우리는 먼저 하나님이 우리와 어떤 관계가 있는지를 알고 고백하게 됩니다. 하나님은 먼저 우리의 아버지이십니다. 다음으로 하나님은 어떤 분이신지를 고백하게 됩니다. 우리 아버지이신 하나님은 천지를 지으신 전능하신 분이란 사실을 고백하는 것입니다.

성경을 피상적으로 살피면 하나님이 우리에게 창조주로 먼저 나타나시고, 그 다음으로 우리 아버지로 나타나시는 것처럼 보입니다. 그러나 사실은 그 반대입니다. 하나님은 먼저 우리에게 아버지로 나타나십니다. 그 다음에야 그는 천지를 지으신 분으로 나타나십니다. 그런고로 우리는 먼저 하나님을 아버지로 알고, 다음으로 전능하신 하나님으로 알아야 합니다.

사람들이 하나님에 대해 천지를 지으신 전능하신 분으로만 알고 믿을 수 있습니다. 그러나 이런 지식과 믿음은 구원을 얻는데 큰 유익이 되지 못합니다. 하나님에 대해 천지를 지으신 분이라고 굳게 믿고 고백하더라도 이것만으로는 구원의 빛을 발견하지 못합니다. 하나님을 아버지로 알고 고백하는 자에게 구원의 빛이 비칩니다.

우리는 이 사도신경의 첫 문장을 통해 "나의 아버지가 되신 하나님"에 대한 복음을 듣기로 하겠습니다.

이제 이 문장에서 다음 세 가지 요점을 생각하려 합니다.

첫째, 하나님께서 그리스도로 말미암아 나의 아버지가 되셨습니다.
둘째, 하나님 아버지는 전능하십니다.
셋째, 전능하신 아버지가 우리를 돌보십니다.

첫째, 하나님께서 그리스도로 말미암아 나의 아버지가 되셨습니다.

우리는 먼저 하나님이 우리 아버지라는 사실을 알고, 그 다음으로 천지를 지으신 창조주이심을 알아야 합니다. 이는 우리가 하나님을 먼저 언약의 하나님으로 알아야 한다는 것을 의미합니다. 하나님은 처음부터 이 사실을 그의 백성들에게 분명하게 나타내셨습니다. 에덴 낙원에서 우리의 조상 아담이 하나님의 말씀을 불순종하여 범죄했습니다. 그 결과 하나님의 자녀로서의 자격을 완전히 잃었습니다. 그러나 그 때 하나님은 그의 불순종한 죄에도 불구하고 사랑하는 아버지로 아담에게 나타나셔서 구원의 약속을 허락하셨습니다. "여자의 후손이 뱀의 머리를 상하게 할 것이라"고 약속하신 것입니다(창3:15). 이것은 장차 메시아 예수를 보내어 주심으로 우리를 구원해 주시겠다는 언약이었습니다. 어떻게 타락한 인간에게 이런 언약을 하실 수 있었습니까? 하나님은 창세 전에 이미 그리스도 안에서 택한 그의 백성들을 데리고 계셨기 때문입니다. 엡1:3,4에 "우리 주 예수 그리스도의 아버지 하나님께서...창세 전에 그리스도 안에서 우리를 택하였다"고 했습니다.

하나님이 아담 하와에게 이런 약속을 하신 후 타락한 인간 가운데 항상 그의 백성들을 데리고 계셨습니다. 하나님은 그의 택한 백성 이스라엘의 역사를 통해 언제나 사랑하는 아버지로 나타나셨습니다. 하나님은 가끔 큰 권능을 보여주셨습니다. 이 모든 것을 나타낸 것은 그의 백성을 원수들로부터 구원하실 때나, 그의 백성들이 범죄했을 때에 징계하기 위한 것이었습니다. 이스라엘 백성들에게 하나님은 신실한 언약의 하나님이었습니다. 하나님은 이미 그의 아들 그리스도 안에서 자신의 사랑을 그의 백성들에게 나타내셨습니다.

하나님은 자신의 백성들을 사랑하시고 늘 인도해 주셨습니다. 자신의 백성들을 위해서 원수들과 싸워 주셨습니다. 하나님은 애굽 왕 바로의 세력을 꺾으시고 자신의 백성들을 종 되었던 집에서 구원하셨습니다. 그 후 자신의 백성들을 광야에서 인도해 주셨습니다. 마침내 하나님은 자신의 백성을 가나안 땅으로 이끌어들였습니다.

그 결과 이스라엘 백성들은 하나님을 먼저 신실한 언약의 하나님으로 믿었습니다. 그 다음 전능하신 하나님으로 믿었습니다. 하나님을 천지를 지은 전능하신 분으로만 보는 것은 이방인들이 가진 신관입니다. 언약이 없는 신들을 섬기는 사람들에게는 언제나 마음에 평안이 없고 불안과 두려움이 있을 뿐입니다.

그런고로 우리는 먼저 하나님께서 주 예수 그리스도로 말미암아 우리의 아버지가 되신다는 사실을 알아야 합니다. 이것은 하나님이 우리 주 예수 그리스도의 아버지가 되시는데 근거가 있습니다. 하나님은 우리 주 예수 그리스도의 영원한 아버지입니다.

여기서 우리는 조심스럽게 분별하고 이해해야 할 것이 있습니다. 우리는 여기서 성부 하나님, 성자 하나님, 성령 하나님의 삼위일체 관계에서, 성부 하나님이 성자 하나님께 영원한 아버지가 되신다는 사실을 생각하는 것이 아닙니다. 하나님 아버지가 사람의 몸을 입고 이 세상에 오신 인자 예수 그리스도에게 영원한 아버지 하나님이 되신다는 사실을 생각하는 것입니다. 이 세상에 사람의 아들로 오신 예수님은 둘째 아담이었습니다. 그리고 그는 언약의 중보자였습니다. 그는 언약 안에서 그의 모든 백성의 머리가 되셨습니다. 하나님과 타락한 그의 백성 사이의 멀어진 관계가 사람의 몸을 입고 오신 이 예수 그리스도로 말미암아 원래대로 회복되었습니다.

그럼 하나님과 세상 사람과의 관계는 원래 어떤 것이었습니까? 이 세상 육신의 아버지가 우리에게 생명을 준 것 같이 하나님은 아담에게 생명을 주셨습니다. 아담은 하나님으로 말미암아 생명을 받았습니다. 그런데 하나님과 사람과의 관계는 생명을 주고 받는 것 이상의 관계에 있었습니다. 왜냐하면 다른 모든 피조물들, 예를 들면 짐승들도 하나님께로부터 생명을 받았기 때문입니다.

사람은 처음부터 다른 피조물들과는 전혀 다른 하나님과의 관계를 가졌습니다. 사람은 하나님의 형상을 따라 하나님의 모양대로 지음을 받았습니다. 그래서 사람은 참으로 하나님의 자녀였습니다. 사람은 하나님과 대화할 수 있었습니다. 하나님과 의견을 교환할 수 있었습니다. 그래서 하나님은 사람에게 완전한 순종을 요구했습니다. 이 순종은 맹목적인 복종이 아니었습니다. 완전한 신뢰와 사랑을 의미했습니다. 사람은 하나님의 아들 안에서 언약적인 상대로 지음을 받았던 것입니다. 이 땅의 아버지가 그의 사랑하는 자녀들과 선한 관계를 가지고 지내는 것처럼, 하나님은 사람과 아름다운 친교를 갖기 위해 창조하셨습니다. 하나님은 자신과 동행하고 이야기를 나누기 위해 사람을 지으셨습니다. 사람은 하나님과 아름다운 관계를 즐겼습니다. 그런데 불행하게도 언약의 말씀에 불순종함으로써 사람은 이 관계를 완전히 상실하게 되었습니다.

그런데 예수 그리스도께서 하나님 아버지와 인간 사이를 본래의 아름다운 관계로 회복시켜 주셨습니다. 예수 그리스도가 그의 백성들의 죄를 대속하기 위해 수난을 당하시고 십자가에 죽으심으로 이 일을 이루셨습니다. 그는 하나님의 아들이요 사람의 아들이었기 때문에, 곧 하나님과 사람이었기 때문에 이 일을 이룰 수 있었습니다. 예수라는 이름은 삼위 하나님과의 관계에서 하나님의 영원한 아들을 의미하지 않습니다. 우리와 같은 연약한 육신을 입은 하나님의 아들을 의미합니다. 예수님은 참 사람이었습니다. 참 사람으로서 그는 우리를 대신하여 하나님 아버지께 완전히 순종했습니다. 언약 안에서 우리의 중보자였습니다. 우리를 대신하는 하나님의 아들로서 난지 8일 만에 할례를 받았습니다. 요단강에서 세례를 받았습니다. 그는 "모든 일에 우리와 꼭 같이 되셨으나 죄는 없었습니다."

그래서 예수님은 참으로 하나님 아버지의 아들이셨고, 하나님 아버지는 언약 속에서 예수님의 아버지이셨습니다. 그리고 하나님과 사람이신 예수 그리스도는 언약의 중보자였고 우리의 구속자였습니다. 이 예수님이 십자가에서 우리의 죄에 대한 하나님의 진노를 우리 대신 당하셨습니다. 그래서 그는 우리가 잃었던 의와 생명을 우리를 위해 얻으셨습니다. 그가 아버지로부터 얻은 의와 생명을 우리에게 나누어 주셨습니다. 이것은 하나님의 은혜의 보화입니다. 우리가 하나님의 인자(人子) 예수로 말미암아 죄 사함과 의와 영원한 생명을 얻었습니다. 하나님 아버지와의 원래 관계가 아름답게 회복되었습니다.

그 결과 우리는 기쁨으로 "하나님 아버지를 믿사오며"라고 고백하게 되었습니다. 우리는 이제 하나님의 자녀로서 이를 고백할 수 있습니다. 언약의 중보자 예수 그리스도로 말미암아 우리는 이제 예수님께서 이 세상에서 하나님 아버지와 가졌던 것과 꼭 같은 관계를 하나님 아버지와 가지게 되었습니다. 하나님 아버지는 이제 예수 그리스도로 말미암아 나의 아버지가 되십니다. 여러분, 예수 그리스도로 말미암아 얼마나 놀라운 은혜를 받았습니까? 그에게 감사와 찬양과 영광을 돌립시다.

둘째, 우리 하나님 아버지는 전능하십니다.

우리는 나아가 "전능하신... 하나님 천지의 창조주"에 대한 신앙을 고백합니다. 이 고백을 함으로써 우리는 그리스도로 말미암아 우리 아버지가 되신 하나님이 천지를 지으신 전능하신 하나님이란 사실을 고백하는 것입니다.

하나님은 하늘과 땅과 그 가운데 있는 만물을 아무것도 없는 가운데서 엿새 동안에 지으셨습니다. 하나님은 이 모든 것을 그의 말씀으로 지으셨습니다. 하나님이 "빛이 있으라 하시매" 빛이 있었습니다. 하나님이 "땅은 풀과 씨 맺는 채소와 각기 종류대로 씨가진 열매 맺는 과목을 내라" 하시니 그대로 되었습니다(창1:3,11). 시 33:9에 "저가 말씀하시매 이루어졌으며, 명하시매 견고히 섰도다"라고 했습니다.

그런데 하나님이 만물을 지으시되 이 만물이 하나님과 분명히 구별되도록 지으셨습니다. 하나님은 창조주이십니다. 만물은 그의 피조물입니다. 그러므로 하나님과 피조물이 같은 본질을 가진 것처럼 여기지 않아야 합니다. 피조물들 곧, 해나 달이나 목석을 섬기거나 경배해서는 안 됩니다.

여기서 우리가 알아야 할 것이 있습니다. 그것은 하나님과 피조물들이 하나님으로부터 완전히 구별되지만, 이 피조물들이 하나님 없이는 한 순간도 존재할 수 없다는 사실입니다. 하나님도 이 피조물들 밖에 계시지 않습니다. 어떤 사람들은 하나님이 세상을 지으실 때 피조물들에게 각기 법을 주셔서 그 법에 따라 자동으로 운행할 수 있게 하셨다고 합니다. 예를 들면, 낮과 밤이 규칙적으로 돌아가고, 하루 24시간, 일 년 365일이 되도록 법을 주셔서 변함없이 돌아가게 한다는 것입니다. 하나님이 하늘과 땅과 그 가운데 모든 만물을 창조하신 후에는 전혀 간섭하지 않으신다고 합니다. 기는 짐승이나 날으는 새들도 다 하나님과는 상관없이 독립적으로 기고 날으고 있다고 합니다. 이 모든 생각은 잘못된 것입니다.

여러분, 하나님과 독립되어 존재하는 것은 아무것도 없습니다. 세상에 스스로 움직이는 것은 아무것도 없습니다. 하나님을 떠나 스스로 움직이는 것이 없습니다. 우리는 이것을 알아야 합니다. 하나님은 그의 전능하신 능력으로 이 세상을 창조하셨습니다. 하나님의 영이 이 세상에 역사하고 계십니다. 하나님은 이 세상이 스스로 작용하게 버려두시지 않습니다. 하나님이 이 세상을 다스리고 계십니다. 하나님이 세상 안에 계시고, 세상이 하나님 안에 있습니다. 하나님은 그의 모든 피조물 세계에 계십니다. 하나님은 우주 속에 계시고 별들의 세계에도 계십니다. 하나님은 식물과 동물세계에도 계십니다. 무엇보다 하나님의 영은 여러분 모두 가운데 계십니다. 그는 여러분 일터에도 계십니다. 그는 여러분의 모임에도 계십니다. 여러분의 부엌에도 여러분의 침실에도 계십니다.

그래서 시편 기자는 이렇게 고백 했습니다; "내가 주의 신을 떠나 어디로 가며 주의 앞에서 어디로 피하리이까. 내가 하늘에 올라갈지라도 거기 계시며 음부에 내 자리를 펼지라도 거기 계시나이다. 내가 새벽 날개를 치며 바다 끝에 가서 거할지라도 곧 거기서도 주의 손이 나를 인도하시며 주의 오른 손이 나를 붙드시나이다"(시 139:7-10). 이런 모든 곳에 계시는, 무소부재하신 하나님이 그의 모든 피조물들을 다스리십니다.

나아가 시편기자는 이렇게 말합니다. "주께서 낯을 숨기신 즉 저희가 떨고 주께서 저희 호흡을 취하신 즉 저희가 죽어 본 흙으로 돌아가나이다. 주의 영을 보내어 저희를 창조하사 지면을 새롭게 하시나이다"(시 104:29,30).

그런고로 아무 피조물도 하나님을 떠나 존재하지 않습니다. 하나님은 모든 피조물 가운데서 역사하십니다. 우리는 하나님으로 말미암아 보기도 하고, 듣기도 하며, 활동하고 있습니다. 하나님으로 말미암아 우리에게 의식이 있습니다. 하나님께서 이상 더 함께 하시지 않으면, 접촉점을 잃은 전구에 빛이 사라지는 것처럼 모든 것은 사라지고 말 것입니다.

그러면 이런 전능하시고 무소부재하신 하나님은 누구이십니까? 만물을 지으시고 유지하시는 분이 누구십니까? 그는 우리 주 예수 그리스도의 아버지 하나님이시요, 우리 주 예수 그리스도로 말마암아 나의 아버지가 되신 하나님입니다.

여러분, 전능하신 우리 하나님 아버지, 즉 나의 하나님 아버지가 만물을 유지하시고 다스리십니다. 그러므로 피조물 세계에 자연적인 생활이란 없습니다. 자동적 생활이란 없습니다. 우리 주 예수 그리스도의 영원하시고 전능하신 아버지, 곧, 예수 그리스도 안에서 나의 아버지가 만물을 유지하시고 다스리시고 계십니다.

그럼 어떻게 아버지 하나님이 모든 피조물을 유지하시고 다스리실까요? 영원하신 아버지가 그의 아들 예수 그리스도를 통해 모든 피조물들을 유지하시고 다스리십니다. 아들 예수 그리스도는 언약의 중보자이십니다. 하나님 아버지께서는 모든 피조물을 언약의 중보자를 통해 유지하시고 다스리십니다. 이것은 우리에게 무엇을 의미합니까? 하나님 아버지께서 우리의 구원을 위해 그의 아들을 통해 전체 피조물을 다스리고 계신다는 것입니다.

하나님 아버지는 우리를 구원하시기 위해 예수 그리스도를 통해 모든 피조물들을 다스리십니다. 이것은 우리에게 어떤 중요한 뜻이 있습니까? 하나님께서 통치의 중심을 우리의 구원에 두고 계신다는 것입니다. 얼마나 놀라운 복음입니까? 시편 기자는 "사람이 무엇이관대 주께서 저를 생각하시며 인자가 무엇이관대 주께서 저를 권고하시나이까?"(시 8:4)라고 했습니다. 우리는 가끔 우리 자신이 짐승보다 못하다고 생각할 때가 있습니다. 그런데도 하나님은 우리를 생각해 주십니다. 그는 우리 구원을 위해 만물을 다스리시고 계십니다.

로마서 8:19-23의 말씀에 피조물이 하나님의 아들들이 나타나기를 고대한다고 합니다. 현재 피조물은 인간의 타락 때문에 허무하고 썩어지는 데 굴복하고 있습니다. 타락한 인간들로 말미암아 생기는 오염 때문에 자연이 망가지고 있습니다. 그러나 하나님의 아들들이 죄에서 완전히 구원을 받을 때에는, 피조물들이 해방되고 자유를 누리게 될 것이라고 합니다. 그래서 피조물들이 하나님의 아들들이 나타가기를 기다리는 것입니다.

언제 이런 때가 올까요? 우리 주 예수 그리스도께서 다시 오실 때입니다. 보좌에 앉으신 이가 "내가 만물을 새롭게 하노라"하실 때입니다(계 20:5). 그 때에 하나님의 자녀들은 완전하고 영원한 구원을 얻을 것입니다. 온 피조물도 썩어짐의 종노릇 하다가 해방되어 하나님의 자녀들의 영원한 영광에 참여하게 될 것입니다. 여러분, 영원한 중보자이신 성자 예수 그리스도가 모든 피조물 세계에서 저 놀라운 큰 날을 향하여 일하시고 계십니다.

그런고로 여러분, 우리는 모든 피조물의 움직임, 곧 나라들이 일어서고 무너짐에서, 강대국들의 움직임에서, 오늘날의 여러 악한 세력들의 등장에서 우리 주 예수 그리스도의 사역을 보아야 합니다. 사탄의 쉼 없는 활동에서도 예수 그리스도가 저 큰 날을 위해 역사하시고 계심을 보아야 합니다. 왜냐하면 사탄은 그의 때가 얼마 남지 않음을 알고 쉼 없이 날뛰고 있다는 것을 우리는 알기 때문입니다. 여러분, 우리 주변과 전 피조물 세계에서 우리의 구원을 위해 우리 주 예수 그리스도께서 역사하고 계심을 아시기 바랍니다.

전능하신 하나님 아버지는 우리의 구원을 위해 그의 아들을 통해 전 피조물을 다스리고 계십니다. 조만간, 밤에 도적 같이 우리 주 예수 그리스도가 영광 가운데 오실 것입니다. 그 날 하나님 아버지 안에 계시는 그는 새 하늘과 새 땅에서 우리와 함께 영원히 다스릴 것입니다.

셋째, 전능하신 아버지가 우리를 돌보십니다.

전능하신 하나님 아버지는 그의 아들 예수 그리스도 안에서 우리를 돌보십니다. 이것이 우리 그리스도인들에게 있는 위로의 원천입니다. 개혁교회가 가진 하이델베르그 요리문답 26의 마지막 부분에서 우리는 이런 고백을 읽을 수 있습니다. "하나님 아버지를 전적으로 신뢰하기에 그가 나의 몸과 영혼에 필요한 모든 것을 채워주시며, 이 비애의 삶에서 당하게 하시는 어떠한 재난도 합력하여 선을 이루게 하실 것을 나는 조금도 의심하지 않습니다. 그는 전능하신 하나님이시기에 그렇게 하실 수 있고, 신실하신 아버지이시기에 그렇게 하기를 원하십니다."

전능하신 하나님 아버지를 믿고 의지하는 사람은 누구나 자신감을 가지고 평화롭게 살 수 있습니다. 왜냐하면 신실하신 하나님 아버지께서 우리를 돌봐 주실 것을 믿기 때문입니다. 이 세상을 살아갈 때 하나님 아버지께서 우리를 돌보시지 않는 것처럼 여겨질 때도 있습니다. 우리가 병에 걸려 많이 고생할 수 있습니다. 가정적으로 수입이 가장 필요할 때에 가장이 직업을 갑자기 잃어 어려워질 수 있습니다. 가족을 위해 남편, 가장이 가장 필요한 때에 남편을 잃을 수 있습니다. 신자들이 사회에서 부당하게 대우를 받을 수 있습니다.

그런데 여러분, 하나님은 이런 고통과 슬픔이 하나님의 백성들에게는 오지 않을 것이라고 약속하지 않으셨습니다. 하나님은 우리에게 번영과 건강만 약속하지 않았습니다. 주님은 우리가 당면하는 모든 고통과 환란을 믿음으로 견디어야 한다고 하셨습니다. 그렇다면 우리의 위로는 어디 있습니까? 하나님이 우리를 이 세상에서 홀로 버려두시지 않는다는 데 있습니다. 하나님 우리 아버지는 그의 아들을 통해 우리를 돌보시며 다스리시고 계십니다. 우리 주 예수 그리스도는 우리의 구원을 위해 하나님 아버지 안에서 모든 것을 다스리시고 계십니다.

그러므로 여러분들의 생활에서 은혜로운 예수 그리스도를 항상 보시기 바랍니다. 살아가는 동안 일어나는 모든 일에서 은혜로운 예수 그리스도를 보시기 바랍니다. 많은 사람들이 매일 세 끼 식사를 합니다. 그러나 이 식사를 통해 그리스도를 보지 못하는 사람들이 있습니다. 여러분들이 매일 먹고 마시는 것을 통해 그리스도를 보셔야 합니다. 소년 소녀 여러분, 여러분이 즐기는 우유 한 잔, 작은 초콜릿 하나를 통해서도 그리스도를 볼 줄 알아야 합니다.

여러분이 가지고 즐기는 좋은 것에서 뿐 아니라, 궁핍과 슬픔, 어려움 속에서도 예수 그리스도 안에 있는 하나님의 사랑을 느껴야 합니다. 물론 이 세상의 삶이 어려운 일들과 비애만 가득 차 있는 것은 아닙니다. 이 세상 생활에서 우리는 하나님의 은혜로 많은 것을 즐길 수 있습니다. 여러분들은 결혼 생활에서 자녀들을 얻고 가정생활을 즐길 수 있습니다. 오늘날 온 가족이 함께 휴가를 즐기기도 합니다. 소년 소녀 여러분은 친구를 사귀고 서로 정과 사랑을 나누며 즐길 수 있습니다. 얼마나 좋고 아름다운 일들입니까?

그러나 이 세상 생활이 고통과 슬픔으로 심히 어려워질 수도 있습니다. 기대하지 못했던 일이 일어날 수 있고, 큰 실망과 슬픔에 빠질 수 있습니다. 그러나 여러분, 이 모든 것 가운데서도 우리는 예수 그리스도 안에서 하나님 아버지의 사랑을 깨달아야 합니다. 우리는 사업이 잘 되고 기쁜 일이 있을 때 뿐 아니라, 사업이 잘 되지 않고 고통스럽고 슬픈 일들이 일어나더라도 그리스도를 깨달아야 합니다. 하나님과 그리스도의 사랑은 오직 믿음의 눈으로만 볼 수 있습니다. 우리가 이것을 볼 때 이 "이 가운데서도 하나님은 그의 아들 예수 그리스도 안에서 우리를 사랑하시고 은혜로우시다"라고 말할 수 있습니다. 하나님은 때로는 나를 고치시기 위해 내게 상처를 주십니다. 때로는 하나님은 은혜로 나를 들어 올리시기 위해 잠시 동안 나를 낮추시고 멀리 하시기도 합니다. 하나님은 내가 어디서 위로를 발견할 것인지를 가르쳐 주시기 위해 내게 외로움과 슬픔에 빠지게도 하십니다.

그러나 여러분, 모든 것이 아름답게 그칠 것이라 생각해서는 안 됩니다. 우리가 끝까지 어려움을 당할 수도 있습니다. 우리 삶이 다른 사람들에게 비극으로 보일 수도 있습니다. 그렇지만 한 가지 절대적으로 확실한 것이 있습니다. 하나님 아버지께서 우리의 구원을 위해 예수 그리스도 안에서 역사하신다는 사실입니다. 하나님은 우리 삶 가운데 자신의 영광을 나타내시기를 원하십니다. 하나님은 우리를 그의 아들 예수처럼 만들기를 원하십니다. 하나님은 많은 어려움과 슬픔을 통해 우리를 새 사람으로 만드시기를 원하십니다.

하나님은 우리를 새 사람으로 만드실 수 있습니다. 그는 전능하신 분이시기 때문입니다. 하나님은 예수 그리스도 안에서 우리의 신실한 아버지이시기 때문에 이렇게 하시기를 원하십니다. 하나님 우리 아버지는 우리를 파괴하시는 분이 아니시고, 그의 언약 안에서 우리의 삶을 건설하시는 분이십니다. 언약의 하나님은 전능하신 능력을 가지고 계십니다. 이 사실을 깨달음으로써 우리는 모든 어려움과 슬픔으로부터 완전한 해방을 누리게 됩니다. 하나님의 전능하신 능력이 그의 한없는 사랑과 함께 역사하고 있는 줄 확신하기 때문입니다.

하나님 아버지의 마음은 은혜로 충만합니다. 그의 사랑과 능력으로 우리를 썩음의 종노릇에서 해방시키시고, 자신의 아들 예수 그리스도 안에서 그와 교제하도록 하셨습니다. 여러분, 이제 모든 삶 가운데에서 그의 사랑과 능력을 믿고 살아가시기 바랍니다. 좋은 일을 만나든지 나쁜 일을 만나든지 인내하며 살아가시기 바랍니다. 하나님 우리 아버지, 나의 아버지가 주 예수 그리스도를 통해 모든 피조물 세계에서 우리의 구원, 나의 구원을 위해 일하시고 계십니다. 아멘.

사도신경 해설설교 ②

섭리하시는 하나님 아버지

> **사도신경 본문**
> "나는 전능하신 아버지 하나님, 천지의 창조주를 믿습니다."
> **성경 봉독:** 사도행전 17:22-33

친애하는 형제자매 여러분,

지난 번에는 하나님 아버지와 전능하신 창조주에 관한 우리의 신앙고백에 대해 들었습니다. 하나님 아버지는 우리 주 예수 그리스도의 영원하신 아버지일뿐 아니라, 그는 또한 그의 아들 예수 그리스도로 말미암아 영원한 나의 하나님이요 나의 아버지가 되십니다.

이런 나의 하나님, 나의 아버지가 아무것도 없는 가운데서 하늘과 땅을 지으셨습니다. 그는 이 모든 것을 그의 아들 우리 주 예수 그리스도를 통해 지으셨습니다. 그래서 모든 피조물은 주 예수 그리스도 안에서 우리의 소유가 됩니다. 따라서 우리는 하나님의 언약의 사랑을 모든 피조물 안에서 느끼고 즐길 수 있는 것입니다. 아름다운 꽃을 볼 때도, 조용히 흐르는 시냇물에서도 그의 아들 예수 그리스도 안에 우리에게 나타난 언약의 하나님의 사랑을 느끼게 됩니다.

지난 주일에는 사도신경의 첫 문장에서 주로 하나님의 창조에 관한 것에 대해 들었습니다. 오늘은 같은 신앙고백의 문장에서 하나님이 모든 피조물을 어떻게 다루시고 계시는가에 관하여 전하고자 합니다. 이것은 곧 하나님의 섭리에 관한 것입니다. 이제 "모든 피조물을 섭리하시는 하나님 아버지"란 제목으로 다음 세 가지 요점을 생각하려 합니다.

첫째, 하나님의 섭리
둘째, 하나님의 섭리의 내용
셋째, 하나님의 섭리로부터 받는 위로입니다.

첫째, 하나님의 섭리에 관하여 생각합니다.

하나님의 섭리는 세상의 모든 일이 우연하게 일어나는 것이 아니라는 사실을 의미하고 있습니다. 하나님은 만물을 창조하신 후 그대로 버려두시지 않았습니다. 창조 후 천지 만물은 창조자 하나님으로부터 어떤 간섭을 받는 일 없이 독자적으로 움직이고 있는 것이 아닙니다.

온 피조물 세계가 끊임 없이 움직이고 있습니다. 매일 해가 뜨고 집니다. 해마다 봄, 여름, 가을, 겨울 사계절이 바뀝니다. 그러면 이 계절들이 자동으로 오고 갈까요? 소와 양들이 푸른 초장에서 풀을 뜯어 먹습니다. 봄에 씨를 뿌리고, 여름에 비가 적당히 내려 가을에 풍성한 열매를 거두게 되어 우리가 걱정 없이 살게 됩니다. 이것은 아름다운 일입니다.

그런데 이와는 달리 세상에 비참한 일들도 일어나고 있습니다. 지진

이 일어나거나 홍수가 나서 많은 사람이 집과 가족을 잃는 일을 볼 수 있습니다. 이와는 반대로 어떤 지역에는 가뭄으로 식물이 자라지 못하고 열매가 맺지 않아 추수할 것이 없다는 소식도 듣게 됩니다. 여러 가지 병들이 발생하기도 합니다.

이 모든 것이 우연히 일어날까요? 비와 풍년이 우연히 옵니까? 여러분이 누리는 건강과 부가 우연히 오고, 병고와 빈곤이 우연히 온다고 믿습니까? 어떤 사람들은 이것을 운명이라고 합니다. 이런 것들이 정말 운명 때문에 일어날까요? 또 어떤 사람들은 지진과 홍수 등을 우연히 일어나는 자연적인 재해라고 부릅니다. 모든 것이 운명을 따라 혹은 자연히 일어난다면, 우리가 피할 곳도 위로 받을 곳이 어디 있습니까? 아무데도 없을 것입니다. 다만 무자비한 운명과 자연의 힘을 원망하며, 절망하고 불평만 하게 될 것입니다.

그런데, 여러분, 진리는 이와 전혀 다릅니다. 모든 것은 우연하게 일어나지 않습니다. 운명 때문에 일어나지도 않습니다. 모든 일은 하나님의 지배 아래 일어나는 것입니다. 하나님은 만물을 창조하신 후에 이들을 그대로 버려두시지 않았습니다. 우연에 맡기지도 않았습니다. 하나님은 그의 거룩한 뜻을 따라 모든 것을 유지하시고 다스리십니다. 그래서 이 세상에는 그의 뜻 밖에 일어나는 것이 아무것도 없습니다. 이것이 하나님의 섭리입니다.

매일 해가 뜨고 집니다. 비가 오고 초목이 자랍니다. 엄밀한 뜻에서 이것은 자연적이 아닙니다. 이것은 하나님의 섭리입니다. 우리가 어떤 해에 풍년을 맞이합니다. 하는 사업이 잘 되어 풍부하게 잘 살 기도 합니다. 이것이 하나님의 섭리입니다. 우리가 어떤 때는 흉년을 만나 경제적 어려움을 겪을 수 있습니다. 이것도 자연적인 것이 아닙니다. 하나님의 섭리입니다. 우리가 건강하게 지내면서 맡은 일을 잘 할 수 있습니다. 그러나 사정이 갑자기 변하여 심각한 병으로 고생할 수도 있습니다. 이것이 우연히 우리에게 오지 않습니다. 하나님의 섭리입니다. 모든 것은 우연히 일어나지 않습니다. 자연적인 사건이란 없습니다. 왜냐하면 아무것도 은혜로운 하나님 아버지의 지배를 벗어나서 일어나는 일은 없기 때문입니다.

  우리는 믿음의 눈을 가지고 모든 것 속에서 하나님의 사랑을 깨달아야 합니다. 우리는 초목에서도 하나님 아버지의 사랑을 볼 수 있습니다. 식물과 음료를 통해서도 하나님 아버지의 사랑을 볼 수 있습니다. 건강과 병중에서도 우리는 예수 그리스도 안에 있는 하나님의 사랑을 볼 수 있습니다. 지극히 작은 일도 하나님의 섭리를 떠나 생각할 수 없습니다. 예를 들면 우리 머리에서 머리 카락 하나 떨어지는 것 까지 하나님의 섭리를 떠나 생각할 수 없습니다. 우리는 어디에든 하나님 아버지의 은혜로운 사역을 볼 수 있어야 합니다.

  운명이나 자연이 모든 것을 지배하지 않습니다. 언약의 하나님이신 하늘에 계신 우리 하나님 아버지가 보좌에서 우리 주 예수 그리스도를 통해 모든 것을 다스리고 계십니다. 이것을 알고 믿는 것이 우리에게 큰 위로가 됩니다. 우리는 하나님의 언약의 신앙 안에서 하나님의 섭리를 이해해야 합니다. 하나님 우리 아버지가 보좌에 계셔서 다스리십니다. 그는 어떻게 그의 모든 피조물을 다스리십니까? 그의 보좌 우편에는 우리 주 예수 그리스도가 앉아 계십니다. 하나님 아버지께서 그를 높이심으로써 그는 왕중 왕이 되시고 만주의 주가 되셨습니다. 하나님 아버지는 그의 아들들 통해 그의 교회를 위해 모든 피조물을 다스리십니다.

둘째, 하나님의 섭리의 내용에 대하여 생각합니다.

하나님 우리 아버지는 모든 것을 유지하시고 다스리십니다. 하나님 우리 아버지는 모든 것을 그의 아들 예수 그리스도를 통해 유지하고 다스리십니다. 그는 하늘을 유지하고 다스리십니다. 하늘에는 해와 달과 별들이 있습니다. 이들은 4천년 전에 아브라함이 보았던 것과 꼭 같은 것들입니다. 하나님 우리 아버지는 오늘도 여전히 이들을 유지하고 계십니다. 하나님 우리 아버지는 4계절을 유지하고 계십니다. 그래서 우리는 매년 새싹이 나는 생기나는 봄을 맞고, 추수를 하는 아름다운 가을을 맞습니다. 그는 바다와 산과, 숲과 짐승들을 유지하십니다.

하나님 우리 아버지는 우리의 정원도 유지하십니다. 그래서 우리는 푸른 잔디와 아름다운 꽃을 보고 즐기는 것입니다. 하나님 아버지는 이 모든 것을 그의 아들 예수 그리스도를 통해 유지하고 계십니다.

하나님 우리 아버지는 이 모든 피조물들을 유지하실 뿐 아니라, 또한 경건한 사람들과 불경건한 사람들(불신자들)을 유지하십니다. 하나님 우리 아버지는 오늘날 백성들에게 고통을 주는 악한 통치자들도 유지하고 계십니다. 그들이 악한 생각을 가지고 많은 사람들에게 견디기 어려운 고통을 주고 있지만 하나님이 아직 유지하기 때문에 그 자리에 있는 것입니다.

그렇다면 우리 하나님이 불경건한 자들에게 은혜롭다고 말할 수 있습니까? 그렇게 말할 수 없습니다. 우리 하나님 아버지는 거룩하시고 악을 미워하십니다. 그러므로 악한 자들에게 결코 은혜로우실 수 없습니다. 그의 진노가 그들에게 있습니다. 그렇다면 하나님께서 왜 그들을 유지하고 계십니까? 그 악한 자들도 할 일이 있기 때문에 하나님은 저들을 유지하고 계십니다. 우리가 이해할 수 없는 하나님의 작정 가운데 저들은 불의의 잔을 가득히 채우고 있을 수도 있습니다.

우리 하나님 아버지는 저들을 심판의 도구로 사용하기 위해 유지하실 수 있습니다. 혹은 그의 권세와 영광을 나타내기 위해 저들을 유지하고 계실 수 있습니다. 지난 날에 하나님은 악한 자들인 애굽의 바로와 로마의 네로 등을 보존하셨습니다. 오늘날 하나님은 같은 종류의 악한 사람들을 유지하고 계십니다. 현재 이 땅 위에는 여러 악한 지도자들과 박해자들이 불경건한 생활을 계속하고 있습니다. 숨어서 테러를 조종하고 세상을 어지럽게 하고도 있습니다. 저들의 폭력적인 무자비한 활동에도 불구하고 왜 하나님은 저들을 여전히 유지하고 계실까요?

여러분, 우리는 인내해야 합니다. 저들은 자신들의 권리와 힘으로 살아가고 있지 않습니다. 하나님 우리 아버지께서 우리가 이해할 수 없는 그의 작정 가운데서 저들을 유지하고 계십니다.

나아가, 하나님 우리 아버지는 자신의 피조물들을 유지하실 뿐 아니라 또한 다스리고 계십니다. 하나님이 유지하신다는 것을, 같은 일에 대한 무한한 반복으로 생각하면 안됩니다. 예를 들면 한 날이 가고 다른 날이 옵니다. 언제나 같은 일이 반복되는 것처럼 보입니다. 그래서 전도자는 "헛되고 헛되며 헛되고 헛되니 모든 것이 헛되도다...해는 떴다가 지며 그 떴던 곳으로 빨리 돌아가고, 바람은 남으로 불다가 북으로 돌이키며 저리 돌아 불던 곳으로 돌아가고.."(전 1:2-6)라고 했습니다. 밤도 오고 갑니다. 늘 같은 것이 반복되는 것처럼 보입니다. 하나님이 그의 피조물을 유지하고만 계신다면 그 무한한 반복에 우리는 피곤을 느끼게 될 것입니다. 그러면 이 세상에는 같은 일의 반복만이 있고, 해 아래 새로운 것은 전혀 없을까요?

여러분, 하나님 우리 아버지는 모든 자신의 피조물을 유지하실 뿐 아니라 그들을 다스리고 계십니다. 이것을 아는 것이 우리에게는 큰 은혜입니다. 여기 다스린다는 것은 무엇을 의미합니까? 이것은 낮과 밤이 다시 돌아오는 것과 같은 단순한 반복을 의미하지 않습니다. 우리 하나님 아버지는 자신의 아들 안에서 모든 피조물들을 위한 목적을 가지고 계십니다. 하나님 아버지는 앞으로 어느 순간 이 세계를 유지해 오셨던 일을 끝내실 것입니다.

하나님 아버지는 이 목적을 위해 이 세계를 다스리십니다. 하나님 아버지는 저 위대한 순간을 향하여 모든 피조물 세계를 이끌어 가시고 계십니다. 저 위대한 순간에 "해가 어두워지고 달이 빛을 내지 아니하며 별들이 하늘에서 떨어질" 것입니다(마 24:29). 지금은 낮과 밤, 여름과 겨울의 계속적인 변화가 있습니다. 그러나 저 위대한 순간이 오면 그것은 더 이상 계속되지 않을 것입니다. 거기에는 이상 더 밤이 없고 겨울이 없을 것입니다. 하나님 아버지께서 정하신 끝이 이르렀기 때문에 모든 것은 정지될 것입니다. 이것은 모든 피조물이 파멸되는 것을 의미하지 않습니다. 우리 하나님 아버지는 그가 친히 지으신 세계를 결코 파멸하지 않으십니다.

사도 바울은 이렇게 말했습니다; "피조물들이 다 이제까지 함께 탄식하며 함께 고통하는 것을 우리가 아나니, 이뿐 아니라, 또한 우리 곧 성령의 처음 익은 열매를 받은 우리까지도 속으로 탄식하여 양자될 것 곧 우리 몸의 구속을 기다리느니라"(롬 8:22,23).

그 큰 날에 하나님 우리 아버지는 그의 전능하신 능력으로 옛 하늘과 옛 땅을 새 하늘과 새 땅으로 변화시키실 것입니다. 우리가 거기서 하나님과 영원히 함께 거하게 될 것입니다. 악한 자들만 다 파멸을 당하게 될 것입니다. 그 때 불경건한 자들은 불과 유황으로 타는 못에 던져지게 될 것입니다(계 21:8).

여러분, 우리 하나님 아버지는 주 예수 그리스도 안에서 저 큰 날을 향해 모든 피조물을 다스려 가십니다. 그의 통치는 다만 그 목적과 그 날을 위한 것입니다. 민족이 민족을, 나라가 나라를 대적하여 일어나고 처처에 기근과 지진이 있게 될 것입니다. 교회에 대한 핍박이 있고 박해가 있을 것입니다. 혁명이 일어나고 대량 학살이 일어날 것입니다. 이런 일들이 일어나는 것은 하나님이 그의 피조물들을 잊으시고 졸거나 주무시고 계시기 때문이 아닙니다. 이스라엘의 하나님은 졸지도 않고 주무시지도 않습니다. 그는 다스리시고 계십니다. 이 모든 일을 통해 하나님 우리 아버지는 자신의 모든 피조물들을 직접 정하신 목표를 향해 이끌어가고 계십니다.

오늘날 세상에는 하나님의 영광을 가리는 것처럼 보이는 일들이 많이 일어나고 있습니다. 악한 세력이 날뛰고 있습니다. 반기독교 세력이 우리 사회의 모든 영역에서 지배하고 있는 것처럼 보입니다. 이단의 세력이 두드러지게 증가하고 있습니다. 반면에 참된 그리스도인들의 수가 줄어들고 있습니다.

그럼 하나님 우리 아버지가 이상 더 다스리지 않고 계십니까? 물론 다스리고 계십니다. 하나님 우리 아버지는 결코 자신의 통치를 인간의 손에 맡기시지 않습니다. 우리 주 예수 그리스도의 아버지이신 우리 아버지 하나님은 세계를 자신의 아들 예수 그리스도를 통해 다스리시고 계십니다. 세계를 저 큰 날을 향하여 이끌어 가십니다. 그 날에 우리 주 예수 그리스도가 하늘 구름 위에 나타나실 것이요, 거룩한 성새 예루살렘이 하늘에서 하나님으로부터 내려 올 것입니다.

그 날을 위해 하나님 우리 아버지는 온 세계를 다스리고 계십니다. 그는 그 날을 위해 세계의 길을 만드시고 계십니다. 그 날을 위해 경건한 자, 불경건한 자, 모두의 길을 이끌고 계십니다. 그 날을 위해 그는 교회의 길을 이끌고 계십니다. 세상이 어둠 속에 더욱 더 빠져들고 있습니까? 이로써 우리 하나님은 세계를 종말로 인도하고 계십니다. 불경건한 자가 더욱 더 불경건해지고 있습니까? 신실한 자가 더욱 더 신실해지고 있습니까? 이로써 하나님 우리 아버지는 세계를 저 위대한 날로 인도하고 계십니다. 21세기 많은 교회들이 배교하고 있습니까? 이로써 우리 언약의 하나님은 자신의 교회를 완성의 날로 이끌어 가십니다. 하나님이 통치하고 계십니다. 하나님 우리 아버지가 이 위대한 목적을 이루기 위해 통치하고 계십니다.

셋째, 하나님의 섭리로부터 오는 위로에 관하여 생각합니다.

우리는 가끔 하나님의 길을 이해할 수 없다고 말합니다. 어떤 때 우리는 하나님이 왜 이런 일이 일어나는 것을 허락하실까 하며 이해하기 어려워하기도 합니다. 최근 이해 못할 폭력과 살인사건이 일어났습니다. 왜 하나님은 저런 악한 자들에게 우레처럼 나타나시지 않을까요? 우리를 왜 이렇게 다루시는지 하나님에게 우리는 묻기도 합니다. 다른 사람들은 건강하고 행복하게 지내는데, 나는 왜 이렇게 병으로 고생하는지! 다른 사람들은 번창하는데 내가 하는 사업은 왜 이렇게 잘 되지 않는지! 생각하기도 합니다.

여러분, 우리가 하나님의 길을 의심한다면, 이는 불신앙 속에 살고 있다는 증거입니다. 우리가 하나님의 길을 이해할 수 없습니다. 하나님의 길은 원래 우리가 이해할 수 없는 길입니다.

그런데 여러분, 믿음은 하나님의 길에 의문을 제기하지 않습니다. 우리가 하나님의 길에 대해 의문을 제기하면 하나님을 단지 한 사람처럼 취급하는 일이 됩니다. 왜냐하면 다른 사람은 우리와 같기 때문에 어느 정도 그 길을 짐작할 수 있기 때문입니다. 그러나 하나님은 전적으로 우리 사람과 다릅니다. 하나님 우리 아버지는 그의 피조물보다 무한히 높이 계십니다. 그는 자신이 택하시는 길로 그의 영광과 권세를 나타내십니다. 우리는 그의 길을 다 이해할 수 없습니다.

그러나 여러분, 한 가지 우리에게 언제나 확실한 것이 있습니다. 그것은 하나님이 그의 아들 예수 그리스도로 말미암아 우리 아버지가 되시며, 완전한 영광의 끝날을 향하여 이 세계를 이끌어 가시고, 우리를 위대한 구원으로 인도하기 위해 모든 것을 이끌어 가신다는 것입니다.

하나님의 길은 이해할 수 없습니다. 그러나 믿는 우리는 이렇게 말할 수 있습니다; "오 나의 하나님, 하나님께서는 놀라운 권세를 가지고 계십니다. 하나님께서 아버지의 아들 예수 그리스도 안에서 나의 아버지가 되십니다. 하나님은 내게 선하시고 은혜로우십니다. 하나님께서 나를 다루시는 길은 절대로 선하시다는 것을 믿습니다. 나는 하나님 아버지를 믿습니다."

우리가 우리 주 예수 그리스도의 영원하신 아버지에 대한 믿음을 가질 때, 우리는 기쁨보다는 오히려 많은 슬픔을 주는 이 세상으로부터 해방을 얻고 그의 높은 보좌 앞에 설 수 있습니다. 그리고 우리 영혼이 그의 영광을 봄으로써 황홀해져 우리 마음 속에 믿음의 평강을 누릴 수 있습니다. 우리가 그의 보좌 앞에서 참된 믿음을 갖게 될 때, 하나님의 길은 언제나 내게 선하다는 것을 인정하게 됩니다.

여러분이 어떤 병으로 어려움을 겪고 있습니까? 원하는 길이 막히고 있습니까? 하나님께서 여러분을 어떻게 다루시든 결코 의문을 갖지 마시기 바랍니다. 하나님의 은혜로우신 인도를 의심하지 마시기 바랍니다. 이것이 우리 주 예수 그리스도 안에서 여러분을 다루시는 언약의 하나님의 길입니다.

친애하는 여러분, 여러분의 눈 앞에 있는 것만 보지 마시기 바랍니다. 여러분이 현재 가지지 못한 것에 관한 생각만 하지 마시기 바랍니다. 그의 언약을 따라 여러분의 구원을 위해 역사하시는 하나님 아버지를 보시기 바랍니다. 어떤 피조물도 하나님 아버지의 사랑으로부터 우리를 끊지 못할 것입니다.

내가 출생하기 전에 하나님이 그리스도 안에서 나를 아셨습니다. 그가 현재 나를 철저하게 알고 계십니다. 그가 무엇을 선택하시든 그것은 우리를 높이시기 위한 길입니다. 우리 하나님 아버지가 우리를 완전한 데로 인도하시는 길입니다. 그것이 우리 언약의 하나님이 주 예수 그리스도 안에서 우리를 부유한 생명으로 인도하시는 문입니다. 우리의 성공뿐 아니라, 우리의 기쁨뿐 아니라, 우리의 실패와 우리의 슬픔, 우리의 실망도 하나님 아버지께서 우리의 구원을 위해 역사하는 수단입니다. 사도 바울은 "우리가 그를 힘입어 살며 기동하며 존재하느니라"(행 17:28) 고 했습니다. 예수 그리스도 안에서 나의 하나님, 나의 아버지가 나를 보존하시고 다스리시고 계십니다. 그의 다스림으로 세계와 우리가 저 큰 날을 향해 다가가고 있습니다.

친애하는 형제자매 여러분, 하나님 아버지께서 하시는 일을 믿으시기 바랍니다. 그의 길을 신뢰하시기 바랍니다. 여러분이 하나님 아버지를 믿는 믿음을 잃으면, 여러분은 세상에서 가장 불쌍한 사람이 될 것입니다. 예수 그리스도 안에서 여러분을 다루시는 하나님의 길을 신뢰하시기 바랍니다. 하나님 아버지를 믿는 믿음이 여러분에게 매일 큰 위로와 기쁨이 되기를 바랍니다.

아멘.

사도신경 해설설교 ③

II. 성자 하나님과 우리의 구원

놀라운 이름 예수

사도신경 본문;
"나는 그의 유일하신 아들, 우리 주 예수 그리스도를 믿습니다."
성경봉독; 스가랴 3:1-10, 마태복음 1:18-25

친애하는 형제자매 여러분,

오늘부터 사도신경의 둘째 부분인 "성자 하나님과 우리의 구속"에 관해서 전하려 합니다. 우리는 먼저 성자 하나님에 관하여 생각해 봅시다. 성자 하나님은 예수, 그리스도, 하나님의 유일하신 아들, 주 등 여러 이름으로 불리고 있습니다. 오늘은 이 가운데서 가장 보편적으로 불리고 있는 이름 예수에 관하여 전하겠습니다.

우리는 이 예수라는 이름을 어릴 때부터 알아 왔습니다. 우리 자녀들이 이 이름을 어릴 때부터 알고 있습니다. 이것은 큰 복입니다. 이것은 보배로운 이름입니다. 그 이름 밖의 세계는 두려움과 비참함과 슬픔 외에 아무것도 없습니다. 우리는 그 이름에서 놀라운 소망과 위로를 발견하게 됩니다. 그래서 예수라는 이름은 보배로운 이름입니다.

이제 "놀라운 이름 예수"에 관하여 다음 세 가지 요점을 생각하려 합니다.

첫째, 그 이름은 하나님이 주셨습니다.

둘째, 성자 하나님이 그 이름을 가졌습니다.

셋째, 그 이름은 우리의 입장을 선택하도록 촉구합니다.

첫째, 예수라는 이름은 하나님이 주신 것입니다.

사도신경의 첫 부분은 성부 하나님과 우리의 창조에 관해서 고백합니다. 둘째 부분은 성자 하나님과 우리의 구속에 관한 것입니다. 달리 말하면 첫 부분은 창조를 다루고, 둘째 문장은 예수 그리스도의 구속을 다룹니다. 그래서 이 신앙고백은 창조에서 바로 구원으로 넘어가는 것처럼 보입니다. "창조와 구원 사이에는 깊은 틈이 있지 않는가?"라고 질문이 제기될 수 있습니다.

다시 말하면, 낙원에서 하나님의 말씀에 반역한 사람이 타락한 사건이 있었는데 사도신경은 이런 심각한 일을 무시하고 있지 않는가? 라고 말할 수 있습니다. 물론 우리의 신앙고백은 이를 무시하고 있지 않습니다. 첫 번째 항목인 창조에 관해서 우리는 성부 하나님이 자신의 모양대로 우리를 창조했다는 사실을 알았습니다. 우리가 원래의 상태로 있었다면 우리를 구속할 필요가 없었을 것입니다. 왜냐하면 사람은 하나님의 형상을 가진 자였고 하나님이 보시기에 좋았기 때문입니다. 그런고로 사도신경이 구속에 관해 고백할 때는 이미 낙원에서 일어났던 사람의 타락을 전제한 것입니다. 이제 예수라는 이름이 저 타락이라는 어두운 사실을 배경으로 삼고 나타납니다.

여러분, 왜 하나님의 아들이 예수 곧, 구주라 불렸습니까? 이 놀라운 이름 예수는 갑자기 어디에서 떨어지지 않았습니다. 그 이름은 요셉과 마리아가 지어낸 것도 아닙니다. 그 이름은 영원부터 확고했습니다. 그 이름은 하나님의 영원한 작정 가운데 있었습니다. 하나님이 스스로 그 이름을 지었습니다. 하나님께서 그 이름을 가지게 하셨습니다.

우리 구주가 그 이름을 어떻게 받게 되었는지 역사적인 유래는 잘 알려져 있습니다. 누가복음 1장의 아름다운 이야기에서 이것을 발견할 수 있습니다. 당시 아마 17,8세가 된 마리아는 나사렛의 자기 집에 있었습니다. 갑자기 천사 가브리엘이 그에게 나타났습니다. 마리아는 하늘로부터 손님을 맞이한 것입니다. 천사 가브리엘이 그 전에 사가랴에게 자기를 이렇게 소개했었습니다; "나는 하나님 앞에 섰는 가브리엘이라"(눅 1:19).

이 때 하늘과 땅의 창조주의 위엄이 마리아의 주변에 충만했습니다. 가브리엘이 말했습니다; "은혜를 받은 자여 평안할지어다. 주께서 너와 함께 하시도다." 마리아는 이 말을 듣고 크게 놀라고 당황했습니다. 천사는 이어 마리아에게 말했습니다; "보라 네가 수태하여 아들을 낳으리니 그 이름을 예수라 하라"(눅 1:28,31).

나아가, 천사는 마리아의 아들에 관하여 놀라운 사실을 알려 줍니다. "성령이 네게 임하시고, 지극히 높으신 이의 능력이 너를 덮으시리니, 이러므로 나실 바 거룩한 이는 하나님의 아들이라 일컬어지리라"(눅 1:35). 여기서 우리는 천사 가브리엘이 나사렛에 있는 젊은 동정녀에게 그의 아들 예수에 관해 엄청난 약속을 하는 것을 보게 됩니다. 예수라는 이름은 위에 계신 하나님으로부터 온 것입니다. 하나님은 "그 이름을 예수라 하라"고 명령하셨습니다.

여러분, 우리 하나님은 자신의 일을 반쯤 하다가 그대로 두시지 않습니다. 그는 이런 중요한 일을 젊은 마리아에게만 맡겨두지 않습니다. 하나님은 또 같은 지시를 요셉에게 하십니다. 마리아는 요셉과 정혼한 상태에 있었습니다. 요셉이 정혼한 신부가 자신과 동거하기 전에 잉태했다는 것을 알게 되었을 때 크게 고심했습니다. 이스라엘에서는 정혼한 처녀가 간음죄를 범했을 경우 사형을 당해야 했습니다. 요셉은 이를 드러내지 않고 가만히 정혼관계를 정리하고자 했습니다.

이 때 주의 천사가 꿈 속에 나타나 그에게 말했습니다; "다윗의 자손 요셉아 네 아내 마리아 데려오기를 무서워 말라. 저에게 잉태된 자는 성령으로 된 것이라. 아들을 낳으리니 그 이름을 예수라 하라. 이는 그가 자기 백성을 저의 죄에서 구원할 자임이니라"(마 1:20,21). 여기 요셉에게도 "이름을 예수라 하라"고 마리아에게 주신 꼭 같은 하나님의 명령이 주어졌습니다.

그 이름 예수는 구약에서 여호수아라는 이름과 같은 신약에서의 이름입니다. 천사는 실상 그 시대의 언어로 여호수아라는 이름을 사용했었던 것입니다. 그 시대에 여호수아는 매우 평범한 이름이었습니다. 유대인 역사가 요세보가 지은 '유대인의 전쟁'이라는 책에 여호수아라는 이름이 열 번이나 나타납니다. 그 이름은 오늘날 구미 세계에서 베드로 요한이란 이름처럼 매우 일반적이었습니다. 마리아는 그 이름에 관해 "성령으로 잉태된 이 아이가 왜 이렇게 보통 이름을 가져야 하는가" 하고 이상히 여겼을지 모릅니다. 물론 후에 그 아들이 하는 일을 보고 그 이유를 충분히 이해했을 것입니다.

그 이름은 보통 이름이었습니다. 그 이름에서 우리는 그의 겸손을 알게 됩니다. 우리 구주는 이 세상의 매우 일반적인 이름을 가지고 오셨습니다. 그러나 그 이름은 측량할 수 없는 깊이를 가졌습니다. 그는 그 이름을 가지고 하나님으로부터 오셨습니다. 더욱이 하나님은 그 이름이 어떤 깊이를 가졌는지 우리에게 가르쳐 주시기 위해 이미 구약에서 그 이름을 보여주셨습니다.

이스라엘 백성이 광야를 여행하던 시대부터 약속의 땅에 이르기까지 눈의 아들 여호수아를 생각해 보게 됩니다. 바벨론 포로 생활에서 약속의 땅에 돌아올 때 있었던 요사닥의 아들 대제사장 예수아를 생각해 보게 됩니다. 구약은 신약을 이해하는 데 매우 중요합니다. 그 이름 예수를 바로 이해하기 위해 구약의 구원사를 살펴보아야 합니다.

눈의 아들 여호수아가 누구였는지 우리는 잘 압니다. 그는 모세의 오른 팔이었고 그를 계승한 사람이었습니다. 그는 처음에 구원을 의미하는 호세아라는 다른 이름을 가졌었습니다. 뒤에 모세가 그의 원래의 이름에 언약의 하나님의 이름을 더하여 호세아를 여호수아라는 이름으로 바꾸어 주었습니다. 그의 새 이름은 "야훼는 구원이시다" 혹은 "야훼가 구원하신다"를 의미합니다.

우리는 여호수아를 오늘 날의 말로 군대장관이라 부릅니다. 왜냐하면 그는 아말렉과 가나안의 여러 족속과의 싸움에서 이스라엘을 이끌었기 때문입니다. 시내 산으로 가는 도중 아말렉과 싸웠습니다. 모세와 아론과 훌은 산정에 올라갔고 기도로 싸움을 도왔습니다. 그리고 여호수아는 직접 칼로 아말렉과 그의 백성을 쳐서 파했습니다(출 17:8-13). 그는 이스라엘을 가나안으로 인도했고 여리고를 무너뜨렸습니다. 따라서 그가 이스라엘을 마지막 안식처에 이르게 할 수는 없었으나, 약속의 땅 가나안으로 인도했습니다(히 4:8).

이제 둘째 여호수아인 제사장 요사닥의 아들 여호수아를 주목하여 봅시다. 이스라엘의 70년 바벨론 포로생활 후 바사의 고레스 왕 때에 여호수아는 스룹바벨과 함께 이스라엘을 약속의 땅으로 다시 인도했습니다(슥 3:). 우리는 하나님이 이스라엘을 위해 군대 장관인 첫째 여호수아 다음으로 둘째 여호수아를 세우셨다고 말할 수 있습니다. 눈의 아들인 첫 번째 여호수아는 이스라엘을 광야로부터 안식의 땅이요 젖과 꿀이 흐르는 땅으로 인도했습니다. 둘째 여호수아인 요사닥의 아들 여호수아는 이스라엘이 우상 숭배의 죄 때문에 그 땅으로부터 이방의 땅으로 유배를 당했을 때, 그 백성들을 다시 약속의 땅으로 인도했습니다.

우리는 대제사장의 사명이 무엇인지 알고 있습니다. 화해가 없이 백성들이 돌아온다는 것은 불가능합니다. 대제사장 여호수아는 그 백성들을 하나님과 화목하도록 인도했을 것이 틀림없습니다. 스가랴 3장에서 그의 사역을 살펴볼 수 있습니다. 선지자 스가랴가 제사장이 하나님 앞에 서 있고 그 오른편에는 사탄이 그를 대적하기 위해 서 있는 것을 봅니다. 여호수아는 더러운 옷을 입고 하나님과 천사 앞에 서 있었습니다. 이것이 제사장에게 지워진 하나님의 백성들의 죄에 대한 감동적인 모습이 아닙니까? 이제 주께서 여호수아에게 하시는 말씀을 들어 보십시오. "내가 네 죄과를 제하여 버렸으니 네게 아름다운 옷을 입히리라"(슥 3:4). 여호수아는 그 머리에 정결한 관을 쓰고 깨끗한 옷을 입게 되었습니다. 하나님께서 그 백성들의 불의를 제하셨습니다.

이제 예수라는 이름으로 다시 돌아가 봅니다. 천사 가브리엘이 "이름을 예수라 하라"고 했습니다. 이것은 보통 이름입니다. 그러나 구약에서 그 이름의 배경을 아는 사람들에게는 큰 의미로 다가오게 됩니다. 그 이름은 하나님의 백성을 원수의 권세로부터 구원하는 일에 관해 말하고 있습니다. 대제사장이 행하는 하나님과의 화해에 관해 말하고 있습니다. 우리 주님이 할례를 받으셨을 때 요셉이 그에게 예수라는 이름을 주었다고 누가는 말합니다(눅 2:21). 하나님께서는 구약 시대에 두 여호수아로 그 이름을 계시하시고, 천사를 통해 요셉과 마리아에게 그 이름을 알려주셨습니다.

이제 주께서 탄생한지 팔일이 될 때, 그는 그 이름을 받습니다. 동시에 할례를 받고 그가 첫 번째 피를 흘리게 됩니다. 그리고 골고다 십자가에 달리심으로써 그의 백성의 구주로 그 이름의 뜻을 확증해 주셨습니다. 실로 그 이름은 놀라운 이름입니다.

둘째로, 성자가 그 이름을 갖게 되었습니다.

예수라는 이름은 우리에게 무엇을 의미합니까? 이 물음에 대해서 이 시대는 많은 논쟁이 진행되고 있습니다. 예수님은 구주입니다. 그는 무엇에서 우리를 구원하십니까? 오늘 스스로 그리스도인이라고 말하는 상당수 사람들이 예수께서 세상의 억압으로부터 우리를 구원한

다고 합니다. 예수는 혁명을 이끄는 지도자라고 합니다. 이런 사람들은 예수라는 이름을 억압 세력에 대한 혁명과 연관시켜 이해하고 있습니다.

이들은 그리스도 교회가 그 이름을 너무 영적으로 만들어 버렸다고 불평합니다. 기독교 사회주의자들은 남미 여러 나라나 자본주의가 자리잡은 세계 여러 나라들의 형편을 보라고 합니다. 부한 자들이 가난한 자들을 착취하고 억압한다고 합니다. 이들은 예수를 이런 억압에 대한 구주로 증거해야 한다고 말합니다. 예수님은 자본주의의 억압을 저항하도록 우리를 부르고 있다고 합니다. 그래서 한때 참된 기독교는 공산주의라고 말하는 사람도 있었습니다. 그러나 공산주의는 무너졌습니다.

여러분, 그리스도인인 우리는 세상에 있는 불의를 예리하게 보아야 합니다. 정말 부한 자들은 가난한 자들을 이따금 억압했습니다. 백인들이 흑인들을 억압했습니다. 과거의 역사가 이것을 증명하고 있습니다. 예를 들면 수백년 동안 이어졌던 노예매매는 온 인류의 큰 수치였습니다. 그러나 세상의 모든 비참함의 근원이 무엇입니까?

그 근원이 물질이나 부나 권력이 아니었습니다. 그것은 하나님의 말씀에 대한 인간의 불순종이었습니다. 아담, 하와 그리고 우리가 하나님의 말씀에 불순종하고 반역했습니다. 모든 인간의 비참은 이 죄로부터 나오는 것입니다.

하나님의 아들이 이런 죄인들을 구하기 위해 세상에 오셨습니다. 그가 우리를 대신하여 하나님 앞에 섰습니다. 우리 신앙고백의 표현은 온건하지만 매우 분명하고 강력합니다. 그는 예수라 불려집니다. 그 이유는 그가 우리를 모든 죄에서 구원하시기 때문입니다. 그는 그의 피로 우리를 구원하시고 새롭게 하십니다.

예수님은 유대인들을 편들어 로마인들에게 항거하기 위해 이 세상에 오시지 않았습니다. 그는 사회의 기존 질서를 부정하지 않았습니다. 그는 서기관과 죄인들과 함께 식탁에 앉았습니다. 그는 로마제국의 권세를 부인하지 않았습니다. 그는 "가이사의 것은 가이사에게 하나님의 것은 하나님께 바치라"(마 22:21)고 하셨습니다. 그는 우리를 위해 십자가를 지셨고 골고다에서 피를 흘림으로써 우리의 죄값을 지불하셨습니다.

예수님은 우리를 위한 구속사역에서 두 여호수아의 몫을 하셨습니다. 그는 우리의 죄값을 지불하셨습니다. 그는 우리를 위해 영원한 안식을 확보하셨고 인도해 주셨습니다. 그는 죽음과 무덤에서 일어나 하늘에 오르셔서 하나님의 오른 편, 영광의 자리에 앉아계십니다. 그는 저리로부터 산 자와 죽은 자를 심판하러 오실 것이며 우리를 영원한 안식의 세계로 인도하실 것입니다.

여러분, 예수는 우리를 모든 죄에서 구원하시기 때문에 주어진 이름입니다. 그는 현재와 우리의 전 생애를 통해 우리를 구원하십니다. 그는 하나님 아버지의 오른편에 계신 우리의 중재자입니다. 그는 말씀과 성령으로 우리 마음속에 능력 있는 믿음을 일으키십니다. 구원하는 능력은 그에게서 옵니다. 그는 마지막 택함 받은 죄인이 교회에 와서 죄와 죽음으로부터 구원을 받을 때까지 자신의 일을 계속하실 것입니다. 그는 효과적으로 우리를 모든 죄에서 구원하십니다.

그 외에 어떤 사람에게서도 구원을 찾을 수 없고, 발견할 수도 없기 때문에 예수라 불려집니다. 예수님이 우리들의 유일한 구주이십니다. 구원은 다른 사람을 통해 얻을 수 없고 오직 예수 그리스도로 말미암아 얻을 수 있습니다. 그러므로 예수라는 이름은 오늘날 종교적 보편주의를 경계하고 있습니다. 오늘날 스스로 그리스도인이라 하는 사람들 중에는 모든 종교의 본질은 같으며, 그리스도를 믿는 길 외에도 구원의 길이 있다고 주장하기도 합니다. 이런 배교의 시대에 우리는 오직 구원은 그리스도에게만 있다고 고백하고 전해야 합니다.

베드로가 성전 미문에 앉아 있던 앉은뱅이를 고친 후에 산헤드린 공회 앞에 서게 되었습니다. 이 때 그는 우리 구주 예수 그리스도가 유일한 구주임을 담대하게 고백했습니다. "다른 이로써는 구원을 얻을 수 없나니 천하 인간에 구원을 얻을 만한 다른 이름을 우리에게 주신 일이 없음이니라"(행 4:12)고 증거했습니다. 조금 전에 그는 믿음으로 앉은뱅이에게 말했었습니다. "은과 금은 내게 없거니와 내게 있는 것으로 네게 주노니 곧 나사렛 예수의 이름으로 일어나라"(행 3:6). 그 이름 예수는 놀라운 이름입니다. 그 이름에는 구원의 능력이 있습니다.

셋째, 예수라는 이름은 우리 입장의 선택을 요구합니다.

예수님이 유일한 구주이기 때문에 구원과 복을 얻기 위해 우리는 분명한 입장을 택해야 합니다. 우리에게는 예수를 통한 구원 문제에 있어서 "예" 혹은 "아니오"의 선택이 요구됩니다. 구원을 위해 예수님께 "예"라고 하는 사람은 모든 다른 구원에 길에 대하여는 "아니오" 라고 분명하게 말해야 합니다.

　대부분의 그리스도인들이 그리스도로 말미암은 구원을 믿는다고 말합니다. 그러나 많은 사람의 마음속에는 언제나 예수 그리스도 밖에서도 구원과 복을 찾는 경향이 있습니다. 이것은 누구에게나 참입니다. 우리는 구원과 복을 예수 그리스도 안에서만 찾지 않습니다. 어떤 사람들은 자신들의 체험에서 구원을 찾습니다. 자기의 중생에 대한 날짜와 시간을 분명하게 말할 수 있는 체험을 갖지 않는 한 예수를 참으로 믿는 사람으로 볼 수 없고, 구원을 기대할 수 없다고도 합니다. 이런 체험이 신앙의 표준이 되거나 구원의 근거가 될 수 없습니다. 이렇게 인간의 체험을 구원의 근거로 찾을 위험이 누구에게나 있습니다.

　예수님과 그의 십자가 죽음이 우리 구원을 위한 유일한 근거라는 것을 알아야 합니다. 이것을 믿어야 구원이 있습니다. 뿐만 아니라 이미 말한 대로 많은 사람들이 그리스도 교회 밖에 다른 이름의 종교에도 구원의 길이 있다고 생각합니다. 오늘 이런 종교 보편주의가 우리 주변에 널리 자리를 잡고 있습니다. 예수님이 유일한 구주이면, 다른 구주는 없습니다.

　예수님은 우리를 구원하는 유일한 구주일 뿐 아니라, 우리의 복입니다. 예수님은 구원과 복 양자를 보장하십니다. 그는 주일날 교회에서 뿐 아니라, 매일 우리의 결혼 생활, 우리의 일터에서도 구주이십니다. 우리가 모든 영역에서 예수를 유일한 구주로 모시고 그의 뜻을 따라 살면 복이 따릅니다. 여러분은 구원과 복을 예수 그리스도 안에서 찾으시기 바랍니다.

　예수라는 이름은 놀라운 이름입니다. 그러나 여러분 그의 말씀에 순종하고 살지 않으면 이 놀라운 이름이 냉혹한 심판을 초래할 수도 있다는 것을 잊지 않아야 합니다. 나신 아기에게 예수라는 이름이 주어진 후 곧 노령의 시므온이 아기 예수를 그의 품에 안고 이렇게 말했습니다. "이 아이는 이스라엘 중 많은 사람의 패하고 흥함을 위하며 비방을 받는 표적이 되기 위하여 세움을 입었느라"(눅 2:34).

여러분, 전적으로 예수님에게 순복하고 사시기 바랍니다. 예수님에게서만 여러분의 구원과 행복을 찾으시기 바랍니다. 예수보다 더 놀라운 이름은 없습니다. 그 이름 예수를 늘 찬양하며 사시기 바랍니다. 아멘.

사도신경 해설 설교 ④

그리스도와 그리스도인

> **사도신경 본문**
> "나는 그의 유일하신 아들 주 예수 그리스도를 믿습니다."
> 성경봉독: 마태복음 16:13-20

친애하는 형제자매 여러분,

지난 번에 우리는 그 이름 예수에 관한 우리의 신앙고백에 대해 들었습니다. 예수는 놀라운 이름입니다. 몇 천 번 불러도 사랑스런 이름입니다. 오늘은 우리 구주의 다른 놀라운 이름 그리스도와 그리스도인에 관하여 전하려 합니다.

예수는 우리 구주의 개인적인 이름입니다. 그런데 그리스도는 그의 직분상의 이름입니다. 그의 개인적인 이름은 그를 가까이 한 사람들이나 원수들 모두에 의해 사용되었습니다. 나사렛 동네 사람들이 그를 예수라 불렀습니다. 서기관이나 바리새인들도 그를 예수라 불렀습니다. 그러나 예수님의 원수들은 예수님을 그리스도라고 결코 부르지 않았습니다. 저들은 그가 그리스도라 불리워지면 화를 내었습니다.

산헤드린 공회도 예수님이 자신을 그리스도와 살아계신 하나님의 아들이라고 하셨을 때 죽음에 해당된다고 선언했습니다.

따라서 모든 사람이 예수를 그리스도라 부를 수 없습니다. 예수를 그리스도라고 부르는 것은 신앙의 문제입니다. 사람은 본성으로 예수를 그리스도라 부르기를 원하지 않습니다. 여러분이 예수를 그리스도라 부르는 것은 하나님께서 성령으로 여러분들 마음속에 역사하시고 계시기 때문입니다. 그런고로 우리가 예수를 그리스도라 부를 수 있는데 그것은 하나님의 은혜입니다.

베드로가 예수님에게 "주는 그리스도시요 살아계신 하나님의 아들입니다"라고 고백했을 때 예수님은 그에게 "시몬아 네가 복이 있도다. 이를 네게 알게 한 이는 혈육이 아니요 하늘에 계신 내 아버지시니라" 하셨습니다. 그러므로 일반 자연인은 예수가 그리스도라는 사실을 받아들일 수 없습니다. 사도 요한은 "예수께서 그리스도이심을 믿는 자마다 하나님께로서 난 자"(요일 5:1)라고 했습니다.

예수를 그리스도로 부르는 것은 참으로 신앙고백의 문제입니다. 여러분이 예수를 믿으면 그를 그리스도라 부를 수 있습니다. 여러분이 믿음으로 예수를 그리스도라 부르는 것은 스스로 그리스도인임을 보여주는 것입니다.

그리스도와 그리스도인, 이 둘 사이에는 떨어질 수 없는 관계가 있습니다. 여러분이 믿음으로 예수를 그리스도라고 고백하면 그리스도인입니다. 그렇다면 여러분은 그 사실을 여러분 생활에서 보여 주어야 합니다.

이제 "그리스도와 그리스도인"이란 제목으로 다음 세 가지 요점을 생각합니다.
　첫째, 그리스도의 의미
　둘째, 그리스도의 직분
　셋째, 그리스도에 연합된 사람인 그리스도인입니다.

첫째, 그리스도의 의미를 생각합니다.

　그리스도라는 이름은 "기름부음 받은 자"를 의미합니다. 이것은 구약의 메시아라는 이름과 같습니다. 예수라는 이름은 우리 구주를 가리켰습니다. 그러나 그리스도라는 이름은 그의 직분을 가리키고, 그가 어떤 분인지를 뜻하고 있습니다. 구약시대에 이스라엘 중에 하나님의 나라의 직분으로 부름을 받은 사람들은 기름부음을 받았습니다. 어떤 사람이 하나님의 나라에서 공식적으로 봉사하기 위해 받아들여지게 될 때, 특별히 준비되어진 기름을 그의 머리에 부었습니다. 기름부음을 받는 자들은 선지자와 제사장과 왕이었습니다.
　왜 저들은 기름 부음을 받았을까요? 기름 붓는 의식은 상징적인 뜻이 있었습니다. 이를 위해 사용된 기름은 성령을 상징했습니다. 이 사실은 성경에 잘 나타나 있습니다. 구약시대에 성막과 성전의 지성소에는 일곱 금촉대가 있었고 거기 일곱 등잔이 있었습니다. 그 등잔에는 기름이 늘 차 있어 불을 밝혔습니다. 여기서 우리는 등잔과 기름에 대한 뜻을 배울 수 있습니다.
　일곱 등잔은 분명히 세상의 빛인 하나님의 백성을 상징했습니다. 곧 교회를 상징했던 것입니다. 하나님의 백성은 그의 찬송이 되기 위해 어두움에서 그의 놀라운 빛으로 부름을 받았습니다. 그런데 기름 없이 등잔 자체는 어둠을 밝힐 빛을 낼 수 없습니다. 기름 없는 등잔은 아무런 가치가 없습니다. 이 기름은 성령을 상징했습니다. 이로써 사람들은 성령의 은혜가 없이는 하나님의 백성이 될 수 없고, 하나님의 백성으로서 사명을 다할 수 없다는 것을 깨닫게 했습니다.

기름 붓는 의식은 기름부음을 받는 자가 그의 직분을 수행하기 위해 하나님의 영 곧 성령을 받는다는 것을 가리켰습니다. 기름을 붓는 것은 어떤 직분을 세우는 의식이었습니다. 어떤 사람이 기름부음을 받음으로써 그는 하나님 나라의 한 직분자로 일할 자격을 얻게 됩니다.

성경은 선지자, 제사장, 왕에게 기름 부은 사실을 잘 알려주고 있습니다. 엘리야는 하나님의 명령으로 그를 대신하여 선지자가 되도록 사밧의 아들 엘리사에게 기름을 부었습니다(왕상 19:15). 그래서 시편에 선지자들을 가리켜 하나님의 기름부음 받은 자들이라고 하며 이렇게 말합니다. "나의 기름 부은 자를 만지지 말며, 나의 선지자를 상하지 말라"(시 105:15).

제사장에게 기름을 붓는 일은 모세 오경에 매우 상세하게 기록되어 있습니다. 모세는 하나님께로부터 "너는 그것들(속죄 옷)로 네 형 아론과 그와 함께한 그의 아들들에게 입히고 그들에게 기름을 부어 위임하고 거룩하게 하여 그들이 제사장 직분을 네게 행하게 할지며"(출 28:41)라는 명을 받았습니다.

성경은 또한 왕들에게 기름 붓는 일에 대해서 말합니다. 왕 사울이 사무엘에 의해 기름부음을 받았습니다(삼상 9:16). 여호와께서 사울이 왕좌에 앉는 것을 거절하시면서 사무엘에게 그의 뿔에 기름을 채워 그의 택한 종 이새의 아들 다윗을 이스라엘의 왕으로 기름 부으라고 명하셨습니다(삼상 16:1,3,12,13).

결과적으로 기름 붓는다는 것은 직분과 관련하여 큰 의미가 있었습니다. 어떤 사람이 아무리 능력이 있어도 기름부음을 받지 않고는 하나님의 나라에 직분자로 나타날 수 없었습니다. 다윗은 사자와 곰을 죽인 영웅이었습니다. 그러나 그것만으로 이스라엘의 왕이 되기에 충분하지 않았습니다. 그는 기름 부음을 받아 자격을 갖추어야 했습니다. 거룩한 기름이 그에게 부어졌습니다. 뿔에 가득한 기름이 그에게 부어졌습니다. 그 때 다윗은 왕의 자격을 얻게 되었습니다.

그럼 기름부음이 사람을 직분자로 장립하는 것만 의미했을까요? 거기에는 더 큰 의미가 있었습니다. 이는 하나님의 아들을 삼중 직분자 곧 선지자와 제사장과 왕으로 기름 부은 것에 대한 그림자이었습니다. 영원 가운데서 우리 삼위 하나님은 타락한 사람들중 그의 주권적 은혜로 택한 자들을 구원하기로 작정하셨습니다. 그 택함 받은 자들의 구원을 위해 성자 하나님이 언약의 중보자로 세움을 받았습니다. 그 기름부음은 영원세계에 속했습니다. 그래서 성자 하나님은 영원부터 기름부음을 받은 자 곧, 그리스도였습니다.

그 결과 구약시대에 직분자들에게 기름을 부은 것은 단지 그리스도의 기름부음에 대한 그림자였습니다. 그래서 여기 이 땅에서 일어난 것은 단지 제한적인 것이었습니다. 사람들이 기름부음을 받았지만 제한적으로 성령을 받았습니다. 그러나 하나님의 아들이 직분자로 세상에 오셨을 때, 그는 한량없이 성령을 받으셨습니다. 다윗은 "왕의 하나님이 즐거움의 기름으로 왕에게 부어 왕의 동류보다 승하게 하셨나이다"(시 45:7)라고 예언했습니다.

  이는 놀라운 사실입니다. 창세 전에 하나님의 아들이 벌써 직분자로 곧, 언약의 중보자와 택함 받은 자들의 구주로 아버지에 의해 세움을 입었습니다. 그래서 그는 "그 사도"로 이 세상에 보냄을 받았습니다(히 3:1). 예수님이 탄생하셨을 때 천사들이 베들레헴 들에 있는 목자들에게 "오늘날 너희를 위하여 구주가 나셨으니 곧 그리스도 주시니라"(눅 2:11)고 선언했습니다.

  하나님의 아들은 우리를 구원하기 위해 아버지 하나님께서 세우신 그리스도입니다. 이 그리스도에게서 우리는 하나님 아버지의 놀라운 사랑이 나타난 것을 보게 됩니다.

둘째로, 그리스도의 직분에 관하여 생각합니다.

  이스라엘 백성 중에 기름부음 받은 직분자들은 선지자, 제사장, 왕이 있었습니다. 그런데 이들은 단지 오실 그리스도의 예표였을 뿐 그리스도를 떠나서는 아무 의미가 없었습니다. 그리스도가 유일한 직분자였습니다. 그리스도 한 분 안에 세 직분들이 떨어질 수 없이 연합되어 있었습니다.

  그리스도는 우리의 선지자와 선생으로 기름부음을 받았습니다. 그는 우리의 구속에 대한 하나님의 신비한 뜻을 우리에게 계시하셨습니다. 타락한 자들을 위한 구속의 길은 감추어져 있는 신비였습니다. 그러나 성자 하나님은 이에 관해서 잘 아십니다. 왜냐하면 그는 삼위 하나님께서 화평을 협의하실 때 같이 계셨기 때문입니다. 그래서 그는 낙원에서 이미 하나님의 신비한 뜻을 아담과 하와에게 나타내셨습니다. 그는 이에 관하여 선지자들을 통해 이스라엘 백성들에게 거의 3천 년 동안 말씀하셨습니다.

그가 세상에 인간의 육신을 입고 오셔서 그는 곧 아버지를 나타내셨습니다(요 1:18). 큰 선지자이신 그는 하나님의 영원한 뜻을 전하기 위해 제자들을 택하시고, 이들을 사도로 보냈습니다. 그는 지금 하늘에 계시지만, 거기에서도 그의 선지자적 사역을 계속하십니다. 그는 어떤 사람들에게 말씀의 봉사를 위해 부르시고, 그의 백성들에게 하나님의 신비한 뜻을 선포하고 계십니다.

이 큰 선지자는 또한 우리의 유일한 대제사장이십니다. 그러나 그는 아론과 그의 아들들과는 매우 다른 제사장입니다. 이스라엘에서는 아론의 집안 사람만이 제사장이 될 수 있었습니다. 한 제사장이 죽으면 다른 사람이 그를 이었습니다. 그러나 그리스도는 멜기세덱의 반차를 좇은 영원한 제사장이었습니다(시 110:4). 그는 아론의 계통이 아닌 왕의 집안에서 왔습니다. 그러나 그는 제사장입니다. 그는 유일하고 영원한 제사장입니다. 그는 모든 제사장들을 능가하십니다. 그는 아버지께 만족할 수 있는 제물을 드렸습니다. 이는 구약시대의 모든 제사장들이 드릴 수 없었던 것이었습니다.

그는 자신을 위해 제물을 드릴 필요가 없었습니다. 그는 죄가 없기 때문입니다. 그의 백성을 위해 십자가 위에서 자신을 제물로 드렸습니다. 십자가에서 드린 그 한 사람의 제물이 우리 모두의 구원을 위해 충분했습니다. 지금 그는 하늘에 계시고 그의 아버지 앞에서 우리를 위해 간구하고 계십니다. 그의 중재의 기도는 언제나 효과가 나타납니다.

　우리는 우리의 죄값을 위해 한 푼도 낼 수 없습니다. 매일 죄를 더할 뿐입니다. 그러나 그가 한번 드린 제물은 우리의 모든 죄를 속하기에 충분합니다. 그래서 우리는 믿음으로 이렇게 기뻐 외칠 수 있습니다; "누가 정죄하리오. 죽으실 뿐 아니라 다시 살아나신 이는 그리스도 예수시니 그는 하나님 우편에 계신자요 우리를 위하여 간구하시는 자시니라"(롬 8:34).

　그 대제사장은 또 우리의 영원한 왕으로 기름 부으심을 받았습니다. 예수님은 왕이십니다. 그가 세상에 계실 때 종종 자신의 왕의 직분에 관해 말씀하셨습니다. 빌라도가 예수님에게 "네가 왕이냐?"고 물었을 때, 예수님은 "네 말과 같이 내가 왕이니라. 내가 이를 위하여 났으며 이를 위하여 세상에 왔다"고 대답했습니다(요 18:37). 그러면 예수님은 어떤 왕이었습니까? 그는 왕이었지만 세상의 왕과 같은 위엄과 영광을 갖지 않았습니다.

　그의 나라는 이 세상에 속한 것이 아니었기 때문입니다. 그는 하늘나라의 왕이었습니다. 왕이지만 그는 로마제국을 정복하지 않았습니다. 로마 황제를 물러나게도 하지 않았습니다. 그러나 그는 왕으로 지옥의 모든 권세를 정복하셨습니다. 사탄의 머리를 상하게 하고, 무덤을 정복하고 일어나시며, 영광 중에 하늘로 오르셨습니다. 거기서 그는 왕으로 그의 교회를 모으시고 지키시며 보존하십니다.

　예수님은 왕이십니다. 하늘과 땅의 모든 권세가 그에게 주어졌습니다. 왕이신 예수님은 세상 끝날까지 우리와 함께 하실 것을 약속하셨습니다. 그는 우리 마음 속에 그의 나라를 세우시고 그의 말씀과 성령으로 우리를 다스리십니다. 그는 교회의 왕이십니다. 교회는 이 세상에 많은 원수들이 있어 순간 순간 공격을 당합니다. 현대의 무신론적 철학과 문화에 의해서도 공격을 당하고 있습니다.

그러나 원수들은 절대 이기지 못할 것입니다. 주 예수님이 하늘과 땅의 권세를 가진 왕이시기 때문입니다. 그가 그의 백성을 두른 불의 장벽이 되어 주시기 때문입니다. 예수님은 그의 교회를 보호하기 위해 자신의 능력을 직접 행하시기도 하지만 간접적으로 사람들을 사용해 봉사하게 하십니다. 즉 어떤 사람을 장로로 불러 교회에서 그의 왕직을 섬기게 하심으로써 그의 교회를 보호하고 다스려 가십니다. 이로써 그리스도는 직분자로서 그의 교회에서 일하고 계심을 분명히 보여 주십니다.

셋째, 그리스도와 연합된 그리스도인에 관하여 생각합니다.

지금까지 우리는 그리스도에 관한 우리의 신앙고백에 관하여 생각했습니다. 이제 그리스도인에 관해 주목하려 합니다. 우리가 믿음으로 그리스도를 진실하게 고백할 때, 우리는 참된 그리스도인이 됩니다. 그리스도와 그리스도인 사이에는 나눌 수 없는 연합된 관계가 있습니다. 누구든지 그리스도와 함께 살아서 연합하지 않으면 그리스도인이라 할 수 없습니다.

그리스도인이라 하나 그리스도와 살아있는 연합이 없는 사람들이 언제나 있습니다. 사데 교회에 속한 어떤 사람들은 명목상의 그리스도인들이었습니다. 그래서 주님은 그 교회에 "네가 살았다 하는 이름은 가졌으나 죽은 자로다"(계 3:1)라고 하셨습니다. 오늘날도 교회 안에는 이런 죽은 그리스도인들이 있습니다. 참된 그리스도인은 그리스도와 살아있는 교제를 가집니다.

안디옥에서 그리스도를 따르는 사람들이 처음으로 "그리스도인들"이라 불리워졌습니다(행 11:26). 아마도 당시 이방인들이 그리스도의 제자들을 멸시하는 뜻에서 이렇게 불렀을 것입니다. 왜 저들이 그렇게 불리워졌겠습니까? 그들의 말하는 것이나 생활하는 모습이 다른 사람들과는 완전히 달랐기 때문입니다. 그리스도의 제자들은 그리스도를 닮아 그가 말하고 행동했던 것처럼 말하고 행동했던 것입니다. 그들은 생활속에서 그리스도와 살아 있는 교제를 하고 있다는 것을 보여주었습니다. 그래서 저들은 그리스도인들이라 불리워졌습니다.

참된 그리스도인들은 그리스도의 기름 부으심에 참여한 자들입니다. 이것은 참된 그리스도인이 그리스도 안에서 삼중 직분자가 된 것을 의미합니다. 참된 그리스도인들은 이 세상에서 선지자, 제사장, 왕으로서의 자기 직분을 인정하고 생활합니다.

여러분은 그리스도인입니까? 여러분은 선지자입니다. 그럼 선지자로서 그의 이름을 고백하고 증거해야 합니다. 고백하는 것은 먼저 아는 것을 의미합니다. 여러분은 먼저 선지자로 그리스도를 바로 알아야 합니다. 그리스도가 누구인지 여러분을 위해 무엇을 하셨는지를 알아야 합니다. 그리고 말과 행동으로 그리스도의 구주되심을 고백하고 전해야 합니다. 그리스도의 증인이 되어야 합니다. 이 세상과 교회에 여러분이 신실한 구주 예수 그리스도에게 속해 있다는 것을 알게 해야 합니다.

여러분이 그리스도인입니까? 그러면 여러분은 제사장입니다. 제사장으로 여러분 자신을 주님께 감사의 산 제물로 드려야 합니다. 그리스도는 나의 죄를 위해 자신을 제물로 드렸습니다. 나는 나의 죄를 위한 제물로 그의 제물에 조금도 더할 수 없습니다. 더할 필요가 없습니다. 그러면 나는 그를 위해 무엇을 해야 합니까? 죽은 자 가운데서 산 것처럼 내 자신을, 내 지체를 하나님께 의의 도구로 드려야 합니다. 이런 생활은 육신을 죽이고 자신을 부인하며 내 자신을 그의 영광을 위한 산 제물로 드리는 것을 의미합니다.

여러분이 그리스도인입니까? 여러분은 왕적 직분을 가진 자입니다. 우리는 죄의 권세와 사탄의 정죄에서 구원을 받았습니다. 그래서 우리는 이제 예수 그리스도의 편에 섰습니다. 그렇지만 사탄은 아직도 우리 주위에서 삼킬 자를 찾는 사자처럼 으르렁거리고 공격해 옵니다. 그는 실제로 패배자입니다. 그리스도는 그를 정복했습니다. 그리스도는 개선자입니다. 그는 우리의 왕이십니다. 그래서 우리도 그 안에서 정복자가 됩니다. 싸움에서 우리가 좀 어려움을 당하고 생명까지도 잃을 수 있습니다. 그러나 우리는 "우리가 주와 함께 죽었으면 또한 함께 살 것이요 참으면 또한 함께 왕 노릇 할 것이요"(딤후 2:11-12) 하는 말씀으로부터 큰 위로를 받습니다.

친애하는 여러분, 진심으로 예수를 그리스도로 고백합니까? 그렇다면 각기 "나는 선지자와 제사장과 왕의 직분을 가지고 있다"고 해야 합니다. 직분은 언제나 어떤 권세를 의미합니다. 여러분 모두는 그리스도의 사신으로 권세를 가지고 있습니다. 그러므로 각각의 자리에서 그리스도의 직분자로서 권세 있게 말하고 생활해야 합니다. 그리스도인으로 사는 것은 큰 복입니다. 왜냐하면 우리는 사나 죽으나 누구에게 속해 있고 누구를 위해 살고 있는지를 알기 때문입니다. 그리스도인으로서 사는 것은 우리의 선택이 아니고 하나님의 은혜입니다.

아멘.

사도신경 설교 ⑤

독생자 우리 주의 영광

사도신경 본문
"그의 독생주 우리 주"
성경봉독: 요한복음 1:1-14

친애하는 형제자매 여러분,

우리는 우리 중보자의 이름을 세 번째로 다루고 있습니다. 먼저 영원한 정죄에서 우리를 구원하신 "우리 구주 예수"의 이름에 관하여 들었습니다. 그 다음에는 아버지에 의해 선지자와 제사장과 왕으로 기름부음 받은 "그리스도"라는 이름에 관해 들었습니다. 오늘은 "하나님의 독생자와 우리 주"라는 이름에 관하여 듣게 됩니다. 여기서 그리스도의 영광이 나타날 것입니다. 그의 영광은 하나님의 독생자로서의 신성과 우리를 하나님의 자녀로 만드신 구원의 은혜와 그의 피로 구속한 자들을 자신의 소유로 만드신 그의 권세에서 나타나게 됩니다.

이제 "독생자 그리스도의 영광"이란 제목으로 다음 세 가지에 관하여 전하려 합니다.

첫째, 그리스도의 영광은 그의 신성에서 나타납니다.
둘째, 그의 영광은 그의 구원하시는 은혜에서 나타납니다.
셋째, 그의 영광은 구속하시는 권세에서 나타납니다.

첫째, 그리스도의 영광은 그의 신성에서 나타납니다.

우리의 중보자 예수 그리스도는 "하나님의 독생자"라 불려집니다. 성경은 이에 대하여 여러 곳에서 분명하게 말하고 있습니다. 요한복음 1:14과 18에 "말씀이 육신이 되어 우리 가운데 거하시매 우리가 그의 영광을 보니 아버지의 독생자의 영광이요 은혜와 진리가 충만하더라....본래 하나님을 본 사람이 없으되 아버지 품속에 있는 독생하신 하나님이 나타내셨느니라"고 했습니다. 좀 더 나아가 요한복음 3:16에는 "하나님이 세상을 이처럼 사랑하사 독생자를 주셨으니 이는 그를 믿는 자마다 멸망치 않고 영생을 얻게 하려 하심이라"고 했습니다.

우리 믿는 자들 역시 하나님의 자녀들인데 왜 예수 그리스도를 "하나님의 독생자"라고 부르고 있습니까? 그 이유는 그리스도만이 하나님의 영원하고 자연스런 아들이요 우리는 단지 "그리스도 때문에 은혜로 양자된 하나님의 자녀들"이기 때문입니다. 미가 5:2에 "그의 근본은 상고에 영원에 있느니라"고 했습니다. 예수 그리스도는 마리아에게서 나시기 전에 이미 계셨고, "때가 차매" 하나님이 그 독생자를 이 세상에 보내셨습니다(갈 4:4). 그리스도는 성부 하나님의 자연스런 아들입니다. 왜냐하면 그만이 아버지에게서 나셨기 때문입니다. 그리스도에 대해서만이 "너는 내 아들이라 오늘 내가 너를 낳았도다"(시

2:7) 라는 말을 들을 수 있습니다. 신성 안에서의 영원한 생산으로 아버지와 성령과 동질이신 아들은 하나님의 유일하고 영원한 자연스런 아들입니다.

성경은 예수 그리스도가 하나님의 자연적인 독생자라는 사실을 분명하게 증거하고 있습니다. 선지자들과 사도들이 이 사실을 경쟁적으로 증거하고 선언했습니다. 이미 언급한 대로 시편기자는 예수 그리스도는 아버지에게서 난 사실을 선언했습니다(시 2:7). 잠언 8:23에는 "만세 전부터, 태초부터, 땅이 생기기 전부터 내가 세움을 받았다"고 했습니다. 요한복음 1:1에는 "태초에 말씀이 계시니라 이 말씀이 하나님과 함께 계셨으니 이 말씀은 곧 하나님이시니라"고 했습니다. 골로새서 1:15에서는 "그는 모든 피조물 보다 먼저 나신 자"라고 합니다. 빌립보서 2:6에 "그는 근본 하나님의 본체시나 하나님과 동등됨을 취할 것으로 여기지 아니하셨다"고 합니다.

나아가, 성부 하나님께서 친히 그리스도가 독생자임을 증거하셨습니다. 예수께서 공 사역을 시작하시기 바로 전에 세례 요한에게 세례를 받으시고 물에서 올라 오셨을 때, 하늘이 열리고 하늘로부터 소리가 있어 말씀하시기를 "이는 내 사랑하는 아들이요 내 기뻐하는 자니라"고 하셨습니다(마 3:17). 바울 사도는 그리스도께서 "죽은 자들 가운데서 부활하사 능력으로 하나님의 아들로 선포되었다"고 했습니다(롬 1:4). 또한 예수 그리스도는 자신의 하는 일로 하나님 아버지의 아들이심을 증명했습니다. 그는 "만일 내가 내 아버지의 일을 행하지 아니하거든 나를 믿지 말라"고 하셨습니다(요 10:37).

예수 그리스도는 여호와라 불렸습니다. 그 이름은 어떤 피조물에게도 주어진 적이 결코 없습니다. 선지자 예레미야는 "그의 이름은 여호와 우리의 공의라 일컬음을 받으리라"(렘 23:6)고 했고, 이사야는 "그의 이름을 기묘자라, 모사라, 전능하신 하나님이라, 영존하시는 아버지라, 평강의 왕이라"(사 9:6)고 불렀습니다.

영원 전부터 계신 예수 그리스도는 창세 전에 아버지와 함께 영화를 누리셨습니다(요 17:5). 그는 알파와 오메가요, 이제도 있고, 전에도 있었고, 장차 올 자요 전능한 자입니다(계 1:8). 그는 하늘에서 내려 온 자요 하늘에 올라간 자입니다(요 3:13).

성경은 예수 그리스도가 하나님의 독생자이심을 이렇게 분명하고도 풍부하게 증거하고 있습니다. 이런 증거에도 불구하고 그리스도의 신적 영광을 부인하는 것은 무서운 큰 죄입니다.

주 예수 그리스도는 이 세상에 계시는 동안 하나님의 아들이신 사실을 숨기지 않았습니다. 그는 여러 곳에서 이에 대하여 말씀하셨습니다. 그가 종의 모습으로 이 세상에 계실 때 그 사실이 그에게서 나타나지 않았습니다. 마지막 큰 날, 그의 백성들을 구원하시기 위해 수많은 천사들에 둘러싸여 나타나시는 날 모든 사람들은 그를 하나님의 아들로 알아 보게 될 것입니다.

예수 그리스도가 세상에 계셨을 때 그의 신성은 그의 육체의 휘장 뒤에 숨겨졌습니다. 사람들의 자연적인 눈은 그에게서 어떤 영광도 보지 못했습니다. 로마 교회는 예수님의 초상을 그릴 때 예수님 머리 주위에 후광을 그리고 있습니다. 그러나 그가 세상에 계실 때 그런 후광이 나타난 적이 없습니다. 그는 무죄한 것 외에는 모든 것에 있어서 우리와 꼭 같았습니다. 그가 아버지의 독생자인 것이 나타나지 않았습니다. 그는 단지 독생자이심을 선언하신 것 뿐입니다. 그는 "아들을 공경하지 아니하는 자는 그를 보내신 아버지도 공경하지 아니하느니라"(요 5:23)고 했습니다. 나아가, 그는 "나와 아버지는 하나이니라"(요 10:30), "내가 아버지로 말미암아 여러 가지 선한 일을 너희에게 보였다"(요 10:32)고 하셨습니다.

예수께서 자신이 하나님의 아들이라고 선언했을 때 유대인들은 크게 화를 내며 돌로 쳐 죽이려 했습니다. 요한복음 5:15은 이렇게 말합니다. "유대인들이 이로 말미암아 더욱 예수를 죽이고자 하니 이는 안식일을 범할 뿐 아니라 하나님을 자기의 친 아버지라 하여 자기를 하나님과 동등으로 삼으심이러라."

그러나 그리스도께서 죽으시고 부활하신 후에 나타나신 것은 매우 영화로웠습니다. 도마는 그의 발 앞에 엎드려 "나의 주님이시요 나의 하나님이시니이다"(요 20:28)라고 외쳤습니다. 그리스도가 자신을 나타내시고 그가 주시는 믿음을 가진 모든 하나님의 자녀들은 도마와 같이 그 앞에 엎드려 그를 주와 하나님으로 고백합니다. 그들은 또 그리스도만이 하나님의 영원하고 자연적인 아들이라는 사실을 중심으로 받아들입니다.

그러나 이런 성경적 가르침은 일찍부터 도전을 받았습니다. 예수 그리스도를 하나님의 독생자이신 것을 부인한 사람들은 유대인들만 아니었습니다. 4세기에 아리우스(Arius)라는 큰 이단자가 나타나 예수 그리스도는 피조물 가운데 첫째라 주장했습니다. 그는 예수님이 하나님의 영원한 독생자이심을 부인한 것입니다. 이 때 아타나시우스라는 젊은 하나님의 종이 나타나 그와 싸워 교회 공의회에 의해 정죄를 받게 했습니다. 마호메트는 나사렛 예수가 한 큰 선지자일 뿐이고, 자기가 가장 위대한 최후의 선지자라 자칭했습니다. 그가 세운 회교는 오늘날 세계에서 그리스도의 교회를 대적하는 큰 세력이 되어 있습니다. 오늘날 자유주의 신학자들도 언약의 중보자의 영광을 크게 해치고 있습니다. 이들 역시 예수 그리스도를 큰 인물로만 존경하고, 하나님의 영원한 독생자로 믿지 않습니다.

그리스도를 하나님의 영원한 독생자라는 사실은 절대적으로 믿어야 할 진리입니다. 이 진리에 우리의 구원이 달려 있습니다. 그리스도가 하나님의 영원한 아들이 아니고, 성부와 성령과 함께 같은 본질에 속하지 않다면 그는 우리들의 중보자가 될 수 없습니다. 그를 하나님의 영원한 아들로 믿는데 우리들의 구원이 있습니다. 그리스도께서 그의 제자들에게 "너희는 나를 누구라 하느냐?"고 물으셨을 때 베드로가 "주는 그리스도시요 살아계신 하나님의 아들이시니이다"(마 16:16)라고 대답했습니다. 그 때 그리스도는 베드로에게 "네가 복이 있도다" 했습니다. 그 고백은 모든 시대에 하나님의 교회의 반석이 되었습니다. 이 고백이 약한 교회는 그 터가 흔들리고 무너지게 됩니다.

예수께서 단지 한 선하고 후덕한 모범적인 위인에 불과하다면 그는 우리의 중보자가 될 수 없습니다. 그에게서 죄에 대한 속죄, 죽음의 정복, 사탄의 파멸을 기대할 수 없습니다. 아담의 후손인 우리는 구원받을 길이 없습니다. 구주가 없기 때문입니다. 그러므로 우리는 예수 그리스도에게 주어진 "그는 하나님의 독생자이다"라는 증거를 굳건히 붙들고 살아야 합니다.

하나님 아버지의 유일하고 자연적인 아들인 독생자가 우리의 살과 피를 취하신 것은 우리 중보자께서 말할 수 없는 그의 영광을 나타내신 것입니다.

둘째로, 그리스도의 구원의 은혜 가운데 나타난 영광에 관하여입니다.

성경은 믿는 우리를 하나님의 자녀들이라 부르면서 예수 그리스도를 독생자라고 합니다. 우리도 하나님의 자녀라면 왜 성경은 예수 그리스도를 독생자라 부릅니까? 중보자 예수 그리스도가 하나님의 아들 되심과 우리 믿는 자들이 하나님의 자녀가 되는 것 사이에는 본질적인 차이가 있습니다. 우리의 중보자 예수 그리스도는 하나님의 영원하고 자연적인 아들입니다. 믿는 우리들이 하나님의 자녀로 불리는 것은 이런 의미에서가 아닙니다. 우리의 중보자는 영원하고 자연적인 하나님의 독생자요, 우리는 양자된 자녀들입니다.

우리 중보자 그리스도는 하나님이요, 우리는 피조물일 뿐입니다. 어느 날 하늘에서 우리의 영혼과 몸이 영화되어 그처럼 될 것입니다. 그러나 우리는 결코 그의 신성을 따라 그와 같이 되지는 못할 것입니다. 그는 하나님의 영원하고 자연적인 아들로 그대로 계실 것이고, 우리는 단지 은혜로 양자된 자녀들로 있게 될 것입니다.

본성적으로 우리는 하나님의 자녀들이 아니었습니다. 범죄 타락함으로써 우리는 자녀로서의 특권과 위치를 잃었습니다. 우리는 본래 하나님이 지으신 "하나님의 아들"이었습니다. 누가복음 3장에 예수의 족보를 말하면서 38절에 "그 위는 에노스요 그 위는 셋이요, 그 위는 아담이요, 그 위는 하나님이시니라"고 한 것이 이 사실을 증명합니다. 그러나 우리 조상 아담과 하와가 하나님의 언약을 범하고 선악을 알게 하는 나무의 실과를 따 먹은 후 우리는 늘 하나님의 아들인 것을 부인해 왔습니다. 우리는 스스로 하나님의 마음에서 완전히 떠났고, 진노의 자식들이 되었습니다. 그 결과 우리가 중생과 양자의 은혜를 입지 않는 한 범죄 타락한 아담의 자녀 그대로 있게 됩니다.

이미 영원 가운데서 하나님은 변하지 않는 그의 작정 속에서 우리를 자신의 자녀와 상속자로 미리 정하셨습니다. 우리의 양자됨은 시간 세계 안에서 하나님의 기뻐하시는 시간에 일어납니다. 주님은 우리 안에 그의 형상을 회복시키시고, 그리스도에게 접붙이시며 그의 자녀로 인정하고 받아 주십니다. 이것이 중생과 양자가 되는 은혜로운 역사입니다. 그래서 사도 요한은 "사랑하는 자들아 우리가 지금은 하나님의 자녀라 장래에 어떻게 될지는 아직 나타나지 아니하였으나 그가 나타나시면 우리가 그와 같을 줄을 아는 것은 그의 참 모습 그 대로 볼 것이기 때문"(요일 2:2)이라고 했습니다. 우리는 중생함으로 양자의 영을 받아 하나님을 아빠 아버지라 부르게 되었습니다(롬 8:15). 바울은 "너희가 아들이므로 하나님이 그 아들의 영을 우리 마음 가운데 보내사 아빠 아버지라 부르게 하셨느니라"(갈 4:6)라고 했습니다.

지금은 우리가 하나님의 자녀입니다. 전에는 하나님의 자녀가 아니었습니다. 사람은 타락한 자연상태로 사는 한 진노의 자녀들일 뿐입니다. 그가 우리를 죽음에서 생명으로 옮기심으로써 그의 양자를 삼으셨습니다.

하나님은 자신이 선택한 사람들을 중생케 하여 자신의 자녀로 삼으신다는 사실을 우리는 굳게 믿어야 합니다. 우리들이 중생하는 즉시 믿음으로 말미암은 모든 이익을 다 누리지 못할 수 있습니다. 그러나 중생케 하시는 하나님의 역사를 부인하는 사람들은 하나님의 자녀들이 누리는 위로를 누리지 못합니다.

중생하고 양자됨은 값없는 은혜로 누리게 되는 것입니다. 거기 피조물인 인간의 편에서는 어떤 협력이 없습니다. 인간 편에는 죄밖에 아무것도 없습니다. 하나님의 구원의 은혜가 죄인들 가운데 영광스럽게 나타납니다. 하나님의 자녀들의 죄값이 그리스도로 말미암아 다 지불되었기 때문입니다. 이것이 우리로 하여금 양자됨의 기적을 더 깨닫게 하고 죄인들인 우리로 하여금 하나님만 자랑하게 합니다.

우리가 하나님의 양자가 될 수 있는 것은 예수 그리스도 때문입니다. 하나님의 아들이신 그리스도가 어린양이 되었습니다. 그는 평화의 언약 때문에 창세 전에 이미 하나님 앞에서 죽임을 당할 자로 정해지셨습니다. 구약시대의 신자들이 모두 그리스도 안에서 하나님의 자녀로 양자가 되었습니다. 저들은 그리스도께서 이 세상에 오셔서 골고다 십자가에 달려 피를 흘리시고 "다 이루었다" 말씀하시기 전에 이미 그리스도를 믿음으로써 영원한 안식에 들어갔습니다. 하나님은 거짓말을 하실 수 없습니다. 아버지와 아들 그리스도와의 언약은 우리들에게 구원의 기반입니다. 이 언약의 기반 위에서 아버지는 택자들을 영원히 그의 자녀와 상속자로 품으셨습니다. 이로써 택자들은 아버지의 사랑을 받아들일 수 있고, 성령으로 하나님을 아버지라 부를 수 있게 되었습니다. 그래서 사도 바울은 "(주 예수 그리스도의 아버지께서) 그 기쁘신 뜻대로 우리를 예정하사 예수 그리스도로 말미암아 자기의 아들들이 되게 하셨으니 이는 그가 사랑하시는 자 안에서 우리에게 거저 주시는 바 그의 은혜의 풍성함을 따라 그의 피로 말미암아 속량 곧 죄 사함을 받았느니라"(엡 1:5,6)라고 했습니다. 그리스도께서 우리들의 살과 피를 취하시고 무죄한 것 외에는 모든 것에 있어서 우리와 같이 되심으로써 우리들은 양자가 될 수 있었습니다. 그는 우리를 자신의 형제로 부르는 것을 부끄러워하지 않았습니다. 이는 우리 모두가 그로 말미암아 하나님의 자녀로 받아들여졌기 때문입니다. 하나님의 독생자가 구원하셨기 때문에 아담의 자녀들인 우리들이 하나님의 자녀라 불려지게 되었습니다.

여기 구원의 터가 놓였습니다. 아무도 예수 그리스도가 놓은 터 외에 다른 어떤 터를 놓을 수 없습니다. 우리들의 선이나, 감정이나, 체험이 아무리 가치 있고 크다고 할지라도 "그리스도 때문에"를 대신할 수 없습니다. 우리 안에 있는 어떤 것 때문에, 혹은 은혜로 우리에게 주어진 어떤 것 때문에 우리는 하나님의 자녀가 되지 않았습니다. 본래 죄로 죽었던 우리들은 예수 그리스도 때문에 하나님의 자녀들이 되었습니다. 이 진리는 매우 분명합니다. 우리의 본성은 언제나 그리스도 밖에 있는 다른 구원의 터를 찾으려는 경향이 있습니다. 우리가 오직 그리스도 때문에 하나님의 자녀가 된다면 그리스도 밖에 구원을 위한 터로 생각해 온 것은 무엇이든 다 버려야 합니다. 우리는 그리스도만을 의지해야 합니다. 우리 영혼은 그리스도만 의지해야 합니다. 전적으로 부패한 아담의 후손인 죄인들로서 "그리스도 때문에" 의로움을 얻게 되고 거룩하게 되어져 구원을 받는 것보다 더 큰 특권이 없습니다. "그리스도 때문에" 믿음으로 양자됨을 아는 것보다 더 큰 특권이 없습니다.

우리들에게 "그리스도 때문에"란 말보다 더 확고한 위로는 없습니다. 죽을 죄인이요 전적으로 버림을 받은 것으로 알았던 우리들에게 이제 아무런 의심이 없습니다. 우리가 하나님의 자녀로 양자된 것은 오직 "그리스도때문"입니다. 그는 자신이 시작하신 일을 끝까지 이루십니다. 그리스도는 이 목적을 위해 우리 죄값을 지불하셨고, 마귀의 권세에서 우리를 구원해 내셨으며, 자기의 소유로 만드셨습니다. 그래서 그는 "우리들의 주"라 불려집니다. 이 "주"라는 이름에는 분명히 그리스도의 영광이 나타납니다.

셋째로, 그리스도의 구원하시는 권세에서 그의 영광이 나타납니다.

택함을 입은 자들이 하나님의 독생자 때문에 하나님의 자녀로 양자가 되었으므로 교회는 하나님의 독생자를 "우리 주"라고 고백합니다. 우리가 그리스도를 주라 부르는 이유는 "그가 금이나 은이 아니라 그의 보배로운 피로 우리의 몸과 영혼을 사셨고, 마귀의 모든 권세에서 우리를 해방시켜, 그 자신의 소유로 만드셨기 때문입니다." 그러므로 "우리 주"라는 이름은 그리스도께서 사시고 구원하시고, 그의 소유를 삼으신데 있습니다. 그는 여호와 우리 주입니다.

성경에서 그리스도에게 종종 주어진 주라는 이름이 항상 같은 것을 의미하지는 않습니다. 예레미야가 그를 "여호와 우리의 공의"라 불렀을 때, 선지자는 그리스도를 참된 하나님으로 언급하고 있습니다. 여호와라는 이름은 어떤 다른 이에게 주어지지 않은 하나님의 가장 높은 이름입니다. 그리스도가 참된 하나님이신고로 우리 성경에 주로 번역된 여호와가 사용되었습니다. 그러나 사도신경에서 주라 부르는 것은 그리스도께서 그의 백성을 구속하시고 소유하시는 기름 부음 받은 왕으로서의 그리스도에 대해 말합니다. "그는 영원히 찬양을 받을 하나님이시었고 그런 분이시오 그대로 그런 분으로 계십니다." 그러나 하나님의 아들이신 그는 아버지로 말미암아 기름부음을 받으셨으며, 중보자가 되셨습니다. 중보자로서 그는 아버지로부터 하늘과 땅에 속한 모든 권세를 받으셨습니다. 그러므로 모든 것이 그에게 복종하여야 하며, 어떤 사람이나 사물도 그를 이기지 못합니다. 그 권세가 그의 원수들과 그의 백성인 우리의 원수들을 파멸하시며, 우리들의 유익을 위해 역사하십니다. 주 그리스도는 전능한 왕이시기 때문에 사탄의 권세에서 그의 피로 산 자들을 구원하십니다. 그가 흘린 보혈에 그의 아버지께서 우리 죄 때문에 요구하신 완전한 대속이 있습니다. 독생자 그리스도의 피 외에 어떤 것도 죄로부터 우리를 구속할 수 없습니다. 아무리 많은 금이나 은으로도 아버지의 요구를 만족시킬 수 없습니다. 오직 어린양의 피만이 우리를 죄에서 구원할 수 있습니다. 우리의 구원을 위해서는 하나님의 공의가 만족되고 우리가 스스로 종 되었던 죄가 그 권세를 잃어야 합니다. 그리스도께서는 십자가에서 우리를 대신해 심판을 받으심으로 하나님 아버지의 의로운 심판으로부터 우리의 몸과 영혼을 사시고 구하셨습니다.

철갑을 두른 강한 자의 집을 소유하시기 위해 그리스도께서 들어가셨습니다. 마귀는 우리의 정당한 소유자가 아닙니다. 우리는 단지 죄 때문에 마귀의 소유가 되었습니다. 마귀는 불법적으로 우리를 자신의 것으로 삼았습니다. 그는 우리를 자신의 희생물로 약탈했던 것입니다. 이제 여호와가 자신의 소유물을 되찾기 위해 오셨습니다. 아버지께서 그들을 그의 아들 그리스도에게 주셨습니다. 그리스도가 우리를 위해 완전히 대속하셨습니다. 그리스도는 사탄에게 속박으로부터 우리를 놓아 줄 것을 요구하셨습니다. 사탄의 머리가 상했습니다. 그리스도의 부활로 우리는 그리스도의 소유가 되었습니다. 그리스도는 하늘에 오르시고 하나님 아버지 우편에 앉으셨습니다. 그리스도는 "마귀의 모든 권세에서 우리를 해방시켜 그 자신의 소유로 만드셨습니다." 이것은 그리스도로 말미암아 구속받은 교회의 개선가입니다. 이제 아무리 큰 세력도 교회를 해칠 수 없습니다. 아무리 교활한 원수도 교회를 무너뜨릴 수 없습니다. 교회, 곧 하나님의 백성인 우리는 그리스도의 소유입니다. 음부의 권세가 교회를 이기지 못할 것입니다(마 16:18). 그리스도가 "우리 주"라는 사실이 우리에게 얼마나 놀라운 위로와 힘이 됩니까? 그리스도가 피로 사신 허다한 무리가 영원토록 그리스도를 "주"로 높이며, 보좌에 앉으신 이와 어린 양에게 찬양을 올리게 됩니다. "할렐루야 주 우리 하나님 곧 전능하신 이가 통치하시도다. 우리가 즐거워하고 크게 기뻐하며 그에게 영광을 돌리세"(계 19:6,7).

이 노래를 부르는 허다한 무리는 이 세상에서 그리스도를 알고 은혜로 그 앞에 굴복한 사람들입니다. 우리는 본성으로 그리스도 앞에 굴복하지 않습니다. 굴복할 수도 없고 굴복하기를 원하지 않습니다. 범죄했던 대로의 본성을 가진 사람은 스스로 자기 자신의 주인이 됩니다. 그래서 아무에게도 굴복하지 않고 "나는 내 자신이 하나님으로 존재하기를 원한다"고 합니다. 그러나 하나님의 은혜로 저런 사람 또한 그리스도 앞에 굴복하게 됩니다. 마귀를 추방하고 정복하시는 그리스도의 권세 때문입니다.

패배한 마귀는 밤낮 언제나 이를 갈며 하나님을 미워하고 그의 백성을 다시 사로잡기를 원합니다. 마귀는 우는 사자 같이 두루 다니며, 삼킬 자를 찾아 헤매며, 빛의 천사처럼 나타나 속일 자를 속이려 합니다. 가능하면 택함 받은 자라도 삼키며 속이려 합니다. 그러나 주는 그의 소유된 백성을 보호하십니다. 사탄이 베드로에게 밀 까부르듯 하기를 원했지만 주께서 그를 위해 비심으로 그의 믿음이 떨어지지 않았습니다. 하나님의 자녀들이 종종 사탄의 무서운 공격를 받고 어려움을 당하며 두려운 가운데 살 때가 있습니다. 하나님의 자녀들이 쉼을 얻지 못하고 하나님 앞에 기도로 무릎을 꿇을 여유마저 가질 수 없을 만큼 공격을 받을 때가 있습니다. 그러나 주님은 우리를 구원하십니다. 그 때 우리는 이미 정복당한 원수와 싸우고 있음을 알게 됩니다. 우리는 "주의 소유"입니다. 그래서 주의 백성인 우리는 언제나 할렐루야 주님의 이름을 높이고 찬양하며 살아가게 됩니다. 아멘.

사도신경설교 ⑥

그리스도의 잉태의 기적과 탄생

> **사도신경 본문**
> "그는 성령으로 잉태되어 동정녀 마리아에게 나시고"
> 성경봉독: 이사야 9:1-6, 누가복음 1:26-38

친애하는 형제자매 여러분,

오늘 우리는 남녀의 성과 잉태에 대한 정보가 넘치는 시대에 살고 있습니다. 많은 정보들이 대중 매체를 통해 알려지고 있습니다. 아기의 잉태와 출생에 대한 기적적인 이야기들에 관해 듣게 됩니다. 하나님은 오늘도 계속 생명을 창조하십니다. 그런데 하나님은 이 새 생명의 창조를 위해 남녀 부부를 사용하십니다.

한 아기의 출생은 큰 기적이요, 그 아기는 하나님의 큰 선물입니다. 하나님이 한 아기를 주실 때 우리는 크게 기뻐합니다. 사람이 아기를 만들지 않습니다. 하나님의 선물로 받을 뿐입니다. 시편 127:3에 "자식은 여호와의 주신 기업이요 태의 열매는 그의 상급이로다"라고 했습니다.

우리는 사도신경에서 "그는 성령으로 잉태되어 동정녀 마리아에게 나시고"라고 고백합니다. 우리 구주 예수 그리스도는 사람에 의해 나시지 않고 성령으로 잉태되어 동정녀에게 나셨습니다. 그가 이렇게 잉태되어 탄생함으로써 우리의 출생도 복을 받게 된 것입니다.

이제 "그리스도의 잉태의 기적과 출생"에 관하여 다음 세 가지 요점을 살펴 봅시다.

첫째, 예수 그리스도의 잉태의 기적
둘째, 그 기적의 필요
셋째, 그 기적의 결실에 관해서입니다.

첫째, 예수님의 잉태와 출생의 기적을 생각해 봅시다.

여러분은 지난 번에 예수 그리스도가 하나님의 외아들이요 우리 주가 되신다는 신앙고백 내용에 대하여 들었습니다. 이제 우리는 예수 그리스도의 구원 사역에 관한 신앙고백에 관하여 듣게 됩니다. 하나님의 외아들이 동정녀에게 성령으로 잉태되어 나시게 된 것은 그의 구원 사역의 시작을 의미합니다. 개혁교회의 신앙고백은 "참되고 영원한 하나님이시고 변함없이 그대로 계시는 하나님의 영원한 아들이 성령의 사역을 통해, 동정녀 마리아의 살과 피로부터 자신에게 참된 인간성을 스스로 취하셨습니다"(하이델베르그 요리문답 35)라고 합니다. 이것은 놀라운 고백입니다.

예수님은 영원한 하나님의 아들이십니다. 그런데 그가 이제 우리에게 얼마나 가까이 오셨는지 살펴 봅시다. 그는 스스로 동정녀 마리아의 살과 피로부터 자신의 인간성을 취하셨습니다. 참된 인간성을 취하셨지만 그는 참되고 영원한 하나님이시고 변함없이 그대로 계십니다. 예수 그리스도는 베들레헴에서 출생하기 전에 하나님이었고, 그가 스스로 자신의 참된 인간성을 취하셨을 때에도 그대로 하나님으로 계십니다. 그는 영원히 하나님으로 계시는 것입니다.

이제 사도신경의 이 부분은 우리를 베들레헴과 나사렛으로 인도합니다. 누가복음 1장과 2장에서 우리 구주 예수의 잉태와 출생에 관한 복음이 분명하게 드러나 있습니다. 나사렛에 사는 마리아가 천사로부터 "보라 네가 잉태하여 아들을 낳으리니, 그 이름을 예수라 하라"(눅 1:31)는 말을 들었습니다. 마리아는 이 소식에 놀랐습니다. 그의 대답이 이를 증거합니다. "나는 남자를 알지 못하니 어찌 이 일이 있으리이까?"(눅 1:34) 마리아는 처음에 그 말을 이해하기 어려웠습니다. 왜냐하면 정혼한 입장이지만 아직 결혼하지 않았기 때문입니다.

그 때 가브리엘은 한 걸음 더 나아가 마리아에게서 일어날 기적을 알리며 말했습니다. "성령이 네게 임하시고 지극히 높으신 이의 능력이 너를 덮으시리니 이러므로 나실 바 거룩한 이는 하나님의 아들이라 일컬어지리라"(눅 1:35). 이제 천사 가브리엘에 대한 마리아의 답이 어떠합니까? 그의 답은 믿음에서 나옵니다. "주의 여종이오니 말씀대로 내게 이루어지이다"(눅 1:38).

여러분, 어떻게 마리아가 이런 대답을 할 수 있었을까요? 어떻게 이 소녀 마리아가 그 짧은 시간에 천사의 말을 소화할 수 있었겠습니까? 마리아의 답을 위해 우리는 전체 구약성경과 관련하여 생각하게 됩니다. 우리는 신약을 구약으로부터 딴 책처럼 분리하면 안됩니다. 신구약은 하나의 책입니다. 마리아는 구약에 계시된 언약적 구원의 역사를 알았습니다. 이렇게 마리아를 이해하지 않고는 달리 짧은 시간 동안 보여줬던 순종에 대해 설명할 수 없습니다. 합리주의적 자유주의 신학을 따르는 사람들은 우리 주님이 성령으로 잉태됐다는 것을 부인합니다. 우리 구주의 잉태가 구약과 관련이 있다는 것을 믿지 않습니다. 이에 대해 예수님이 하나님의 아들이라는 것을 강조하기 위해 일찍이 만들어 붙인 이야기라고 합니다.

우리 구주 예수님의 동정녀 잉태는 구원 역사에 있어서 하나님이 행하신 놀라운 기적을 보여 줍니다. 여호와께서 메시아가 오시도록 거룩한 계통이 필요해 어떻게 여자들의 태에 간섭하셨는지를 역사가 보여주고 있습니다. 가인이 출생한 후에 하와는 "내가 여호와로 말미암아 득남하였다"(창 4:1)고 했습니다. 하와는 가인의 출생을 통해 여호와께서 약속하신 여인의 후손이 시작되는 것을 보고 기뻐서 한 말이 틀림없습니다. 가인이 그 형제 아벨을 죽이고 버림을 당하자 하와는 그 대신에 출생한 아들을 셋이라 이름 지었습니다. 그것은 "대신한다"는 뜻이 있습니다(창 4:25).

여호와는 에녹, 노아, 아브라함 등을 통해 계속 거룩한 계통을 보존하셨습니다. 아브라함의 아내인 늙은 사라로부터 이삭의 출생에 대한 기적을 우리는 기억합니다(창 18:10-15, 21:1-4). 나아가 이사야는 하나님의 간섭에 대해 예언했습니다. "보라 처녀가 잉태하여 아들을 낳을 것이요 그 이름을 임마누엘이라 하리라"(사 7:14). 그리고 그는 이렇게 기뻐 외칩니다. "이는 한 아기가 우리에게 났고 한 아들을 우리에게 주신 바 되었는데 그 어깨에는 정사를 메었고 그 이름은 기묘자라, 모사라, 전능하신 하나님이라, 영존하시는 아버지라, 평강의 왕이라 할 것임이라"(사 9:6).

우리는 우리 구주의 탄생을 구원 역사와 분리시켜서는 안 됩니다. 역사는 계속 하나님께서 거룩한 계통으로부터 자신의 아들을 세상에 오도록 하기 위해 간섭한 사실에 관해 알려 주고 있습니다.

그리스도의 교회는 성령 하나님께서 마리아에게 오셔서 그의 태안에 하나님의 아들을 잉태하게 한 큰 기적을 믿어야 합니다. 성경에 기록된 언약의 내용을 배워 알고 자란 마리아는 이 위대한 기적을 위해 자신이 하나님의 선택을 받은 사실을 이해했습니다. 그래서 마리아는 성령으로 잉태된 사실을 믿음으로 받아들였습니다.

여러분 가운데 아직도 하나님이 어떻게 사람이 될 수 있을까, 마음에 의문을 품고 있는 분이 있습니까? 우리의 신앙고백은 "그는 성령으로 잉태되었다"고 합니다. 여기서 우리는 하나님이 성령으로 인간성과 융합이 되었다고 이해해서는 안됩니다. 하나님이 스스로 인간성을 취하셨습니다. 참되고 영원한 하나님의 아들이 성령의 사역을 통해 동정녀 마리아의 살과 피로부터 자신에게 참된 인간성을 취하셨던 것입니다. 사도 바울은 "그는 근본 하나님의 본체시나 하나님과 동등됨을 취할 것으로 여기지 아니하시고 오히려 자기를 비워 종의 형체를 가지어 사람들과 같이 되셨다"(빌 2:6,7)고 했습니다.

우리 구주 예수님은 그가 사람의 살과 피를 취하시는 순간에도 하나님으로서의 지위를 벗어나지 않았습니다. 사도 바울은 이 신비에 놀라 "크도다 경건의 비밀이여! 그렇지 않다 하는 이 없도다. 그는 육신으로 나타난 바 되시고…만국에 전파되시고 세상에서 믿은 바 되시고

..."(딤전 3:16)라고 말했습니다. 사도 요한은 "말씀이 육신이 되어 우리 가운데 거하시매"(요 1:14)라고 했습니다. 우리의 구주 예수 그리스도는 하나님이시고 하나님으로 늘 계시면서 동정녀 마리아로부터 우리 인간성을 취하셨습니다. 그는 인간성을 취하신 후에도 하나님으로서의 지위를 벗어나지 않았습니다.

사도시대부터 하나님의 아들이 사람의 육신을 입고 오신 사실을 믿지 않은 사람들이 있었습니다. 영지주의자들이라 불린 이들은 이 세상이 죄악의 세계이기 때문에 하나님이 들어오실 수 없다고 생각했습니다. 이들은 하나님의 세계와 이 세상을 대치적으로 보았습니다. 이 세상은 악한 세력 가운데 있기 때문에 여기서 벗어나야 한다고 주장했습니다. 그래서 저들은 하나님이 마리아의 태 안에서 그리스도의 특별한 인간성을 창조하셨다고 주장했습니다. 우리 구주는 마리아의 인간성과 접촉되지 않고 단지 마리아의 태를 통과해 나왔을 뿐이라고 했습니다. 개혁주의 그리스도인들은 이런 이단들을 강력하게 거절했습니다.

성경은 예수 그리스도를 성자 하나님이면서 또한 "아브라함과 다윗의 자손"이라고 부르고 있습니다(마 1:1, 삼하 7:12). 이것은 그의 인간성을 분명하게 알려주는 것입니다. 그리스도가 참된 사람이 아니면, 그가 우리를 구원하실 수 없습니다. 우리 구주는 참으로 다윗의 자손인 사람으로 오셨습니다. 또한 천사 가브리엘이 예수님의 탄생을 선언하면서 "주 하나님께서 그 조상 다윗의 왕위를 그에게 주시리라"(눅 1:32)고 했습니다. 이것은 시편 기자가 한 예언의 성취였습니다. 시편 기자는 거기 "여호와께서 다윗에게 성실히 맹세하셨으니 변하지 아니하실지라. 이르시기를 네 몸의 소생을 네 왕위에 둘지라"(시 132:11)고 예언했었습니다. 사도 바울은 로마서의 서두에서 "육신으로 말하면 다윗의 혈통에서 나셨다"(롬 1:3)고 했습니다.

여러분, 이단은 오래 전의 일이고 오늘 우리에게 위협이 되지 않는다고 생각해서는 안됩니다. 우리의 구원은 그리스도가 우리의 살과 피를 취하시고 이 세상에 오신 사실을 믿는 일에 달려 있습니다. 그는 참 아기로 베들레헴 구유에 뉘었었습니다. 그는 우리처럼 이 땅을 밟고 거리를 걸었습니다. 그는 참 사람으로 십자가에 달려 피를 흘렸습니다. 그는 참 사람으로 우리를 위해 죽음을 이겼습니다. 부활하신 그는 참으로 다윗의 위대한 아들이었습니다.

그가 우리의 육신을 취하셔서 우리의 구원을 위한 터를 놓으셨습니다. 에브라다에서 천사들이 "지극히 높은 곳에서는 하나님께 영광이요 땅에서는 기뻐하심을 입은 사람들 중에 평화로다"라고 노래했습니다. 천사들이 이렇게 노래한 것은 구유에 누인 아기가 참 하나님이요 참 사람이었기 때문입니다. 저들은 이 놀라운 "말씀이 육신이 된" 기적 때문에 하나님을 찬양했습니다. 우리도 천사와 함께 "하나님의 영원한 아들이 사람이 된 것"을 노래하고 찬양해야 합니다.

둘째, 이 기적은 꼭 필요했습니다.

이 기적은 우리 구원을 위해 필요했습니다. 그러나 성경을 기록된 대로 믿지 않는 자유주의 신학을 따르는 사람들은 우리 구주가 꼭 성령으로 잉태할 필요성이 없다고 생각하고 이 사실을 부인합니다. 그들은 왜 구주가 성령으로 잉태된 것을 믿어야 하는가? 왜 예수님이 요셉과 마리아를 부모로 하고 태어날 수 없는가? 왜 예수님이 요셉의 협력 없이 성령으로 잉태되고 동정녀에게서 출생해야 할 필요가 있는가? 묻습니다.

우리 구주는 완전한 인성을 가지면서도 죄는 없어야 했습니다. 그래서 그는 동정녀에게 성령으로 잉태되어야 했습니다. 아담은 우리의 언약의 머리였습니다. 따라서 아담이 타락했을 때 우리도 그 안에서 타락했습니다. 그 결과 그의 후손인 우리는 다 원죄를 가진 죄인으로 잉태되고 태어났습니다. 우리는 잉태되면서 부터 우리 인류의 부패한 뿌리와 관련을 갖게 되었습니다. 그러므로 사도 바울은 "한 사람으로 말미암아 죄가 세상에 들어오고 죄로 말미암아 사망이 왔나니 이와 같이 모든 사람이 죄를 지었으므로 사망이 모든 사람에게 이르렀느니라"(롬 5:12)고 했습니다. 욥은 일찍이 "누가 깨끗한 것을 더러운 것 가운데서 낼 수 있으리이까? 하나도 없나이다"(욥 14:4)라고 했습니다. 누가 하나님 앞에서 죄로부터 자유로울 수 있습니까? 아무도 없습니다. 우리는 생명이 시작될 때, 우리가 잉태될 때 이미 하나님 앞에 죄인들이었습니다.

그런데 예수님의 경우는 달랐습니다. 바로 사람의 생명이 시작되는 그 순간 성령 하나님이 관계하셨습니다. 마리아가 "주의 계집종이오니 말씀대로 내게 이루어지이다"(눅 1:38)라고 말했을 때 그는 성령으로 마리아의 태안에 잉태되었습니다. 그래서 다윗이 "내가 죄악 중에 출생하였음이여 모친이 죄 중에 나를 잉태 하였나이다"(시 51:5)라고 한 고백은 예수님에게 해당되지 않았습니다.

하나님은 그리스도의 생이 시작되는 바로 그 순간에 간섭하셨습니다. 하나님은 요셉을 제쳐 놓으셨습니다. 모든 인간의 자녀는 죄인인 부모에게서 출생하기 때문에 인간으로서 죄의 뿌리와 관련되어 있습니다. 우리는 우리 부모에 의해 인류의 병든 나무로부터 잉태되었습니다. 그러나 예수님의 경우 하나님이 우리 모두가 아담과 연결되는 끈을 끊어버렸습니다. 여기 예수님을 위한 생명의 다른 시작이 있었습니다.

"그는 사람의 행위로가 아니고 성령의 능력으로 복된 동정녀 마리아의 태내에 잉태되었습니다"(벨직 신앙고백 18장). 하나님은 정말 위대하십니다. 그는 모든 인간의 능력을 제치셨습니다. 그는 모든 사람을 부모에게 연결되는 죄악의 끈을 성령으로 끊었습니다. 그래서 그는 마리아의 살과 피로부터 한 거룩한 아기를 지으셨습니다. 그래서 아기 예수에게는 원죄가 없었습니다.

여러분, 우리는 여기서 하나님이 이사야 선지자를 통해 말씀하신 "보라 내가 새 일을 행하리니 이제 나타낼 것이라 너희가 그것을 알지 못하느냐?"(사 43:19)라는 말씀을 기억하게 됩니다. 하나님은 참으로 인류를 위해 새로운 시작을 하셨습니다. 이것은 세상을 창조할 때 일어난 것과 같은 기적입니다. 하나님은 스스로 마리아의 살과 피로부터 한 참 사람을 지으셨습니다. 그래서 예수님은 마리아의 아기였고, 동시에 하나님의 아기였습니다. 이 때 그 아기는 두 아담의 자녀들에 의해 태어나지 않았습니다. 성령의 능력을 통해 오직 한 분에 의해 태어났습니다. 이것이 영광스런 기적이 아닙니까?

아담의 모든 자손은 부패했습니다. 아기마다 죽음과 부패의 무서운 균을 가지고 있습니다. 그러나 우리 구주가 탄생하셨을 때, 그는 죽음과 부패의 균을 가지고 있지 않았습니다. 그래서 거기 새로운 시작이 있었습니다. 그는 아담의 죄에 물들지 않았습니다. 그는 거룩하기 때문에 사람들의 죄에서 완전히 떠나 있었습니다. 그러므로 우리는 하나님의 아들이 성령으로 잉태되고 탄생해야 할 필요성을 고백합니다. 이 신앙의 고백은 하나님의 주권적 은혜와 기적에 대한 찬송이 됩니다.

여러분, 하나님은 그의 피조물을 사탄에게 넘겨주지 않았습니다. 하나님은 그의 피조물을 사람이 낡은 것을 벗어 던지듯 버리지 않으셨습니다. 하나님은 그리스도 안에서 그의 피조물들을 새롭게 하시기를 기뻐하셨습니다. 그래서 성령에 의한 잉태와 출생으로 하나님은 이미 새로운 시작을 하셨습니다. 사탄이 이 세상에서 최후의 결정권을 가지고 있지 않습니다. 베들레헴의 말구유에 누인 마리아의 아기는 하나님의 아들입니다. 그가 이 죄악 세상에서 새로운 시작을 알립니다.

다윗의 참된 자손인 예수 그리스도는 모든 점에 있어서 그의 형제들과 같으나 죄는 없었습니다(히 4:15). 복음은 다윗 계통으로부터 우리 구주의 탄생에 큰 가치를 부여하고 있습니다. 마태는 첫 장에서 마리아의 아기가 어떻게 다윗의 자손으로 잉태되었는지를 잘 보여 줍니다. 거기 다윗으로부터 요셉에 이르는 예수님의 족보가 소개되고 있습니다(6-16). 누가는 누가복음 3장에서 우리 구주가 다윗의 집에 속한 사실을 말해 줍니다. 옛 다윗의 왕족은 예수님에게서 그 절정에 이릅니다.

주 하나님은 다윗을 이은 모든 세대를 통해 다윗의 아들 예수가 오시도록 계속 역사하셨습니다. 마지막에 그가 세상에 오셔서 우리를 위해 죽음을 정복하시고 부활하신 후 보좌 우편에 오르시기 직전 "하늘과 땅의 모든 권세를 내게 주셨다"(마 28:18)고 선언하셨습니다. 이 우주적인 왕이 가져올 평화에 대한 약속은 일찍이 있었습니다. 그가 탄생하던 날 천사들은 다윗의 아들 그 왕이 가져 올 평화에 대해 "땅에서는 하나님이 기뻐하신 사람들 중에 평화로다"라고 힘차게 찬양했습니다.

혹 여러분 가운데 우리는 아직 다윗의 아들이 주는 평화를 이 세상에서 누리지 못하고 있다고 생각할지 모릅니다. 왜냐하면 우리는 이 세상에서 거의 매일 전쟁, 테러, 폭력을 계속 목격하기 때문입니다. 그럼에도 불구하고 우리는 예수님이 참된 다윗의 씨라고 고백합니다.

이 고백에는 그가 어느 날 이 세상에 그의 위대한 평화를 가져 올 것이라는 약속이 포함되어 있습니다. 사도 요한이 계시록 끝에 새 하늘과 새 땅에 관해 알려줍니다. 그래서 우리는 동정녀 마리아로부터 우리 주님이 성령으로 잉태되어 탄생할 필요성을 고백하게 됩니다.

여기서 잠시 로마 가톨릭 교회가 마리아를 높이고 있는 잘못에 관하여 생각해 보겠습니다. 사도신경은 우리 구주 예수 그리스도가 동정녀에게 잉태된 것을 고백합니다. 그러나 로마교회는 마리아에게 영광을 돌리며 높이고 있습니다. 1853년에 로마 교황은 마리아가 예수를 잉태한 순간부터 무죄하게 되었고 동정녀로 지냈었다고 선언했습니다. 그러나 마리아도 이 세상에 죄인으로 왔고 죽을 때까지 죄인이었습니다. 성경 어느 곳에도 마리아가 동정녀로 평생 지냈다는 증거가 없습니다.

그리스도가 탄생한 후에 마리아는 결혼생활을 했었던 것이 틀림없습니다. 누가복음 2장 7절에 "첫 아들을 낳았다"고 했습니다. 같은 복음서에 예수님의 "모친과 동생들"(8:20)에 대한 말이 나옵니다. 마리아는 예수님 외에 다른 아들들을 출산했었던 것이 틀림없습니다. 그러므로 로마교회가 예수님을 잉태하면서 무죄(무후)하게 되었고, 평생 동정녀로 있었다는 것은 거짓입니다.

로마교회가 이렇게 가르치고 있는 그 배후에는 결혼생활에 대한 경시 사상이 있습니다. 그들에 의하면 결혼한 상태는 결혼하지 않는 상태보다 덜 거룩합니다. 그런데 성경은 "모든 사람은 혼인을 귀히 여기라"고 하며 "음행하는 자들과 간음하는 자들을 하나님이 심판하시리라"(히 14:4)고 했습니다. 결혼은 거룩한 제도입니다. 결혼한 여러분은 중심으로 서로 사랑하고 서로 받아들여야 합니다. 여러분의 자녀들은 베들레헴의 아기 예수로 말미암아 깨끗하게 되었습니다. 저 거룩한 아기 예수 때문에 하나님은 강보에 있는 여러분의 자녀들을 보시고 기뻐하십니다.

셋째, 그리스도가 성령으로 잉태되고 탄생한 기적은 큰 결실을 가져왔습니다.

여기서 우리는 다시 에브라다의 들판에서 노래한 천사들의 놀라운 찬양을 생각하게 됩니다. 천사들은 "지극히 높은 곳에서는 하나님께 영광이요"라고 찬양을 시작했습니다. 천사들은 놀라운 기적에 크게 감동을 받았던 것입니다. 천사들은 나아가 "땅에서는 평화"라고 찬양을 계속했습니다(눅 2:14). 천사들은 기적의 필요성을 깨달았습니다. 그가 탄생한 기적으로 하나님의 평화가 이 세상에 왔습니다. 그가 성령으로 잉태되어 탄생함으로써 하나님의 아들은 이 세상에 평화를 위한 굳건한 터를 놓았습니다.

천사들은 "하나님이 기뻐하신 사람들 중에 평화"라는 말로 찬양을 마쳤습니다. 여기서 "하나님의 기뻐하신 사람들"이란 기적의 열매를 가리킵니다. 하나님의 외아들이 인성을 취하셨으나 그에게는 죄가 없었습니다. 그는 우리의 중보자로 잉태되어 탄생했습니다. 그래서 그는 우리가 잉태되고 출생할 때부터 가지고 있는 우리의 죄를 그의 무죄함과 완전한 거룩함으로 하나님 앞에서 덮어 주십니다. 그의 구원하시는 은혜가 이미 우리의 생명의 기원인 잉태와 출생에서 나타납니다.

친애하는 여러분, 우리의 존재가 바로 시작될 때에, 우리가 잉태되고 출생하게 될 때에, 하나님의 기뻐하심이 우리 중보자를 통해 우리에게 역사하기 시작합니다. 우리의 생명이 바로 시작될 때에 이미 우리 중보자가 거기 계십니다. 그러므로 우리는 우리의 자녀들이 출생할 때 기뻐합니다. 이는 우리 구주의 중보적 사역이 이미 그들 생명에 역사하기 시작했기 때문입니다. 그래서 출생함으로써 우리의 자녀들은 하나님의 자녀로서 특권을 갖습니다.

여러분, 세상에서 우리 존재에 대하여 기뻐해야 합니다. 이 땅에서의 우리의 생명이 죄와 무관하지 않습니다. 그러나 우리의 생명은 처음부터 그리스도 안에서 주어진 것입니다. 우리는 우리에게 있는 생명의 의미를 알고 기쁨으로 살아가야 합니다. 우리의 생명은 처음부터 베들레헴의 아기, 구주 예수로 말미암아 정결하게 되었습니다. 그러므로 우리는 우리의 생일을 기뻐하며 축하해야 합니다. 우리의 생명은 처음부터 구원을 받았고 그 뿌리까지 구원을 받았기 때문입니다. 여러분은 하나님의 기뻐하심을 입은 사람들입니다. 전 생애에 그의 이름을 찬양하고 하나님께 영광을 돌리며 사시기 바랍니다. 아멘.

사도신경 해설 설교 [7]

나의 구원을 위한 그리스도의 수난

> **사도신경 본문**
> "본디오 빌라도에게 고난을 받아 십자가에 못 박혀 죽으시고"
> 성경봉독: 이사야 53

친애하는 형제자매 여러분,

세상에는 상상하기 어려운 일들이 일어나고 있습니다. 세계 역사를 뒤돌아 보면 전쟁이 없는 시대가 없었습니다. 지난 세계 제2차대전이 전쟁의 끝이 아니었습니다. 그 후에도 세계에는 크고 작은 전쟁이 끊임없이 일어났습니다. 지금도 거의 매일 중동, 아프리카 등 여러 대륙에서 전쟁과 전쟁으로 말미암은 희생자들에 대한 소식을 듣게 됩니다. 오늘 우리가 이 나라에서 평화를 누리고 산다는 것은 큰 은혜입니다. 그렇지만 우리는 우리 주변에서 살인, 폭력 등 비참한 일들이 빈번히 일어나고 있음을 매일 보고 듣습니다.

그러나 이 모든 비참한 일들은 새로운 것이 아닙니다. 사도 바울도 당시에 빈번히 일어난 비참하고 탄식할 일들에 관하여 말했습니다.

그는 현재의 고난에 관하여 말하기도 했습니다(롬 8:18). 그가 말한 현재라는 것은 그리스도의 승천과 재림 사이의 모든 때를 의미합니다. 그는 현재 피조물이 "허무한 데 굴복"하며 "피조물이…탄식하며 함께 고통"하고 있다고 했습니다(20-22).

여러분, 이런 비참한 세계 가운데서도 놀라운 미래가 있습니다. 바울은 또 "현재의 고난은 장차 우리에게 나타날 영광과 족히 비교할 수 없도다"(18)라고 합니다. 이 비참한 세상 가운데 예수 그리스도의 십자가가 서 있습니다. 십자가 위에서 예수 그리스도는 이 세상의 고통을 스스로 지셨습니다. "그리스도는…온 인류에 대한 하나님의 진노를 몸과 영혼으로 당하셨습니다. 따라서 그는 우리의 몸과 영혼을 영원한 벌로부터 구속하셨습니다."

오늘은 "나의 구원을 위한 그리스도의 수난"에 관한 신앙고백에서 다음 세 가지 요점을 강조하고자 합니다.

첫째, 그리스도는 나 대신에 고난을 당했습니다.

둘째, 그리스도는 나의 구원을 위해 고난을 당했습니다.

셋째, 그리스도는 나를 위해 하나님의 저주를 받았습니다.

첫째, 그리스도는 나를 대신하여 고난을 당했습니다.

사도신경은 그리스도의 잉태와 탄생을 다룬 후 바로 그의 수난에 관하여 말하고 있습니다. 그래서 사도신경에 예수님의 생애는 빠져 있는 것처럼 보입니다. 예수님의 생애는 우리의 믿음을 위해 큰 의미가 있습니다. 4복음서는 예수님의 생애에 관하여 많은 것을 알려 주고 있습니다. 그런데도 사도신경은 예수님의 생애에 관해서 말하고 있지 않는 것처럼 보입니다.

　그러나 여러분, 사도신경에서 "본디오 빌라도에게 고난을 받아"라고 할 때 그가 생애의 마지막에 부당하게 당한 고난만 가리키는 것처럼 들리지만, 이는 그의 전 생애에 이어져온 고난의 연속을 뜻하는 말입니다. 개혁교회 신앙고백은 "그리스도는 이 세상에 사셨던 모든 기간에, 특별히 마지막에 온 인류에 대한 하나님의 진노를 몸과 영혼으로 당하셨습니다"(하이델베르그 요리문답 37)라고 합니다.

　예수님의 전 생애는 우리를 위해 하나님의 진노를 담당한 고난으로 점철되었습니다. "성육신의 처음부터 땅에서 그의 생애 마지막까지 그는 우리를 위해 하나님의 진노를 받으셨습니다." 예수님의 고난은 이미 동정녀 마리아에게서 인간의 육신을 입으실 때 시작되었고, 골고다 십자가에서 끝이 났습니다.

　그의 탄생사건부터 이미 고난과 관련되고 있었음을 알려줍니다. 하나님의 아들 예수님이 가이사 아구스도가 모두 호적하라는 영에 따라 요셉과 당시 그를 잉태한 마리아가 다윗의 집 족속이기 때문에 갈릴리 나사렛에서 유대 베들레헴으로 가야 했습니다. 나사렛에 이르렀으나 그가 유숙할 여관이 없었습니다. 거기서 예수님은 훗날 말씀하셨듯이 "여우도 굴이 있고 공중의 새도 집이 있으되 인자는 머리 둘 곳이 없다"고 하신 그대로 고난의 생애가 시작되었습니다(마 8:22). "하나님의 하나님이요 빛의 빛"이신 그가 강보에 싸여 말구유에 눕혀졌습니다.

　다음으로, 그는 헤롯이 죽이려고 해 애굽으로 피난을 가야 했습니다

(마 2:13-15). 이처럼 그는 고난의 연속이었습니다. 어릴 때 그는 완전히 순종함으로써 그의 아버지 요셉을 도와 목수로 일했습니다(막 6:3, 마 13:55). 무엇보다 그는 부패와 죄로 전적으로 더럽혀진 백성들 가운데 일하며 살아야 했습니다. 예수 그리스도는 땅에 사는 동안 늘 고난 속에 살았습니다.

예수 그리스도는 특별히 생애의 마지막에 큰 고난을 받았습니다. 이는 십자가에서 그가 당한 무서운 고난과 죽음을 가리킵니다. 먼저 우리는 겟세마네와 골고다를 생각하게 됩니다. 겟세마네 동산은 골고다의 시작이었습니다. 겟세마네에서 예수님의 제자들은 고통스러워하는 그에게서 땀이 핏방울처럼 땅에 떨어지는 것을 보았습니다. 예수님은 거기서 "아버지여 만일 아버지의 뜻이어든 이 잔을 내게서 옮기시옵소서 그러나 내 원대로 마옵시고 아버지의 원대로 되기를 원하나이다"(눅 22:42-44)라고 기도하셨습니다.

다윗이 "나는 벌레요 사람이 아니라"(시 22:6)고 예언한 것처럼 그는 무서운 고난을 받았습니다. 그에게는 지옥의 모든 문이 열려진 것처럼 보였습니다. 그는 안나스로부터 가야바에게로 가야바에게서 빌라도에게로 끌려 다녔습니다. 그는 무죄하면서 정죄를 받았습니다. 그는 가시관을 썼습니다. 백성들은 "그를 십자가에 못 박으소서 십자가에 못 박으소서" 하고 외쳤습니다. 그는 십자가를 지고 거룩한 도시 예루살렘 거리를 걸었습니다.

그리스도는 전 생애에 고난을 받으셨지만 특별히 그의 생애 마지막에 육신과 영혼으로 하나님의 진노를 받았습니다. 누가 그의 고난의 깊이를 헤아릴 수 있습니까? 다윗은 "나를 사망의 진토에 두셨나이다"(시 22:15). 라고 그의 수난을 예언했습니다. 어떤 사람들은 이것을 두고 예수님이 십자가에 달렸을 때 어두움이 계속된 세 시간 동안의 고난을 나타낸 말로 생각합니다. 성자 하나님이 십자가 위에서 성부 하나님으로부터 잊혀져야 했습니다. 그는 세 시간 동안 어두움 속에서 "나의 하나님, 나의 하나님 어찌하여 나를 버리셨나이까!"라고 부르짖었습니다.

그러면 예수님은 어떤 고난을 당했습니까? 그리스도는 온 인류에 대한 하나님의 진노를 받았습니다. 그리스도가 십자가 위에서 하나님의 진노를 받았습니다. 현대 신학을 따르는 사람들은 이에 관하여 듣기를 좋아하지 않습니다. 이들은 하나님은 사랑이시며 그리스도의 십자가는 하나님이 인간의 고난에 동참한 것이라고 합니다. 여러분, 하나님은 사랑이심이 틀림 없습니다. 사도 요한은 그의 서신에서 하나님은 사랑이라는 것을 강조했습니다(요일 4:8,16). 그러나 동시에 하나님은 또한 공의로우십니다. 성경은 "하나님은 의로우신 심판자시요 매일 분노하시는 분"(시 50:6)이라고 합니다. 그래서 하나님의 사랑은 느슨한 사랑이 아닙니다. 그의 사랑은 공의와 조화를 이루는 강하고 측량할 수 없는 큰 사랑입니다.

여러분, 우리 하나님은 그의 사랑과 진노를 쏟으시는 놀라운 하나님입니다. 많은 사람들이 하나님을 자기 방식대로 이해하려 합니다. 그래서 어떤 사람은 하나님은 사랑이시니 노할 수가 없다고 합니다. 하나님은 실로 자비로우십니다. 그러나 그는 또 공의로우십니다. 그런고로 우리 하나님은 사랑의 하나님이요 또한 진노의 하나님이십니다. 다윗은 "그 노염은 잠깐이요 그 은총은 평생이라"(시 30:5)고 했습니다.

하나님은 우리의 죄 때문에 진노하셔서 그의 사랑하는 아들 예수 그리스도를 잊으시고 자신의 얼굴을 돌리셨습니다. 여기서 우리는 "그리스도가 하나님의 진노를 받으셨다"고 고백합니다. 하나님은 사랑이므로 우리 죄 때문에 자신의 사랑하는 아들에게 진노를 쏟으셨습니다.

그리스도는 우리의 죄 때문에 하나님의 진노를 받으셨습니다. 그 결과 그는 우리의 죄를 동이 서에서 먼 것처럼 멀리 완전하게 옮기셨습니다. 그리스도가 우리의 죄에 대한 하나님의 진노를 받으셨다는 말의 배후에는 그가 십자가 위에서 "다 이루었다"고 하신 말씀을 생각하게 합니다.

"그리스도가 하나님의 진노를 받으셨다"는 이 말을 우리는 이사야 53장에서 읽을 수 있습니다. "비애의 사람"의 장이라 할 수 있는 이사야 53장의 5절에 이런 말씀이 있습니다. ; "그가 찔림은 우리의 허물 때문이요 그가 상함은 우리의 죄악 때문이라. 그가 징계를 받음으로 우리가 평화를 누리고 그가 채찍에 맞음으로 우리는 나음을 얻었도다." 여기서 우리는 그리스도의 대속적 희생을 알게 됩니다. 선지자 이사야는 6절에 계속 말합니다. "우리는 다 양 같아서 그릇 행하여 각기 제 길로 갔거늘 여호와께서는 우리 모두의 죄악을 그에게 담당시키셨도다."

여기 예수 그리스도의 대속적 죽음의 복음이 있습니다. 선지자 이사야는 오실 메시아를 내다 보고 있었습니다. 7절에 계속 말합니다. "마치 도수장으로 끌려가는 어린 양과 털 깎는 자 앞에 잠잠한 양같이 그

입을 열지 아니하였도다." 이것이 바로 세례 요한이 "보라! 세상 죄를 지고 가는 하나님의 어린 양을 보라"(요 1:29)고 말한 바로 그 예언입니다.

"따라서 그는 유일한 속죄 제물로서 그의 고난으로 우리의 몸과 영혼을 영원한 벌로부터 구속하시고 우리에게 하나님의 은혜와 의와 영생을 얻게 하셨습니다." 예수는 유일한 속죄 제물입니다. 우리는 실상 종교개혁의 핵심 진리를 말하고 있는 것입니다. 이것은 순금 같은 보배로운 말입니다. 하나님의 유일한 어린 양이 있습니다. 세상의 유일한 구주가 있습니다. 동시에 제사장, 희생제물, 제단이신 유일한 분 예수 그리스도가 계십니다. 이 예수 그리스도가 고난받으심으로써 우리의 몸과 영혼을 영원한 벌로부터 구속하시고 하나님의 은혜와 의와 영생을 얻게 하셨습니다.

그런데 예수 그리스도는 "온 인류의 죄에 대한 하나님의 진노를 받으셨습니다." 이 말은 그리스도께서 모든 사람들의 죄를 위해 죽었다는 뜻이 아닙니다. 개혁교회 신경은 이런 감동적인 말을 합니다. "하나님의 아들의 죽음은 …무한한 가치가 있어 온 세상의 죄를 속죄하기에 충분합니다"라고 합니다. 그러나 이어서 하나님은 택자들의 죄만 속죄했다고 합니다. 곧 그리스도는 택자들만 위해 죽으셨다고 합니다 (돌트신경은 2장 3항, 제한된 속죄).

그러면 왜 우리가 온 인류를 위해 그리스도가 죽으셨다고 말하고 있습니까? 이는 단지 그리스도의 속죄 사역을 세계적 차원에서 말하고 있을 뿐입니다. 복음은 어느 한 민족에게 제한된 것이 아니고 세계 온 인류에게 전파되어야 할 것입니다. 어느 나라 어느 민족에 속하든지 복음의 메시지인 예수로 말미암아 구원을 얻는데 대하여 의심하지 않아야 합니다. 하나님의 택자들은 모든 민족 가운데 있기 때문입니다. 구원 받을 자들의 유일한 조건은 회개하고 믿음으로 구주에게 나아가는 것입니다.

이 죄악 세상에 십자가가 서 있습니다. 십자가에서 그리스도는 세상의 죄로부터 화목을 위해 죽었습니다. 이 비참한 세상 가운데서 "너희는 이 구주로 말미암아 하나님과 화목하라"는 메시지를 전해야 합니다. 그리스도의 고난의 복음은 온 세상을 위한 구원의 능력이 있습니다. 그래서 교회는 온 인류에게 복음을 전하기 위해 선교사들을 보내고, 선교 사역을 도울 사명이 있습니다. 복음은 한 민족의 독점물이 아닙니다. 복음은 온 세계를 대상으로 주어졌습니다.

둘째, 그리스도는 나의 구원을 위해 고난 당했습니다.

사도신경에 예수께서 "본디오 빌라도에게 고난을 받으사"라고 한 것이 우리의 주목을 끕니다. 우리는 사도신경에서 단지 두 사람의 이름만 발견하게 됩니다. 한 이름은 우리 구주가 이 세상에 탄생하는데 방편이 된 마리아입니다. 다른 이름이 본디오 빌라도입니다. 마리아라는 이름은 우리 구주의 육신의 어머니로서 우리의 신앙고백 속에 있습니다. 그러나 본디오 빌라도라는 이름은 우리 구주를 죽음으로 이끈 심판자로 우리의 신앙고백에 나타납니다.

사도신경이 예수님에게 사형을 받도록 정죄한 사람의 이름을 언급하는데 대해 이상하게 생각할 수 있습니다. 그리스도의 교회가 그의 이름을 시시때때로 기억할 필요가 있을까 의문이 들 수도 있습니다. 우리의 신앙고백이 빌라도의 이름을 언급하는 것은 여러 이유가 있습니다.

먼저, 초대교회는 그의 이름을 언급함으로써 우리 구주의 고난이 세계 역사 속에서 참으로 있었다는 것을 보여주기를 원했습니다. 복음은 참으로 역사적입니다. 교회는 구속사건이 일어난 장소와 날짜에 관하여 말할 수 있습니다. 예수 그리스도는 본디오 빌라도가 로마 황제의 총독이었을 때 십자가에 못 박혔습니다.

나아가, 이 사람의 이름을 알려야 하는 더 중대한 이유가 있습니다. 본디오 빌라도는 로마 제국의 재판관이었습니다. 로마 제국은 뛰어난 사법체제를 갖추고 있었습니다. 우리 구주 예수가 이 로마의 재판관에 의해 죄가 없다고 선언되었습니다. 그러나 예수님은 사형을 받도록 정죄를 받았습니다. 우리가 복음서의 기록을 조심스럽게 살피면 빌라도가 세 번이나 예수님이 무죄하다고 증거한 사실을 발견하게 됩니다(마 27:13-15, 요 18:38, 19:4,11). 그러나 예수님은 사형을 위한 정죄를 받았습니다. 이것은 중요합니다. 그는 하나님의 어린 양이었습니다. 그는 거룩하고 허물이 없었습니다. 그러나 그는 십자가로 나아갔습니다. 예수 그리스도는 분명히 무죄한데 왜 정죄를 받았을까요?

예수 그리스도가 무죄한 가운데 받은 고난 속에 우리를 자유케 하는 권능, 구원하는 권능이 있습니다. "그리스도는 무죄했지만 세상의 한 재판관에 의해 정죄를 받으심으로, 그는 우리에게 임할 하나님의 준엄한 심판으로부터 우리를 구원하셨습니다"(하이델베르그 요리문답

38). 그러므로 이제 우리는 하나님의 심판을 두려워할 필요가 없어졌습니다. 거룩하고 무죄한 예수님이 빌라도에 의해 정죄를 받았고, 하나님의 무서운 심판까지 받았습니다. 그래서 그는 하나님 앞에서 그의 거룩함과 무죄함으로 우리의 허물을 덮어 주셨습니다.

이제 우리는 그리스도의 의를 옷 입고 하나님의 심판대 앞에 나타날 수 있게 되었습니다. 이로 말미아마 우리는 사도 바울의 말을 기억하며 감사하게 됩니다. "누가 능히 하나님께서 택하신 자들을 고발하리요. 의롭다 하신 이는 하나님이시니!"(롬 8:33). 바울은 하나님의 무서운 심판을 알았습니다. 그는 일찍이 하나님의 교회를 박해했기 때문에 죄인 중의 죄인인 것을 잘 알았습니다. 그러나 그는 이제 말합니다. "누가 능히 하나님께서 택하신 자들을 고발하리요!" 그리스도는 택하신 자들을 위해 죽으셨습니다. 나아가 그는 죽은 자 가운데서 살아나시고 하늘에 오르시어 하나님 우편에서 우리를 위해 간구하고 계십니다.

여러분, 예수님은 무죄하면서 심판장 빌라도 앞에 섰습니다. 우리의 구주로서 서신 것입니다. 조만간 우리가 하나님의 심판대 앞에 서게 될 것입니다. 그러나 두려워할 것 없습니다. 거기 우리 구주가 우리를 위해 계시기 때문입니다. 그가 우리를 무서운 심판으로부터 구해 주실 것입니다. "누가 능히 하나님께서 택하신 자들을 고발하리요!" 우리를 무서운 심판에서 구해 주신 주 예수 그리스도에게 감사와 찬양을 돌립시다.

셋째, 그리스도는 나를 위해 하나님의 저주를 받았습니다.

사도신경은 그리스도께서 "십자가에 못 박혀 죽으시고"라고 합니다. 그리스도께서 하필 십자가에 못 박혀 죽으신 것은 어떤 특별한 의미가 있는지 생각해 봅시다. 거기 특별한 의미가 있습니다. 십자가는 저주를 받는 자의 죽음을 의미했습니다. 그리스도는 십자가에 죽으심으로 우리에게 놓인 저주를 친히 담당해 주신 것입니다. 이는 사도 바울의 말에서 분명합니다. 바울은 "그리스도께서 우리를 위하여 저주를 받은바 되사 율법의 저주에서 우리를 속량하셨으니 기록된 바 나무에 달린 자마다 저주 아래 있는 자라 하였음이라"(갈 3:13)고 했습니다. 바울은 이 말씀에서 신명기를 언급하고 있습니다. 거기 "나무에 달린 자는 하나님께 저주를 받았음이라"(신 21:23)라고 말씀하고 있기 때문입니다.

일반적인 경우 이스라엘에서는 사형선고 받은 사람을 돌로 쳐 죽이는 방법으로 사형집행을 했습니다. 그런데 나무에 달리는 것은 하나님의 큰 진노와 심판을 상징하는 것이었습니다. 민수기 25장을 읽어 보십시오. 싯딤에서 이스라엘 백성이 모압 여자들과 음행하고 모압의 신인 바알브올에게 절을 함으로써 하나님의 큰 진노가 임하게 되었습니다. 그 때 하나님은 모세에게 "백성의 수령들을 잡아 태양을 향하여 여호와 앞에 목매어 달라. 그리하면 여호와의 진노가 이스라엘에게서 떠나리라"(민 25:4) 하셨습니다. 모세는 즉시 재판관들에게 하나님의 명령을 집행하게 했습니다. 그들은 음행하고 우상을 섬긴 자들을 나무에 달아 죽였습니다. 그 때 하나님의 진노가 그쳤습니다.

여러분, 예수 그리스도가 십자가에 달려 죽었습니다. 하나님의 아들이 십자가에 못 박혔습니다. 십자가 위에서 그는 우리 죄에 대한 하나님의 무서운 진노를 당했습니다. 세 시간의 어두움 속에서 그는 영원한 죽음의 깊이를 겪었습니다. 그가 우리 대신 십자가 위에서 저주를 받았습니다. 이것이 십자가의 깊은 의미입니다.

여러분, 저 나무에서, 십자가 위에서 예수 그리스도는 우리에게, 아니 내게 지워진 저주를 나 대신 다 받았습니다. 십자가 죽음은 실상 무서운 것입니다. 그러나 저 십자가에 나를 위한 구원의 길이, 구원의 능력이 있습니다. 그래서 우리는 십자가를 자랑합니다. 어떤 율법도 나를 정죄 못할 것입니다. 그리스도가 나를 위해, 나 대신에 저주를 받았습니다. 십자가로 말미암아 나는 죄와 사망으로부터 영원히 자유를 얻게 되었습니다.

이제 우리는 하나님의 자녀요, 하나님 나라의 상속자요, 그리스도와 함께 한 상속자가 되었습니다. 현세는 고난과 비참함과 슬픔으로 가득 차 있습니다. 그러나 이런 세상 가운데 우리에게는 그리스도의 십자가가 있습니다. 그런고로 우리는 영광스런 미래를 바라봅니다. 확실히 "현재의 고난은 장차 우리에게 나타날 영광과 비교할 수 없습니다"(롬 8:18). 그런고로 나는 기쁨으로 구원의 잔을 들고 나의 평생에 그의 이름을 감사함으로 부를 것입니다. 아멘.

사도신경 설교 **8**

그리스도의 죽음과 우리의 위로

> **사도신경 본문**
> "못 박혀 죽으시고, 장사되시어 지옥에 내려가신지…"
> 성경봉독: 요한복음 19:28-42

친애하는 형제자매 여러분,

오늘 사도신경 본문은 예수께서 "십자가에 못 박혀 죽으시고, 장사되시어 지옥에 내려가신" 것에 대한 신앙고백 내용입니다. 얼핏 보면 죽음, 장사, 지옥에 내려감 등의 낱말로 매우 침울한 내용처럼 보입니다. 우리는 예수님의 죽음을 우리의 죽음과 연관하여 생각하게 됩니다. 죽음이란 매우 현실적인 문제입니다. 우리는 삶에서 자주 죽음과 직면하게 됩니다. 죽음은 우리를 사랑하는 사람으로부터 나누어지게 합니다. 사랑하는 사람들을 잃기 원하지 않지만, 하나님은 그들을 데려 가십니다.

우리는 종종 우리 자신의 죽음에 대해서도 생각하게 됩니다. 사람들은 일반적으로 죽음에 대해 생각하기를 좋아하지 않습니다. 그러나 죽음은 이 세상에서 피할 수 없는 슬픈 현실입니다. 근래에 어떤 사람들은 안락사를 통해 품위 있는 죽음을 말하기도 합니다. 그들은 죽음의 참된 성격을 피해 보겠다는 것입니다.

죽음은 실상 사람에게 큰 굴욕입니다. 그런데 예수 그리스도는 죽었습니다. 왜 그가 죽기까지 낮아져야 하고, 무덤에 장사되어야 했습니까? 왜 그는 지옥의 고통을 당해야 했습니까? 우리를 죽음과 무덤과 지옥으로부터 구원하기 위해 예수 그리스도는 이 모든 일을 당하셨습니다. 그 결과 우리는 사랑하는 자들의 죽음과 우리 자신의 죽음을 직면하게 될 때 큰 위로를 받게 됩니다.

이제 "그리스도의 죽음과 우리의 위로"라는 제목으로 다음 세 가지 요점을 생각하려 합니다.

첫째, 왜 예수 그리스도는 죽기까지 낮아지셨습니까?
둘째, 왜 그는 무덤에 장사되었습니까?
셋째, 왜 그는 지옥에 내려가셨습니까?

첫째, 왜 예수 그리스도는 죽기까지 낮아지셨는지 생각합니다.

죽음이란 무엇이며 그 결과는 어떤 것인가 하는 문제는 옛부터 사람들의 관심이 되었습니다. 어떤 사람들은 죽음에 대해 자연주의적 이념으로 스스로를 위로했습니다. 사람의 생명이란 자라 꽃을 피우고, 열매를 맺은 후에 죽는 화초와 같다고 생각하는 것입니다. 나고 자라고 죽는 것은 인간의 자연적인 과정으로 봅니다. 그래서 죽음에 대해 슬퍼할 이유가 없다고 합니다.

현대의 실존주의자들도 본질적으로 꼭 같은 생각을 말합니다. 우리는 이 세상에 그저 던져져 있기 때문에 존재하는 것이라고 합니다. 아무도 어디에서 와서 어디로 가는지 말할 수 없다고 합니다. 우리가 죽으면 없어질 뿐이라고 합니다. 그러므로 태어나서 죽는 것을 그대로 받아 들여야 한다고 합니다. 이렇게 삶을 보는 사람들에게는 아무런 위로가 없습니다.

그리스도인들이 죽음에 대해 생각하는 것은 이들과는 전혀 다릅니다. 예수 그리스도가 우리를 구원하기 위해 죽었습니다. 그래서 그는 우리 죽음에 대해 참된 위로를 주십니다.

하나님의 외아들 예수 그리스도는 죽으시기까지 낮아지셨습니다. 예수 그리스도가 세상에 계실 때 죽음을 어떻게 대하셨는지 우리에게 잘 알려져 있습니다. 요한복음 11장에서 예수님께서 나사로를 죽음으로부터 일으키실 때에 죽음을 대하는 그의 태도가 잘 나타납니다. "예수께서 그가 우는 것과 또 함께 온 유대인들의 우는 것을 보시고 심령에 비통히 여기시고 불쌍히 여기사 이르시되 그를 어디 두었느냐 이르되 주여 와서 보옵소서 하니 예수께서 눈물을 흘리시더라"(33-36). 예수님보다 죽음의 잔인함을 더 예리하게 본 사람이 없습니다.

겟세마네에서 예수 그리스도는 자신에게 가까이 이른 죽음의 실상을 보셨습니다. 아버지께서 그에게 고난의 잔을 주셨습니다. 그는 그 잔을 마지막 방울까지, 말하자면 영원한 죽음의 고통에 이르기까지 마셔야 한다는 것을 알았습니다. 그래서 주님은 제자들에게 "내 마음이 심히 고민하여 죽게 되었다"(막 14:34)고 하셨습니다. 예수님은 고통 중에 죽음과 씨름했습니다. 우리 주 예수님은 참 사람이셨습니다.

그래서 그는 죽음의 참상을 알았습니다. 그는 기도했습니다; "아빠 아버지여 아버지께는 모든 것이 가능하오니 이 잔을 내게서 옮기시옵소서"(막 14:36). 그러나 아버지는 죽음을 그에게서 옮기시지 않았습니다.

예수 그리스도는 여러분과 저를 위해 죽음의 잔을 마지막 방울까지 마셔야 했습니다. 여러분 겟세마네에서 골고다까지 나아가는 그를 보십시오. 그는 한 걸음 한 걸음 죽음에 가까이 다가 가셨습니다. 그는 십자가 위에서 죽음과 어떻게 겨루었습니까? 세 시간 동안의 어두움을 생각해 보십시오. 제6시로부터 제9시까지 그는 어두움의 세계에 깊이 들어갔습니다. 골고다에서 다윗이 예언한 말씀이 이루어졌습니다. "주께서 또 나를 죽음의 진토 속에 두셨나이다"(시 22:15).

십자가 위에서 하나님은 예수님에게 일시적 죽음뿐 아니라, 또한 영원한 죽음의 고통을 주셨습니다. 그 시간 하나님 아버지는 그를 잊었습니다. 누구도 그의 죽음의 깊이와 실상을 충분히 헤아릴 수 없습니다. 하나님은 이미 낙원에서 영원한 죽음의 참혹함에 관해서 말씀 하셨습니다. "네가 먹는 날에는 반드시 죽으리라."

여러분, 우리는 예수의 죽음의 참혹함을 사람의 말로 표현할 수 없습니다. 우리 구주는 골고다에서 죽음에 직면했습니다. 하나님 아버지는 그의 아들과의 교제를 거두어 들였습니다. 그의 아들을 죽음의 진토 속에 두었습니다. 하나님 아버지는 그를 버렸습니다. 영원한 죽음의 심연으로 그의 아들을 밀쳐 내었습니다. 그러나 성자 하나님은 아버지를 계속 굳게 붙들었습니다. 그는 계속 부르짖었습니다. "나의 아버지, 나의 아버지!" 세 시간이 지났을 때 그는 "다 이루었다" 크게 부르짖었습니다. 그는 고난과 죽음의 잔을 최후의 한 방울까지 마신 것입니다.

여러분, 성자 하나님이신 예수 그리스도가 왜 이렇게 죽으시기까지 낮아지셔야 했습니까? 옛날부터 많은 사람들이 이 문제를 이해하는데 어려움을 겪었습니다. 그래서 예수님이 십자가에서 바로 하늘로 올라갔다고 하는 사람들이 있었습니다. 이런 잘못된 생각 때문에 초대교회가 "십자가에 못 박혀 죽으시고 장사되었다"는 신앙고백을 했습니다. 복음은 그리스도의 죽음에 관하여 확실하게 말합니다. 마가는 "예수께서 큰 소리를 지르시고 숨지시니라"(막 15:37)라고 분명하게 기록했습니다.

사람과 하나님이신 우리 구주께서 죽으셨습니다. 그는 꼭 죽어야 했습니다. 그에게 죽음은 꼭 필요했습니다. 영원한 죽음과 겨루신 후에 그는 일시적 죽음으로 나아가야 했습니다. 왜 그래야 했습니까? 하나님의 공의와 진리 때문에 우리 죄에 대한 속죄는 하나님의 아들이 죽는 것 외의 다른 어떤 길로는 얻을 수 없기 때문이었습니다.

우리 조상 아담은 하나님에 대한 타락과 반역 때문에 죽었어야 했습니다. 그것은 일시적이요 영원한 죽음을 의미했습니다. 예수 그리스도가 그를 대신하여 죽었습니다. 예수님이 우리를 대신하여 죽으셨습니다. 그는 우리 죄에 대한 하나님의 진노를 대신 담당하셨습니다. 그래서 그는 하나님의 공의를 만족케 했습니다. 그는 하나님의 진리를 만족케 했던 것입니다. 예수 그리스도는 우리를 죽음으로부터 구원하기 위해 죽으셨습니다.

그럼 의문이 제기될 수 있습니다. 그리스도가 우리를 위해 죽으셨는데 왜 우리가 아직 죽어야 합니까? 왜 우리가 이제 에녹과 엘리야처럼 죽음을 보지 않고 하늘나라에 갈 수 없습니까? 그가 참으로 죽음의 권세를 이기고 우리를 위해 일어나셨다면, 왜 우리가 아직도 죽음의 어두운 터널을 지나야 합니까? 등을 물을 수 있습니다. 합리적인 물음으로 들립니다. 이 물음에 대하여 이렇게 아름다운 답을 듣게 됩니다. "그리스도 안에 있는 우리의 죽음은 우리 죄값을 지불하는 것이 아닙니다. 그것은 우리가 죄짓는 것을 끝내고 영생에 들어가는 것입니다"(하이델베르그 요리문답 42).

여러분, 하나님의 자녀들에게 죽음은 그들의 죄값을 지불하는 것이 아닙니다. 신자들의 죽음에는 더 이상 하나님의 진노의 불이 없습니다. 우리가 죽으면 그리스도로 말미암아 하나님의 은혜로운 손이 역사하십니다. 하나님은 우리를 죄악의 몸으로부터 단절을 시킵니다. 사도 바울이 이렇게 말했습니다. "혈과 육은 하나님의 나라를 이어 받을 수 없고 또한 썩는 것은 썩지 아니하는 것을 유업으로 받지 못하느니라"(고전 15:5). 그래서 우리의 죽음은 죄 짓는 생활을 끝내고 영생에 들어가는 것입니다. 이것이 그리스도인의 죽음입니다.

그래서 하나님의 자녀들이 죽는 자리에는 영광스런 빛이 비칩니다. 우리는 모두 어느 날 죽을 것입니다. 실로 죽음이란 어려운 실재입니다. 그러나 동시에 죽음은 영생에 들어가는 문입니다. 천사가 기다리다가 나사로가 죽자 아브라함의 품으로 데려갔습니다. 어두운 죽음의 터널 끝에는 영원한 생명의 빛과 영광이 빛납니다.

왜 그리스도는 죽으시기까지 낮아졌어야 했습니까? 여기 답이 있습니다. 우리의 죽음을 영생에 들어갈 문으로 만들기 위해서 그가 죽는 것이 필요했습니다. 아버지의 집에는 거룩한 천사들이 있습니다. 우리를 앞서 간 많은 사람들이 있습니다. 하나님의 집에는 거할 곳이 많습니다(요 14:2).

하나님의 자녀들이 죽는 길은 다 같지 않습니다. 어떤 사람은 순간적으로 영광의 세계로 옮겨집니다. 다른 사람은 하나님의 집 문 앞에서 상당히 오래 기다리기도 합니다. 야곱은 자녀들에게 둘러싸인 가운데 죽었습니다. 매우 인상적입니다. 시므온이 성전에서 아기 예수를 보았을 때 이렇게 말했습니다. "주재여 이제는 말씀하신 대로 종을 평안히 놓아 주시는도다. 내 눈이 주의 구원을 보았사오니"(요 2:29). 사도 요한은 "지금 이후로 주 안에서 죽는 자들은 복이 있도다"(계 14:13)라고 증거했습니다.

죽음은 죄짓는 생활을 그치는 것이요, 영생에 들어가는 문입니다. 이 고백으로 우리는 죽음에 직면하게 될 때 참으로 위로를 받게 됩니다.

둘째, 그리스도는 왜 무덤에 장사되었습니까?

사도신경의 본문을 잘 살펴보면 예수님의 죽음과 장사에 대한 표현에 큰 차이가 있습니다. 예수님이 십자가에 못 박혀 죽으셨다는 사실에서 예수님의 능동적 행위가 나타납니다. 그러나 장사한 일에 관하여는 "장사되고"라고 표현함으로써 예수님이 수동적인 대상으로 되어 있습니다. 십자가 죽음으로 예수님은 고난의 잔을 마지막 방울까지 스스로 마셨습니다. 그러나 그의 장사는 다른 사람에 의해서 이뤄졌습니다. 이로써 우리의 신앙고백은 예수 그리스도가 낮아지신 마지막 단계에 관해 말하고 있습니다. 예수 그리스도는 무덤으로 옮겨져 장사되었습니다.

왜 그가 장사되었습니까? 이로써 그가 참으로 죽었다는 것이 증명되었습니다. 그러나 이 온건한 답 속에 깊은 의미가 있습니다. 물론 예수님이 참으로 죽으셨다는 것이 그 밖에도 여러 증거들이 있습니다. 로마 병정들은 예수님이 이미 죽은 것을 확인했기 때문에 그의 다리를 꺾지 않았습니다. 병정 가운데 한 사람이 창으로 그의 허리를 찔렀습니다. 그 때 피와 물이 쏟아져 나왔습니다(요 19:33,34). 그러나 예수님이 참으로 죽었다는 사실은 그를 장사함으로써 확실했습니다. 그의 장사로 예수님은 지극히 낮아지셨습니다.

장사에 관한 한 그는 완전히 수동적이었습니다. 그들은 예수님의 시신을 옮겼습니다. 아리마대의 요셉과 니고데모가 예수님의 시신을 요셉의 새 무덤으로 옮겼습니다. 예수님이 십자가에 달린 곳과 무덤까지는 먼 거리가 아니었습니다. 사도 요한은 이렇게 말합니다. "예수께서 못 박히신 곳에 동산이 있고 동산 안에 아직 사람을 장사한 일이 없는 새 무덤이 있는지라. 이 날은 유대인의 준비일이요 또 무덤이 가까운 고로 예수를 거기 두니라"(요 19:41,42). 무덤이 가까이 있었습니다.

여러분, 하나님의 자녀들이 죽어 그들의 무덤으로 옮겨지는 것과 꼭 같이 예수님도 무덤으로 옮겨졌습니다. 우리는 죽은 자들을 매장합니다. 거기 인간의 굴욕이 있습니다. 죽은 자들은 더 이상 산 자의 땅에 있지 않게 됩니다. "너희는 흙이니 흙으로 돌아가야 합니다." 이것이 원리적으로 하나님의 아들 예수에게서도 일어났습니다. 예수님이 무덤에 눕혀졌습니다.

그러나 그리스도께서 당하신 이 굴욕의 극단에서 그의 영광의 빛이 나타나는 것을 우리는 보게 됩니다. 요나가 큰 고기 배 속에 밤낮 삼일을 있었던 것과 같이 하나님의 아들이 이 세상의 무덤에 밤낮 3일 동안 계셨습니다. 참으로 예수 그리스도는 밤낮 3일 동안 무덤에 가만히 계셨습니다. 그것은 예수님이 일찍이 예언한 말씀에 대한 성취였습니다. 예수님은 "요나가 밤낮 사흘 동안 큰 물고기 뱃속에 있었던 것 같이 인자도 밤낮 사흘 동안 땅 속에 있으리라"(마 12:41)고 말씀하셨습니다.

그는 마치 우리가 무덤에 장사되는 것과 꼭 같이 장사되었습니다. 그러나 그가 무덤에 장사됨으로써 우리의 무덤을 성별해 주셨습니다. 하이델베르그 요리문답 저자인 우르시누스는 "이로 말미암아 우리의 무덤은 우리가 부활의 날까지 쉬는 곳이 되었다"고 말했습니다. 이 얼마나 놀라운 일입니까? 우리는 가끔 사랑하는 사람들의 무덤 옆에 가곤 합니다. 무덤은 우리에게 말합니다. "너희는 흙이니 흙으로 돌아갈 것이다." 동시에 우리는 무덤 위에서 그리스도의 영광을 봅니다.

그리스도는 무덤에 장사되었으나 일어나셨고 죽음의 참혹함을 벗어던졌습니다. 칼빈은 "그 무덤으로부터 그리스도의 생명의 향기가 우리에게 온다"고 했습니다. 모든 참된 그리스도 신자는 이것을 말할 수 있습니다. 우리도 그리스도의 생명의 향기를 맡으며 죽은 자를 묻습니다. 우리가 죽은 자를 장사하는 것은 파멸에 내어주는 것이 아닙니다. 우리는 죽은 자를 사나 죽으나 유일한 위로가 되어온 주 안에서 쉼을 위해 묻습니다.

그리스도의 십자가 희생과 죽음에서 우리는 더 많은 유익을 얻을 수 있을까요? 물론 있습니다. 그리스도의 죽음으로 말미암아 우리의 옛 본성이 그와 함께 십자가에 못 박히고, 죽고 장사됨으로, 육신의 악한 소욕이 우리 안에서 더 이상 지배할 수 없고, 우리는 우리 자신을 감사의 제물로 그에게 드리게 됩니다.

사도 바울이 로마서에서 우리의 세례와 그리스도의 죽음과 장사지냄은 불가분의 관계가 있다고 말했습니다. "무릇 그리스도 예수와 합하여 세례를 받은 우리는 그의 죽으심과 합하여 세례를 받은 줄을 알지 못하느냐? 그러므로 우리가 그의 죽으심과 합하여 세례를 받음으로 그와 함께 장사되었나니 이는 아버지의 영광으로 말미암아 그리스도를 죽은 자 가운데서 살리심과 같이 우리로 또한 새 생명 가운데서 행하게 하려 하심이니라"(6:3,4)고 했습니다. 이어 6절에서 "우리가 알거니와 우리의 옛 사람이 예수와 함께 십자가에 못 박혔다"고 합니다.

우리가 세례를 통해 물을 지나게 되고 우리의 죄에서 깨끗함을 입는 것 같이 그리스도는 우리의 죄를 갖고 무덤에 들어갔고, 우리의 죄를 거기 영원히 묻었습니다. 또한 그리스도께서 십자가에 못 박히신 것 같이 우리의 몸이 그와 함께 영원히 십자가에 못 박혔습니다.

실제로 우리의 능력은 그리스도의 십자가와 죽음과 장사를 생각하는 데서 옵니다. 그리스도가 나를 위해 십자가에 못 박히시고 죽으시고 장사되었다면 내가 어떻게 죄 가운데 살 수 있습니까? 그럴 수 없습니다. 내 안의 옛 본성은 내게 대한 지배력을 잃어버리게 됩니다. 이제 우리는 우리 자신을 감사의 제물로 그에게 드리게 됩니다.

여러분, 우리가 우리 자신을 감사의 제물로 드리고 살 능력을 어디에서 얻을 수 있습니까? 십자가에 못 박히시고 장사된 예수 그리스도와의 교제에 그 능력의 원천이 있습니다. 우리가 그리스도와 교제할 때, 주께 우리를 감사의 제물로 드리며 기쁨 가운데 살 수 있습니다.

셋째, 왜 그리스도가 지옥에 내려가셨는지 생각하십시다.

예수 그리스도가 지옥에 내려가는 것이 필요했습니까? 그의 죽음과 장사로 그의 낮아지심이 한계까지 왔습니다. 그런데도 왜 그가 저 흑암의 지옥까지 내려갔습니까? 여기 지옥이란 말은 무엇을 가리키고 있을까요? 여기 지옥이란 말을 문자적으로 받아들여서는 안됩니다.

우리는 여기서 교회 역사를 고려해야 합니다. 초대 그리스도 교회가 이것을 사도신경에 삽입했습니다. 왜냐하면 당시 많은 사람들이 그리스도가 장사된 시간부터 부활한 시간 사이에 지옥에 내려가 사탄을 파멸하고 구약시대의 신자들을 하늘로 데려 왔다고 생각했었습니다. 이렇게 생각하게 하는 성경 말씀이 몇 군데 있습니다. 예를 들면 "그가 또한 영으로 가서 옥에 있는 영들에게 선포하니라. 그들은 전에 노아의 날 방주를 준비할 동안 하나님이 오래 참고 기다리실 때에 복종하지 아니하던 자들이라"(벧전 3:19)는 말씀과 "올라가셨다 하였은즉 땅 아래 낮은 곳으로 내리셨던 것이 아니면 무엇이냐?"(엡 4:9) 하는 말씀입니다. 그래서 "지옥에 내려 가셨으며"하는 말씀이 삽입되었습니다.

그러나 개혁 신앙가들은 이에 대해 성경을 바로 읽고 파악한 것이 아니라고 거절해 왔습니다. 왜냐하면 성경에 그리스도께서 죽으시고 장사된 후에 지옥에 내려갔다는 말을 발견할 수 없기 때문이었습니다. 그래서 이 부분을 교회의 신경에서 제거해야 할 것인가 하는 어려운 문제에 직면했습니다. 그러나 개혁신앙을 가진 사람들은 그렇게 하지 않았습니다. 이것을 그대로 두기로 초대 그리스도인들과 일치점을 찾았습니다. 즉 그리스도가 지옥에 실제로 내려가지는 않았지만 십자가 위에서 지옥의 고통을 당하셨다는 것입니다. 그는 사탄의 도전 속에서 지옥과 같은 고통을 견디어 냈습니다. 우리는 종종 그리스도가 십자가 위에서 우리를 위해 영원한 죽음의 고통을 당했다고 말합니다. 그것이 바로 지옥의 고통이었습니다. 우리의 죄에 대한 하나님의 영원한 진노를 받으며 아버지 하나님에게서 잊혀지는 순간 그는 분명히 지옥의 고통을 당하셨던 것입니다. 십자가 위에서 그리스도는 참으로 지옥의 고통 이상의 고통을 당하셨던 것입니다.

여러분, 왜 예수 그리스도가 십자가위에서 죽었습니까? 왜 그가 무덤에 장사되었습니까? 왜 그가 지옥같은 무서운 고통을 당하셨습니까? 오직 하나의 대답이 있을 뿐입니다. 우리들이 사나 죽으나 위로 가운데 살게 하기 위해서입니다. 죄와 영원한 사망에서 우리를 구원하신 예수 그리스도를 언제나 믿고 의지하십시오. 사나 죽으나 그는 우리의 유일한 위로입니다. 아멘.

사도신경 해설설교 ⑨

그리스도의 부활과 나의 부활

사도신경 본문
"사흘 만에 죽은 자 가운데서 다시 살아나시며.."
성경봉독: 로마서 6:1–11

친애하는 형제자매 여러분,

지난 주일 우리는 그리스도의 낮아지심에 대한 신앙고백에 관해 들었습니다. 우리 주 예수 그리스도는 십자가에 못 박혀 죽으시고, 장사지낸 바 되시며 지옥의 고통을 당하셨습니다. 오늘은 그의 높아지심에 관한 신앙고백의 내용에 관해 전하겠습니다. 우리 주 예수 그리스도는 죽으신지 사흘 만에 죽은 자 가운데서 일어나셨습니다. 이것은 놀라운 신앙고백입니다. 이것은 피조물 세계에서 큰 변화를 의미합니다.

예수 그리스도의 부활 없이 이 세상의 생이란 끊임없는 죽음에 불과합니다. 우리는 매일같이 죽음을 목격합니다. 모든 아기는 죽음을 전제하고 태어납니다. 이 세상 모든 것에는 이미 죽음이 시작되고 있습니다. 그리스도 없이는 아름다운 것도 모두 헛됩니다.

우리의 이 세상 삶은 끊임없는 죽음에 지나지 않습니다. 이 세상의 삶이 생명의 겉치레에 불과하지만 그래도 생명은 생명입니다. 그런데 그리스도 밖에는 참 생명이 없습니다. 그리스도 안에 있지 않는 생명은 다 하나님의 심판 아래 있기 때문입니다. 예수 그리스도 밖에 있는 모든 생명은 영원한 죽음을 맞게 됩니다. 하나님과의 관계에서 영원히 떠나게 될 것입니다. 이것은 죄의 결과입니다. 우리는 매일 죽음을 접하고 있습니다. 우리는 어디서든지 언제든지 이것을 목격합니다.

그리스도 안에 있는 우리도 죽음과 관련이 있습니다. 죽음은 우리 안에, 우리 주변에서 역사합니다. 그러나 우리는 그리스도께서 죽은 자 가운데서 일어났다는 것을 믿습니다. 그 결과 매일 직면하는 죽음이 정복되었다는 것을 우리는 압니다. 우리가 예수 그리스도의 은혜로 새 생명을 얻어 일어난 것과. 새 피조물이 된 것과, 영생으로 옮겨진 것을 압니다.

그래서 우리는 현재 죽음으로 사방이 둘러싸여 있지만 예수 그리스도로 말미암아 생명의 승리를 바라보고 있습니다.

오늘 우리는 "예수 그리스도의 부활"에 대한 신앙고백을 생각하며, 다음 세 가지 요점을 살필 것입니다.

첫째, 예수 그리스도의 부활의 사실

둘째, 부활의 지속적 역사

셋째, 부활의 완성입니다.

첫째, 우리는 그리스도의 부활이 사실이라고 고백합니다.

우리는 예수 그리스도가 "죽은 자 가운데서 다시 살아나셨으며"라고 신앙을 고백합니다. 이것은 그리스도께서 부활하심으로 죽음을 이기셨다는 고백입니다. 예수 그리스도는 금요일 밤부터 일요일 아침까지 무덤에 계셨습니다. 그는 완전히 죽으셨기 때문입니다. 그의 몸은 정말 무덤에 장사되었고 돌문으로 닫혀졌습니다. 그리스도는 모든 육체가 가는 길을 간 것입니다. 빌라도와 유대인들에게 예수 그리스도는 완전히 죽은 분이었습니다.

여러분, 이것은 사실이었습니다. 그리스도는 세상에 있는 사람이 죽는 것과 꼭 같이 참말로 죽었습니다. 죽음은 아담으로부터 모든 사람들에게 전해지고, 인자이신 예수님에게도 전해졌습니다. 아담의 죽음을 그리스도 자신도 완전히 당하셨습니다. 그는 동정녀 마리아를 통해 탄생함으로써 참 사람이 되었기 때문입니다. 그는 죄가 없다는 것 외에는 모든 점에 있어서 그의 형제들과 꼭 같이 되셨습니다. 그래서 그도 다른 사람과 꼭 같이 죽었습니다.

그리스도는 둘째 아담이었기 때문에 우리의 죽음에 들어오셨습니다. 첫 아담은 우리 모두의 아버지요 언약의 머리였습니다. 우리는 살과 피 모든 것을 아담으로부터 받았습니다. 우리는 다 아담에게서 왔으므로 그의 자녀들입니다. 그러나 아담의 생명과 그의 모든 후손들의 생명은 죄로 말미암아 죽음의 지배를 받게 되었습니다. 우리는 다 죄와 허물로 죽을 수밖에 없었습니다.

그래서 둘째 아담이 이 세상에 왔습니다. 그는 참된 하나님이었을 뿐만 아니라 참된 사람이었습니다. 그가 우리의 모든 죄를 지시고 십자가에서 죽어야 했습니다. 그 죽음에서 그는 우리를 위해 의와 영생을 얻게 되었습니다. 그의 죽음은 하나님의 심판대 앞에서 우리에게 사면이 되었습니다.

예수 그리스도의 죽음을 통해 우리는 이제 하나님 앞에서 의로움과 깨끗함을 입게 되었습니다. 더 이상 우리가 하나님 앞에서 숨을 필요가 없어졌습니다. 우리는 이제 담대히 그의 보좌 앞에 나아가 우리의 눈을 들 수 있게 되었습니다. 이제 우리는 하나님의 자녀들이고, 하나님은 예수 그리스도 안에서 우리의 아버지가 되셨습니다.

예수 그리스도는 그의 죽음으로 죽음을 정복했습니다. 그의 승리는 완전해야 합니다. 그는 죽음을 정복해야 했습니다. 그리고 그는 피조물의 모든 영역을 지배해야 했습니다. 그런고로 그리스도는 당당히 일어나셨습니다. 그가 죽은 자로부터 일어나심으로써 죽음을 정복했습니다. 그의 부활은 하나님의 피조물 세계에서 놀라운 변화였습니다. 그래서 사도들은 일찍부터 이 날을 "주의 날"이라 불렀고(계 1:10), 그들을 따라 그리스도의 교회는 매주 일요일을 주의 날로 부르고 축하하게 되었습니다.

첫 아담은 "생령"이었습니다(창 2:7). 우리는 그에게서 났습니다. 그런데 둘째 아담은 살리는 영이 되었습니다. 첫 아담에게서 얻은 생령은 우리에게 죽음이 되었습니다. 우리는 하나님 앞에서 영적으로 죽었습니다. 그러나 둘째 아담이 우리에게 살리는 영을 불어 넣어 주셔서 우리는 살아나게 되었습니다. 그의 살리는 영으로 우리는 다 죽은 자로부터 일어나 영생의 세계로 옮겨졌습니다.

다른 편에서도 우리는 그의 부활을 볼 수 있습니다. 우리는 다 첫번째 아담에 포함되어 있었습니다. 우리는 다 그의 허리에 있었습니다. 그는 우리의 공식적인 언약의 머리였습니다. 그가 죽으면서 우리 모두를 자신의 죽음으로 끌어들였습니다. 우리가 다 첫 아담 안에 포함되었던 것 같이 우리가 다 둘째 아담인 예수 그리스도 안에 포함되었습니다. 그가 죽음의 가장 깊은 곳, 지옥의 고통을 겪는 곳까지 내려갔을 때에도 결코 자신의 백성을 버리지 않았습니다. 죽음과 싸우는 가운데서 그는 결코 자신의 백성을 버리지 않았습니다. 사망의 세력이 그에게 오면 올수록, 그는 더욱 우리를 자신의 품에 굳게 안아 주셨습니다.

나아가, 그리스도는 죽음의 가장 깊은 곳에서 올라 오셔서 우리를 굳게 붙잡아 주셨습니다. 부활의 날에 그는 우리를 굳게 붙들어 주셨습니다. 그가 감겨 있던 세마포를 벗고 산 자로 일어나셔서 우리를 굳게 붙들어 주셨습니다.

죽음에서 일어나신 그리스도는 우리를 위해 영생에 들어가셨습니다. 예수 그리스도는 나사로나 야이로의 딸처럼 죽은 자로부터 일어나지 않았습니다. 그들은 하나님의 능력으로 일어나게 된 개인들에 지나지 않았습니다. 그러나 예수는 둘째 아담이었습니다. 자신의 모든 백성을 품은 둘째 아담으로 일어났습니다. 그는 자신과 우리 모두를 위해 의와 영생을 획득했습니다. 그는 아버지와 영원한 교제 속에서 일어나셨습니다.

그런고로 우리는 그리스도와 함께 일으킴을 받았다고 고백합니다. 지난 번에 그리스도가 십자가에 못 박혀 죽고 장사되어 지옥에 내려갔다고 우리가 고백했던 것 같이, 이번에는 그와 함께 일으킴을 받고 그가 얻은 의에 참여하여 그의 생명과 사귀게 된 것을 고백합니다. 여기 주 예수 그리스도의 부활의 복음이 있습니다. 이 복음이 전파되는 곳에는 사망의 사슬이 끊어집니다. 죽은 자가 일어나게 됩니다. 생명의 주가 우리를 위해 교제의 문을 엽니다.

둘째, 부활의 지속적인 역사에 관하여 생각합니다.

그리스도의 부활은 우리와 불가분의 관계가 있습니다. 그리스도의 부활의 능력으로 말미암아 우리도 새 생명으로 일으킴을 받게 됩니다. 그러나 우리는 이 세상에 살아가는 동안 매일 죽음의 세력과 부딪힙니다. 이는 매일 우리들이 살아계시는 주 예수 그리스도로부터 오지 않은 세력과 직면하기 때문입니다. 그런데 우리는 죽음에서 영생으로 옮겨졌습니다. 예수 그리스도가 자신의 보배로운 피로 우리를 사셨습니다. 그래서 우리는 살아계시는 하나님의 백성이 되었습니다. 그렇지만 죽음은 아직도 우리에게 역사하고 있습니다. 우리는 이따금 죄에 떨어집니다. 죽음의 세력의 역사에 놀라기도 합니다. 우리가 매일 듣고 보는 것은 죄 가운데 죽든지 그리스도의 부활의 능력으로 소생하든지 선택을 요구합니다.

이 세상에는 죽음의 권세와 싸움이 없는 곳이 없습니다. 우리는 이 세상에서 중립적인 세계를 찾을 수 없습니다. 우리들의 일터에서, 우리들이 즐기는 오락 세계에서, 우리가 보는 텔레비전 프로그램이나 읽는 잡지에서, 어느 곳에서도 중립적인 것을 발견할 수 없습니다. 우리는 죽음과 생명의 싸움 가운데 있습니다. 우리는 사면으로 죽음의 권세에 둘러싸여 있습니다.

　예수님은 우리를 새 생명으로 일으켜 이 싸움에서 이기게 하시려고 죽음으로부터 일어나셨습니다. 그리스도는 죽은 자 가운데서 일어나 아버지와 교제하는 자리에 들어가셨습니다. 그 결과 우리도 그로 말미암아 생명의 하나님과 교제하게 하셔서 사망의 권세와 싸우는 사람이 되게 하셨습니다.

　여러분은 현재 무슨 능력으로 살아가고 있습니까? 아담의 자손으로 출생한 그대로 스스로 살아갑니까? 죽음에서 일어나신 그리스도에 접붙임을 받아 그의 능력으로 살아갑니까? 그리스도로 말미암아 사는 곳에는 새 생명과 새 능력이 나타납니다. 그러나 그리스도로 말미암아 살지 않는 곳에는 죽음이 지배력을 행사합니다. 그리스도를 믿는 믿음으로 살지 않는 사람은 생명을 받은 사람들 가운데서 죽은 사람으로 살아 가고 있는 것입니다.

　이 세상에서 우리의 생활은 싸움입니다. 죽음이 지배하는 세상과 싸우는 것입니다. 종종 우리는 연약하여 싸움에서 넘어지고 범죄하게 됩니다. 그러나 우리는 하나님의 은혜를 의심하지 않습니다. 그리스도 안에서 싸우는 자들에게는 생명의 충만이 있기 때문입니다. 죄와 싸우는 사람은 혹 넘어지더라도 죄 가운데 넘어진 채로 있지 않고 일어섭니다.

　여러분, 언제나 그리스도를 바라보십시오. 예수 그리스도는 사람이 자기 능력으로 할 수 없는 일을 하십니다. 그는 우리를 새 피조물로 만드십니다. 그래서 옛것은 지나가고 새것이 되게 하십니다. 우리에게는 계속 싸움이 있습니다. 우리가 연약할 때에 능력을 주시는 그리스도를 굳게 붙들어야 합니다. 그러면 그리스도의 부활의 능력은 계속 우리 안에 역사하게 됩니다. 그 때 우리는 승리를 즐기고 믿음의 기쁨을 발견할 수 있습니다.

매일 우리는 예수 그리스도로부터 멀게 하려는 죄의 권세, 죽음의 권세를 만납니다. 사람들이 우리 주변에서 희생되고 죽는 것을 봅니다. 우리가 가지고 즐기던 것이 우리 앞에서 사라지는 것을 봅니다. 우리가 가진 모든 것은 지나갑니다. 우리 생을 뒤돌아 볼 때, 뒤에는 한 큰 무덤이 있습니다. 우리가 바라던 것을 우리는 오래 전에 묻어 버린 것입니다. 우리가 오늘 소망하는 것을 내일 포기할는지 모릅니다. 우리의 생은 허무합니다. 지나가는 것입니다. 우리가 이생에 쥐고 있는 것은 헛됩니다. 왜 그렇습니까? 우리가 그것을 우리 손으로 묻어야 하기 때문입니다. 이생에서 우리에게 영원한 것은 아무것도 없습니다.

믿음으로 그리스도 안에 있는 생명을 굳게 붙잡으시기 바랍니다. 주 안에서 한 일만이 여러분에게 헛되지 않기 때문입니다. 여러분이 주 안에서 행한 모든 일의 열매는 영생으로 보존될 것입니다. 주님의 교회 안에는 허무한 것이 없습니다. 왜냐하면, 주 안에서 일하고 바라고 기대하고 산 사람은 다 영생을 상속받게 될 것이기 때문입니다. 참으로 주를 믿는 자는 이 세상의 지평선을 넘어 영광스런 세계를 바라보기 때문입니다.

여러분은 이 덧없는 세상에서 원했으나 받지 못한 것이 무엇입니까? 그리스도로 말미암아 받은 새 생명을 가지고 살아갈 때 주 하나님이 다스리는 세계에서 영원한 생명으로서 수천 배를 받게 됩니다. 비로소 여러분은 주 하나님께 영원히 무한한 감사와 영광을 돌리게 될 것입니다.

셋째, 부활의 완성에 관하여 생각하겠습니다.

그리스도의 부활로 말미암아 우리들이 얻는 유익은 놀랍습니다. "그리스도의 부활은 우리에게 영광스런 부활에 대한 확실한 보증입니다." 그리스도의 부활의 권능으로 말미암아 새 생명으로 일으킴을 받은 사람은 믿음으로 자신의 몸을 구원할 수 있기를 기대합니다.

여러분 이 믿음을 굳게 붙드시기 바랍니다. 새 생명과 부활은 서로 떨어질 수 없는 관계를 가지고 있습니다. 그리스도로 말미암은 새 생명이 없으면 거기 또한 영광의 부활이 없을 것입니다. 오늘 새 생명으로 일으킴을 받지 못한 사람은 마지막 날에 일으킴을 받지 못할 것입니다. 그는 단지 영원한 죽음으로 일으킴을 받을 것입니다.

새 하늘과 새 땅을 상속받기 위해 오는 많은 사람들이 있습니다. 그들은 다 처음부터 부활의 역사를 경험한 자들, 즉 예수 그리스도 안에서 믿음으로 의롭다함을 입은 사람들이요, 매일 성령으로 새로워지기 위해 부활하신 주님의 부르심에 순종한 사람들입니다. 예수 그리스도 안에서 새 피조물이 된 사람만이 영생에 대한 소망을 가집니다. 예수 그리스도의 능력으로 새로움을 입은 남녀만이 마지막 날에 영생으로 일어날 것입니다.

우리는 이것을 분명히 해야 합니다. 우리는 구원을 자랑합니다. 우리는 주 예수 그리스도 안에서 믿음으로 부름을 받았습니다. 그러나 옛 본성을 가지고 그대로 걸어가는 사람은 아무리 믿음이 있는 것처럼 보여도 하늘을 향해 헛된 소망을 가지고 살아가고 있음을 알아야 합니다. 왜냐하면 그리스도의 권능에 의해 새 생명으로 일으킴을 받은 자들만이 굳건한 소망을 가질 수 있기 때문입니다. 우리는 몸의 부활을 믿습니다. 우리가 죽으면 그리스도께서 확실히 우리를 자신의 영광으로 데려가실 것이고, 우리는 하던 일에서 쉬게 될 것입니다. 그 때는 하늘의 성도들과 함께 이렇게 기도하는 노력 밖에 아무 싸움도 없을 것입니다. "오 주여 아직 얼마나 오래 있어야 합니까?" (계 6:10)

그것이 구원입니다. 그러나 그것은 우리의 구원의 끝이 아닙니다.

오래지 않아 그리스도께서 무덤으로부터 일으키심을 받았던 것처럼, 우리도 무덤으로부터 일으킴을 받을 것입니다. 그 때 우리는 우리 몸의 구원의 날을 경험할 것입니다. 썩을 것이 썩지 아니함을 입을 것입니다. 우리의 몸은 하나님이 뜻하셨던 대로 아름답고 영광스럽게 회복될 것입니다. 그 때 주님은 우리에게 죄로 잃어버렸던 놀라운 자격을 회복시켜 주실 것입니다. 그 때 변질된 우리 몸은 무덤에서 영광스럽게 일으킴을 받을 것입니다. 그 때 우리는 새 땅의 영광을 상속받게 됩니다. 오늘날과는 전혀 다른 생활을 하게 될 것입니다. 모든 죄와 죄의 결과가 사라질 것이기 때문입니다. 그것은 낙원에서 누린 아담의 영광보다 더 큰 영광이 될 것입니다.

그것은 새 창조가 아니고 재 창조가 될 것입니다. 우리가 구했던 것을 거기서 곧 발견할 것입니다. 오늘 여러분이 주 안에서 행한다면 여러분의 노력이 헛되지 않을 것입니다. 우리는 영원한 영광을 얻을 것입니다. 그리스도의 권능으로 새 생명으로 일으킴을 받게 됩니다. 그리스도의 부활은 우리의 영광스런 부활에 대한 확실한 보증입니다. 그래서 우리는 이렇게 고백합니다. 나는 예수 그리스도가 죽은 자로부터 일어나신 것을 믿습니다. 머지않아 영광의 부활의 날이 내게도 올 것이며, 영원한 나라를 상속받으리라고 나는 믿습니다. 아멘.

사도신경 해설 설교 ⑩

승천하신 우리의 대언자 그리스도

사도신경 원문
"하늘에 오르시어 전능하신 하나님 우편에 앉아 계시다가…"
성경 봉독; 사도행전 3:17-26

친애하는 형제자매 여러분,

지난 번에는 그리스도의 부활에 대한 신앙고백의 내용에 대해 전하였습니다. 그리스도의 부활은 우리의 영화로운 부활에 대한 확실한 보증이 된다고 했습니다. 이것은 죽음이 지배하는 세상에 사는 우리들에게 큰 위로를 줍니다. 오늘은 그리스도의 승천에 관해 전하려 합니다. 그리스도의 승천 역시 우리에게는 큰 위로가 됩니다. 예수 그리스도는 부활 후 하늘에 오르셔서 우리의 대언자가 되어 하나님 앞에 계시기 때문입니다. 그는 하나님 앞에 우리들의 유일한 대언자입니다. 그리스도 밖에 우리에게는 다른 대언자가 없습니다.

이제 "승천하신 우리의 대언자 그리스도"에 관하여 다음 세 가지 요점을 생각하겠습니다.

첫째, 승천하신 날에 그리스도는 우리의 대언자가 될 권리를 받았습니다.

둘째, 오순절에 그리스도는 우리의 대언자로 일하시는 모습을 보여 주셨습니다.

셋째, 재림하시는 날에 그리스도는 대언의 결과를 보여 주실 것입니다.

첫째, 우리 주 예수 그리스도는 승천 하신날에 우리의 대언자가 될 권리를 하나님 아버지께로부터 받았습니다.

예수 그리스도는 부활하시고 40일이 지난 후에 제자들이 보는 데서 하늘로 올리워 가셨습니다. 하늘에 가신 그는 거기서 무엇을 하실까요? 그는 먼저 하나님 아버지 앞에서 우리의 대언자가 되십니다. 사도 요한은 "만일 누가 죄를 범하면 아버지 앞에서 우리에게 대언자가 있으니 곧 의로우신 주 예수 그리스도시라"(요일 2:1)고 했습니다. 예수 그리스도는 하늘에 계시는 우리의 대언자입니다.

예수 그리스도는 어떻게 하늘에 오르셨고, 하나님 아버지 앞에 우리를 위한 대언자의 권리를 가질 수 있었습니까? 사도 베드로는 "하늘이 마땅히 그를 받아 두리라"(행 3:21)고 했습니다. 하늘에서 그가 들어오는 것을 거절할 수 없었다는 말입니다. 그리스도는 부활 후 마땅히 승천해야 했다는 것입니다. 그리스도가 승천하신 것은 성경을 이루는 일이었고, 아버지께서 하신 약속을 이루는 일이었기 때문입니다.

하나님 아버지는 그의 아들 그리스도에게 일찍이 약속하셨습니다.

하나님은 일찍이 다윗의 아들에게 "내가 네 원수들로 네 발판이 되게 하기까지 너는 내 오른 편에 앉아 있으라"(시 110:1)고 말씀하셨습니다. 이것은 다윗의 아들, 그리스도에 대한 약속이었습니다. 또 "여호와는 맹세하고 변하지 아니하시리라. 이르시기를 너는 멜기세덱의 서열을 따라 영원한 제사장이라"(시 110:4)고 했습니다. 여기 여호와께서는 "맹세하고" 그를 영원한 제사장으로 삼겠다고 말씀하셨습니다. 이것은 오시는 메시아, 다윗의 아들에 대한 아버지의 맹세였습니다.

그런고로 아버지는 그리스도가 그의 백성의 "죄를 정결하게 하는 일을" 이루셨을 때 그의 맹세를 지켜야 했습니다(히 1:3). 따라서 아버지는 아들이 땅에서 속죄사역을 이루고 죽음에서 일어나자 그를 하늘로 올리워 가셨습니다. 그리고 약속을 지켜 자신의 아들 예수 그리스도를 왕 같은 제사장으로 보좌에 앉게 하셨습니다. 따라서 그리스도는 하늘의 성소에서 세상에 있는 그의 교회의 유익을 위해 자신의 직분을 수행하고 계십니다.

예수 그리스도는 또 하늘의 대언자로 받아들여졌습니다. 왜냐하면 예수 그리스도는 하늘에서 대언자로 일할 수 있는 권리를 가지고 있기 때문입니다. 이 권리를 허락받은 근거가 무엇입니까? 그가 흘린 피입니다. 예수 그리스도의 피는 그가 하늘의 대언자로서 직분을 수행할 수 있는 법적 권리의 근거가 됩니다. 그리스도는 고난과 죽음으로 우리를 유익하게 했고, 하나님 앞에 나타나기 위해 하늘에 들어갔습니다(히 9:24).

아버지는 자신의 아들 예수 그리스도가 택한 백성을 구원하기 위해 피를 흘렸기 때문에 자기에게로 올라오게 하셨습니다. 그리스도는 스스로 하늘에 오르셨지만, 이것 또한 아버지께서 하신 일이었습니다. 아버지가 아들을 하늘로 올리셨습니다. 아버지는 그를 영광의 구름에 태워 하늘로 올리우셨습니다. 아버지는 먼저 그를 하늘에서 이 땅으로 보내셨고, 그 다음 그를 이 땅에서 하늘로 취하셨습니다. 왜냐하면 아들이 이 땅 위에서 그의 뜻을 이루고 그의 일을 마치셨기 때문입니다.

그래서 그리스도께서 승천한 날은 축하의 날이요, 아들이 아버지께로 돌아가신 날입니다. 아들의 승천은 아버지의 영광입니다. 왜냐하면 아버지께서 그의 아들을 보내셨고, 그를 십자가의 죽음에 넘기셨으며 그를 죽은 자로부터 일으키셔서 이제 하늘로 취하셨기 때문입니다(행 1:2-11). 그러나 이것으로 아들의 승천에 대해 아직 충분한 설명이 되지 못합니다. 아들은 승천하여 제사장으로서의 자신의 일을 하기 위해 하늘에 있는 아버지의 집으로 가셨습니다.

그가 하늘로 올라가는 모습을 제자들은 구름이 가리어 보지 못했습니다(행 1:9). 그것은 보통 구름이 아니었습니다. 하늘에서 내려와 그리스도를 데려간 특별한 구름이었습니다. 그것은 주의 영광의 구름이었습니다. 제자들은 모세와 선지자들로부터 이것을 깨달았습니다. 구름은 성막과 성전에서 하나님의 임재를 상징하는 것이었습니다. 그런고로 이 구름이 예수 그리스도가 하늘에서 제사장으로 나타나도록 그를 하늘의 성소로 이끌었다고 말할 수 있습니다.

그래서 승천은 놀라운 사건이었습니다. 그가 승천하는 모습은 또한 매우 주목할 만한 것이었습니다. 그가 손을 들고 제자들을 축복하는 순간 하늘로 올리우셨습니다(눅 24:50). 그것은 대제사장의 행위였습니다. 예수 그리스도는 우리를 위해 기도하시기 위해 하늘 지성소에 들어가셨습니다.

하나님 아버지는 자신의 아들이 자기 백성들의 대언자로 하늘의 성소에서 들어갈 권리를 주셨습니다. 그 권리는 그에게 주어져야 했습니다. 왜냐하면 그것이 그에게 약속되어 있었고, 그는 땅위에서 아버지의 뜻을 다 이루었기 때문입니다.

여러분, 그리스도의 승천은 또한 아들이 우리 구원을 위해 이룬 사역을 아버지가 인정했다는 분명한 증거입니다. 그리스도가 땅위에 머물러 계셨다면 우리는 여러가지 의문을 제기할 수 있습니다. 대언자로서 그의 권리에 대해서, 우리의 의에 대해서 의문이 있었을 것입니다. 아버지가 그의 사역을 기뻐하신 증거도 찾기 어려웠을 것입니다. 그런고로 그의 승천은 주님의 교회를 위해 중요한 뜻이 있습니다. 그의 승천은 그가 그의 보배로운 피로 우리의 죄값을 지불하셨다는 것을 증거합니다. 아버지께서 그에게 우리의 대언자가 될 권리를 주셨다는 것을 증거합니다. 그리스도는 마지막 심판 날까지 우리의 대언자로 계실 것입니다.

이제 우리는 아들 예수 그리스도를 통하여 하나님 아버지께 오게 됩니다. 하나님 아버지는 그의 아들의 중보 때문에 우리의 이야기를 들으십니다. 아들 예수는 산 자와 죽은 자를 심판하러 다시 오실 때까지 우리를 위해 중보하실 것입니다. 그가 지금은 대언자이지만 마지막 날에는 심판자가 될 것입니다. 지금은 그가 우리의 유익을 위해 간구하시지만 그 때는 곧 엄위한 심판자로서 나타날 것입니다.

승천은 사람들에게 믿기 어려운 이야기입니다. 그러나 그의 승천은 복음의 본질적인 부분입니다. 승천이 없이는 십자가와 부활이 별 의미가 없습니다. 승천 없이는 그리스도의 탄생도 의미가 없습니다. 이 모두는 구원의 신비한 사건들입니다. 그리스도의 탄생, 십자가 죽음, 부활, 승천은 서로 나눌 수 없는 관계가 있습니다. 그리스도는 우리의 유익을 위해, 우리의 구원을 위해 하늘에 올리워졌습니다.

둘째, 오순절에 그리스도는 우리의 대언자로 일하고 계시는 모습을 보여 주셨습니다.

우리는 그리스도의 사역의 성격을 잘 이해해야 합니다. 그리스도는 십자가 위에서 단번에 자기를 제물로 드렸습니다. 그런고로 그가 다시 제물을 드릴 필요가 없습니다. 그리스도는 그의 사역을 다 이루었습니다. 그는 이제 하늘에서 하나님 우편에 앉아 계십니다. 하늘의 성소에서 하는 제사장 직과 이 땅의 성소에서 봉사하는 제사장 직 사이에는 차이가 있습니다. 이 땅의 제사장은 봉사하는 동안 서 있습니다. 자신의 사명을 마치지 않는 한 앉을 수 없습니다. 그러나 예수 그리스도는 앉아계십니다. 이것은 그가 자신의 일을 마치시고 앉을 권리가 있다는 것을 뜻합니다. 앉아 있다는 것은 일에서 쉬고 자신이 한 수고의 열매를 즐기고 있다는 뜻입니다.

그렇습니다. 그리스도는 우리의 구원을 위한 자신의 사역을 마치시고 하늘에 들어가셨습니다. 거기서 그는 자기 수고의 열매를 맛보며 그가 우리를 위해 얻은 것, 곧 죄 사함, 의, 영생을 그의 백성들에게 주십니다. 물론 그가 흘린 피를 근거로 중보에 의해 이 선물들을 우리에게 주십니다. 선지자 이사야는 의로운 자가 많은 사람을 의롭게 만들 것이라고 예언했습니다. 그는 "나의 의로운 종이 자기 지식으로 많은 사람을 의롭게 하며"(사 53:11)라고 했습니다. 이것이 짧은 복음의 내용입니다. 많은 사람들이 그의 중보사역으로 죄 사함을 받을 수 있게 되었습니다.

이제 우리는 그리스도의 효과적인 중보가 그의 백성들에게 성령을 보내심으로써 나타난 것을 기억하게 됩니다. 하나님 아버지는 아들이 성취한 사역을 기뻐하시고 그의 요구를 받아들여 그의 교회에 성령을 보내셨습니다. 그가 세상에 계셨을 때 제자들에게 아버지로부터 성령을 보낼 것이라고 말씀했습니다. 약속대로 그는 오순절 날에 성령의 충만한 은사를 그의 사도들과 그의 교회에 부어 주셨습니다. 예수 그리스도는 승천하셨으나, 성령이 땅위에서 그를 대신하여 그의 일을 성취하기 위해 오셨습니다.

오순절에 제자들은 성령의 능력을 받았고, 그리스도께서 승천하시기 전에 명한 일을 수행할 수 있었습니다. 말하자면 그들은 예루살렘으로부터 땅 끝까지 복음을 전할 능력을 받았습니다. 복음 전파를 통해 하나님의 은혜스러운 능력이 분명하게 나타났습니다. 많은 사람들이 회개하고 주님께 돌아왔습니다. 우리는 여기서 하늘로부터 이 땅 위에 나타나는 그리스도의 제사장적 능력이 역사하는 놀라운 장면을 보게 됩니다. 아버지는 그의 아들을 기뻐하십니다. 그의 중보 때문에 하나님의 성령이 강력하게 땅 위에 역사하십니다. 또한 하나님의 성령이 말씀을 통해 주의 백성들을 모아 교회를 세워 가십니다.

여러분, 우리에게는 권능의 대언자가 하늘의 하나님 앞에 있습니다.

이 한 분의 대언자가 우리에게는 충분합니다. 우리는 다른 어떤 중보자가 필요하지 않습니다. 예수 그리스도가 하늘에 계시는 우리의 유일한 중보자이십니다. 성령께서 그를 위해 땅에 사는 우리 안에서 역사하십니다. 성령께서 우리의 죄를 깨닫게 하시고, 죄 용서를 위해 예수 그리스도의 피를 일깨우며, 우리를 하늘의 대언자 그리스도에게로 인도합니다. 여러분, 이 모든 것을 통해 우리는 무엇을 봅니까? 아버지께서 자기 앞에 있는 아들 우리의 대언자를 통해 우리에게 복을 주시며, 그의 교회에 내려주신 성령의 사역을 통해 우리를 위로하시는 것입니다.

그리스도의 승천은 필요했습니다. 그의 승천으로 우리는 하나님 아버지 앞에 능력 있는 중보자를 두게 되었기 때문입니다. 그리스도의 승천은 또 다른 이유 때문에 필요했습니다. 그리스도가 승천하지 않고 이 땅에 머물러 계셨다면 큰 혼란이 일어났을 것입니다. 그를 모실 처소를 마련해야 할지, 그가 쉬실 성전이나 궁전을 어떻게 지어 드려야 할지 적잖은 혼란이 일어났을 것입니다. 뿐만 아니라 전 세계로부터 오는 순례자들을 수용할 수 있는 장소도 마땅히 없었을 것입니다. 그래서 사도 베드로는 "하늘이 그를 마땅히 받아두리라"(행 3:21)고 했습니다.

그러므로 우리는 이 땅에 소위 천년 왕국이 오리라는 전 천년설 견해를 받아들이지 않습니다. 어떤 사람들은 그리스도께서 시온산에 내려오셔서 천년 동안 세상을 다스린 후에 영원한 왕국을 세울 것이라고 합니다. 이 견해대로라면 그리스도의 참된 왕적 영광은 볼 수 없습니다. 그리스도는 하늘에 들어가셔서 크게 높아지셨습니다. 그는 우리의 큰 선지자요 교사이며, 우리의 유일한 대제사장이요, 우리의 영원한 왕이십니다.

예수 그리스도가 땅에서 성령으로 행하시는 것은 복음 선포입니다. 그는 성령으로 복음 설교의 방편을 통해 우리를 진리 가운데로 인도하십니다. 설교는 실제 예수 그리스도로 말미암은 사면의 선포입니다. 우리는 사면의 선포를 여기서 들어야 합니다. 우리는 지금도 하나님의 심판정에 앉아서 사면의 복음을 듣고 있습니다. 우리 하나님은 모든 위로의 하나님입니다.

사도들이 보고 들은 것보다 우리에게는 더 큰 위로가 없습니다. 그리스도 예수가 자신의 상처 받은 손을 들고 제자들을 축복하시면서 그들 곁을 떠나 하늘로 올리워 가셨습니다. 주 예수 그리스도의 교회는 그가 다시 오실 때까지 축복하시는 그의 손 아래 안전할 것입니다.

셋째, 재림하는 날에 그리스도의 대언의 결과가 나타날 것입니다.

우리는 그리스도의 영광스런 승천을 통해 그가 하신 모든 사역을 완성할 것이라고 보증을 하게 됩니다. 그리스도의 부활은 우리의 영광스런 부활에 대한 확실한 보증입니다. 나아가, 그리스도의 승천도 그의 사역에 관해 특별한 것을 상징하고 있습니다. 그의 승천 또한 그가 자기 백성을 완전히 구원하시고 만물을 회복할 것이라는 확실한 보증을 하게 합니다. 그래서 사도 베드로는 이렇게 말했습니다. "하나님이 영원 전부터 거룩한 선지자들의 입을 통하여 말씀하신 바 만물을 회복하실 때까지는 하늘이 마땅히 그를 받아 두리라."(행 3:21). 성전 미문에 앉아 있던 앉은뱅이가 예수의 이름으로 완전히 고침을 받았습니다. 그 앉은뱅이가 회복된 것은 모든 다른 것들, 하늘과 땅을 회복할 것이라는 전조였습니다.

승천하신 그리스도는 우리의 완전한 구원을 원하십니다. 그것이 아버지 앞에서 드린 중보 기도의 본질입니다. 그 중보기도의 본질은 요한복음에 있는 그의 대제사장적 기도에서 발견하게 됩니다. 그는 이렇게 기도했습니다; "아버지여 내게 주신 자도 나 있는 곳에 나와 함께 있어 아버지께서 창세 전부터 나를 사랑하심으로 내게 주신 나의 영광을 그들로 보게 하시기를 원하옵나이다"(요 17:24). 그리스도는 하늘에 계십니다. 그러나 그는 자기 백성들을 눈 앞에서 보듯이 한 순간도 잊지 않고 계십니다.

하늘에 계시는 우리 주 예수 그리스도는 본질적으로 우리와 꼭 같은 육체를 그대로 가지고 계십니다. 이 사실은 우리의 머리이신 그리스도가 그의 지체인 우리도 그에게로 올리워갈 것이라는 확실한 보증입니다. 그리스도께서는 자신의 영광스런 육신을 보셨기 때문에 그가 재림하시는 날에 자기 백성들의 몸에서 어떤 큰 변화가 일어나게 될지 아십니다. 그리스도의 목적은 자기 백성들이 자신과 같이 영광 중에 있는 것입니다. 그는 이를 위해 일하시고 계십니다. 그는 이미 그 보증으로서 우리에게 성령을 주셨습니다. 성령의 은사를 받은 자는 누구나 하늘의 상속, 영원한 영광을 확신하게 됩니다.

여러분, 우리는 승천하신 그리스도의 영광을 보면서 우리의 완전한 구원을 확실하게 보증받게 됩니다. 우리는 또한 우리 안에 역사하시는 성령으로 말미암아 영광스런 상속을 보증 받습니다. 그리스도와 성령은 우리의 구원의 완성을 위해 일하고 계십니다. 우리의 구원을 위한 하나님 아버지의 비밀한 뜻을 시행하기 위해 일하시는 것입니다.

교회는 말씀과 성령으로 시대마다 끊임없이 모이고 있습니다. 교회는 완전한 구원의 날, 곧 예수님께서 다시 오시는 날을 기다리고 있습니다. 우리는 새 하늘과 새 땅을 기다리고 있습니다. 예수 그리스도의 이름을 부르는 사람, 그의 중보의 기도로 하나님의 은혜를 발견한 사람은 저 큰 날에 하늘로부터 오시는 구주를 바라볼 수 있습니다.

그 날에 우리 주님의 교회가 완성되고, 만물이 회복될 것입니다. 저 위대한 날은 우리 주님의 중보 기도 때문에 우리에게 매일 매일 가까이 다가옵니다. 친애하는 여러분, 우리의 중보자 주 예수 그리스도를 향하여 항상 마음을 열고 살아가시기 바랍니다. 우리의 위로와 기쁨은 승천하신 우리의 중보자 주 예수 그리스도와 성령으로부터 옵니다. 아멘.

사도신경 해설 설교 ⑪

그리스도의 통치와 재림에서 오는 위로

사도신경 본문
"전능하신 하나님 우편에 앉아 계시다가 거기로부터 산 자와
죽은 자를 심판하러 오십니다."
성경봉독; 계시록 5:1-14

친애하는 형제자매 여러분,

오늘 우리는 우리 주 예수 그리스도의 세계적 통치와 재림에 대한 신앙고백의 내용을 들으려 합니다. "전능하신 하나님 우편에 앉아 계시다가 산 자와 죽은 자를 심판하러 오십니다." 이 신앙은 사나 죽으나 우리에게 큰 위로가 됩니다. 세계 역사는 마지막 심판의 날을 향해 나아가고 있습니다. 우리는 그 날에 하나님의 심판대 앞에 나타날 것입니다. 2천년 전에 예수 그리스도는 본디오 빌라도에게 심판을 받았습니다, 그러나 마지막 날에 그는 심판자로 나타나십니다. 그 때 우리는 그에 의해 사면을 받을 것입니다. 왜냐하면 그는 우리들의 구주이기 때문입니다.

이제 "예수 그리스도의 세계통치와 재림으로부터 오는 위로"라는

제목으로 다음 세 가지 요점을 살피려 합니다.
　첫째, 세계 통치의 권세를 받은 예수 그리스도
　둘째, 세계 역사의 두루마리를 펴시는 예수 그리스도
　셋째, 최후 심판에서 그리스도 때문에 사면을 받는 우리

　첫째. 아들 예수 그리스도가 아버지께로부터 세계 통치의 권세를 받은 사실을 생각합니다.

　하나님 아버지는 십자가에서 자신을 단번에 제물로 드린 자기 아들 예수 그리스도에게 하늘과 땅의 모든 권세를 주셨습니다. 이 사실은 예수께서 승천하시기 전 그의 제자들 앞에서 "하늘과 땅의 모든 권세를 내게 주셨으니"(마 28:18)라고 하신 말씀에서 알 수 있습니다. 나아가, 사도 요한이 계시록 5장에서 본 이상을 통해 더욱 분명하게 알게 됩니다. 사도 요한은 열린 하늘 성소의 보좌를 보았습니다. 보좌에 어린 양이 서 있었습니다(5절). 그런데 그는 일찍이 죽임을 당하였던 것과 같이 보였습니다. 이것은 그리스도의 영광이 십자가와 떨어질 수 없는 관계가 있다는 것을 보여 줍니다. 실로 그리스도의 권세는 십자가 위에서 드린 희생 제물로부터 온 것입니다. 십자가 위에서 당하신 그의 고난 때문에 하나님 아버지는 자기 아들에게 하늘과 땅의 모든 권세를 주셨습니다.
　아들은 지금 하나님 아버지의 오른 편에 앉아 계십니다. 이것이 그리스도의 권세를 확증합니다. 그리스도의 승천 사건은 그의 제관식이었다고 말할 수 있습니다. 이 사실을 뒷받침하는 말씀이 여기 있습니

다. "죄를 정결케 하는 일을 하시고 높은 곳에 계신 지극히 크신 이의 우편에 앉으셨느니라"(히 1:13). 하나님 아버지가 그리스도를 자기 우편에 앉게 하셨습니다. 사도 바울은 "그의 능력이 그리스도 안에서 역사하사 죽은 자들 가운데서 다시 살리시고 하늘에서 자기의 오른 편에 앉게 했다"(엡 1:20)고 했습니다.

하나님 아버지의 오른 편에 앉는 것은 특별한 메시아적 직분을 가리킵니다. 이 자리는 다윗의 아들에게 약속되었습니다. 여호와께서 일찍이 그리스도에게 "네 원수들로 네 발판이 되게 하기 까지 너는 내 오른 쪽에 앉아 있으라"(시 110:1)고 하셨던 것입니다. 그리스도는 그 자리가 약속되었기 때문에 보좌 우편에 앉으셨습니다. 하늘과 땅의 모든 권세는 다윗의 아들인 예수 그리스도에게 주어졌습니다. 그래서 그는 통치하게 됩니다. 또 아버지로 말미암아 약속된 시온의 왕의 권세에 관하여 이렇게 말하고 있습니다. "내게 구하라. 내가 이방 나라를 네 유업으로 주리니 네 소유가 땅 끝까지 이르리로다"(시 2:8).

그렇다면 그리스도의 권세는 무엇입니까? 그것은 세상의 권세와는 전혀 다릅니다. 왜냐하면 그리스도는 보좌에서 왕 같은 제사장으로 계시기 때문입니다. 그는 먼저 교회의 머리이십니다. 모든 권세는 그에게 속합니다. 그런데 그리스도는 하늘과 땅의 모든 것을 교회의 머리로서 다스리십니다. 이것은 우리에게 놀라운 위로가 됩니다.

우리는 그리스도의 권세를 그의 고난과 십자가 죽음으로부터 분리하여 생각해서는 안됩니다. 어린 양이 죽음을 정복하고 높아지셨습니다. 왜냐하면 그가 자기 백성들의 구속을 위해 몸소 피를 흘렸기 때문입니다. 비애의 사람이 영광의 주가 되셨습니다. 십자가 위에서 그는 죽었지만 하나님의 오른 편에 앉는 영광스런 결과가 나타났습니다.

예수 그리스도는 하늘과 땅의 모든 권세를 받았습니다. 그는 하늘에서 이 땅을 자기 권세로 다스리십니다. 그러므로 우리는 그의 권세의 성격을 알아야 합니다. 그것은 무엇보다 은혜의 권세입니다. 그는 그 자신 손에 죄 사함의 홀을 쥐고 있습니다. 그래서 그는 자기 백성의 위로자로 다스리고 계십니다.

나아가, 하나님의 오른 편에 앉아 계시다에 대한 의미를 살펴보십시다. 아론의 질서에 따르면 이 땅의 제사장은 성소에서 앉아 있지 않았습니다. 성소에서 "서 있는"것으로 표현되어 있습니다. "보라 밤에 여호와의 성전에 서 있는 여호와의 모든 종들아 여호와를 송축하라"(시 134). 땅의 제사장들은 맡은 일을 끝낼 수 없었습니다. 죄를 사할 수 없었습니다.

그들의 제사는 실상 무력했습니다. 그들이 드린 동물의 피는 단지 실재에 대한 예표의 뜻만 있을 뿐이었습니다. 그래서 멜기세덱의 반차를 따른 더 나은 대제사장의 희생 제물을 기다렸습니다. 그리스도께서 십자가에서 우리 죄를 위해 자신을 단번에 제물을 드렸을 때 "다 이루었다"고 하셨습니다. 아버지께서 맡기신 일을 그가 성취했기 때문입니다. 그래서 그는 보좌 우편에 앉을 수 있었습니다.

우리에게는 하늘에서 서 있는 대제사장이 아니고, 보좌에 앉아 계시는 대제사장이 있습니다. 사도신경은 그리스도의 제사장 직의 승리를 "전능하신 아버지 하나님의 우편에 앉아 계신다"는 놀라운 말로 표현하였습니다. 우편에 앉았다는 것은 교회의 머리인 그리스도의 왕 같은 권세를 뜻합니다. 왕은 보좌에 앉아 계십니다. 왕이 보좌에 앉아 있다는 것은 그가 힘없이 보좌에 묶여져 있다는 것을 의미하지 않습니다. 그것은 그의 왕적 활동을 의미합니다.

왕이 보좌에 앉아 있습니다. 이것은 그가 왕적인 권능과 권세를 실행하고 있음을 뜻합니다. 제사장적인 왕, 예수 그리스도는 보좌에 앉아 계십니다. 이로써 시편 기자와 선지자들의 말은 성취되었습니다. 다윗이 시편 110편에 "여호와께서 내 주에게 말씀하시기를 내가 네 원수로 네 발등상이 되게 하기까지 내 우편에 앉으라 하셨도다"라고 예언한 것이 완전히 성취되었습니다. 그는 하나님의 오른 편에서 교회의 머리로, 만물의 머리로 앉아 계십니다. 하나님 아버지는 예수 그리스도를 통해 만물을 다스리고 계십니다.

우리는 눈으로 그가 하늘에서 통치하는 모습을 볼 수 없습니다. 성경에 기록된 사실을 믿음으로 알 수 있을 뿐입니다. 그리스도가 통치하는 모습은 우리 눈에 보이지 않습니다. 그것은 예수께서 세상에 계셨을 때에도 가려졌었습니다. 그의 사역은 사람들의 눈에서 가려졌었습니다. 그의 제자들도 그의 일을 이해할 수 없었습니다. 그 이유는 무엇입니까? 그들의 눈이 감겼기 때문입니다. 특별히 성경은 그들의 눈에 닫힌 책이었습니다. 그리스도가 부활한 후에야 그들의 눈이 열렸습니다. 그 때 저들은 성경이 말씀하신 것을 이해할 수 있었습니다. 그리스도의 모든 사역은 그의 제자들의 눈 앞에 가려졌습니다. 이는 오늘 우리에게도 마찬가지입니다.

하늘로부터 그리스도의 모든 사역은 우리 눈 앞에서 가려져 있습니다. 그의 역사의 프로그램이 우리 눈 앞에 가려져 있습니다. 이는 믿음에 의해서만이, 성경에 의해서만이 알려집니다. 그런고로 사도들이 반복해서 성경의 예언인 시편 2편과 110편을 지적한 것은 놀랄 일이 아닙니다. 사도 요한은 계시록 12장에서 시편 2:9을 언급함으로써 시온의 왕의 일에 관하여 말하고 있습니다. 계시록 12:5에 "장차 철장으로 만국을 다스릴 남자"라고 합니다.

사도 요한은 나아가 시온의 왕의 사명을 설명하고 있습니다. 이에 따르면 큰 용, 옛 뱀 마귀가 남자 아이를 삼키기 위해 노력합니다. 그러나 실패합니다. 그 남자 아이가 승천하자 그 용은 교회를 핍박합니다. 그러나 남자 아이인 그리스도는 하늘과 땅의 모든 권세를 가지고 있습니다. 그는 "만물을 그의 발 아래 복종하게 하시"는 하나님의 오른 편에 앉아 계십니다(엡 1:2-23). 그리스도의 권세는 절대적입니다. 큰 용 곧 뱀이 여자와 여자의 후손, 곧 교회와 싸웁니다. 그러나 왕이신 그리스도가 정복하고 다스리십니다.

따라서 하나님 아버지는 그의 아들 예수 그리스도의 능력과 권세로 우리를 위로하십니다. 마귀는 교회를 대적하여 전쟁합니다. 나라와 백성들이 시온의 기름 부음 받은 왕을 대적하여 헛된 일을 꾸밉니다. 그러나 하늘에서 큰 웃음이 들립니다. 이는 분명히 시온의 왕을 대항하여 헛된 일을 꾸미는데 대한 비웃음입니다. 그리스도가 왕이십니다! 그를 반역하는 것은 어리석은 일입니다. "하늘에 계신 이가 웃으심이여 주께서 그들을 비웃으시리로다"(시 2:4). 대적들의 모든 계략과 반역에도 불구하고 시온의 왕은 보좌의 아버지 곁에 앉아 계십니다. 그의 권세는 절대적이요 그의 정사는 확고합니다.

그러나 우리는 이 세상에서 그리스도의 교회가 박해를 받으며 원수들의 세력이 계속 증가하고 있는 것을 봅니다. 그 결과 하나님의 교회,

하나님의 백성들의 생활은 웃음과 눈물이 교차되는 것입니다. 이 땅에서 그리스도인의 생활은 웃음과 눈물의 혼합입니다. 그러나 역사의 종말에는 웃음과 기쁨이 지배하게 될 것입니다.

둘째, 세계 역사의 두루마리를 펴는 그리스도에 관해 생각합니다.

우리는 이 세상에서 그리스도의 교회와 교회의 원수들이 맞서 싸우는 현실을 봅니다. 그런데 땅에서 싸움의 승패는 하늘의 그리스도에 의해 결정되어집니다. 그리스도께서 하늘에 오르시고 거기서 모든 것을 다스리고 계시기 때문입니다. 하늘과 땅은 그리스도의 통치 아래 있습니다. 하나님 아버지께서는 세상의 구주 그의 아들 예수 그리스도를 통해 만물을 다스리고 계십니다. 예수 그리스도는 교회의 머리요, 세계의 통치자입니다.

사도 요한은 계시록 5장에 기록한 것처럼 그 모든 것을 이상으로 보았습니다. 그는 자신뿐 아니라 우리를 위해 그 이상을 보았습니다. 그는 열린 하늘에 계신 하나님의 보좌를 보았습니다. 그 때 그는 일곱 인으로 봉인된 두루마리를 보았습니다. 그 두루마리는 그리스도가 재림할 때까지 이 세계에서 일어날 모든 일들의 과정에 대한 하나님의 작정을 담고 있었습니다. 그것은 그의 사랑하는 자녀들과 상속자들에 대해 아버지의 작정이 기록된 것이었습니다. 그 작정은 기록되어진 대로 필연코 일어나게 될 것입니다. 그 작정 속에는 그의 사랑하는 자녀들에게 새 하늘과 새 땅이 약속되어 있습니다. 그리스도는 아버지의 뜻을 실행하는 아들입니다.

이 땅에서 일어나는 일들의 과정에 관한 다양한 견해들이 있습니다. 하나님이 작정하시고 역사를 이끌어 가시는 것을 부인하는 자유주의 신학자들은 새로운 세계가 인간의 노력에 의해 오게 될 것이라고 합니다. 이들은 그리스도인들이 낡은 세계를 무너뜨리고 하나님의 나라를 건설해야 한다고 합니다. 그래서 이들 가운데는 폭력적 혁명을 지원하고 선전하는 사람들도 있었습니다. 이것은 매우 유치한 인본주의적 환상입니다.

그러나 역사의 과정, 역사의 두루마리는 사람의 손에 있지 않습니다. 우리 주 예수 그리스도의 아버지의 손에 있습니다. 아무도 이 봉인된 두루마리를 열 수 없습니다. 아무도 우리에게 미래의 신비를 열어 줄 수 없습니다. 이것을 할 수 있는 한 분이 계십니다. 유대 지파의 사자요, 다윗의 뿌리인, 죽임을 당했지만 살아 있는 그 어린양만이 그 두루마리를 열 수 있습니다(계 5:4-7).

그러면 그 어린양이 어떻게 그 두루마리를 엽니까? 먼저, 그는 그의 교회에 은사를 부으시고, 그의 종들에 의해 그 두루마리의 신비를 열어가십니다. 승천하신 주께서 오순절에 그의 교회에 하늘의 은사를 부으셨습니다. 베드로는 이렇게 말했습니다. "하나님이 오른 손으로 예수를 높이시매 그가…너희가 보고 듣는 이것을 부어주셨느니라"(행 2:33).

하늘의 은사는 복음을 전할 수 있는 권능의 성령이었습니다. 성령의 권능으로 그리스도의 제자들은 복음을 선포했습니다. 진리의 영인 성령은 저들을 말씀의 진리로 인도했습니다. 그리고 말씀을 선포하는 자들로 만들었습니다.. 그래서 저들은 능력 있게 구원의 신비를 선포할 수 있었습니다.

교회는 예수 그리스도의 죽음과 부활의 터 위에 서 있습니다. 그래서 교회에 영광스런 미래가 있습니다. 이것이 복음 증거로 드러납니다. 사도 바울은 에베소서 4:7-12에서 복음 증거를 위한 은사, 곧 사도들과 선지자들과 목사들의 은사에 관하여 말합니다. 이들의 사명은 복음의 증거를 통해 교회의 신비, 세계 역사의 신비를 드러내는 것입니다. 여러분, 언제나 설교를 주의 깊게 들으시기 바랍니다. 그러면 역사의 의미, 곧 과거, 현재, 미래의 의미를 발견하게 됩니다. 여러분은 잃어버린 낙원, 그리스도의 구원, 미래의 시온의 영광의 의미를 말씀을 통해 발견할 수 있습니다.

어린 양이 그의 종들로 하여금 그 두루마리를 열게 하시지만, 그가 실제로 역사의 두루마리를 열고 계십니다. 두루마리를 열면 우리는 하나님과 그의 기름부음 받은 자들과 그의 백성의 원수들에 관하여 읽을 수 있습니다. 그리스도는 그의 원수들 가운데서 다스리십니다. 그의 원수들은 곧 교회의 원수들입니다. 그 원수들은 이 땅의 나라를 가지고 있습니다. 이 땅의 나라는 거짓 예언과 악한 이념으로 다스려지고 있습니다. 계시록 12장과 13장을 읽어 보십시오. 옛 뱀인 큰 용은 땅에서 올라오는 짐승의 도움을 받습니다.

이 짐승은 어린 양처럼 두 뿔을 가지고 큰 용처럼 말하기 때문에 매우 상징적입니다. 이 짐승은 어린양처럼 보입니다. 그러나 큰 용처럼 말합니다. 매우 전형적입니다. 이 짐승의 힘이 매우 위험하고 유혹적입니다. 이것이 그리스도의 교회가 당면하는 큰 위협이요 위험입니다. 이 짐승은 누구이겠습니까? 우리가 이 짐승의 정체를 알아차릴 수 있을까요? 우리는 알아차릴 수 있습니다. 오늘날 어린 양의 사자로 많은 사람들이 나타납니다. 그러나 실제로 이들은 용의 생각을 전하고 있습니다.

보십시오. 자유주의 신학자들은 그리스도의 종의 이름을 가지고 있습니다. 그러나 그들이 전하는 메시지는 거짓 예언이고 용이 말하는 것입니다. 그들은 하나님의 어린 양 안에서 하나님의 은혜의 사역을 부인합니다. 거기에는 십자가에서 드린 예수 그리스도의 제물에 의한 구속의 복음의 메시지가 없습니다. 여러분, 그것은 그리스도의 원수요 교회의 원수입니다. 여러분은 용과 그를 돕는 짐승의 능력을 오늘 보고 계십니까? 저들은 그리스도의 원수들이요 우리 교회의 원수들입니다. 저들은 큰 능력을 가지고 있습니다.

그러나 그리스도의 사역은 당당하게 진행되어 갑니다. 역사의 두루마리는 우리에게 교회의 미래를 보여주며, 교회가 모든 원수들과 싸우고 그 결과를 보여 줍니다. 결국 어린 양이 역사를 지배하고 승리합니다. 그가 자신의 능력으로 모든 원수들로부터 우리를 보호하시고 보존하십니다. 그리고 마침내는 그의 모든 원수, 우리들의 원수들을 영벌에 던집니다.

그래서 우리는 어린 양의 노래를 부릅니다. 그리고 그 끝은 어린 양의 혼인잔치가 될 것입니다. 어린 양이 역사의 두루마리를 연다는 것은 우리에게 얼마나 놀라운 위로입니까? 교회는 어린 양 안에서 영광스런 미래가 있습니다. 어린 양이 다스리기 때문입니다.

셋째, 최후 심판에서 그리스도로 말미암아 우리는 사면을 받습니다.

여러분, 예수 그리스도 안에서 오직 믿음으로 우리는 과거, 현재, 미래라는 역사의 진행과 일치를 봅니다. 최후의 세계 심판은 만물의 통일을 가져 올 것입니다. 십자가에 못 박혀 죽었다가 일어나신 주 예수 그리스도가 심판자이십니다. 하나님 아버지는 그로 말미암아 의로 세상을 심판하실 것입니다. 그는 영원한 작정 가운데서 그리스도를 심판자로 정하셨습니다. 하나님 아버지는 그리스도를 죽은 자로부터 일으키시고 하늘 보좌에 높이심으로써 이 사실을 모든 자들에게 확증하셨습니다. 그는 모든 심판을 그의 아들에게 맡기셨습니다. 그래서 그는 세상을 심판할 권세가 있습니다.

그리스도는 현재 하나님의 오른 편에 앉아 계십니다. 이것은 그의 재림과 최후 심판이 떨어질 수 없는 밀접한 관계가 있음을 뜻합니다. 세상 역사 끝에 보좌와 심판대가 있을 것입니다. 그의 보좌가 심판대가 될 것입니다.

그럼 최후 심판의 표준은 무엇이 될까요? 그것은 분명합니다. 모든 사람이 하나님의 아들 예수 그리스도, 어린 양을 통한 사면의 복음과 어떤 관계를 가졌는지가 심판의 표준이 될 것입니다. 모든 사람이 이 표준에 따라 심판을 받게 됩니다. 그리스도를 구주와 대언자로 받아들이지 않는 자는 정죄를 받을 것입니다. 그러나 어린 양 예수 그리스도의 십자가 복음을 듣고 그를 구주와 대언자로 믿는 자는 아버지의 이름으로 영원히 사면을 받게 될 것입니다.

그런고로 여러분, 하나님의 백성은 이런 위로를 받으며 이 세상을 떠날 수 있습니다. 그의 보좌 앞에 두려움 없이 나타날 수 있고, 마지막 날에 기쁨과 영광 가운데 어린 양의 혼인 잔치에 참여할 것이기 때문입니다. 우리는 이 모든 것을 하나님 아버지께 감사해야 합니다. 그가 그의 아들, 어린 양의 피로 우리의 옷을 깨끗하게 씻어 주셨고, 원수들 가운데서도 그의 아들을 통해 우리를 보호하시고, 보존해 주셨기 때문입니다. 아멘.

사도신경 해설 설교 ⑫

III. 성령 하나님과 우리의 성화

성령님과 그의 사역

> **사도신경 본문**
> "나는 성령을 믿으며"
> 성경 봉독: 베드로후서 1:12–2:3

친애하는 형제자매 여러분,

오늘은 사도신경의 셋째 부분인 "성령 하나님과 우리의 성화"에 대한 신앙고백의 첫 항목에 관하여 전하려 합니다. 우리는 모두 "성령을 믿시오며"라고 고백합니다. 하나님은 우리들에게 진리를 점진적으로 밝게 계시해 주셨습니다. 하나님은 구약시대에 희미한 것처럼 보이던 진리를 신약시대에는 매우 분명하게 알려 주셨습니다. 이는 성령에 관해서도 마찬가지입니다. 신약성경은 구약성경보다 성령에 관하여 훨씬 분명하게 계시하고 있습니다. 사도들은 성령에 관하여 자주 말했습니다. 사도 바울뿐 아니라, 누가, 요한, 베드로가 성령의 사역에 관하여 많은 것을 알려 주었습니다.

그런데 신약성경이 구약성경보다 성령에 관하여 더 분명하게 말하는 가장 큰 이유는 예수 그리스도께서 친히 성령과 그의 사역에 관하여 말씀하셨기 때문입니다. 예수 그리스도는 삼위 하나님의 제2격이신 성자 하나님이십니다. 그는 성부 하나님과 성령 하나님에 관하여 완전하게 알고 계십니다. 그래서 그는 성령 하나님과 그의 사역에 관하여 우리에게 잘 말씀해 주실 수 있었습니다.

주 예수 그리스도는 특별히 그가 배반을 당한 밤에 성령과 보혜사에 관하여 말씀하셨습니다. 곧 다가올 작별을 앞두고 그는 제자들을 준비시키기 위해서였습니다. 그는 "내가 아버지께 구하겠으니 그가 다른 보혜사를 너희에게 주사 영원토록 너희와 함께 있게 하리라"고 했습니다(요 14:16). 그는 이어 성령께서 "모든 것을 가르치고" 그리스도를 "증언"할 것이라고 했습니다(요 14:26, 15:26). 예수님은 마지막 밤 그의 제자들에게 성령이 오셔서 그들에게 모든 것을 가르치고 진리의 아름다운 세계로 인도할 것이라며 위로하셨습니다.

예수 그리스도는 첫 번째 보혜사이십니다. 그는 이 세상에 우리들의 구주로 탄생하시고, 고난을 받으시고, 죽으시고, 부활하시고, 승천하셨습니다. 그런데 이것만으로 우리 구원을 위한 그의 일은 아직 끝나지 않았습니다. 그의 일은 다른 보혜사 성령이 오셔서 성화 사역을 하심으로써 계속 진행되고 완성되어집니다(요 14:16).

성화는 우리가 죄와 비참함으로부터 더 큰 구원을 받게 되고, 우리의 최후 목표인 완전함에 이를 준비를 더욱 더 열심히 하는 것을 의미합니다. 성령께서는 우리 안에 거하시고 일하시며 우리를 그리스도의 모습으로 새롭게 만들어 주십니다. 이것은 우리의 완전한 구원을 위해 소홀히 할 수 없는 부분입니다.

이제 "성령과 성령의 사역"에 관하여 다음 세 가지 요점을 생각하려 합니다.

첫째, 성령은 참되고 영원한 하나님이십니다.

둘째, 성령에 의지해야 합니다.

셋째, 성령은 성화의 사역을 하십니다.

첫째, 먼저 성령은 참되고 영원한 하나님이십니다.

우리는 성령이 성부 하나님과 성자 하나님과 함께 참되고 영원한 하나님이라는 사실을 믿고 고백합니다. 이런 신앙고백은 싸움과 고통과 실망과 슬픔이 가득한 우리 일상생활과 별로 관계가 없는 신비한 이론으로 들릴 수 있습니다. 그래서 성령에 대한 교리를 별로 중요하게 여기지 않는 사람도 있습니다.

그러나 성령이 아버지와 아들과 함께 참되고 영원한 하나님이시라고 성경이 우리에게 계시합니다. 그러므로 이를 바로 알고 믿는 것은 배우 중요합니다. 신명기 29:29에 "감추어진 일은 우리 하나님 여호와께 속하였거니와 나타난 일은 영원히 우리와 우리 자손에게 속하였다"고 했습니다. 그래서 우리는 하나님께서 성령이 아버지와 아들과 함께 참되고 영원한 하나님이라고 계시하신 것에 대해 우리와 우리 자손들을 위한 것이라고 말할 수 있습니다.

성부 하나님이 하나님이십니다. 성자 하나님이 하나님이십니다. 성령 하나님이 하나님이십니다. 그러나 세 하나님이 계시는 것은 아닙니다. 오직 한 분 하나님만이 계십니다. 우리 하나님은 삼위 하나님이고 그는 언약의 하나님이십니다. 이 삼위 하나님은 그의 영원한 뜻과 주권적 은혜 가운데서 타락한 사람들로부터 일정한 수의 사람들을 선택하시고 그들을 죄와 비참함에서 구원하시기를 기뻐하셨습니다. 그래서 그는 은혜의 언약을 맺으시고 이를 선언하셨습니다.

여러분, 여기서 우리는 성령이 아버지와 아들과 함께 참되고 영원한 하나님이신 것이 매우 중요한 진리임을 알게 됩니다. 왜냐하면 우리는 성령이 단순히 하나님의 권능이나 힘이 아니라, 우리의 언약의 하나님이란 사실을 알기 때문입니다. 창세 전에 성령은 아버지와 아들과 함께 우리를 택하셨고, 그는 아버지와 아들과 함께 우리의 구원을 위해 역사하셨습니다.

구원의 사역을 위해서 아들은 첫 보혜사이고 성령은 둘째 다른 보혜사며 위로자입니다. 삼위 하나님은 우리 언약의 하나님이요 구원의 하나님입니다. 그러므로 우리가 성부와 성자와 성령의 이름으로 세례를 주고 받습니다. 이것은 우리 주 예수 그리스도의 명령으로 하는 것입니다(마 28:19). 이로써 삼위 하나님은 언약에 의해 자신을 우리와 우리 자손들에게 주셨습니다. 그러므로 성령은 항상 우리의 삶 속에 큰 뜻이 있습니다.

둘째, 우리는 성령에 의지해야 합니다.

성령이 성부 하나님과 성자 하나님과 함께 참되고 영원한 하나님이라는 것을 하나님께서 성경에 계시하셨습니다. 그런고로 우리는 "나는 성령을 믿습니다"라고 고백합니다. 그럼 이 고백은 무엇을 의미합니까? 우리 자신을 성령께 완전히 맡기고 전적으로 그를 의지한다는 것을 의미합니다. 이는 우리가 성령 이외에 다른 어떤 곳에 도움을 구하지 않는다는 것을 의미합니다.

다시 말하면 "나는 성령을 믿습니다"고 할 때 "나는 나의 힘과 위로, 나의 안전과 확신, 나의 인도와 방향을 위해 성령 외에 다른 곳으로 나아가기를 원하지 않습니다"라고 하는 것을 의미합니다. 어떤 피조물이나 사람이 아무리 강하게 보여도 거기 의지할 수 없습니다. 호흡이 그치면 그들은 모든 힘을 잃어버립니다. 생명을 주신 하나님께서 그 생명을 도로 취하여 가실 때 사라지며, 사람의 몸은 흙으로 돌아가게 됩니다. 그러므로 참된 위로와 안전은 하나님께만 있습니다.

여러분, 우리가 성령을 믿는다는 것은 또한 우리가 복음의 약속을 진심으로 받아들인다는 것을 의미합니다. 왜냐하면 복음으로 우리에게 말씀하시는 분은 성령님이시기 때문입니다. 또 선지자들과 사도들이 우리에게 말한 것은 성령의 음성이기 때문입니다. "나는 성령을 믿습니다" 고백할 때, 나는 완전히 성경으로 내게 말씀하시는 성령께 나 자신을 완전히 맡깁니다"라고 하는 것을 의미합니다. 왜냐하면 성경은 성령의 책이기 때문입니다.

사도 베드로는 "예언은 언제든지 사람의 뜻으로 낸 것이 아니요, 오직 성령의 감동하심을 받은 사람들이 하나님께 받아 말할 것이라"(벧후 1:21)고 했습니다. 예언은 어떤 사람들이 스스로 믿고 확신하는 것을 말한 것이 아닙니다. 이스라엘 백성들 중에서 발전된 사상의 결실도 아닙니다. 사도 바울은 "모든 성경은 하나님의 감동으로 된 것으로 교훈과 책망과 바르게 함과 의로 교육하기에 유익하니 이는 하나님의 사람으로 온전케 하며 모든 선한 일을 행할 능력을 갖추게 하려 함이라"(딤후 3:16)고 했습니다.

결과적으로 우리가 하나님의 말씀을 들을 때, 우리는 성령의 소리를 듣습니다. 성령의 소리를 통해 우리는 하나님 아버지의 음성을 듣습니다. 왜냐하면, 성령은 아버지와 아들과 함께 참되고 영원한 하나님이시기 때문입니다. 이 때문에 우리는 계시록 2,3장에 있는 일곱 교회에 보낸 편지에서 계속 이런 권고의 말씀을 발견하게 됩니다; "귀 있는 자는 성령이 교회들에게 하시는 말씀을 들을지어다"(계 2:7,11,17,29, 3:6,13,22).

우리와 우리 자녀들은 일상생활에서 성령이 하시는 말씀으로 인도를 받습니다. 하나님의 백성인 우리는 잘 될 때나 못 될 때나, 건강할 때나 병들 때나, 슬플 때나 기쁠 때나, 사나 죽으나 하나님의 말씀밖에 의지할 것이 없습니다. 인간의 표준을 가지고 잰다면 보잘 것 없어 보입니다. 우리가 가지고 있는 것은 단지 약속의 말씀입니다. 이것이 모두입니다.

약속의 말씀을 의지하는 것은 인간적으로 그 근거가 아주 빈약할지도 모릅니다. 왜냐하면 사람들은 보고 만질 수 있는 것을 항상 원하기 때문입니다. 이 세상 사람들은 우리가 어떻게 약속의 말씀으로 만족하는지 이해하지 못합니다. 그들은 "약속의 말씀이 어떻게 너의 전 생애를 맡길 근거가 될 수 있느냐?"고 묻습니다. 그러나 우리는 생의 종말에 가까이 이르렀을 때 만질 수 있는 생명나무 같은 것을 갖지 않습니다. 약속의 말씀만 가집니다.

무슨 일이 일어나든 말씀만 붙들고 사는 것은 세상 사람들에게 어리석은 일로 보입니다. 어떤 일이 내게 일어나든, 어떤 재난이 내게 임하든, 죽음이 내게 오고, 욥처럼 "내 가죽이 벗김을 당한 뒤에도 내가 육체 밖에서 하나님을 보리라"(욥 19:26)고 말했던 것이 세상 사람들에게는 참으로 어리석은 일로 보입니다. 사람들이 보지 못하는데 우리가 보는 것 같이 여기고 하나님을 붙잡고 사는 것은 세상 사람들에게 어리석은 일로 보일 것입니다.

여러분, 성경에서 말씀하시는 성령이 아버지와 아들과 함께 참되고 영원한 하나님이 아니라면 말씀을 붙잡고 사는 생활은 어리석은 것이 분명합니다. 그러나 성령은 참되고 영원한 하나님이십니다. 그는 신실한 언약의 하나님입니다. 그가 말씀하신 것은 무엇이든 참되고 신뢰할 수 있습니다. 우리는 하나님께서 그를 찾고 그의 말씀에 귀를 기울이는 자들에게 상 주신다고 믿습니다.

우리는 성령의 말씀에만 귀를 기울여야 합니다. 악한 영의 속삭임에 귀를 기울여서는 안 됩니다. 우리 자신의 마음의 욕망을 따르지 않아야 합니다. 우리 자신을 부인하고 산다는 것은 쉽지 않습니다. 그러나 성령이 하나님이시고 그의 말씀은 진리이기 때문에 우리 자신을 부인하고 그를 의지하며 살아야 합니다.

우리가 하나님의 말씀을 갖지 않는다면 우리의 본성이 원하는 대로 살아갈 것이 분명합니다. 그러나 우리는 약속의 말씀이 있기 때문에 자연적인 육신의 욕망과 싸웁니다. 우리는 약속의 말씀이 성취될 것을 믿습니다. 그래서 우리는 지난날 하나님의 자녀들이 간 길을 따라

갑니다. 히브리서 기자는 "이 사람들은 다 믿음을 따라 죽었으며 약속을 받지 못하였으되 그것들을 멀리서 바라보고 환영하였다"(히 11:13)고 했습니다. 여러분, 우리는 선진들의 믿음을 따르고 있습니다.

주 하나님이 그의 아들 예수 그리스도의 속죄의 피 때문에 우리의 모든 죄를 사해 주신다고 말씀하셨기 때문에 우리는 그것을 진심으로 믿습니다. 언약의 하나님에게 모든 것을 기대하는 자는 복이 있다고 말씀하시기 때문에 우리는 그것을 진심으로 믿습니다. 주 하나님께서 그의 손의 행사를 잊지 않으시고, 한번 시작한 구원의 역사를 끝까지 이루실 것을 말씀하기 때문에 우리는 그것을 진심으로 믿습니다.

셋째, 성령의 성화의 사역에 관하여 전하려 합니다.

성령은 예수님의 구원의 사역을 성화로 완성하십니다. 아들로 말미암아 얻은 것을 성령께서 이제 나누어 주십니다. 성부 하나님, 성자 하나님, 성령 하나님은 한 분 하나님이십니다. 삼위 하나님의 사역에 일치성이 있습니다. 성령의 사역과 성부 성자의 사역 사이에 서로 충돌되는 것이 없습니다. 한 분 하나님의 사역이 있을 뿐입니다.

하나님 아버지는 그의 아들을 이 세상에 보내셨습니다. 아들은 십자가에서 단번에 희생제물을 드림으로써 아버지께서 그에게 주신 자들을 구속하셨습니다. 성령은 아들을 위해 죽은 자들에게 그 구속을 적용하십니다. 그것은 그들을 참된 신앙으로 그리스도와 그의 모든 유익에 참여케 하는 것입니다.

우리에게 신앙을 갖게 하는 분이 바로 성령이십니다. 성령은 말씀으로 우리들에게 신앙을 갖게 하십니다. 성령이 아니고는 아무도 예수가 주라는 고백을 할 수 없습니다. 성령이 나로 하여금 아바 아버지라 부르게 만드시고, 나로 하여금 하나님의 집의 모든 유익을 즐기게 하십니다. 성령이 우리를 성전으로 삼고 우리 안에 거하시는 것은 놀라운 사실입니다(고전 3:16, 6:19). 성령 하나님이 내 안에 계시고 나는 그 안에 있습니다. 그는 임마누엘입니다. 이로써 우리는 영적인 사람이 됩니다.

우리는 우리가 생각하고 행하는 모든 일을 통해 성령의 인도를 받습니다. 신약성경은 그리스도의 영과 이 세상의 영 곧 악한 영을 완전히 구별합니다. 이 세상의 영은 그리스도께서 우리를 해방시킨 종의 자리로 우리를 다시 끌어 들이려고 합니다. 그러나 그리스도의 영인 성령은 아들이 우리에게 주신 자유를 계속 누리게 하십니다. 이것이 성령을 성화의 영이라 부르게 되는 이유입니다.

우리가 어떻게 죄로부터 구원을 받으며, 시험을 이길 수 있습니까? 성령을 의지함으로써 우리는 죄에서 구원을 받습니다. 성령의 신적 능력이 우리 안에 역사하고, 그의 능력이 우리를 죄에서 멀어지게 하십니다. 우리는 교회와 신자들 가운데 역사하는 성령의 신적 능력을 잘 알고 있습니다.

주 예수 그리스도의 교회는 처음부터 싸우는 교회였습니다. 지난 2천년 동안 교회는 그 지경을 크게 넓혀 왔습니다. 세계 거의 모든 나라 모든 민족 속에서 그리스도의 교회가 존재합니다. 그 동안 교회는 많은 시련과 싸워야 했습니다. 박해와 거짓 교리에 의한 악한 세력으로부터 많은 공격도 받았습니다. 하나님의 자녀들은 언제나 긴장 속에 살아야 했습니다. 그러나 성령은 계속해서 교회를 보호하고 보존해 왔습니다.

성령은 그리스도의 구원의 사역이 계속 진행되게 했고 하나님께 헌신하는 백성이 언제나 존재하도록 돌보셨습니다. 성령은 그의 사역을 계속해 왔습니다. 그는 성부와 성자와 함께 참되고 영원한 하나님이시기 때문입니다. 인간은 성령의 도움이 없이는 오래 전에 그 일을 포기했을 것입니다. 인간은 그런 능력과 인내심이 없기 때문입니다.

우리 자신을 생각해 봅시다. 우리는 주변에서 오는 위험을 알고 있습니다. 매일 직면하는 원수가 있습니다. 그러나 우리는 스스로 원수와 싸울 만한 힘이 없습니다. 우리가 우리 자신의 힘과 능력을 의지하고 산다면 우리는 오래 전에 싸움을 포기하고 패배자가 되었을 것입니다. 성화의 길에 한 발자국도 내디딜 수 없었을 것입니다. 오늘날까지 성화의 길을 걸어오게 하고 우리를 보존하신 분은 성령이십니다. 성령은 참되고 영원한 하나님이시기 때문에 이렇게 우리를 도우실 수 있었습니다.

성령은 우리 생활 속에 역사하시고, 우리로 하여금 이기게 하십니다. 성령은 그의 신적 권능과 무한한 자비로 우리를 계속 돌보아 주십니다. 그래서 우리는 이 세상 순례의 길에서 쓰러지지 않습니다. 그는 끝까지 우리를 인도하실 것입니다. 성화의 성령은 또한 인내의 영이십니다.

우리는 성령의 은혜로 견디어 냅니다. 우리는 스스로 강하지 못하고 신실하지도 못합니다. 그러나 우리는 성도들의 인내를 믿습니다. 왜냐하면 성령은 결코 실패하지 않기 때문입니다. 그는 참 하나님이고 영원한 하나님이기 때문입니다. 우리가 언약의 말씀을 붙잡고 하나님께 순종하며 성령을 의지하는 한, 성령은 우리를 붙잡아 주시고 참고 나아가게 하실 것입니다. 하나님의 일은 실패할 수 없습니다. 성령은 구속의 사역을 완전히 이루어 놓을 것입니다.

이 세상의 영은 우리를 계속 자신의 종으로 만들려 합니다. 그런데 그리스도의 영인 성령은 우리를 자유한 자로 남아 있게 하십니다. "성령도 우리의 연약함을 도우시나니…오직 성령이 말할 수 없는 탄식으로 우리를 위해 친히 간구하십니다"(롬 8:26). 성령으로 말미암아 우리의 길을 계속 걸을 수 있고 하나님의 아들과 딸들로 남아 있게 될 것입니다. 물론 우리는 그리스도의 영의 인도를 받아야 합니다.

성령은 우리의 눈을 열어 위험을 보게 하며, 우리가 걸어야 할 길을 알게 합니다. 성령은 계속 우리를 붙드시고 우리가 길을 벗어날 때 우리를 돌이켜 주십니다. 그래서 우리는 모든 죄와 비참함에서 구원을 얻고 계속 거룩함을 입게 됩니다.

우리는 약하고 이따금 죄에 떨어집니다. 종종 우리 안에 있는 옛 본성과 밖에서 오는 원수와의 싸움에서 실패하고 실망합니다. 그러나 우리가 하나님의 신실한 언약의 말씀을 붙들고 그를 의지할 때 우리는 구원을 받습니다. 우리 안에 거하시는 성령은 성부와 성자와 함께 참되고 영원한 하나님이요, 언약에 신실한 하나님이시기 때문입니다. 성령은 우리의 구원을, 나의 구원을 위해 역사하십니다. 그러므로 성령을 의지하고 살면 우리는 구원을 받게 됩니다. 아멘.

사도신경 해설 설교 ⑬

거룩한 보편교회와 성도의 교제

> **사도신경 본문**
> "거룩한 보편교회와 성도의 교제와 죄를 용서하는 것... 믿습니다."
> 성경봉독; 고린도전서 12:4-27

친애하는 형제자매 여러분,

우리는 사도신경 셋째 부분인 "성령과 우리의 성화"에서 그리스도의 "거룩한 보편교회와 성도의 교제"에 관한 신앙을 고백합니다. 오늘날 교회에 대한 그릇된 견해가 다양해 많은 사람들이 혼란을 겪고 있습니다. 따라서 참된 성도의 교제가 무시되고 있습니다. 이런 때에 우리가 "거룩한 보편교회와 성도의 교제"에 관해 바르게 이해하고 생활하는 것은 매우 중요합니다. 이제 "거룩한 보편교회와 성도의 교제"에 대하여 다음 세 가지 요점을 생각하려 합니다.

첫째, 보편교회에 관한 믿음
둘째, 보편 교회를 건설하시는 하나님
셋째, 성도의 교제

넷째, 성도들간 잘못의 용서에 관해서입니다.

첫째, 보편교회에 대한 믿음에 관하여 생각합니다.

우리는 사도신경에서 실상 "거룩한 보편교회와 성도의 교제와 죄를 용서하는 것을 믿습니다"라고 고백합니다. 우리는 교회에 대하여 생각하고 믿는 것을 고백합니다. 우리 그리스도인은 거룩한 보편적 교회에 관하여 믿는 것이 있습니다. 우리가 매 주일 사도신경을 고백합니다. 이 때 우리는 거룩한 보편교회에 대해 바르게 이해하고 고백해야 합니다.

"거룩한 보편적 교회를 믿습니다"라고 말할 때 우리는 관심의 대상을 인간이 아닌 하나님께로 향하게 됩니다. 거룩한 보편교회에 대한 믿음에 관해 개혁교회의 신앙고백은 "나는 하나님의 아들이, 세상의 처음부터 끝날까지, 모든 인류 가운데서, 영생을 위해 택함을 받은 한 교회를, 참된 믿음의 일치 속에, 그의 말씀과 성령으로, 자기를 위해 모으시고, 보호하시고, 보존하신다는 것을 믿습니다"라고 합니다(하이델베르그 요리문답 54).

여기 "믿는다"는 것은 성부, 성자, 성령 하나님을 믿는다는 것과는 다릅니다.

우리가 삼위 하나님을 믿는다고 하는 것은 그를 인격적인 분으로 신뢰한다는 의미입니다. 그러나 교회에 대해 "믿는다"고 교회가 하나님의 아들이 한 사역의 결과라는 사실을 오직 믿음으로 우리가 알 수 있기 때문에 하는 말입니다.

하나님의 아들이 교회를 모으시고, 보호하시고, 보존하신다는 사실은 믿음만으로 알 수 있습니다. 또한 이는 성령의 비췸을 받고 인도를 받을 때에만 알 수 있습니다. 교회는 인간의 노력에 의한 산물이 아닙니다. 인간의 사회적 본능의 산물도 아닙니다. 교회는 하나님의 아들 예수 그리스도의 사역의 열매입니다.

이 사실은 또한 그의 말씀을 통해서만이 그리스도의 사역을 우리가 알 수 있고 설명할 수 있다는 것을 의미합니다. 우리가 그의 말씀으로 가르침을 받지 않는다면 교회에 관하여 한 마디도 말할 수 없습니다. 그래서 교회가 무엇인지 그의 말씀에서 배우게 되는 것입니다. 말씀을 통해 우리는 교회가 하나님의 아들의 사역인 것과 성령의 사역의 열매임을 알게 됩니다.

사람들은 종종 교회를 인간의 노력에 의한 산물이나 인간의 사회적 필요에 의한 산물처럼 이야기합니다. 또 같은 종교적 이념으로 서로 단합할 필요성을 느끼는 사람들이 함께 집단을 이룸으로써 교회가 생긴다고도 말합니다. 또 다른 견해로서 사람은 본능적으로 교제를 추구하는 경향이 있기 때문에 같은 종교적 신념을 가진 사람들이 교회라는 공동체를 형성하게 되었다고도 합니다.

그리스도인들 가운데도 교회라는 것은 신앙적 교제의 필요 때문에 생겼다고 말하는 사람들이 있습니다. 이는 전혀 잘못된 생각입니다. 이렇게 교회를 보게 되면 서로 교제할 필요를 더 이상 느끼지 못하거나, 현재 만나는 사람들보다 다른 사람들과의 교제가 더 나은 것으로 생각될 때 원래 다니던 교회를 쉽게 떠나 다른 교회에 갈 수 있게 됩니다.

오늘 많은 사람들에게 교회는 신앙의 문제가 아니고, 교제의 문제가 되고 있습니다. 나아가 교회에 속한다는 것은 하나님의 말씀에 대한 순종의 문제가 아니고 그들 자신의 필요에 따라 만족을 추구하는 문제가 되었습니다.

우리는 교회가 하나님의 아들의 사역이라는 것을 알아야 합니다. 우리가 교회에 속한다는 것이 하나님의 말씀에 대한 순종의 문제라는 것을 알아야 합니다. 오늘 많은 사람들은 하나님의 아들 그리스도 보다 사람에 더 관심을 가집니다. 교회가 있고 내가 교회에 속하는 것이 하나님께서 주신 약속의 성취라는 사실을 모르고 있습니다.

교회가 하나님처럼 인격적인 신앙의 대상은 아닙니다. 그러나 교회는 하나님의 아들이 하는 일로 믿게 되는 신앙의 대상입니다. 우리는 거룩한 보편적 교회를 믿습니다. "그리스도는 그의 백성이 없이는 있을 수 없는 영원한 왕"이십니다(벨직신앙고백 27장). 다니엘 7:27에 "그의 나라는 영원한 나라이라"고 했습니다. 이렇게 아버지께서 아들에게 영원한 왕국을 약속하신 사실을 통해 이 땅 위에 교회가 꼭 있어야 한다는 것을 우리는 믿어야 합니다.

따라서 교회가 역사의 한 시점에서 한 동안 매우 작고, 사람들의 눈에 없어진 것처럼 보일지라도 항상 존재할 것이라는 믿음을 가지게 됩니다. 아합 왕의 박해를 받을 때에 이스라엘 교회는 거의 사라진 것처럼 보였습니다. 그러나 주 하나님은 바알에 무릎을 꿇지 않은 칠천 명을 보존하셨습니다(왕상 19:18). 영원하신 왕은 필연적으로 그의 백성이 영원히 있습니다. 그렇지 않고서야 그는 영원한 왕이 되지 못할 것입니다. 여기서 우리는 하나님께서 우리의 주요 왕이시며, 우리의 구주요 구속자이신 예수 그리스도에게 주신 약속의 성취를 깨닫게 됩니다.

우리는 이 약속을 믿습니다. 그런고로 교회가 존재하는 것을 믿습니다. 그리고 교회가 항상 존재할 것을 믿습니다. 그래서 내가 교회의 산 지체이며, 또한 영원히 그 지체로 존재할 것을 믿습니다. 이것은 하나님 아버지께서 우리 구주를 통해 주신 약속을 믿는 신자로서 겸허하게 외치는 기쁜 찬송입니다.

둘째, 보편교회를 건설하시는 하나님의 아들에 관해 생각합니다.

영원한 왕이신 예수 그리스도가 세상에 계실 때에 "내가 땅에서 들리면 모든 사람을 내게로 이끌겠노라"(요 12:32)고 하셨습니다. 그의 말씀이 우리 눈 앞에 성취되고 있습니다. 우리 모두가 그가 보낸 성령의 능력에 의해 그리스도에게 이끌리고 있습니다. 예수 그리스도가 우리를 모으고 계십니다. 그가 그의 몸인 교회를 모으십니다.

교회를 모으고 보호하고 보존하는 분이 하나님의 아들 예수 그리스도입니다. 오직 그리스도가 교회를 모으고, 보호하고, 보존하십니다. 세상의 처음부터 마지막 날까지 교회를 모으시는 분은 예수 그리스도입니다. 왜 예수 그리스도만이 교회를 모으십니까? 그가 언약의 중보자로 영원히 세워졌기 때문입니다. 그가 십자가 위에서 무한히 가치 있는 제물을 단번에 드렸기 때문입니다. 그 제물의 가치는 땅 끝까지 모든 민족을 그의 유업으로 받을 만큼 큽니다.

여호와 하나님은 "내게 구하라. 내가 이방 나라를 네게 유업으로 주리니 네 소유가 땅 끝까지 이르리로다"(시 2:8)라고 우리 주님에게 말씀했습니다. 실제로 우리 주 예수 그리스도는 그렇게 구했습니다. 이 땅에서의 마지막 밤 그는 자신의 제자들만 위해 기도하지 않고, 그를 믿는 모든 자들과 앞으로 믿을 모든 자들을 위해 이렇게 기도했습니다; "내가 비옵는 것은 이 사람들만 위한 것이 아니요 또 그들의 말로 말미암아 나를 믿는 사람들도 위함이니"(요 17:20).

하나님의 아들, 그리스도는 그의 사역의 열매로 땅 끝에서 오는 민족들을 보십니다. 그의 사역의 범위는 넓습니다. 모든 민족 속에 택자가 있습니다. 저들은 모든 민족으로부터 오고 있습니다. 그러나 온 땅에 오직 하나의 백성이 있을 뿐입니다. 어느 민족으로부터 오든 그리스도에게 오는 자들은 하나의 백성입니다. 왜냐하면 그들은 다 하나의 복음의 약속을 믿고, 한 분의 주, 하나의 신앙, 하나의 소망을 가지고 하나의 세례를 받기 때문입니다. 그래서 우리는 "거룩한 보편적 교회"를 믿습니다.

이것이 우리가 서로를 찾는 이유가 됩니다. 우리 지역 교회들이 서로 연대하고 관계를 갖는 이유가 바로 여기 있습니다. 이것이 우리가 다른 나라에 있는 교회와 우리의 자매관계를 갖는 이유입니다. 또한 우리가 국제적인 개혁교회 협의회에 관심을 갖는 이유이기도 합니다. 우리는 오늘 이미 요한계시록에 포함된 "각 나라와 족속과 백성과 방언에서 아무도 능히 셀 수 없는 큰 무리"(계 7:9)라고 하는 약속의 성취를 깨달았습니다.

이는 단순히 앞으로 일어날 일뿐이 아닙니다. 오늘의 일이기도 합니다. 하나님의 자녀들이 그의 뜻에 순종하고 그의 말씀에 복종함으로써 함께 모이는 곳마다 그리스도의 사역의 열매가 나타나고, 아무도 셀 수 없는 큰 무리의 노래를 이미 여기서 듣고 있는 것입니다. 그러나 이것은 믿음으로만 볼 수 있습니다.

여러분, 아무도 능히 셀 수 없는 큰 무리를 생각해 보십시오. 하나님의 아들 외에는 누구도 여러 나라의 백성들을 모을 수 없고, 비참한 모든 죄인들을 모을 수 없습니다. 성령 밖에 다른 능력으로는 이들을 한 몸으로 만들 수 없습니다. 성령만이 모든 사람들을 그리스도안에서 한 몸으로 연합하는 유일한 분이십니다. 모두가 한 몸이 되는 것은 아버지와 아들의 영이신 성령의 사역입니다.

셋째, 성도의 교제에 관해 생각합니다.

우리가 여기 함께 모여 한 교회를 이뤄 한 몸이 되어 살아가고 있습니다. 우리가 이렇게 함께 모여 살아 가는 것은 서로를 찾는 예민한 사회적인 본능이 있기 때문이 아닙니다. 주 예수 그리스도가 성령의 능력으로 그의 몸인 교회로 모으셨기 때문입니다.

여러분, 교회는 그리스도의 몸입니다. 사도 바울은 고린도 교회 성도들에게 "너희는 그리스도의 몸이요 지체의 각 부분이라"(고전 12:27) 고 했습니다. 몸은 하나이지만 많은 지체를 가지고 있습니다. 그리스도는 교회의 머리입니다. 교회는 그리스도의 몸입니다. 신자들은 몸의 지체들입니다. 지체는 각기 다른 은사를 가지고 있습니다. 그리스도의 몸인 교회는 색깔이 없이 한 덩어리가 아닙니다. 각 지체는 특별한 은사를 받았습니다. 그 은사는 몸을 세워가기 위해 주어졌습니다.

모든 사람은 각기 이 목적을 위해 은사를 사용해야 합니다. 우리가 무슨 은사를 가지고 있든지 그것은 주께로부터 받았습니다. 우리 주요 왕이신 그리스도를 위해, 그의 몸인 교회 건설을 위해 이것을 사용하는 것이 우리의 의무입니다.

교회에서 우리는 각자가 가진 가치를 낮게 평가해서는 안 됩니다. 우리는 각기 "나는 특별한 사람이 아니다. 나는 별로 중요한 사람이 아니다"라고 하며 뒤로 물러서서는 안 됩니다. 비록 신체나 정신 장애자의 입장에 있어도 그런 태도를 취해서는 안 됩니다. 그것은 그리스도의 몸에 있는 지체로서의 자기 가치를 무시하는 일입니다. 이런 사람에게는 성도의 교제가 존재하지 않습니다. 이런 사람들로부터 불평을 종종 들을 수 있습니다. 이것은 이상한 일이 아닙니다. 이런 사람들은 스스로 자기를 외롭게 만들기 때문입니다.

여러분, 우리는 다 주 하나님께로부터 남이 갖지 못한 은사를 받았습니다. 그 은사가 아무리 작게 보여져도 과소 평가해서는 안됩니다. 그것은 하나님이 주신 은사입니다. 몸의 어떤 지체는 작게 보입니다. 그러나 몸에 없어서는 안 될 지체로 나름대로 고유한 기능이 있습니다. 우리의 눈은 입보다 작습니다. 그러나 눈이 얼마나 놀라운 기능이 있습니까? 눈은 온 몸의 등불이라고 합니다.

여러분, 우리는 모두 그리스도 안에서 풍요한 은혜를 누리는 사람들입니다. 그리스도 교회의 지체인 우리는 그리스도로부터 부요한 것을 받았습니다. 우리가 가진 것이 무엇이든 그리스도로부터 이 모든 것을 받았습니다. 그것이 지혜이든 돈이든 시간이든 특별한 기능이든 우리는 이 모든 것을 우리 주 예수 그리스도에게서 받았습니다. 우리는 이것들을 결코 낮게 평가해서는 안됩니다.

또 교회 안에서 우리가 가진 것을 자랑할 권리가 없습니다. 우리가 기여하는 것 때문에 다른 사람들이 고마워해야 한다고도 생각해서는 안됩니다. 왜냐하면 모든 것은 그리스도 예수께로부터 왔기 때문입니다.

우리는 "성도의 교제를 믿습니다"라고 고백합니다. 이것은 무엇을 의미합니까? 주 예수 그리스도가 나를 그의 몸의 지체로 만드시고 그의 모든 보화와 은사에 동참하게 하셨다는 것을 믿는다는 뜻입니다. 그 결과 그의 모든 은사로 온 몸을 세우기 위해 사용하는 것이 나의 의무라는 것을 믿는다는 뜻입니다.

여러분이 받지 않은 어떤 것을 가지고 있습니까? 성도의 교제를 위해 드리는 모든 것은 여러분이 먼저 받은 것입니다. 우리는 모두 성도들의 교제를 위해 받은 축복에 대하여 감사할 줄 알아야 합니다. 누가 여러분에게 어떤 방법으로 그리스도의 몸을 세울 수 있는지 설명할 필요가 없는 줄 압니다. 교회 안에 어떤 활동이 있는지, 교회 안에 어떤 것이 필요한지 여러분은 잘 알고 있습니다. 이것을 알고 봉사하게 될 때 성도의 참된 교제가 이루어집니다.

넷째, 우리는 죄를 용서 받는다고 믿습니다.

그리스도의 교회는 복음의 아름다운 약속이 있습니다. 우리가 그리스도의 복된 말씀과 성령으로 부름을 받고 나아와 믿음으로 그리스도의 몸인 교회의 지체가 될 때, 복음의 약속대로 죄를 용서받는 큰 복을 받습니다. 이것을 깨달으면 우리에게 놀라운 위로가 될 것입니다. 우리들이 부름을 받고 성도의 교제로 이끌림을 받았습니다. 죄를 용서받은 우리는 또한 성도들과 교제하면서 내게 잘한 형제자매를 용서해 주는 사람이 되어야 합니다. 우리들의 많은 죄가 은혜로 용서를 받았기 때문입니다.

죄를 용서받고 오늘 거룩한 보편교회에 속한 우리는 또한 미래에 성취될 위대한 복음의 약속이 있습니다. 어느 날 그리스도께서 그의 신부된 교회를 "티나 주름 잡힌 것이나 이런 것들이 없이 거룩하고 흠이 없게" 아버지 앞에 드리게 될 것이라고 했습니다(엡 5:27). 성도들이 어린양의 피로 씻어 희어진 옷을 입고 하나님 앞에서 밤낮 섬기며 크게 찬양할 날에 대한 약속이 성취될 것입니다.

여러분, 수 많은 복음의 약속이 있습니다. 그러나 이 모든 것은 그리스도 안에서 실현될 하나의 큰 약속으로 요약됩니다. 그리스도가 영원한 왕이십니다. 그가 영원히 그의 백성을 가질 것입니다. 그래서 나는, 여기 우리 각 사람은 현재 그리스도께서 그의 피로 사신 그의 교회의 산 지체이며, 앞으로 영원히 산 지체로 존재할 것을 믿습니다. 아멘.

사도신경 해설 설교 ⑭

주의 부활을 나의 부활로 만드시는 성령

> **사도신경 본문**
> "몸의 부활과 영생을 믿습니다."
> 성경 봉독: 고린도전서 15:12-32

친애하는 형제자매 여러분,

우리는 사도신경 끝에서 "몸의 부활과 영생을 믿습니다"라고 신앙을 고백합니다. 이 신앙의 고백은 "거룩한 보편적 교회"와 함께 사도신경의 제 3부인 "성령 하나님과 우리의 성화"에 속합니다. 우리 하나님은 삼위 일체 하나님이십니다. 성부 하나님, 성자 하나님, 성령 하나님은 한 분 하나님이십니다.

그런고로 우리가 성령으로 말미암은 성화의 사역을 말할 때, 성화가 성령만의 독자적 사역임을 의미하지 않습니다. 성령께서 주로 성화를 위해 사역하시지만 이 일을 위해 성부 하나님과 성자 하나님이 성령 하나님과 서로 떨어질 수 없이 연합하여 사역하십니다. 왜냐하면 성부, 성자, 성령은 한 분의 하나님이시기 때문입니다.

성화는 계속되는 그리스도의 사역으로서 성령으로 말미암아 완성됩니다. 예수 그리스도께서 세상에 계실 때 제자들에게 성령을 보내겠다고 약속하셨습니다. "보혜사 곧 아버지께서 내 이름으로 보내실 성령 그가 너희에게 모든 것을 가르치고 내가 너희에게 말한 모든 것을 생각나게 하시리라"(요 14:25). 이 말씀은 성령이 오셔서 그리스도께서 이루신 구원의 사역을 계속하신다는 것을 분명하게 알려 주신 것입니다. 그리스도는 영광 중에 자신의 모든 것을 이루실 때까지 성령을 통해 계속 일하십니다.

예수 그리스도는 죽은 자로부터 일어나셨고 지금도 살아 계십니다. 예수 그리스도가 살아나신 것은 그의 모든 백성에게서 영광이 되어야 합니다. 그리스도의 부활은 그의 모든 백성의 부활이 되어야 합니다. 그래서 성령은 부활의 사역을 계속하기 위해 오셨습니다. 성령은 모든 그의 백성과 모든 피조물의 위대한 부활의 날을 준비하기 위해 오셨습니다. 성령은 우리 안에 새로운 생명을 일깨움으로써 부활의 날의 평강을 우리에게 주려고 오셨습니다. 성령은 그리스도의 부활의 사실을 우리의 부활로 연결시켜, 영원한 생명의 부활의 날의 영광을 우리에게 선언하려고 오셨습니다.

여러분, 주 예수 그리스도의 교회에 부활의 날이 옵니다. 이는 놀라운 일입니다. 이 부활의 날은 요셉의 뜰에서 일어난 예수님의 부활로 시작되었습니다. 이는 모든 무덤이 열리고 주 안에 죽은 모든 자들이 영광 가운데 일어나게 될 때 완성될 것입니다. 죽음이 이김에 삼킨 바 될 때 완성될 것입니다. 누가 이렇게 하십니까? 성령께서 하십니다. 성령께서 "맨 나중에 멸망 받을 원수"인 사망에게로 돌격하십니다(고

전 15:26).

그런고로 우리가 성령과 그의 사역에 대한 우리의 신앙을 고백하는 것은 놀랍고 부요한 것입니다. 성령은 첫 번째 주님이 부활하신 날과 마지막 우리가 부활할 날 사이에서 우리의 구원을 완성하기 위해 일하고 계십니다.

이제 "그리스도의 부활을 우리 부활로 만드시는 성령"이란 제목으로 다음 세 가지 요점에 주목하려 합니다.

첫째, 성령은 우리의 죽음에서 부활의 평안을 주십니다.
둘째, 성령은 그리스도의 부활을 우리의 부활로 만드십니다.
셋째, 성령은 부활의 영광을 우리의 영생에서 즐기게 하십니다.

첫째, 성령은 우리의 죽음에서 부활의 평안을 주십니다.

인간의 죽음은 언제나 슬픕니다. 아무도 죽음에서 기쁨이나 평안을 즐기지 못합니다. 종종 묘비에서 아름다운 글을 발견합니다. "여기 사랑하는 할머니가 쉬고 있습니다." 비문에는 위로의 말이 쓰여 있지만 죽음 자체는 어떤 평안도 주지 않습니다. 죽은 자와 산 자 사이에는 접촉이 없습니다. 죽음에는 친교가 없습니다. 죽음으로 모든 친교는 끝납니다. 그래서 죽음은 슬픈 것입니다.

우리는 다윗을 기억합니다. 그가 부정한 관계를 가졌던 밧세바에게서 한 아기가 태어났습니다. 그런데 그 아이가 곧 병들었습니다. 그는 하나님께 자비를 구하고 아이를 살려주기를 바라면서 금식하고 기도했습니다. 그러나 하나님은 그 아이를 데려갔습니다. 그 때 그는 금식을 그치고 이렇게 말했습니다. "지금은 죽었으니 내가 어찌 금식하랴. 내가 다시 돌아오게 할 수 있느냐? 나는 그에게로 가려니와 그는 내게도 돌아오지 아니하리라"(삼하 12:23).

여러분, 이것이 죽음의 실제입니다. 죽음은 뒤집을 수 없습니다. 사람이 죽으면 다시 돌아 올 수 없습니다. 그는 산 자의 세계의 다른 편에 있기 때문입니다. 죽은 자는 우리에게 다시 돌아올 수 없습니다. 이 세상으로부터 다른 세계로 가는 다리가 있습니다. 그러나 다른 세계로부터 이 세상으로 오는 다리는 없습니다. 여기서 저리로 갈 수 있는 기회는 있습니다. 여기로부터 저리로 가는 길은 열려 있습니다. 그러나 저기로부터 여기로 돌아올 수 있는 가능성은 전혀 없습니다. 죽음에서 생명으로 나아가는 길은 존재하지 않습니다. 그런고로 사람의 죽음이란 슬픈 현실입니다. 이것을 생각할 때 죽음은 큰 광장처럼 보입니다. 모든 사람이 결국 그리로 다 가기 때문입니다.

그런데 우리 주 예수 그리스도는 기적을 일으켰습니다. 그는 이 슬픈 현실을 완전히 바꾸어 놓았습니다. 그는 모든 사람과 꼭 같이 죽었습니다. 그러나 그는 죽은 자로부터 일어나셨습니다. 이로써 그는 죽음으로부터 생명으로 나아가는 새로운 다리를 놓았습니다. 그가 죽은 자의 세계에서 일어나 다른 세계로 와서 문안을 했습니다. 주 예수 그리스도가 자기 제자들에게 와서 "너희에게 평강이 있을지어다"(요 20:19, 21, 26)라고 하셨습니다.

죽음에서 생명에 이르는 다리가 없는 곳에는 평강이 없습니다. 그런데 죽음으로부터 생명에 이르는 다리가 놓여 졌기 때문에 그리스도가 그렇게 인사한 것은 큰 의미가 있습니다. 실제로 예수 그리스도는 그의 생명과 우리의 죽음 사이에 교통이 이뤄지게 하셨습니다. 그는 이제 "이 세상을 떠나 모이는 곳은 죽음이 아니고 생명이다"라고 하신 것입니다. 생명이신 예수 그리스도는 "나 있는 곳에 너희도 있게 하리라"(요 14:3)고 하셨습니다. 그리고 예수 그리스도는 그의 교회를 산 자들이 모이는 큰 곳으로 선언하신 것입니다. 교회에서 우리는 죽으셨다가 살아나신 주와 함께하고 있습니다. 그는 영원히 살아 계십니다. 우리도 그와 함께 영원히 살 것입니다.

여기 부활하신 날의 평강의 복음이 있습니다. 우리는 그리스도와 사귐으로 이 부활의 날의 평강을 누립니다. 그리스도는 죽음의 세계로부터 생명의 세계로 오셨습니다. 이 일은 또 그리스도 예수 안에 있는 모든 사람들 곧 모든 믿는 자들에게도 일어날 것입니다. 누가 이런 일이 일어나게 하실까요? 성령이 우리가 죽는 바로 그 순간에 일어나게 하실 것입니다. 이것이 우리의 위로입니다.

여러분, 죽음은 아직 어두운 사실로 존재하고 있습니다. 사람이 죽은 것을 볼 때 확실히 거기엔 기쁨도 평강도 없습니다. 죽음은 언제나 말할 수 없는 비극입니다. 그러나 믿음으로 우리는 하나님의 자녀들의 죽음에서 부활의 평강이 빛날 것입니다. 가장 비참한 죽음에서도 이 빛을 보게 됩니다. 그래서 우리는 위로를 받습니다. 왜냐하면 우리는 "이 생명이 끝나는 즉시 우리의 영혼은 머리 되신 그리스도에게 올려 질 것"을 믿기 때문입니다. 우리가 침실에서 죽든지, 믿음 때문에 고난을 받고 밖에서 나무에 달려 죽든지 아무 차이가 없습니다. 거기엔 "너희에게 평강이 있을지어다"라는 부활의 날에 평강의 인사가 있습니다.

여러분, 우리가 죽으면 생명의 주이신 그리스도에게로 갑니다. 우리는 그의 생명의 나라에 모일 것입니다. 우리의 호흡이 멈추어지자마자 성령 하나님은 "너희에게 평강이 있을지어다"라고 부활의 날 하셨던 인사를 우리에게 하실 것입니다. 그래서 우리는 그리스도와 함께 지내게 됩니다.

참된 신자들은 죽음의 자리에 모이지 않습니다. 부활이요 생명이신 그리스도에게 모이게 됩니다. 우리가 이 세상으로부터 떠나게 되면 바로 주 예수 그리스도와 교제하게 됩니다. 주께서는 부활하신 날에 그의 제자들에게 평강에 대한 말로 인사하셨습니다. 우리가 주께로 올리워질 때, 주께서 부활하신 날 하셨던 평강의 인사가 무엇을 의미하는지를 확실히 깨달을 것입니다. 우리는 생명의 주이신 그리스도와 항상 함께 있을 것입니다.

그런고로 우리는 사랑하는 사람들이 죽거나 우리 자신이 죽는 때에 너무 슬퍼하지 말아야 합니다. 우리가 죽을 때 성령께서 우리 주 예수 그리스도의 부활의 평강을 주시기 때문입니다.

둘째, 성령께서 그리스도의 부활의 사실을 우리의 부활로 우리 것이 되게 하십니다.

우리는 육신의 부활에 대한 신앙을 고백합니다. 우리가 이것을 고백하면서도 우리 육신의 어떤 것에 대한 믿음을 고백하지는 않습니다. 우리는 우리 육신이 얼마나 연약한지 압니다. 우리가 늙으면 늙을수록 육신은 무기력해집니다. 그래서 우리는 우리 육신을 믿지 않습니다. 우리는 그리스도를 죽은 자 가운데서 일으키신 성령을 믿습니다. 성령에 대한 믿음을 고백하는 사람은 우리 육신에 대한 성령의 능력을 믿고 고백합니다. 그 능력이 부활절의 기적을 일으켰기 때문입니다.

슬픔의 사람 예수를 생각해 보십시오. 큰 수난을 받기 시작한 금요일에 인자이신 예수 그리스도의 육신의 모든 영광은 사라졌습니다. 어떤 사람의 육신도 그의 육신처럼 지친 적이 없었을 것입니다. 그의 몸은 상함을 받고 질고를 당했습니다(사 53:9). 그는 이른 아침부터 모든 비참함을 견디어야 했습니다. 그는 골고다까지 무거운 십자가를 지고 가야 했습니다. 그는 땅에 넘어지고 쓰러졌습니다. 그래서 그들은 그 십자가를 시몬에게 지웠습니다.

골고다에서 그는 십자가에 못으로 박혔습니다. 피를 흘렸습니다. 그 결과 그의 육신은 거의 무너졌습니다. 그가 죽었을 때 사람들은 가능한 한 빨리 그를 장사지내려 했습니다. 여자들이 서둘러 향품을 준비하여 안식 후 첫날 무덤을 찾았습니다. 그들은 예수님의 육신이 심히 상한 것을 잘 알았기 때문입니다. 그 상한 몸을 생각할 때 어떤 미래의 희망도 생각할 수 없었던 것입니다.

그런데 죽으신 후 사흘 되던 날에 그 육신을 가진 예수님이 제자들이 모인 방 한 가운데 갑자기 나타나셨습니다. 십자가에 못 박혀 터지고 상한 몸으로 예수 그리스도는 영광스럽게 그들 가운데 나타나 서셨습니다. 이 때 제자들은 영을 보는 것같아 놀라고 무서워했습니다(눅 24:36-39). 누가 이들을 비난할 수 있습니까? 바로 이틀 전에 예수님의 육신은 부서져 내렸고 그는 죽었습니다. 그 몸은 확실히 요셉의 집안의 무덤에 장사되었습니다.

그러나 지금 예수님이 살아서 그들 가운데 서 계십니다. 예수님의 육신이 죽음에서 일어났습니다. 그 몸은 이틀 전 장사될 때와 같은 수준이 아니었습니다. 그 몸이 영광스럽게 일어난 것이었습니다. 그 육신은 죽음만 정복한 것이 아닙니다. 그가 제자들이 문을 닫고 있는 방에 갑자기 나타나셨으니 죽음과 연약함과 육신의 모든 한계를 다 정복한 것입니다. 여러분, 누가 이 모든 것을 가능하게 했습니까? 성령이었습니다. 성령이 부서지고 죽은 육신에 역사하셨습니다. 그래서 그 육신이 죽은 자로부터 일어났습니다. 그 육신은 이제 영광스러운 영적 몸입니다.

여러분, 현재 우리의 육신은 크게 장려하고 탄복할 만한 것이 못됩니다. 먹고 마시고 목욕하고 옷을 입어야 유지할 수 있습니다. 어떤 때는 수술도 하고 약을 먹어야 유지됩니다. 결국 우리 육신은 죽어 묻히고 흙으로 돌아가 사라집니다. 얼마나 보잘 것 없는 육신입니까?

그러나 여러분, 주께서 부활하신 날이 있었습니다. 이것이 우리의 소망이요 위로입니다. 주께서 부활하신 날에 성령의 능력이 실제로 나타났습니다. 그 능력은 오늘도 역사하고 있습니다. 물론 그 능력이 오늘날 분명하게 우리에게 나타나지는 않습니다. 죽음이 아직 멸망하게 될 마지막 원수로 남아 있기 때문입니다. 부활의 능력으로서 성령은 아직 볼 수 있게 활동을 시작하지 않았습니다.

그러나 성령은 실제로 여기 계십니다. 성령은 우리 안에 계십니다. 성령은 우리 안에 새로운 생명을 일깨우십니다. 주께서 부활하신 날에 성령은 우리 안에서 성취될 일을 증명해 주셨습니다. 주 예수님은 이렇게 말씀했습니다. "너희는 나를 보리니 이는 내가 살아 있고 너희도 살아 있겠음이라"(요 14:19)고 말씀 하셨습니다.

여러분, 우리의 육신도 영광스럽게 일어날 것이고 우리도 살아 날 것입니다. 여러분은 이런 확신을 가지고 있습니까? 그리스도 예수께서 부활하신 사실에 주목하시기 바랍니다. 제자들은 일어나신 예수를 처음 보고 부활하셨다는 사실을 믿을 수 없었습니다. 그래서 그들은 영이라고 생각했습니다. 그러나 그들은 매우 가까이 그를 보았고 그의 음성을 들었으며 그가 입었던 상처의 자국을 보았습니다. 저들은 의심하고 두려워 하면서 그의 몸을 만지기까지 했습니다. 뿐만 아니라 예수님이 음식을 잡수시는 것도 보았습니다. 그래서 저들은 그의 부활을 이상 더 의심할 수 없었습니다. 예수님의 육신은 분명히 일어났고 영광스럽게 변화되었습니다.

그런고로 여러분, 우리는 우리의 부활을 믿습니다. "나의 이 육신"은 낡아지고 해마다 주름이 더해 가다가 결국 무너지고 장사될 것입니다. 그러나 "나의 이 육신"은 성령의 능력으로 일어날 것이고 영광스럽게 변화될 것입니다. "성령을 믿습니다." 이 얼마나 아름다운 신앙고백입니까?

여러분, 우리 육신이 그리스도의 영인 성령의 능력으로 일으키심을 받을 것입니다. 이 일이 어떻게 가능합니까? 앞으로 "나의 이 육신"은 장사되고 무덤에서 썩어 분해되어 버릴 것입니다. 그러나 "나는 성령 하나님을 믿습니다." 창조의 시초에 "하나님의 영이 수면 위에 운행"하셨습니다. 하나님은 아담의 코에 생기를 불어 넣었습니다. 모든 피조물이 하나님에게서 생기를 받았습니다.

어느 날 성령 하나님은 다시 죽은 자들의 마른 뼈 위에 운행하실 것입니다. 이 때 그리스도 안에서 죽은 모든 자들이 영광 중에 일어나게 됩니다. 이런 일이 마지막 날에 일어납니다. 어떻게 이런 일이 가능할까요? 성령 하나님께는 불가능한 일이 전혀 없습니다. 육신은 분해됩니다. 그러나 성령이 계십니다. 성령께서 주님이 체험하셨던 "나의 이 육신"의 부활을 나의 것이 되게 하십니다.

셋째, 성령은 주님의 부활 영광을 우리로 하여금 영생에서 누리게 하십니다.

우리 그리스도인은 이미 이 세상에서 영원한 즐거움을 마음으로 느끼며 누리고 있습니다. 참된 그리스도인은 벌써 여기서 영원한 즐거움을 마음으로 누리기 시작했습니다. 우리는 자신의 감정이나 체험을 우리의 소망이나 위로의 근거로 삼지 않습니다. 그리스도인으로서 우리는 우리 자신의 감정이나 정서에 의존하지 않습니다. 우리는 우리 마음 속에 역사하시는 성령을 믿습니다.

여러분, 우리는 성령께서 말씀을 통해 우리 안에 역사하시기 때문에 영생을 믿습니다. 성령 하나님은 결코 거짓말을 하지 않습니다. 그런 고로 성령에 의한 느낌은 언제나 참되고 믿을 수 있습니다. 그래서 우리는 "내가 이미 지금 영원한 즐거움을 마음으로 느끼기 시작한다"라고 담대하게 말할 수 있습니다.

부활의 복음은 이미 우리 생활에서 산 능력으로 나타났습니다. 성령께서 내 안에 역사하시며 나에게 새 생명을 주셨습니다. 나는 새 생명으로 영원한 즐거움이 시작되었음을 느낍니다. 그 즐거움은 오는 세계로 부터의 즐거움입니다.

　여러분, 부활은 하나의 이념이 아닙니다. 공상도 아닙니다. 차디찬 지난 역사를 기억하는 일도 아닙니다. 부활은 우리 주 예수 그리스도의 복음입니다. 부활은 여기 지금 현존하는 참된 능력입니다.

　우리가 병으로 심히 앓고 있는 형제를 방문합니다. 이 세상에서 더 이상 오래 살기 어려운 나이 많은 형제자매를 방문합니다. 우리는 그 때 그들의 입술에서 영광스러운 소망에 대한 확고한 신앙고백을 듣기도 합니다. 얼마나 큰 기적입니까? 이 확고한 소망이 어디에서 옵니까? 물론 성령의 능력으로부터 옵니다. 거기 영원한 즐거움이 시작되고 있습니다.

　죽는 사람에게는 이 세상에 속한 아무 것도 위로가 될 수 없습니다. 맛있는 음식, 큰 뭉치의 돈이 죽는 사람에게 위로를 주지 못합니다. 죽는 사람들에게 이것은 아무 의미가 없습니다. 거기 어떤 즐거움이 없습니다. 그들에게 유일한 즐거움과 위로가 무엇일까요? 오직 위로 부터 오는 영광스러운 소망의 빛 뿐입니다. 그것만이 즐겁고 위로가 될 것입니다. 성령이 사람의 마음을 일깨우고 즐거움과 위로를 주십니다.

　여러분, 우리는 현재 성령의 능력으로 영원한 즐거움을 마음으로 느끼고 즐깁니다. 우리에게 아름다운 미래가 있다는 것을 확신합니다. 눈으로 보지 못하고 귀로 듣지 못하고 사람의 마음이 생각하지 못한 아름다운 미래가 있다는 것을 확신합니다. 성령이 이미 여기서 우리로 하여금 하늘에 있는 영광스런 미래의 시작을 즐기게 하셨습니다.

성령 하나님은 성부 하나님과 성자 하나님과 함께 그가 우리 안에서 시작한 것을 반드시 이룰 것입니다.

여러분, 하늘나라는 고요하고 지겨운 곳이 아닙니다. 영원하고 신선한 즐거움이 넘치는 곳입니다. 결코 지루하지 않은 찬양이 계속되는 곳입니다. 그곳은 항상 완전한 생활의 의미를 발견하는 생명의 장소입니다.

현재 우리는 미래에 대해 희미하고 자그마한 생각을 가지고 있을 뿐입니다. 그러나 부활의 영광을 아는 사람은 성령의 능력으로 실질적인 영광의 완성을 바라볼 수 있습니다. 다가오는 큰 부활의 날, 마지막 날에 그 꿈이 이 세상에서 실현될 것입니다. "마지막 나팔에 순식간에 홀연히 다 변화하리니 나팔 소리가 나매 죽은 자들이 썩지 아니할 것으로 다시 살아나고 우리도 변화하리라"(고전 15:51,52).

그 때 우리는 어린 양의 혼인 잔치에 들어가게 될 것입니다. 그 혼인 잔치의 즐거움은 끝이 없을 것입니다. 그 때 우리는 함께 "하나님께서 은혜로 우리에게 이 놀라운 부활의 날을 주셨고 이 영원한 생명의 즐거움을 주셨습니다"라고 감사하며 하나님을 영원히 찬양할 것입니다. 아멘.

제 2 편
언약의 십계명 해설 설교

하나님이 이 모든 말씀으로 말씀하여 이르시되 나는 너를 애굽 땅 종 되었던 집에서 인도하여 낸 네 하나님 여호와니라. 제일은, 너는 나 외에는 다른 신들을 네게 두지 말라. 제이는, 너를 위하여 새긴 우상을 만들지 말고, 또 위로 하늘에 있는 것이나, 아래로 땅에 있는 것이나, 땅 아래 물 속에 있는 것의 어떤 형상도 만들지 말며, 그것들에게 절하지 말며, 그것들을 섬기지 말라. 나 네 하나님 여호와는 질투하는 하나님인 즉 나를 미워하는 자의 죄를 갚되, 아버지로부터 아들에게로 삼사대까지 이르게 하거니와, 나를 사랑하고 내 계명을 지키는 자에게는, 천 대까지 은혜를 베푸느니라. 제삼은, 너는 네 하나님 여호와의 이름을 망령되게 부르지 말라. 여호와는 그의 이름을 망령되게 부르는 자를 죄 없다 하지 아니하리라. 제사는, 안식일을 기억하여 거룩하게 지키라. 엿새 동안은 힘써 네 모든 일을 행할 것이나, 일곱째 날은 네 하나님 여호와의 안식일인 즉 너나 네 아들이나 네 딸이나, 네 남종이나 네 여종이나, 네 가축이나 네 문안에 머무는 객이라도 아무 일도 하지 말라. 이는 엿새 동안에 나 여호와가 하늘과 땅과 바다와, 그 가운데 모든 것을 만들고 일곱째 날에 쉬었음이라. 그러므로 나 여호와가 안식일을 복되게 하여, 그 날을 거룩하게 하였느니라. 제오는, 네 부모를 공경하라. 그리하면 네 하나님 여호와가 네게 준 땅에서 네 생명이 길리라. 제육은, 살인하지 말라. 제칠은, 간음하지 말라. 제팔은, 도둑질하지 말라. 제구는, 네 이웃에 대하여 거짓 증거하지 말라. 제십은, 네 이웃의 집을 탐내지 말라. 네 이웃의 아내나, 그의 남종이나 그의 여종이나, 그의 소나 그의 나귀나, 무릇 네 이웃의 소유를 탐내지 말라.
(출애굽기 20:1-17)

예수께서 이르시되, 네 마음을 다하고 목숨을 다하고 뜻을 다하여 주 너의 하나님을 사랑하라 하셨으니 이것이 크고 첫째 되는 계명이요, 둘째도 그와 같으니 네 이웃을 네 자신과 같이 사랑하라 하셨으니, 이 두 계명이 온 율법과 선지자의 강령이니라.
(마태복음 22:37-40)

십계명 해설 설교 ①

안식의 땅에 이르는 안내서로서 계명

> [십계명 서문과 제1계명]
> 하나님이 이 모든 말씀으로 말씀하여 이르시되
> 나는 너를 애굽 땅, 종 되었던 집에서 인도하여 낸 네 하나님 여호와니라.
> 제일은, 너는 나 외에는 다른 신들을 네게 두지 말라.
> **성경봉독**; 신명기 10:1-22

친애하는 형제자매 여러분,

하나님의 교회는 주일마다 하나님이 주신 율법인 십계명의 선포를 합니다. 이것은 개혁교회에서 수백 년 내려온 예배의식의 전통입니다. 사람들은 일반적으로 계명이란 말에 별 호감을 갖지 않습니다. 계명은 권위를 상징하기 때문입니다. 사람의 본성은 어떤 권세 아래 살기를 원하지 않습니다. 따라서 계명에 대해 부정적인 생각을 갖기 마련입니다.

낙원에서 우리 조상의 원죄는 바로 여기서 비롯되었습니다. 우리 조상은 주 하나님의 권세 아래 살기 보다는 자기 자신의 길을 걸어가기 원했습니다. 자기 스스로 무엇이 좋고 좋지 않은지 결정하기를 원했습니다. 주 하나님께서 명하신 길이 그에게 좋은 것으로 보이지 않았습니다. 그는 자기의 뜻을 따라 자기 길을 가기 원했습니다. 그 결과 그는 하나님의 계명을 범하고 자기와 후손들에게 파멸을 초래했습니다.

여러분, 이런 권위와 권세를 싫어했던 것이 그 후 인간의 부패한 본성으로 남게 되었습니다. 사람들은 일반적으로 자기 위에 있는 권세를 인정하려고 하지 않습니다. 하나님 없이 살기를 원합니다. 자신에게 좋게 보이는 것을 행하려고 합니다. 그러나 하나님의 권위를 벗어난 인간에게는 참 자유가 없습니다. 그는 다른 무서운 권세 아래 노예가 될 뿐입니다.

옛날 이스라엘 백성은 400년 동안 애굽에서 바로의 권세 아래 살았습니다. 그것은 무서운 종의 생활이었습니다.

하나님은 아브라함과 이삭과 야곱에게 언약하신 대로 그 백성들을 바로의 권세로부터 건져내어 자기의 권세 아래 두려고 하셨습니다. 그의 백성들이 그의 권세 아래 있어야만 참된 자유와 평안을 누릴 수 있기 때문이었습니다.

하나님 여호와는 이제 종의 집에서 인도해 낸 그의 백성 이스라엘에게 미래의 자유와 평안을 누릴 수 있는 길을 알려 주셨습니다. 이것이 십계명입니다. 하나님 여호와의 권세 아래 살고, 그의 뜻에 순종하고 생활해야만 우리에게 안전이 있고 평안이 있습니다.

이제 십계명의 서론과 제1계명을 통해 "평안의 길인 계명을 주신 구원의 주 하나님"에 관하여 생각하려 합니다.

첫째, 신약시대에도 유효한 계명
둘째, 구원의 하나님이 주신 계명
셋째, 안식의 땅에 이르는 안내서로 주신 계명

첫째, 10계명은 신약시대 교회에도 유효합니다.

이미 말씀드린 대로 사람은 언제나 권세에 대해 부정적입니다. 그래서 많은 사람들은 하나님의 계명에 대해 듣기를 좋아하지 않습니다. 사람들은 내게 명령하고 내가 순종해야 할 주가 누구인가? 라고 묻습니다. 그런데 놀랄만한 일은 소위 그리스도인들 가운데도 10계명이 우리와는 아무 상관이 없다고 주장하는 사람들이 있습니다.

그들은 10계명이 구약시대 이스라엘 백성에게 주어진 것이고, 신약시대의 그리스도인들에게는 해당되지 않는다고 합니다. 신약시대의 백성인 우리는 10계명과 아무 상관이 없다고 합니다. 그래서 그들은 말합니다. 신약교회에는 십계명을 선포할 필요가 없고 설교할 필요도 없다고 합니다. 왜냐하면 신약시대의 우리는 자유로운 하나님의 자녀들이고 법 아래 있지 않기 때문이라는 것입니다.

그들은 신약시대에 우리가 해야 할 모든 것은 사랑이라고 합니다. 사랑은 율법의 성취이기 때문이라는 것입니다. 또 저들은 이렇게 말합니다. "우리에게 이것 하라, 저것 하라 말하지 마십시오. 우리에게는 하나님과 이웃에 대한 사랑이 유일한 법입니다." 이렇게 주장하는 사람들의 영향으로 오늘 많은 교회에서 십계명이 선포되지 않고 있습니다.

어떤 면에서 매우 설득력 있는 이론처럼 들립니다. 우리 주 예수 그리스도가 우리에게 "네 마음을 다하고 목숨을 다하고 뜻을 다하여 주 너의 하나님을 사랑하라 .... 네 이웃을 네 몸과 같이 사랑하라 하셨으니 이 두 계명이 온 율법과 선지자의 강령이니라"(마 22:37-40)라고 말씀하셨기 때문입니다. 정말로 율법과 선지자의 강령은 사랑입니다. 예수 그리스도는 사랑으로 율법과 선지자들을 이루셨습니다. 그리스도가 율법의 마침이 되셨습니다.

그러나 여러분, 그리스도께서 율법과 선지자들을 이루셨다는 것을 바로 이해해야 합니다. 율법과 선지자는 구약 전체를 가리키는 말입니다. 그리스도께서 율법과 선지자들을 다 이루었다는 말은 우리가 더 이상 구약과 관계가 없다는 것을 의미하지 않습니다. 구약의 말씀이 더 이상 우리와 관계가 없다는 의미가 아닙니다. 그리스도가 시편과 선지서들에 있는 여러 예언의 말씀을 다 이루었습니다. 그리스도가 구약을 다 이룸으로써 오늘의 우리와 상관이 없다고 한다면 죄에 대한 슬픔과 죄사함과 기쁨에 관하여 말하는 구약의 선지서나 시편 등이 우리에게 아무런 위로도 유익도 될 수 없다는 말이 됩니다.

구약은 확실히 예수 그리스도 안에서 이루어졌습니다. 여기서 이루어졌다는 뜻을 우리는 바로 이해해야 합니다. 구약에 있는 여러 의식과 그림자는 사라졌다는 말입니다. 우리가 사랑하고 사모하던 분이 우리 앞에 실제로 나타나면 우리는 그의 사진을 더 이상 볼 필요가 없어집니다. 구약에서 율법의 의식들과 상징은 오실 그리스도를 예표한 그림자였습니다. 그것을 예표했던 실체인 그리스도가 오셨습니다. 그러므로 그림자였던 율법의 의식들과 상징의 사용은 이제 폐지되어야 합니다. 그러나 율법의 의식과 그림자의 본질은 그들이 성취된 예수 그리스도 안에서 우리에게 그대로 남아있습니다(벨직신앙고백 25장).

그러므로 하나님께서 구약시대에 말씀하신 것은 무엇이든 본질적으로 모두 현재도 유효합니다. 누구도 하나님의 말씀의 한 부분을 무효로 선언할 권리가 없습니다. 예를 들면 구약시대 이스라엘 백성들이 지켰던 유월절의 양은 오실 메시아를 예표한 것이었습니다. 그 유월절 양이 예표하던 메시아 예수 그리스도가 이 세상에 오셔서 십자가에 죽으심으로써 그의 백성을 구원하셨습니다. 그러므로 유월절의 의식을 지켜 양을 잡고 피를 흘릴 필요가 없어졌습니다. 그 의식을 예표하던 것이 이루어졌기 때문입니다. 우리는 더 이상 유월절을 지키지 않을 뿐더러 양의 피를 흘리지 않습니다. 오신 메시아에게서 우리는 지난날의 유월절 의식이 예표했던 진리와 본질을 확인하며, 언약에 신실하신 하나님께 영광을 돌리게 됩니다.

여기서 가장 중요한 것은 하나님의 말씀의 진리는 본질적으로 하나라는 것입니다. 구약교회에 전해진 복음의 본질이 신약교회인 우리에게 그대로 전해진 것을 성경에서 확인할 수 있습니다. 신약시대의 교회에서 우리는 구약시대 교회의 사람들이 모셨던 같은 하나님을 모시고, 같은 약속을 받았으며, 같은 반석이신 그리스도로부터 생수를 마시고 있습니다(고전 10:4).

우리는 출애굽을 통한 이스라엘 백성의 구원과 그리스도를 통한 우리들의 구원에 있어서 같은 하나님, 같은 복음을 발견하게 됩니다. 이스라엘 백성이 종 되었던 집 애굽에서 구원을 받은 사건은 미래에 하나님의 백성에게 올 또 다른 큰 구원에 대한 그림자였습니다. 곧 하나님이 그의 백성을 예수 그리스도를 통해 죄악의 종 된 집에서 크게 구원하실 것에 대한 예표였습니다. 그래서 사도 바울은 신약시대에 사는 하나님의 백성인 우리들에게 그리스도로 말미암아 자유를 얻었다는 사실을 강조했습니다. "이제는 너희가 죄로부터 해방되고 하나님께 종이 되었다"(롬 6:22). 바울은 또 말합니다. "아들이 너희를 자유케 하면 너희는 참으로 자유하리라."

이 사실은 모두 오늘 우리들에게 구약시대와 신약시대, 구약교회와 신약교회를 완전히 분리해서는 안 된다는 것을 가르쳐 줍니다. 이스라엘 백성을 애굽의 종이 되었던 집에서 인도해 내신 하나님은 곧 그의 아들 예수 그리스도를 통해 죄의 종이 되었던 우리를 구원하신 같은 하나님이십니다. 그러므로 옛 이스라엘 백성에게 주셨던 계명을 오늘 우리에게도 주셨습니다.

십계명은 옛 이스라엘 백성들에게만 주신 낡은 유물로 여겨서는 안 됩니다. 구약교회와 신약교회는 본질적으로 하나의 교회입니다. 하나님 여호와가 주신 10계명을 사랑의 계명으로부터 분리하는 것은 구약의 하나님과 신약의 하나님을 다른 분으로 보는 매우 잘 못된 일입니다. 십계명과 사랑의 계명은 하나입니다. 십계명의 핵심은 사랑입니다. 십계명의 본질은 온 마음을 다해 하나님을 사랑하고, 이웃을 자기 몸과 같이 사랑하라는 사랑의 계명입니다. 십계명은 하나님의 사랑에서 나온 계명입니다. 그러므로 우리는 이 계명에 늘 귀를 기울여야 합니다. 참된 하나님의 자녀들은 계명을 사랑합니다. 시편기자는 이렇게 고백합니다. "내가 사랑하는 주의 계명들을 향하여 내 손을 들고, 주의 율례들을 작은 소리로 읊조리나이다"(시 119:48).

둘째, 10계명은 구원하신 하나님이 주신 것입니다.

여러분, 하나님께서 율법을 이스라엘 백성들에게 주시면서 먼저 이렇게 말씀하셨습니다. "나는 너를 애굽 땅 종 되었던 집에서 인도하여 낸 너의 하나님 여호와로라." 왜 하나님은 먼저 자기를 이렇게 소개하십니까? 이스라엘 백성은 누가 이 율법을 주시는지 아는 것이 매우 중요했기 때문입니다. 누군가가 우리에게 무엇을 명령한다면, 우리는 그가 그런 명령을 할 권리가 있는지 알려고 합니다. 명령을 하는 사람의 뜻이 무엇인지 알아야 합니다. 우리가 그와 어떤 관계가 있는지 알기를 원합니다.

계명을 주신 하나님은 누구입니까? 그저 어떤 전제자처럼 갑자기 나타나 권세를 내세우며 계명을 주신 분이 아닙니다. 계명을 주시고 순종을 요구할 아무 자격이 없는 분이 아닙니다. 여러분, 하나님께서는 이스라엘 백성과 우리에게 자기가 누구이며 어떤 자격으로 계명을 주시는지 분명히 말씀하십니다.

그는 "나는 너를 애굽 땅, 종 되었던 집에서 인도하여 낸 너의 하나님 여호와로라"고 하십니다. 하나님은 자신을 여호와라고 하십니다. 여호와라는 성호는 무엇을 의미합니까? "나는 스스로 있는 자(자존자)"라는 뜻입니다. 말하자면 변하시지 않는 분, 신실한 분, 언약한 것을 변함없이 지키는 하나님이라는 것입니다. 이것은 하나님께서 일찍이 모세에게 떨기나무 불꽃 가운데서 알려 주신 이름입니다(출 3:13-15).

이로써 하나님은 시내산에서 10계명을 주시면서 모세와 그의 모든 백성들에게 이렇게 말씀하셨습니다; "나는 너희 조상 아브라함과 이삭과 야곱의 하나님이다. 나는 일찍이 그들에게 한 약속을 이루고 있다. 내가 너희들을 위해 행한 일을 보라. 나는 오래 전에 너희 조상들에게 약속한 대로 너희들을 애굽 땅 종 되었던 집에서 인도해 내어 너희들은 지금 약속의 땅 가나안으로 가는 길에 있다. 나는 언약을 신실하게 지키는 너희 하나님 여호와이다".

하나님이 이 말씀을 시내산에서 이스라엘 백성들에게 말씀하셨는데 그들에게 생소한 하나님이 아니었다고 알려주고 있습니다. 그들과 아무 관계가 없는 하나님이 아니었습니다. 아무 근거 없이 그들에게 자기 뜻을 강요하는 분이 아니었습니다. 하나님은 그들의 조상들과 그들에게 큰 자비와 신실하심을 이미 나타내셨던 하나님 여호와였습니다.

하나님은 불 가운데서 온 시내산이 크게 진동하는 가운데 그렇게 말씀하셨습니다. 하나님은 그의 놀라운 위엄을 나타내신 것입니다. 그러나 그것은 자비롭고 신실한 말씀이었습니다. "나는 너를 종 되었던 집에서 인도해 낸 너의 하나님 여호와로라"고 말씀하셨습니다.

하나님은 이로써 자기의 위엄과 권세를 자기 백성들을 구원하기 위해 나타내셨습니다. 곧 하나님은 "나의 위엄과 권세를 보느냐. 나는 이것으로 너희를 종의 생활에서 이끌어 내고, 너희들을 파멸과 죽음에서 구원해 내었다. 이제 너희들은 여기 내 앞에 있다. 해방을 얻은 너희들은 이제 약속의 땅 가나안으로 가는 길에 있다"고 하신 것입니다.

이제 이스라엘 여인들은 자녀를 낳아도 두려워할 필요가 없어졌습니다. 그들은 애굽에 살때 자녀를 낳으면 크게 두려워했습니다. 바로의 명으로 태어난 아기들을 나일강에 갖다 버려야 했기 때문입니다. 이제 그들은 기쁨과 감사로 자녀들을 출산하여 언약의 자녀로 기를 수 있게 되었습니다. 그들은 아직 광야에 있었습니다. 그러나 조만간 약속의 땅에 이를 것입니다.

이스라엘 남자들은 이제 아침마다 잠에서 깨어나도 두려워할 필요가 없어졌습니다. 애굽인 감독의 학대를 받고 강제 노동할 필요가 없어졌기 때문입니다. 그들은 이제 박해자들의 위협에서 해방되었습니다. 하나님은 그들을 어두운 권세로부터 구하셨던 언약의 하나님이었습니다.

여러분, 이 모든 것이 10계명의 말씀에 대해 밝은 빛을 비쳐 줍니다. 지난 날 이렇게 큰 자비와 구원을 베푸셨던 하나님이 자기 백성들에게 무거운 짐을 지우는 말씀이라고 생각할 수 없습니다. 누구도 이런 자비의 하나님이 갑자기 변하여 새로운 종의 생활을 요구하시리라고 생각할 수 없습니다.

우리는 십계명에서 "너의 하나님 여호와"라는 말씀이 여러 번 반복되고 있음을 주목합시다. 우리는 이 말씀을 십계명이 시작되는 부분뿐 아니라 중간에서 네 번이나 발견합니다. 그는 반복해서 "너의 하나님 여호와"라고 합니다. 왜 이렇게 이 말씀을 반복할까요? 이는 하나님께서 이스라엘 백성들에게 새로운 멍에를 지우기 위한 것이 아니라, 무한한 자비와 신실함으로써 언약을 따라 계속 그들의 구원을 이루어 가신다는 사실을 굳게 믿도록 하기 위해서입니다.

여러분, 신약교회의 우리에게 하나님은 지금도 본질적으로 꼭 같은 말씀을 주십니다. 우리는 이 말씀이 예수 그리스도를 통해 우리에게 임한다는 것을 깨닫고 귀를 기울여 들어야 합니다. 왜냐하면 예수 그리스도를 통하여 이 십계명이 이루어졌기 때문입니다. 성자 예수 그리스도가 죄악의 종된 집에서 우리를 해방시켜 주셨습니다. 이스라엘 백성들이 애굽의 땅에서 구원을 받은 것은 신약의 백성들인 우리가 주 예수 그리스도로 말미암아 얻게 될 구원에 대한 예언이었습니다.

그래서 신실하신 언약의 하나님이신 여호와는 마찬가지로 우리에게 오셔서 "나는 너를 종 되었던 집에서 인도해 낸 너의 하나님 여호와로라"고 말씀하십니다. 하나님 여호와가 우리를 인도해 내실 때 우리는 어떤 종이었습니까? 답은 분명합니다. 그는 사탄의 종 되었던 집에서, 죄악의 종 된 집에서 우리를 인도해 내셨습니다.

하나님은 실제로 우리에게 "보라 나의 자녀들아, 내가 너희 언약의 하나님 여호와이다. 내가 너를 죄의 종 되었던 집에서, 사탄의 종된 생활에서 해방시켰다. 이제 너는 나의 아들과 딸이다"라고 말씀하십니다. 따라서 여호와 하나님은 우리에게 골고다의 십자가를 가리키시며 말씀하십니다. "어린 양을 보라. 주 예수 그리스도가 너를 위해 그의 몸을 찢고 피를 흘렸다, 그로 말미암아 너희가 악한 자의 권세로부터 자유를 얻었다."

여러분, 이제 여러분에게 십계명을 주신 분이 누구이신지 아십니까? 십자가를 향하여 눈을 들어 고난 당하시는 하나님의 아들을 보시기 바랍니다. 자기 외아들을 우리에게 주신 아버지 하나님이 십계명을 주셨습니다. 곧 우리 주 예수 그리스도의 아버지 하나님이 우리에게 십계명을 주셨습니다. 그런고로 이 계명에는 우리를 향한 하나님 여호와의 놀라운 사랑이 담겨 있습니다.

셋째, 하나님 여호와는 안식의 땅에 이르는 안내서로 계명을 주셨습니다.

여러분, 십계명을 주시기 전에 먼저 하나님께서 "나는 너를 종 되었던 집에서 인도해 낸 네 하나님 여호와니라"고 하셨습니다. 이는 곧 "너는 나로 말미암아 사탄의 종 된 집에서 구원을 받았다"는 뜻의 강력한 말씀입니다.

여기서 우리는 그 다음에 어떤 말씀이 따르게 될지 짐작할 수 있습니다. 곧 구원 받은 우리가 앞으로 어떤 길을 걸어가야 하는지 그의 말씀을 기대하게 합니다. 왜냐하면 그가 우리를 얼마나 사랑하시는지를 우리는 알기 때문입니다. 하나님은 구원받은 우리가 다시 사탄의 종이 되지 않고 자유한 자가 되어 평안히 걸어가기를 바라실 것이기 때문입니다.

하나님 여호와는 실제로 우리가 앞으로 어떻게 살아야 구원의 길에서 벗어나지 않고 복된 길을 계속 걸어 갈 수 있을지 가르쳐 주시는 것을 기뻐하셨습니다. 따라서 하나님 여호와는 구원받은 우리가 어떻게 그와의 관계를 보존해 가야 할 것인지, 또 어떻게 이웃과의 관계를 맺고 살아가야 할 것인지 말씀하십니다. 하나님과의 관계와 이웃과의 관계는 서로 떨어질 수 없습니다.

우리는 먼저 언약의 하나님과 바른 관계를 가져야 합니다. 하나님과의 관계가 바로 정립되지 않는 한 우리는 이웃과 바른 관계를 가질 수 없습니다. 그래서 하나님은 첫째 계명으로부터 넷째 계명까지는 하나님과의 바른 관계를 맺고 사는 일에 관해서 말씀하셨습니다. 그리고 다섯째 계명에서 열째 계명까지는 이웃과 바른 관계를 갖고 사는 일에 대하여 말씀하셨습니다.

하나님과 이웃과의 양 관계를 갖고 있는 우리는 성실하게 살아야 합니다. 우리는 모두 우리 앞에 있는 참된 안식의 땅을 향하여 함께 길을 걸어가고 있습니다. 하나님 여호와, 언약의 하나님은 우리가 목적지까지 잘 도착할 수 있도록 그 길에 대한 안내서로 십계명을 주셨습니다. 우리는 그 안내를 따라 길을 걸어가야 합니다.

여러분, 물론 우리가 길을 가는 동안 언약에 신실하신 하나님이 은혜와 능력으로 함께 하십니다. 이스라엘 백성을 종된 집에서 인도해 내신 하나님은 가나안을 향해 가는 광야 길에서도 그들을 먹이시고 인도하시고 보호하시고, 그들 앞에 있는 원수들을 물리치시고 멸망시키심으로써 길을 인도하셨습니다. 또 홍해가 갈라지게 하셔서 그의 백성 이스라엘이 안전하게 건널 수 있게 하셨습니다. 이 같은 하나님이 요단강도 갈라지게 했습니다. 그래서 이스라엘 백성들은 약속의 땅에 들어갈 수 있었습니다. 그의 이름은 신실하신 언약의 하나님 여호와입니다.

그런데, 여러분 우리는 이스라엘 백성이 겪은 것 같은 종의 생활을 한 적이 없습니다. 그러나 우리는 사탄과 죄악의 무서운 권세를 경험했습니다. 우리는 매일 부패한 옛 본성의 능력을 경험합니다. 사도 바울이 말했습니다. "선을 행하기 원하는 나에게 악이 함께 있는 것이로다. 내 지체 속에서 한 다른 법이 내 마음의 법과 싸워서 내 지체 속에 있는 죄의 법으로 나를 사로잡는 것을 보는도다"(로 7:21-23). 여기서 말하는 다른 법, 곧 죄가 애굽의 권세와 같은 것입니다. 이 때문에 언약의 하나님이 우리가 순종의 길에서 벗어나지 않게 하기 위한 안내서로 십계명을 주셨습니다. 우리가 이것을 깨닫는 것은 큰 은혜요 위로입니다.

여러분, 계명을 통해 우리 하나님 여호와는 우리에게 아주 특별한 것을 요구하지 않으셨습니다. 그는 우리에게 감당 못할 큰 짐을 지우시지 않습니다. 그는 첫째 계명으로 우리가 하나님 여호와만을 참 하나님으로 인정할 것을 요구하십니다. "너는 나 외에 다른 신들을 네게 두지 말라"고 하셨습니다. 그가 우리에게 요구하는 가장 중요한 것은 그가 누구인지를 아는 것입니다. 그가 우리에게 요구하는 것은 단지 우리가 그를 죄와 사탄의 세력에서 우리를 구원하고 우리에게 자유를 주신 분으로 높이며 신뢰하는 것입니다. 그가 우리에게 요구하는 모든 것은 우리를 악의 세력에서 구원하신 하나님 여호와에게만 영광을 돌리고 사는 것입니다. 구원의 하나님 여호와 외에 다른 신을 인정하지 않는 것입니다.

여러분, 하나님께서 우리를 위해 행하신 큰 일을 인정하도록 요구하는 것이 비합리적입니까? 그 요구가 무거운 짐입니까? 물론 아닙니다. 하나님 여호와는 나의 하나님이요 나의 구원이십니다. 이 하나님 여호와 외에 누가 나를 악한 자의 세력으로부터 계속 지키고 보존해 주겠습니까? 나의 길에 닥칠 고난과 슬픔에서 하나님 여호와 외에 누가 나에게 위로가 될 수 있습니까? 여호와는 나의 구원이요 노래입니다.

하나님 여호와가 우리를 구원하셨습니다. 그만이 오직 하나님이십니다. 그가 우리를 영원한 안식의 세계로 가는 길에 세워주셨습니다.

그가 거기에 안전하게 이르도록 안내서를 주셨습니다. 하나님 여호와께서 주신 계명을 따라 걸어가면 안전하고 영원한 안식의 땅, 시온에 이를 수 있습니다. 언약의 하나님 여호와께서 주신 계명을 사랑하고, 그 계명을 따라 매일의 길을 기쁨으로 걸어가시기 바랍니다. 아멘.

십계명 설교 ②

하나님이 섬김을 받기 원하시는 길

[제2계명; 너를 위하여 우상을 만들지 말고]

또 위로 하늘에 있는 것이나, 아래로 땅에 있는 것이나, 땅 아래 물 속에 있는 것의 어떤 형상도 만들지 말며, 그것들에게 절하지 말며, 그것들을 섬기지 말라. 나 네 하나님 여호와는 질투하는 하나님인즉 나를 미워하는 자의 죄를 갚되, 아버지로부터 아들에게로 삼사 대까지 이르게 하거니와, 나를 사랑하고 내 계명을 지키는 자에게는, 천 대까지 은혜를 베푸느니라.

성경봉독: 신명기 4:9-24

친애하는 형제자매 여러분,

하나님의 율법은 언약의 계명입니다. 그래서 하나님은 이것을 세상 모든 사람에게 주시지 않고, 그의 언약의 백성들에게 주셨습니다. 이것은 십계명의 서론에서 분명히 나타납니다. 하나님은 "나는 너를 애굽 땅 종 되었던 집에서 이끌어낸 너의 하나님 여호와로라"라고 말씀하셨습니다. 이스라엘은 하나님의 백성이었습니다. 그래서 하나님은 그들에게 10계명을 주셨습니다. 하나님께서 계명을 그들에게 주신 목적이 무엇이었을까요?

하나님 여호와는 이미 그들을 종 된 집에서 구원해 내셨습니다. 그런데 그들에게 계명을 주신 것은 그들을 종된 집에서 구원 얻게 하는 데 있지 않았습니다. 이스라엘 백성은 이미 하나님의 은혜로 구원을 받아 약속의 땅 가나안으로 가는 길에 있었습니다. 이제 하나님은 그의 백성을 약속의 땅으로 안전하게 인도하시기를 원했습니다. 이제 하나님은 그들이 안전하게 약속의 땅에 이를 수 있도록 길잡이와 안내서로서 계명을 주셨습니다. 그래서 우리는 이 계명을 감사 생활의 규칙이라고도 부릅니다.

신약시대에 살아가는 우리에게도 하나님의 계명이 적용될 수 있는가? 이렇게 묻는 사람들이 있습니다. 물론 적용됩니다. 구약시대 하나님의 백성과 신약시대 하나님의 백성은 서로 다른 두 백성이 아니고, 하나의 하나님의 백성입니다. 구약시대의 이스라엘 교회와 신약시대에 여러 백성들로 이루어진 교회는 서로 다른 두 교회가 아닙니다. 주 예수 그리스도에게 속한 하나의 교회입니다. 그러므로 구약의 이스라엘 백성들에게 주신 계명은 오늘 우리에게도 주신 것입니다.

하나님께서 이스라엘을 종 되었던 집 애굽에서 구원하신 것은 하나님이 그의 아들 예수 그리스도를 통해 죄와 사망의 종 되었던 우리를 구원하신 큰 구원에 대한 모형이요 예표였습니다. 하나님은 우리를 죄의 종된 집에서 구원해 내시고 영광스런 시온으로 가는 길에 세워 주셨습니다. 하나님은 우리를 하늘의 가나안에 안전하게 인도하시기를 원하십니다. 그래서 그는 우리의 생활을 위한 감사의 규칙으로 계명을 주셨습니다. 그 결과 우리는 계명을 귀하게 여기고 사랑해야 합니다. 이것이 영광스런 시온에 가는 길에 길잡이가 되고 안내서가 되기 때문입니다.

율법의 제1계명은 "너는 나 외에는 다른 신을 네게 두지 말라"였습니다. 이로써 하나님은 그가 누구인지를 밝히셨습니다. 우리 하나님은 전능하시고 주권적인 유일한 하나님이요, 우리를 어두운 권세로부터 구원해 주셨습니다. 하나님과 견줄 수 있는 어떤 존재도 어떤 능력도 없습니다. 하나님은 우리에게서 유일한 하나님으로 인정받기를 원하십니다. 이것은 우리가 지난 번에 깨달았던 내용입니다.

이제 제2계명에서 하나님은 우리에게서 어떻게 섬김을 받기 원하시는지 알려주십니다. 하나님은 "너를 위하여 새긴 우상을 만들지 말고 또 위로 하늘에 있는 것이나, 아래로 땅에 있는 것이나, 땅 아래 물 속에 있는 것의 어떤 형상도 만들지 말며, 그것들을 섬기지 말라"고 하십니다.

제2계명은 "하나님이 섬김을 받기를 원하는 길"을 알려주셨습니다. 이에 다음 세 가지 요점을 생각하려 합니다.

첫째, 하나님은 형상 예배를 금하십니다.
둘째, 하나님은 그가 명하신 방식으로만 섬김 받기를 원하십니다.
셋째, 하나님은 이 계명에서 그의 무한한 사랑을 보여주십니다.

첫째, 하나님은 형상 예배를 금하십니다.

이스라엘 백성은 제2계명을 거스르는 죄를 자주 범했습니다. 이방인 세계에서는 어떤 형상을 예배하는 것이 일반적이었습니다. 옛 로마인들과 희랍인들은 그들의 신들을 사람의 모양으로 만들었습니다.

그들은 우리가 살고 있는 인간세계처럼 그들이 섬기는 신들도 신의 세계에서 살고 있다고 생각했기 때문입니다. 그래서 그들은 제우스, 아폴로 등을 사람의 형상으로 만들어 섬겼습니다.

그러나 이스라엘 백성들이 광야와 가나안에 살던 시대의 여러 민족들은 그들의 신에 대해 다르게 생각했습니다. 그들의 신은 언제나 사람의 형상이 아니었습니다. 그들은 신이 행할 수 있다고 믿는 형상으로 신을 나타내었습니다. 아스다롯은 가나안인들에게 생식력을 가진 신으로 여겨졌습니다. 그래서 아스다롯 신을 사람과 같이 나타내되, 그 형상을 성적인 활력으로 표현했습니다.

우리는 전형적인 예를 이스라엘 백성들의 요구에 따라 아론이 만든 금송아지에서 볼 수 있습니다. 아론이 금송아지를 만들어 여호와 하나님을 대신한다고 말하지 않았습니다. 아론은 "내일은 여호와의 절일이라"(출 32:5)고 공포했습니다. 이스라엘 백성은 "이스라엘아 이는 너희를 애굽 땅에서 인도하여 낸 너희의 신이로다"(출 32:4,8) 라고 했습니다. 이스라엘 백성들은 금송아지를 여호와 하나님으로 말하지는 않지만 그 형상에서 하나님 큰 능력을 나타내려고 했던 것입니다.

하나님은 이런 식의 예배를 미워하셨습니다. 그래서 하나님은 모세에게 이렇게 말씀하셨습니다. "내가 이 백성을 보니 목이 뻣뻣한 백성이로다. 그런즉 내가 하는 대로 두라. 내가 그들에게 진노하여 그들을 진멸하리라." 그러나 이렇게 무서운 경고를 받은 후에도 이스라엘 백성들은 계속 죄에서 벗어나지 못했습니다.

하나님은 창조주입니다. 형상이란 언제나 피조물을 나타내는 것입니다. 하나님은 영이십니다. 그런데 형상은 언제나 물질입니다. 하나님은 영원하십니다. 그러나 형상은 언제나 일시적인 것입니다. 그러므로 형상 예배는 하나님으로부터 그의 영광과 위대함을 부인하는 일입니다. 그런데 이스라엘 백성들은 이런 죄를 자주 지었습니다.

느밧의 아들 여로보암을 보십시오. 그가 금송아지를 만들어 단과 벧엘에 두고 섬기며, 지난날 아론의 말을 빌려 백성들에게 "이스라엘아 이는 너희를 애굽 땅에서 인도하여 올린 너희의 신들이라"(왕상 12:28)고 선포했습니다. 열왕기에서 우리는 자주 "그가 느밧의 아들 여로보암의 길로 행하여"라는 말을 읽게 됩니다(왕상 16:26, 31, 22:52, 왕하 3:3, 10:29, 13:2,11, 14:24, 15:9,18,24,28). 이것은 여러 이스라엘 왕들의 배교에 대한 절망과 슬픔의 표현이었습니다.

왜 이스라엘 백성들이 거듭 형상을 섬기는 죄에 빠져 들었을까요? 하나님의 말씀을 완전히 받아들이지 않고 자기들의 방법으로 하나님을 섬기기 원했기 때문입니다. 하나님의 말씀은 우리 발에 등이요 우리 길에 빛입니다(시 119:105). 말씀은 안내자입니다. 그래서 우리는 그의 말씀에서 하나님을 발견하고 그의 말씀에 순종함으로써 그를 섬겨야 합니다. 그러나 이스라엘 백성들은 자신들의 방법대로 하나님을 섬기고 언약의 하나님의 축복을 확보하려 했습니다.

바벨론 포로생활 후에는 이스라엘 백성들 가운데 형상을 예배하는 일이 없었습니다. 그런데 이것이 다른 형태로 바뀌었습니다. 그들은 하나님의 말씀을 떠나 생활에 필요한 여러 종류의 규칙을 만들었습니다. 그들은 이런 규칙을 지킴으로써 하나님의 축복을 확보하게 될 것이라고 생각했습니다. 그러나 우리 주 예수 그리스도는 하나님의 언약의 말씀에 따른 경건이 아닌, 바리새인들의 외형적 경건을 정죄했습니다. 바리새인들은 자신들의 방법으로 하나님을 섬기고, 하나님의 사랑을 기대했습니다.

　우리 시대의 사정은 어떠합니까? 우리 그리스도인들 가운데 누구도 형상 예배를 하지는 않습니다. 그러나 다른 종류의 형상 예배를 하는 사람들이 있습니다. 어떤 사람들은 하나님의 은혜와 구원을 스스로의 노력으로 확보하려 합니다. 하나님을 잘 섬기면 큰 물질적 부를 누리게 되고 건강을 얻게 된다고 생각합니다. 이를 위해 목사가 번영 위주의 설교를 하고 사람들은 그대로 받아들입니다. 이것 역시 하나님의 말씀을 떠나 자기 생각대로 하나님을 상상해 내는 일종의 형상 숭배입니다.

　"우리는 하나님께서 그의 말씀으로 명하신 것과는 다른 어떤 방식으로도 하나님의 형상을 만들거나 다른 형태로 예배하지 않아야 합니다." 하나님은 은혜의 언약을 범하는 모든 인간의 노력을 기뻐하시지 않습니다. 모든 것은 우리 하나님 여호와에게서 옵니다. 구원과 이에 따른 모든 축복이 하나님 여호와에게서 옵니다. 그러므로 우리는 모든 인간적인 방식으로 하나님을 섬기는 일을 버리고, 하나님의 말씀과 그의 은혜만을 의지해야 합니다.

　둘째로, 하나님은 그의 말씀에 명하신 대로만 섬기는 것을 원하십니다.

　하나님 여호와는 그의 형상을 우리 눈에 보이게 나타내시지 않았습니다. 그는 오직 말씀으로 자신을 계시하셨습니다. 하나님은 우리에게 말씀하시고, 우리는 그의 입에서 나오는 말씀이 있습니다. 이것이 참된 그리스도교의 표지입니다. 다른 종교는 일반적으로 자기 신의 형상이 있을 뿐 말씀은 없습니다.

태초부터 하나님은 사람과 말씀하셨습니다. 하나님은 자신의 형상을 따라 사람을 만드셨습니다. 하나님은 사람을 자신의 자녀와 친구로 삼기를 원하셨습니다. 물론 하나님과 사람 사이에는 본질적인 차이가 있었습니다. 하나님은 창조주이시고, 사람은 단순히 그의 피조물입니다. 그러나 낙원에서 하나님은 사람과 관계를 가지시고, 사람과 말씀하셨습니다. 하나님과 사람 사이에 말을 통해 밀접한 교제가 있었습니다. 낙원에서 사람은 하나님의 소리를 들었고, 언약의 말씀을 받았습니다.

그런데 불행하게도 사람이 타락하여 하나님과 사람 사이에 큰 틈이 생겼습니다. 하나님은 더 이상 사람과 가깝게 계시지 않았습니다. 사람은 낙원에서 쫓겨났습니다. 사람은 에덴 동산 동쪽, 가시 덩굴과 엉겅퀴가 가득한 거친 곳으로 추방을 당했습니다.

그러나 하나님은 타락한 사람에게 은혜로우셨습니다. 하나님이 그를 에덴 동산에서 쫓아내면서 메시아에 대한 약속의 말씀을 주셨습니다. 여호와 하나님이 뱀과 여자가 서로 원수 되게 하고, 여자의 후손이 뱀의 머리를 상하게 할 것이라고 하셨습니다(창 3:15). 이 약속은 타락한 사람에게 소망을 준 은혜로운 구원의 말씀이었습니다.

여러분, 하나님은 아담 안에서 우리에게 은혜로우셨습니다. 하나님은 전적으로 우리를 버리시거나 동산에서 쫓아내지 않았습니다. 그는 아담 안에서 약속의 말씀을 우리에게 주셨습니다. 약속의 말씀 속에 구원의 소망과 보장이 있었습니다. 그 때부터 사람은 말씀으로 살게 되었습니다. 언약의 말씀을 통해서만 소망과 기쁨을 발견한 것입니다.

이제 사람은 하나님께서 주신 것 외에 다른 방법으로 구원과 평안을 확보하려고 노력하지 않아야 했습니다. 아벨과 셋과 에녹과 노아와 아브라함이 약속의 말씀으로 살았습니다. 성경 말씀이 알려주는 대로 "이 사람들은 다 믿음을 따라 죽었으며 약속을 받지 못하였으되 그것들을 멀리서 바라보고 환영하며 또 땅에서는 외국인과 나그네임을 증언하였습니다"(히 11:13).

우리 하나님 여호와는 그의 백성들에게 모세와 선지자들을 통해 말씀하셨습니다. 모세는 말년에 이스라엘 백성들에게 시내산에서 일어난 일을 상기시키며 이렇게 말했습니다. "너희가 가까이 나아와서 산 아래 서니 그 산에 불이 붙어 불길이 충천하고, 어둠과 구름과 흑암이 덮였는데 여호와께서 불길 중에서 너희에게 말씀하시되 음성뿐이므로 너희가 그 말소리만 듣고 형상은 보지 못하였느니라. 여호와께서 그의 언약을 너희에게 반포하시고 너희에게 지키라 명령하셨으니 곧 십계명이며 두 돌판에 친히 쓰신 것이라"(신 4:11-13). 주 하나님은 계속해서 그의 백성들에게 선지자들을 통해 말씀하시고, 갈수록 더 분명하게 약속하셨습니다. 하나님의 백성은 약속의 말씀으로 살아야 했습니다. 다시 말하면, 하나님의 백성은 언약의 말씀을 따라 하나님을 섬겨야 했습니다.

때가 찼을 때 하나님께서 언약하신 말씀은 아들이 이 세상에 오심으로써 성취되었습니다. 말씀이 육신이 되어 우리 가운데 거하셨습니다. 말씀이신 아들은 우리에게 하나님 아버지를 계시하셨습니다(요 1:14). 세상에 오신 아들은 우리를 위해 고난 당하시고, 죽으시고, 죽은 자 가운데서 일어나시고, 하늘에 오르셨습니다. 그는 뱀, 사탄의 머리를 상하게 하시고 승리자요 우리 구주가 되셨습니다. 언약하신 주 예수 그리스도를 믿음으로써 우리는 새 피조물이 되었고, 하나님과의 관계를 회복하게 되었습니다.

우리가 예수 그리스도를 믿으며 살아갈 때 아담이 타락하기 전에 낙원에서 누렸던 것을 다시 얻어 누릴 수 있습니다. 그 결과 우리는 모든 것을 전과는 달리 볼 수 있게 됩니다. 믿음으로 우리는 어디서나 하나님의 놀라운 사랑을 알고 맛볼 수 있습니다. 어디서나 주 우리 하나님의 임재를 느낄 수 있습니다. 우리가 전에는 식탁을 스스로 수고한 대가로만 보았습니다. 그러나 지금은 믿음 안에서 다르게 봅니다. 그 식탁에서 하나님의 사랑을 봅니다. 하늘에 뜨는 구름을 볼 때도, 거기에서 하나님의 사랑을 봅니다. 나의 일터도 하나님이 그의 아들 예수 그리스도 안에서 내게 주신 성소가 됩니다. 우리는 모든 은혜의 하나님을 어디에서나 만나뵙게 됩니다.

그러나 우리가 주 예수 그리스도 안에서 믿음이 없어지면 하나님은 우리에게서 멀어집니다. 광야를 걸어가는 외로운 순례자가 되어버립니다. 태양이 비추어도 그 속에서 하나님을 보지 못합니다. 밥을 먹더라도 하나님의 사랑을 보지 못합니다. 왜 그렇습니까? 예수 그리스도 밖에서는 하나님을 발견할 수 없기 때문입니다. 예수 그리스도 안에서만이 우리는 하나님 아버지를 볼 수 있고, 그의 음성을 들을 수 있으며, 그의 사랑을 느낄 수 있습니다.

그렇다면, 제2계명을 거스르는 죄는 무엇입니까? 예수 그리스도께 우리의 마음을 닫는 것입니다. 주 예수 그리스도를 믿지 않는 것입니다. 우리가 언제 제2계명을 범하게 됩니까? 귀를 닫고 예수 그리스도의 말씀을 듣지 않는 것입니다. 예수 그리스도의 말씀을 완전히 받아들이지 않고, 자기 방법으로 번영과·평안을 얻으려고 노력하는 것입니다. 우리는 이 죄를 경계해야 합니다.

여러분, 주 우리 하나님은 그의 아들 예수 그리스도를 통해서만 우리에게 오시고, 우리에게 자기를 계시하시며 우리 가운데 거하십니다. 그런고로 우리는 예수 그리스도 안에 거해야 합니다. 믿음으로 그의 말씀 안에 거해야 합니다. 우리가 주 예수 그리스도에 대한 믿음 가운데 살 때, 어디서든지 하나님의 사랑을 즐기며, 이 땅에서도 하늘의 것을 맛보고 즐기게 됩니다.

셋째, 하나님께서는 그의 계명으로 놀라운 사랑을 우리에게 계시하셨습니다.

하나님은 왜 우리가 형상 예배 하는 것을 금하실까요? 하나님은 왜 그의 말씀으로 명하신 방법만으로 자기를 섬기라고 요구하십니까? 그 이유는 그가 우리를 무한히 사랑하시기 때문입니다. 하나님의 불같은 사랑은 "나 네 하나님 여호와는 질투하는 하나님인 즉" 하는 말씀에 표현되었습니다. 왜 질투합니까? 사랑이 거기 있기 때문입니다. 남편은 아내가 자기에게 합당한 사랑을 다른 사람에게 하면 질투할 권리가 있습니다.

주 하나님은 그의 언약의 백성인 우리에게 신실한 남편과 같은 성격이 있습니다. 그는 참으로 신실한 남편으로서 모든 의무를 우리에게 이행해 오셨습니다. 그는 우리를 사랑하셔서 자기 아들의 생명을 주시기까지 했습니다. 그래서 주 하나님은 우리에게 사랑과 충성을 요구하십니다. 그는 우리의 온 마음과 영혼과 정성을 받으시기를 원합니다. 우리가 그의 신부이기 때문입니다. 그는 우리가 그의 말씀만 듣고 순종하기를 원합니다.

하나님의 사랑은 더욱 강한 말로 표현되고 있습니다. 하나님은 "나를 미워하는 자의 죄를 갚되, 아버지로부터 아들에게로 삼사 대까지 이르게 하고"라고 하십니다. 여러분, 이것은 하나님께서 단지 부모가 악하기 때문에 그들의 무죄한 자녀를 정죄하고 벌한다는 뜻이 아닙니다. 모든 사람은 자기 자신의 죄 때문에 죽습니다. 역대하 25:4에 "아버지로 말미암아 자녀를 죽이지 말 것이라. 오직 각 사람은 자기의 죄로 말미암아 죽을 것이니라"고 했습니다. 이것이 하나님 나라의 법입니다.

그러나 여러분 우리는 또한 부모와 자녀가 서로 얼마나 밀접한 관계가 있는지 알아야 합니다. 가인이 지은 죄의 결과는 그의 시대에만 관계되지 않고 그 후 오는 많은 세대에게 계속되었습니다. 좋은 나무는 좋은 열매를 맺고, 나쁜 나무는 나쁜 열매를 맺습니다. 부모가 주님께 성실하지 않으면, 그 자녀들도 그렇게 될 가능성이 많습니다. 주 하나님의 언약의 진노를 두려워해야 합니다.

선지자 이사야는 히스기야 왕에게 그가 범한 죄 때문에 그의 자손이 나라를 잃고 포로로 잡혀가게 될 것을 선언했습니다. 이사야는 히스기야 왕에게 이렇게 하나님의 말씀을 알렸습니다; "보라 날이 이르리니 네 집에 있는 모든 소유와 네 조상들이 오늘까지 쌓아 둔 것이 모두 바벨론으로 옮긴 바 되고 남을 것이 없으리라...또 네게서 태어날 자손 중에서 몇이 사로 잡혀 바벨론 왕궁의 환관이 되리라"(사 39:5-8). 칼빈은 십계명을 주석하면서 이렇게 말했습니다. "주님의 의로운 저주는 악한 사람의 머리 위에만 내리지 않고 그의 전 가족에게도 내린다는 것을 이해해야 한다"라고 했습니다.

아버지와 어머니 된 여러분, 여러분 자신과 여러분의 자녀를 위해 책임 있는 생활을 하여야 합니다. 자녀 된 청소년 여러분, 여러분 때문에 하나님이 여러분의 가족을 축복하실 수 있습니다. 어떤 부모들은 자녀에게 불의한 일이 일어났을 때 후회하면서, "내가 그리스도인으로서 좀 더 성실하게 살면서 자녀 양육에 좀 더 관심을 가졌었더라면"라고 합니다. 그러나 때는 늦었습니다. 때가 영원히 지나가 버릴 수도 있습니다. 그런고로 하나님의 뜨거운 사랑에서 나오는 "나를 미워하는 자의 죄를 갚되, 아버지로부터 아들에게로 삼사 대까지 이르게 하리라"는 말씀을 신중하게 들으시기 바랍니다.

여러분, 주 우리 하나님은 우리를 사랑하십니다. 여러분이 그를 사랑하고 그의 말씀을 따라 그를 섬기면, 그는 여러분을 축복하실 뿐 아니라, 여러분의 자녀들과 자녀들의 자녀들을 축복하실 것입니다. 그래서 그는 "나를 사랑하고 내 계명을 지키는 자에게는 천 대까지 은혜를 베푸느니라"고 말씀하셨습니다.

이 말씀을 통해 보여주시는 하나님의 사랑은 얼마나 놀랍습니까?

그는 자기 언약의 백성들에게 풍성하게 축복하시기를 원합니다. 이 말씀은 그가 자기 외아들을 아끼지 아니하시고 우리를 위해 죽음에까지 내어 주신 한없는 사랑을 보여 줍니다. 주 하나님은 전혀 자격 없는 우리를 사랑하셨습니다.

그러나 하나님의 사랑은 아무 분별없는 것이 아닙니다. 하나님은 모든 사람을 사랑하지 않습니다. 그는 누구에게나 복을 주시지 않습니다. 하나님은 "나를 사랑하고 내 계명을 지키는 자에게는 천 대까지 은혜를 베푸느니라"고 말씀하시기 때문입니다. 주 하나님은 언약의 법을 따라 사는 자들과 그들의 자녀들을 사랑하시고 복을 주시기 원합니다.

여러분, 언약의 하나님이신 우리 주 하나님은 우리의 사랑과 신실함을 요구하십니다. 왜 이것을 요구하십니까? 우리가 아직 그의 원수 되었을 때 그가 먼저 은혜로 우리를 사랑하고 죄와 사망의 권세에서 구원해 주셨기 때문입니다. 하나님은 왜 우리의 사랑과 신실함을 요구하십니까? 우리를 사랑하시고 축복하시기를 원하시기 때문입니다. 아멘.

십계명 설교 ③

그의 이름에 대한 하나님의 요구

> [제3계명]
> "너는 네 하나님 여호와의 이름을 망령되게 부르지 말라"
> 여호와는 그의 이름을 망령되게 부르는 자를 죄 없다 하지 아니하리라."
> 성경봉독: 마태복음 12:22-32, 히브리서 10:26-31

친애하는 형제자매 여러분,

오늘 예배에서도 하나님의 율법인 십계명이 선포되었습니다. 이 계명은 모든 시대에 사는 하나님의 언약 백성들에게 주신 것입니다. 그래서 이 계명은 계속 선포되어야 하고 우리는 그것을 들어야 합니다. 이 율법을 주신 이는 "나는 너를 종 되었던 집 애굽에서 인도해 낸 너의 하나님 여호와로라"고 말씀하신 분입니다. 그러므로 이 율법을 주신 분은 우리의 구주 하나님이십니다.

계명을 통해 우리는 우리 구주 하나님의 요구를 듣습니다. 다시 이 점을 강조하고자 합니다. 하나님은 이 율법을 지켜서 구원을 얻도록 주시지 않았습니다. 우리가 가나안, 즉 하늘의 가나안으로 안전하게 인도를 받을 수 있도록 주신 것입니다. 우리가 종 되었던 집에 있었을 때 여호와 하나님은 은혜로 우리를 구원해 주셨습니다. 이 은혜의 하나님은 우리를 가나안까지 안전하게 인도하시기를 원하십니다. 그가 그의 은혜로 시작하신 선한 일을 완성하기를 원하십니다.

그래서 하나님은 우리에게 그의 율법인 계명을 주셨습니다. 그렇기 때문에 율법은 우리에게 무거운 짐이 아닙니다. 이 율법의 말씀은 내 발에 등이요, 시온으로 가는 길에 빛입니다(시 119:105). 그러므로 우리는 시편기자와 함께 이렇게 말할 수 있습니다. "내가 주의 법을 어찌 그리 사랑하는지요. 내가 그것을 종일 작은 소리로 읊조리나이다"(시 119 97).

구원의 하나님은 그의 놀라운 사랑 가운데서 첫 계명으로 "너는 나 외에는 다른 신들을 네게 두지 말라"고 하셨습니다. 둘째 계명에서는 그의 사랑 가운데서 "너를 위하여 새긴 우상을 만들지 말고…어떤 형상도 만들지 말라"고 하셨습니다. 이로써 우리 언약의 하나님은 어떻게 그를 경외하고 섬겨야 할지를 가르쳐 주셨습니다.

우리는 하나님께서 우리에게 오시는 길을 따라 그를 경외하고 섬겨야 합니다. 하나님은 어떤 형상으로 우리에게 오시지 않습니다. 그의 아들 예수 그리스도를 통해서 오십니다. 우리는 그리스도를 통해 하나님 아버지에게 나아가 섬겨야 합니다. 예수 그리스도는 하나님 아버지께 나아가는 길입니다. 예수 그리스도에 대한 신앙만이 우리가 하나님 아버지에게 나아갈 수 있게 하고 그를 높일 수 있게 합니다.

이제 셋째 계명에서 우리 구원의 하나님은 우리에게 다른 요구를 말씀하십니다. "너는 네 하나님 여호와의 이름을 망령되게 부르지 말라"

고 하십니다. 언약의 하나님은 이 계명에서 자기가 누구인지를 우리에게 나타내시고 우리의 생활을 통해 은혜로운 반응을 요구하십니다.

이름은 사람의 신원, 정체성을 가리킵니다. 그러므로 여호와의 이름은 여호와 하나님 자신입니다. 여호와 하나님은 자신을 주 예수 그리스도 안에서 우리에게 계시하셨습니다. 그러므로 우리는 예수 그리스도를 모시고 믿어야 합니다. 우리가 예수 그리스도에 대한 믿음을 가지면, 여호와 하나님의 이름을 높이게 되고, 망령되게 부르지 않게 됩니다.

제3계명에서 우리는 "그의 이름에 대한 존중을 요구하시는 언약의 하나님"을 생각하게 됩니다. 이 요구에는 다음 두 가지가 포함되어 있습니다.

첫째, 우리는 여호와 하나님의 완전한 계시를 받아들여야 합니다.

둘째, 우리는 세상에서 선지자들이 되어야 합니다.

첫째, 우리는 여호와 하나님의 완전한 계시를 받아들여 믿어야 합니다.

이름의 의미에 관하여 많은 것을 생각해 볼 수 있습니다. 처음에 이름은 사람이나 어떤 사물의 본질에 대한 표였습니다. 이것은 낙원에서 아담이 생물들에게 이름을 지어주었던 사실에서 분명합니다. "하나님이 흙으로 각종 들 짐승과 공중의 각종 새를 지으시고 아담이 무엇이라고 부르나 보시려고 그것들을 그에게로 이끌어 가시니 아담이 각 생물을 부르는 것이 곧 그 이름이 되었더라"(창 2:19). 아담이 완전한 가운데 있었을 때 각 생물들의 본질을 완전하게 살피고 일치된 이름을 주었습니다. 그러나 타락 후에 그 이름의 의미를 잃었습니다.

그러나 성경에는 이름의 원래 의미가 가끔 어느 정도 보존되었습니다. 특별히 하나님께서 친히 어떤 사람의 이름을 주신 경우에 나타나고 있습니다. 하나님은 아브람에게 아브라함이란 새 이름을 주셨습니다. 그의 새 이름은 "많은 사람들의 아버지"를 의미했습니다. 이것이 참으로 아브라함의 본질이었습니다. 그는 많은 믿는 자들의 아버지가 되었기 때문입니다. 예수님은 게바에게 베드로라는 이름을 주셨습니다. 베드로는 반석을 의미했습니다. 베드로는 분명히 주님의 교회의 한 터요 반석이었습니다.

이름이 본질을 나타낸다는 점에서 특별히 우리 하나님 여호와의 이름은 분명한 예가 되었습니다. 그의 이름은 여호와 하나님 자신을 가리킵니다. 우리 하나님 여호와께서 자기의 이름을 계시하셨을 때, 그는 거기 계셨고 우리에게 자신을 나타내셨습니다. 하나님이 자신을 우리에게 계시하실 때 우리는 놀라움과 존경하는 마음으로 그에게 다가가야 합니다.

천지의 창조주이신 하나님이 자기를 낮추시고 지극히 작은 피조물인 우리에게 오신다는 것은 말할 수 없이 은혜로운 일입니다. 그는 거룩하고, 거룩하고, 거룩하십니다. 우리는 죄가 가득한 자들입니다. 그러나 하나님은 자기를 낮추시고 우리에게 오셔서 친교하시기 원합니다. 이 모든 것은 언약 가운데 있는 그의 영원한 사랑에서 오는 것입니다.

하나님 여호와의 계시는 구원계시의 역사 속에서 볼 수 있습니다.

구원사는 점차적인 발전 과정이 있었습니다. 다른 말로 하면 하나님께서 자기를 우리에게 나타내신 역사 속에는 점진적인 과정이 있었습니다. 모세에게 주신 계시는 아담과 아브라함에게 주신 것보다 훨씬 분명했습니다.

하나님 여호와는 처음으로 가시덤불 불꽃 가운데서 모세에게 자신의 이름을 나타내셨습니다. 거기서 하나님은 자신의 이름을 야훼 곧 스스로 계시는 하나님, 자존하시는 하나님으로 나타내셨습니다. 그 이름은 영원하고 변함없이 신실한 분이란 의미를 포함하고 있습니다. 그러므로 그 이름은 언약의 하나님의 성격을 보여줍니다. 그가 말씀하신 것은 언제나 참입니다. 변함이 없습니다. 자기가 약속하신 것을 지키십니다. 하나님은 뒤에 "이는 나의 영원한 이름이요 대대로 기억할 나의 칭호니라"(출 3:15)고 하셨습니다. 모세가 "내가 누구이기에 바로에게 가며 이스라엘 자손을 애굽에서 인도하여 내리이까" 했을 때, 하나님은 "내가 반드시 너와 함께 있으리라"(출 3:11,12)고 약속하셨습니다.

하나님은 은혜롭게 자기를 낮추시고 그의 백성들에게 오셔서 그들과 함께 하셨습니다. 아브라함과의 약속을 기억하신 언약의 하나님은 자기를 이스라엘 백성들에게 구원자로 나타내셨습니다. 그는 정말 그의 백성들에게 자신을 구원자로 알렸습니다. 그는 박해를 받고 있는 그의 백성들을 위해 애굽에 계셨습니다. 그는 이스라엘 백성들의 집의 문 인방과 좌우 문설주에 있는 양의 피로 그들과 거기 함께 계셨습니다. 하나님은 애굽인들의 모든 장자들을 멸하기로 했던 밤에 그의 백성들과 함께 계셨습니다.

하나님은 홍해가 갈라지고 이스라엘 백성들이 바다를 육지처럼 건널 때도 함께 하셨습니다. 홍해의 물이 바로와 그의 모든 군대를 덮는 순간 하나님은 그의 백성들에게 자기를 구원자로 나타내셨습니다. 그래서 이스라엘 백성들은 하나님의 이름을 소중하게 여겼습니다. 그가 애굽 땅 종 되었던 집에서 이끌어 내셨던 그들의 하나님 여호와였기 때문입니다.

여호와 하나님은 그의 백성들에게 자신을 언약의 하나님으로 분명하게 나타내셨습니다. 하나님은 그의 백성을 구원하심으로써 오래 전에 아브라함과 이삭과 야곱에게 하셨던 약속을 지키셨고 자신의 신실함을 보여 주셨습니다. 하나님은 그의 백성들에게 자신의 이름을 분명하게 나타내셨습니다. 그런고로 이제 하나님은 자신의 이름을 망령되게 부르지 말라고 자기 백성들에게 경고하셨습니다. "여호와의 이름을 모독하면 그를 반드시 죽일지니 온 회중이 돌로 그를 칠 것이니라"(레위기 24:6).

하나님께서 자신의 이름을 망령되게 부르지 말라고 진지하게 요구하셨습니다. 우리는 지금 하나님이 자기를 완전히 나타내신 시대에 살고 있습니다. 구약시대에 하나님은 표적과 그림자와 이적의 배후에서 자신을 숨기셨습니다. 그러나 신약시대에 하나님은 그의 아들 예수 그리스도를 통해 자기를 분명하게 나타내셨습니다.

성자 하나님이 육신이 되어 우리 가운데 와서 거하셨습니다. 예수 그리스도의 고난과 죽음과 부활과 승천으로 하나님은 자기가 어떤 분인지 우리에게 분명하게 보여주셨습니다. 하나님은 참으로 자기 아들을 통해 그의 이름을 영화롭게 우리에게 계시하셨습니다. 하나님은 자기 아들 예수 그리스도를 통해 얼마나 놀라운 이름을 우리에게 계시하셨습니까? 그는 주 예수 그리스도 안에서 우리의 아버지가 되십니다.

은혜로운 그의 이름을 생각할 때, 우리는 그에게 무엇을 드려야 할까요? 우리가 이 은혜로운 계시를 통해 제3계명 "네 하나님 여호와의 이름을 망령되게 부르지 말라"는 요구가 무엇을 뜻하는지 분명하게 이해할 수 있습니다.

둘째, 우리는 이 세상에서 하나님의 선지자들이 되어야 합니다.

이제 우리는 계명의 둘째 부분을 주목합시다. 하나님은 "여호와는 그의 이름을 망령되게 부르는 자를 죄 없다 아니하리라"고 하십니다. 이것은 언약의 하나님이 주시는 심각한 경고입니다.

하나님은 은혜 가운데 그의 아들을 통해 구주로 자기를 계시하셨습니다. 그러므로 우리 마음 속에는 그의 은혜에 대해 큰 감사와 기쁨이 넘쳐야 합니다. 우리는 그의 이름을 귀중하게 여기고 영광을 돌려야 합니다. 하나님께서 구약시대에 그의 이름을 모독하는 자들에게 죽음으로 경고하셨다면, 아들을 통해 자기를 밝히 계시하신 신약시대에 그의 이름을 망령되게 부르는 자들에게는 얼마나 더 큰 벌을 내리지 않겠습니까? "여호와는 그의 이름을 망령되게 부르는 자를 죄 없다 아니하리라"고 하십니다.

이와 관련하여 우리는 성령 하나님을 거스르는 죄를 생각하게 됩니다. 성령은 성부 하나님과 성자 하나님으로부터 오시는 영이신 하나님이십니다. 마태복음 12장에 성령을 모독하는 죄에 관한 말씀이 있습니다. 예수님은 이 죄는 "사하심을 얻지 못할 죄"라고 하셨습니다. 거기 이런 이야기가 있습니다. 예수님이 귀신 들려 눈 멀고 말 못하는 사람을 고쳐 주셨습니다. 바리새인들이 이 일에 대하여 듣고 "귀신의 왕 바알세불을 힘입지 않고는 귀신을 쫓아내지 못한다"고 하면서 예수님이 하신 일을 부인하고 귀신이 한 일이라고 했습니다.

예수님은 그들이 의도적으로 하나님의 이름을 모독하려고 하는 악한 마음을 아셨습니다. 그래서 말씀하셨습니다. "누구든지 말로 인자를 거역하면 사하심을 얻되 누구든지 말로 성령을 거역하면 이 세상과 오는 세상에서도 사하심을 얻지 못하리라"(마 12:32). 여기 성령을 거역하여 말하는 죄는 사하심을 받지 못한다는 말을 우리가 어떻게 이해해야 할까요?

여기에는 여러 가지 해석이 있습니다. 어떤 사람들은 이렇게 이해합니다. 바리새인들은 여기서 성령께서 그리스도를 통해 이루신 일을 사탄에게 돌리고 있는데 주목합니다. 그래서 예수님이 행하셨던 분명한 증거에도 불구하고 그들은 고의로 이렇게 주장하고 있으니, 이처럼 성령을 거역하는 고의적인 죄는 사함을 얻을 수 없다고 생각합니다.

또 다른 사람들은 이렇게 생각합니다. 성령께서는 우리의 마음에 오십니다. 그래서 우리 마음은 성령의 전입니다. 만일 우리가 이 성령을 거역하게 되면 그는 우리의 죄를 사해 주지 않을 것이고 성전을 파괴하실 것이라고 합니다. 그런데 이런 해석들은 그다지 만족할 만한 답으로 여겨지지 않습니다.

우리는 예수님의 말씀을 구원계시의 역사적 관점에서 읽고 이해할 필요가 있습니다. 하나님의 계시는 예수 그리스도가 이 세상에 오시고 죽으시고, 죽은 자 가운데서 일어나시고, 하늘에 오르신 것으로 다 끝나지 않았습니다. 마지막 계시가 아직 있습니다. 그것은 오순절에 그의 교회에 성령을 부어주신 일입니다. 성령은 그리스도께서 승천하셨을 때 성부 하나님이 주셨던 선물입니다. 예수 그리스도는 마지막 밤에 제자들에게 그가 승천하게 되면 보혜사(성령)를 보내 주실 것이고, 성령이 그들을 진리 가운데로 인도하시리라고 말씀했습니다(요 16).

성령은 하나님의 마지막 선물입니다. 그리고 성령은 구원계시의 역사에 마지막 계시입니다. 구약시대에 하나님은 천사를 통해 그의 백성들에게 나타나셨습니다. 그 후 신약시대에 그는 그의 아들 예수 그리스도를 통해 자신을 우리에게 나타내셨습니다. 마지막으로 오순절에 하나님은 우리에게 성령으로 자기를 나타내셨습니다. 이로써 하나님은 자기를 전적으로 나타내셨습니다.

그 결과 하나님은 더 이상 우리에게 자신을 달리 나타내실 필요가 없습니다. 오순절은 하나님이 그의 마지막 선물을 우리에게 주신 사건이었습니다. 우리가 하나님으로부터 더 이상 무엇을 기대해야 합니까? 하나님은 그의 놀라운 은혜로 모든 것을 우리에게 주셨습니다. 성령은 하나님이 우리의 구원을 위해 주신 마지막 선물입니다. 그런고로 성령을 거스르는 것, 성령을 모욕하는 죄는 사함을 받을 수 없습니다. 누구든지 말로 성령을 거역하면 이 세상과 오는 세상에서도 사하심을 받지 못합니다(마 12:32). 누구든지 성령을 거역하여 말하는 자는 하나님의 이름을 모독하는 무서운 죄를 범하는 것입니다.

예수 그리스도는 "누구든지 말로 인자를 거역하면 사하심을 얻되"라고 말씀하십니다. 예수 그리스도가 세상에 계셨을 때는 사람이 그에게 범죄했더라도 변명할 여지가 좀 있었습니다. 그의 영광이 아직은 사람들 앞에서 가려져 있었기 때문입니다. 그는 이 땅에 오셨을 때 고운 모양도 없고 풍채도 없은즉 사람 보기에 흠모할 만한 아름다운 것이 없었습니다(사 53:). 그는 슬픔의 사람이었습니다.

오순절 전에는 아직 예수 그리스도를 거스른 죄에 대해 변명할 여지가 있었습니다. 그래서 예수님이 십자가에 달리셔서 "아버지여 저들을 사하여 주옵소서, 자기들이 하는 것을 알지 못함이니이다"라고 기도하셨습니다. 많은 사람이 알지 못했습니다. 그래서 그들은 변명할 수 있었다고 생각할 수 있습니다.

그러나 오순절에 모든 진리가 그의 교회에 나타났습니다. 성령께서 우리를 진리 가운데로 인도하기 위해 오셨습니다. 구원의 진리가 성령을 통해 밝히 계시되었습니다. 성령께서 죄에 대하여, 의에 대하여, 심판에 대하여 세상을 책망하기 위해 오셨습니다(요 16:7-13). 그런고로 이제 변명할 여유가 없습니다. 오순절에 하나님은 그의 진리의 보화를 계시하셨습니다. 우리는 성령으로 말미암아 진리로 인도를 받아야 합니다. 우리는 계시된 구원의 진리 속에서 즐거워해야 합니다. 이제 우리는 구원의 샘에서 생수를 길러야 합니다. 이미 오순절이 이르렀기 때문입니다. 그러므로 오순절을 알고 성령을 거스려 말하는 사람은 누구든지 사함을 받지 못할 것입니다.

여러분, 이 말씀은 교회 밖의 사람이 아니고 언약의 백성들에게 주신 말씀입니다. 오순절에 주신 성령의 은사를 아는 사람들이 성령을 모독하는 죄를 범할 수 있습니다. 그래서 히브리서 기자는 이렇게 썼습니다. "한번 빛을 받고 하늘의 은사를 맛보고 성령에 참여한바 되고 하나님의 선한 말씀과 내세의 능력을 맛보고도 타락한 자들은 다시 새롭게 하여 회개하게 할 수 없나니 이는 그들이 하나님의 아들을 다시 십자가에 못 박아 드러내 놓고 욕되게 함이라"(히 6:4-6). 또 처음에 읽었던 본문의 다른 곳에서 히브리서 저자는 우리에게 이렇게 경고합니다. "하물며 하나님의 아들을 짓밟고 자기를 거룩하게 한 언약의 피를 부정한 것으로 여기고 은혜의 성령을 욕되게 하는 자가 당연히 받을 형벌은 얼마나 더 무겁겠느냐 생각하라"(히 10:29).

여러분, 이 말씀은 언약의 백성들인 우리에게 주어졌습니다. 우리는 구원의 은총을 즐겨야 합니다. 오순절의 자녀인 우리는 예수 그리스도를 통해 우리에게 열린 생명의 샘으로부터 풍성한 생수를 길러야 합니다. 동시에 우리는 죄를 범할 수 있다는 경고의 말씀 앞에 두려워 떨어야 합니다. 왜냐하면 죄 사함을 받을 수 없는 죄, 성령을 거스르는 죄가 있기 때문입니다.

여러분 가운데 이 말씀을 듣고 불안해 할는지 모릅니다. 내가 성령의 인도하심을 가끔 저항하고 죄를 범했는데 이런 죄를 사함 받을 수 있을까? 내가 또 때로는 성령의 역사를 거스려 나의 육신적 욕망을 따랐는데 죄사함 받을 수 있을까? 이에 대하여 너무 염려하거나 불안해 하지 마시기 바랍니다. 여러분은 사죄를 받을 수 있습니다.

여러분이 진심으로 하나님 앞에서 잘못 행한 일에 대하여 후회하고 슬퍼합니까? 여러분의 연약함을 인정하고 이를 극복하기 위한 주님의 능력을 위해 기도합니까? 그렇다면 사죄를 받게 됩니다. 여러분이 고의로 언약의 피를 욕되게 하고 은혜의 성령을 모욕한 일이 없는 한 죄사함을 받을 것입니다.

그러나 아무래도 안전하다고 생각해서는 안 됩니다. 이것은 위험합니다. 이런 생각은 인간의 연약함을 보지 않고 주 안에서 안전을 구하지 않는 태도입니다. 성령을 거스려 모욕하는 죄는 제일 마지막의 것입니다. 죄는 죄를 낳습니다. 죄는 죽음, 영원한 죽음으로 이끕니다. 모든 죄는 죽음의 길에 있습니다. 모든 죄는 무서운 죽음의 시작일 수 있습니다. 모든 죄는 사함 받을 수 없는 죄, 성령을 거스려 모독하는 죄를 범하는 최후 단계로 이끌어 가는 시작일 수 있습니다.

그런고로 여러분, 절망에 이르는 이 길에 서지 마시기 바랍니다. 주 우리 하나님께 죄를 극복하는 능력을 구하고 처음부터 죄와의 관계를 단절해야 합니다. 우리가 하나님 여호와의 이름을 존중하는 것이 우리 언약의 하나님의 요구입니다. 죄를 범하는 사람은 제3계명을 어기는 것입니다. 그는 하나님 여호와의 이름을 망령되게 부르고 있습니다. 왜냐하면 그는 주님의 구원 계시의 은총을 무시하고 있기 때문입니다.

우리 하나님 여호와는 그의 아들 안에서 성령으로 우리에게 자신을 나타내셨습니다. 그는 그의 아들을 주시고 성령을 보내심으로 자신을 우리에게 계시하셨습니다. 하나님은 그가 우리에게 주실 수 있는 모든 것을 주셨습니다. 하나님은 얼마나 풍성한 축복을 우리에게 부어 주셨습니까? 이로써 우리 하나님 여호와는 그의 아들 안에서 우리의 구주이심을 선언하셨습니다. 그는 실제로 우리에게 말씀하십니다.

"나는 너를 종 되었던 집에서 이끌어낸 너의 하나님 여호와로라."

여호와 하나님은 어둠의 권세, 거짓의 아비인 사탄의 권세로부터 우리를 완전히 구원해 주셨습니다. 그는 우리를 구원의 세계, 참된 지식과 거룩과 풍성한 생명의 세계로 인도해 주셨습니다. 우리는 이제 하나님의 자녀요, 하나님 여호와는 우리의 구주이심을 믿고 고백합니다. 하나님 여호와는 나의 생명의 구주입니다. 이것이 우리에게 승리의 기치가 되어야 합니다. 우리는 가는 곳마다, 우리가 일하는 곳마다 이 깃발을 세워야 합니다. 그래서 우리는 이 세상에 선지자가 되어야 합니다.

이 세상은 어둠과 거짓과 부패로 가득 차 있습니다. 일터에서도 학교에서도 법정에서도 거짓과 부패는 가득합니다. 우리는 어느 곳에서든지 선지자로 진리를 말해야 합니다. 우리는 맹세코 진리 가운데 걸으며 진리를 말해야 합니다. 그래서 우리는 하나님과 교통하며 하나님과 함께 걸어가는 사람으로 나타나야 합니다. 세상 사람들 보다 다른 사람으로 보여야 합니다. 주의 깃발 아래서 우리의 생활이 세상 사람들과 다르지 않을 때 하나님 여호와의 이름이 모독을 당하고 제3계명까지 범하게 됩니다.

여러분, 하나님 여호와는 예수 그리스도 안에서 나의 구주입니다. 그는 우리를 거짓과 죽음의 세계로부터 완전히 구원하셨습니다. 그런고로 우리는 거짓이 지배하는 세상 속에서, 세상 앞에서 맹세코 진리를 말해야 합니다. 여러분은 언제나 하나님 앞에서 맹세하는 마음으로 진리를 말하고 있습니까? 여러분의 말과 행위가 예수 그리스도 안에서 은혜의 풍성함과 생명의 풍성함을 보여주고 있습니까?

우리 하나님 여호와는 은혜의 풍성함을 우리에게 나타내셨습니다. 우리는 이 세상에서 그의 선지자들로 기름부음을 받았습니다. 이것은 큰 특권이요, 큰 기쁨입니다. 우리는 하나님의 은혜의 풍성함을 즐기고 전해야 합니다. 그러나 이 세상은 아직 이상적인 세상이 아닙니다. 우리는 거짓의 자취가 전혀 없고, 맹세가 필요 없는 새 세계를 찾고 있습니다. 거기는 여호와 하나님의 이름이 완전히 존귀하게 여겨지고, 그의 이름을 부르는 것이 영원히 우리의 복락이 될 것입니다. 우리는 그 세계가 온다는 확신을 가지고 하나님 여호와의 이름을 존귀하게 여기고, 그에게 영광을 돌리며 매일 살아가야 합니다. 아멘.

십계명 설교 ④

안식일은 영원한 안식의 예표

[제4계명; 안식일을 기억하여 거룩하게 지키라.]

"엿새 동안 힘써 네 모든 일을 행할 것이나, 일곱째 날은 네 하나님 여호와의 안식일인즉, 너나 네 아들이나 네 딸이나, 네 남종이나 네 여종이나, 네 가축이나 네 문안에 유하는 객이라도 아무 일도 하지 말라. 이는 엿새 동안에 나 여호와가 하늘과 땅과 바다와, 그 가운데 모든 것을 만들고 일곱째 날에 쉬었음이라. 그러므로 나 여호와가 안식일을 복되게 하여, 그 날을 거룩하게 하였느니라."

성경봉독: 히브리서 3:16-4:13

친애하는 형제자매 여러분,

우리는 매주일 안식일을 거룩하게 지키기 위해 주의 집에 모입니다. 달리 말하면 우리는 이 날 하나님이 주시는 안식을 즐기기 위해 주의 집에 모입니다. 이 날 우리가 자유롭게 모일 수 있다는 것은 큰 축복입니다. 세계 여러 나라의 많은 그리스도인들이 박해 속에 살면서 자유롭게 모이지 못하는 사실을 우리는 알고 있습니다. 우리가 이렇게 평화롭게 안식일을 지킬 수 있다는 것은 하나님의 큰 은혜입니다.

안식일이란 무엇입니까? 안식을 즐기는 날입니다. 안식일은 원래 하나님께서 엿새 동안 천지를 창조하시고 이레 되는 날 쉬셨던 데서 그 기원이 있습니다(창 2:1,2). 그러나 하나님께서 이 날을 지키도록 시내산에서 명령하시면서 큰 의미를 얻게 되었습니다. 당시 이를 명하셨던 하나님은 그의 백성들에게 언약에 신실하신 하나님 여호와였습니다. 이것은 계명을 주시면서 "나는 너를 애굽 땅, 종 되었던 집에서 인도하여 낸 네 하나님 여호와로라"고 하신 말씀에서 분명합니다.

이 날을 지키도록 명하신 하나님은 언약하신 대로 이스라엘을 구원하신 분이었습니다. 그는 은혜 언약의 하나님이었습니다. 그 하나님께서 그의 백성을 어린 양의 피로써 곧 메시아를 통해 종 된 집에서 구원하셨습니다. 예수 그리스도 안에서 우리 아버지가 되신 하나님이 시내산에서 이 계명을 주셨습니다. "안식일을 기억하여 거룩하게 지키라…이는 엿새 동안에 나 여호와가 하늘과 땅과 바다와 그 가운데 모든 것을 만들고 일곱째 날에 쉬었음이라."

그런데 이 계명은 하나님이 엿새 동안 창조하신 후에 쉬신 그 날만 뜻하지 않습니다. 그 계명은 더 많은 뜻이 있습니다. 그 계명을 통해 주 하나님께서 그의 아들 예수 그리스도 안에서 은혜로 우리에게 주실 미래의 영원한 안식을 바라보게 하십니다. 안식일은 영원한 안식에 대한 예표입니다.

이스라엘 백성들은 일찍이 제4계명의 의미를 바로 이해해야 했습니다. 그들은 이 계명을 하나님의 구원 역사 가운데서 이해해야 했습니다. 그들이 이것을 믿음 가운데 바로 이해함으로써 참으로 큰 소망의 기쁨 속에서 안식의 날을 즐길 수 있었을 것입니다. 물론 이 계명은 이스라엘 백성들뿐 아니라, 모든 시대의 언약 백성들에게 주어졌습니다. 우리 모두에게 안식일은 영원한 안식에 대한 예표입니다.

제4계명으로부터 "안식일은 영원한 안식의 예표"라는 제목으로 다음 세 가지 요점을 생각하려고 합니다.

첫째, 구원사 속의 안식일

둘째, 우리를 위해 영원한 안식에 들어가신 그리스도

셋째, 안식일에 할 일

첫째, 우리는 안식일을 하나님의 구원 역사 속에서 이해해야 합니다.

하나님은 엿새 동안 창조의 일을 마치고 일곱째 날에 쉬셨습니다. 하나님은 하늘과 땅과 바다와 그 가운데 있는 모든 것을 만드셨습니다. 일곱째 날에 하나님은 그 지으신 모든 것을 보시고 심히 좋아하셨습니다. 그리고 기뻐하셨습니다. 하나님께서 일곱째 날에 쉬시면서 자신의 형상대로 지은 사람들도 그 기쁨에 동참하기를 원하셨습니다. 그래서 태초에 사람은 주 하나님의 기쁨에 동참하여 하나님과 함께 쉬었습니다. 일곱째 날에 하나님과 함께 모든 하나님의 창조물들을 즐겼습니다. 이는 사람에게 놀라운 복락이었습니다.

나아가, 하나님은 사람과 은혜로운 언약을 맺으셨습니다. 언약을 통해 아담은 풍성한 약속을 받았습니다. 동산 가운데는 생명나무가 있었고 풍성한 생명의 약속이 있었습니다. 그런데 거기에는 선악을 알게 하는 나무도 있었습니다. 따라서 그 언약에는 엄한 경고도 포함되어 있었습니다(창 2:9). 그것은 죽음이었습니다. 아담은 생명의 보화를 잃을 수 있었습니다. 낙원에서의 첫 안식은 아직 영원한 안식이 아니었습니다. 아담이 언약의 요구에 따라 성실하게 살았다면 계속 안식의 기쁨을 누릴 수 있었을 것입니다. 그러나 불행하게도 아담은 하나님의 말씀을 불순종하였고 언약을 깨뜨림으로써 타락하게 되었습니다.

아담의 타락으로 안식일의 즐거움은 사라졌습니다. 하나님은 그와 창조의 기쁨에 동참했던 사람을 저주하셨습니다. 뿐만 아니라 그가 친히 좋다고 하시고 즐기신 세상도 함께 저주하셨습니다. 주 하나님은 아담을 안식에서 제외하셨습니다. 그러나 하나님은 세상을 사랑하셨습니다. 사람과 그가 지으신 세계를 완전히 파멸하기를 원하지 않으셨습니다. 그래서 하나님은 그의 영원한 작정 가운데서 구주로 언약의 중보자를 정하시고, 이를 약속하셨습니다(창 3:15). 그 결과 하나님은 죄 때문에 사람을 영원한 멸망 가운데 버리지 않으시고 은혜 언약의 선물로 영원한 안식을 주시기로 보증하셨습니다.

그래서 사람이 타락한 후 안식일은 오실 구주 예수 그리스도를 알리는데 의미가 있었습니다. 하나님은 이제 영원한 안식을 누리기 위해 오실 메시아에 대한 믿음을 요구하셨습니다. 따라서 하나님은 이스라엘 백성들에게 이 계명을 주셨습니다; "안식일을 기억하여 거룩하게 지키라. 엿새 동안은 힘써 네 모든 일을 할 것이나, 일곱째 날은 네 하나님 여호와의 안식일인즉, 너는…아무 일도 하지 말라. 이는 엿새 동안에 나 여호와가 하늘과 땅과 바다와 그 가운데 모든 것을 만들고 일곱째 날에 쉬었음이라. 그러므로 나 여호와가 안식일을 복되게 하여, 그 날을 거룩하게 하였느니라."

그러나 이스라엘 백성들은 안식일을 거룩하게 지키지 않았습니다. 그들은 이 계명을 범했습니다. "들은 바 그 말씀이 그들에게 유익하지 못한 것은 듣는 자가 믿음과 결부시키지 아니함이라"(히 4:2). 히브리서 기자는 특별히 안식일에 관한 이스라엘 백성들의 불신에 대해서 말했습니다. 이스라엘 백성들은 안식일을 지켰습니다. 그러나 그들은 안식일을 믿음으로 지키지 않았습니다. 믿음 없이 형식으로만 지켰습니다. 그들의 마음 속에 믿음이 없었습니다. 그들은 하나님이 가나안에서 안식을 주실 것이라고 믿지 않았습니다. 그들은 메시아가 오셔서 잃은 안식을 회복해 주실 것이라고 믿지 않았습니다. 안식일은 오는 안식에 대한 예표였습니다.

믿음이 없으면 안식일을 지켜도 아무런 유익이 되지 않습니다. 안식일은 모든 것이 단순히 정지되고 조용히 지내는 날이 아닙니다. 안식일은 다가올 영원한 안식을 증거하는 날입니다.

믿지 않는 이스라엘 백성들에게 하나님은 맹세코 "그들이 내 안식에 들어오지 못하리라"(히 4:3)고 하셨습니다. 이스라엘 백성들 가운데 많은 사람들이 안식의 복음을 믿지도 받지도 않았습니다. 그래서 그들은 가나안의 안식에 들어가지 못했습니다. 히브리서 저자는 또 영원한 안식의 약속에 대해 이스라엘 백성들이 가나안에 들어간 것으로 다 성취되지 않았다고 합니다. 그는 "만일 여호수아가 그들에게 안식을 주었더라면 그 후에 다른 날을 말씀하지 아니하셨으리라. 그런즉 안식할 때가 하나님의 백성에게 남아 있도다. 이미 그의 안식에 들어간 자는 하나님이 자기의 일을 쉬심과 같이 그도 자기의 일을 쉬느니라"(히 4:8-10)고 했습니다.

여기 결론은 무엇입니까? 안식에 관한 하나님의 약속은 아직 이루어지지 않았고, 앞으로 이루지게 될 것이라고 하는 것입니다. 그래서 히브리서 기자는 유대인 그리스도인들에게 사실상 이렇게 말합니다. "여러분들은 지금 약속과 경고 아래 살고 있습니다. 여러분들이 예수 그리스도를 믿는 믿음 가운데서 안식일을 지키면, 영원한 안식에 들어갈 것입니다. 그러나 만일 예수 그리스도를 믿는 믿음으로 안식일을 지키지 않으면, 하나님께서 노하여 맹세한 바와 같이 하나님의 안식에 들어가지 못할 것입니다".

하나님의 말씀은 모든 시대를 위해 주어진 것입니다. 매 주일 우리는 약속과 경고 아래 살고 있음을 알아야 합니다. 제4계명은 주일에 우리가 모든 일을 그치고 가만히 있을 것을 요구하지 않습니다. 우리의 평강이요 안식이 되는 예수 그리스도를 믿는 믿음을 요구하십니다. 믿음이 없으면 우리는 안식에 들어가지 못합니다.

둘째, 예수 그리스도가 우리를 위해 영원한 안식에 들어가셨습니다.

한 사람이 안식에 들어갔습니다. 이것을 우리는 강조하게 됩니다. 우리 주 예수 그리스도가 죽은 자로부터 일어나 하늘에 오르셨습니다. 주일마다 우리는 죽음에 대한 예수 그리스도의 승리를 기억합니다. 왜 우리가 안식일을 토요일이 아니라 일요일로 지킵니까? 예수 그리스도께서 이 날에 부활하시고 우리를 위해 영원한 안식을 얻으셨기 때문입니다. 그래서 일요일은 승리와 안식의 날이요 기쁨과 평강의 날입니다. 사도시대부터 초대 그리스도인들은 이 날을 안식일로 지켰습니다(계 1:10, 행 20:7, 고전 16:2).

부활 후 예수님은 하늘에 오르셨습니다. 영원한 안식에 들어가셨습니다. 이것은 우리에게 큰 복입니다. 그는 우리의 육신과 꼭 같은 몸을 가지고 하늘의 안식에 들어가셨습니다. 이것은 우리도 영원한 안식에 들어가게 된다는 보증입니다. 예수 그리스도는 머리요 우리는 그의 지체들입니다. 그런고로 머리이신 예수 그리스도가 그의 지체인 우리를 바로 똑같은 영원한 안식의 세계로 데려가시게 될 것입니다.

개혁교회의 하이델베르그 요리문답 103에 제4계명과 관련하여 고백하는 말이 우리의 주목을 끕니다. 안식일을 거룩하게 지키라는 제4계명에서 하나님은 "나의 일생 동안 악한 일을 그치고, 주께서 그의 성령으로 내 안에 일하게 하셔서 영원한 안식이 이 세상에서 시작되는 것을 요구하십니다"라고 합니다.

여러분, 주일은 다른 날과 떨어져 있지 않습니다. 이 날은 한 주간의 나머지 여섯 날과 분리되어 있지 않습니다. 이 날은 월요일부터 토요일까지 주중의 모든 날과 관련되어 있습니다. 우리의 예배생활은 주일 하루로 제한되어서는 안 됩니다. 우리는 한 주간의 매일 매일, 우리가 사는 모든 날들을 우리 주 예수 그리스도를 믿는 참된 믿음 가운데 살고 일해야 합니다. 매일 하나님의 은혜로 악한 일을 그쳐야 합니다. 죄와 관계를 끊어야 합니다. 영원한 안식의 즐거움을 성령 안에서 미리 맛보고 즐겨야 합니다.

이것은 우리가 죄 가운데 넘어지는 일이 이상 없다는 것을 의미하지 않습니다. 약하여 넘어지더라도 승리의 생활을 시작할 수 있다는 것을 우리는 압니다. 이렇게 시작된 승리는 영원한 승리에 이르게 될 것입니다. 이 승리의 능력은 성령으로부터 오기 때문입니다. 우리는 종종 범죄하여 하나님 앞에 부끄러움을 느낍니다. 그러나 안식일은 승리의 상징입니다. 예수 그리스도께서 우리의 구속을 이루셨기 때문입니다. 예수 그리스도의 부활로 구원의 사역이 다 이루어졌다는 사실이 당당하게 선언되었습니다. 그래서 매 주일은 우리에게 예수 그리스도 안에서 영원한 안식을 얻을 수 있다는 예표가 됩니다.

그러므로 우리는 성령께서 우리 안에 일하시게 해야 합니다. 성령은 예수 그리스도의 영이십니다. 성령으로 말미암아 우리는 그리스도가 계시는 위의 것을 찾습니다. 성령의 능력으로 우리의 옛 본성을 가진 사람이 죽고 새로운 성질을 가진 사람으로 자라갑니다. 우리 그리스도인의 생활은 집을 짓는 것과 같습니다. 이 시간 세계에서 우리는 점차 영원한 세계에서 살 존재가 되어 갑니다. 이 세상에서 성령의 능력으로 말미암아 우리는 점차 하나님의 자녀의 모습으로 회복되고 고침 받습니다. 성령은 우리를 다른 사람, 영원히 존재하게 될 다른 사람으로 만드십니다. 이를 위해서 우리는 성령께서 우리 속에 역사하시게 해야 합니다. 여러분, 성령이 여러분 속에 역사하시도록 구하시기 바랍니다.

더 나아가, 우리는 이 세상에서 영원한 안식을 시작합니다. 많은 사람들이 이 세상 생활은 미래에 올 세상 생활과는 완전히 다르다고 생각합니다. 그러나 이것은 잘 못된 생각입니다. 그리스도인으로서 많은 흠이 있음에도 불구하고 우리는 미래의 영광 가운데 누릴 생활과 본질적으로 같은 생활을 하고 있습니다.

우리의 죽음이 이 세상 생활과 완전히 단절되는 것은 아닙니다. 단절로 생각하는 것은 참된 신앙이 아닙니다. 죽음이 영생에 이르는 길이요, 이 길에서 우리의 전 생활이 변화되는 것은 사실입니다. 그러나 우리가 죽음으로 완전한 변화를 겪지 않습니다. 우리의 삶에서 선은 영광 중에 완성되어집니다. 그래서 이 세상 생활과 영원한 생활은 서로 연결되는 것입니다.

그런고로 우리는 죽음을 두려워하지 않습니다. 죽음은 영생에 들어가는 문이되기 때문입니다. 지난 주 우리 교회 형제 중 한 분이 세상을 떠났습니다. 우리는 그가 이 세상 생활로부터 영원한 안식의 생활로 옮겨졌다고 믿습니다.

안식일은 영원한 안식을 뜻하는 생활의 예표입니다. 그러므로 주일은 우리에게 즐거운 향연의 날입니다. 우리의 전 생애는 은혜의 언약 아래 있습니다. 주일날 우리는 이 땅에서 하나님 여호와의 이름을 부르고 그의 말씀을 들으며 하나님과 교제를 즐깁니다.

여러분, 주일이 정말 여러분에게 즐거운 향연의 날입니까? 즐거운 향연의 날이 아니라면, 여러분은 아직 우리 주 예수 그리스도를 믿는다고 하면서도 제4계명을 바로 이해하지 못하고 있습니다. 우리가 주 예수께서 그의 성령으로 우리 안에 일하게 하시면 우리는 주일에 즐거운 향연을 즐기게 될 것입니다. 왜냐하면 예수 그리스도를 믿는 믿음 속에서 우리가 이미 받은 영광의 일부분을 보고 즐길 수 있기 때문입니다.

셋째, 그럼 우리가 안식일에 할 일이 무엇입니까?

이제 우리가 안식일에 무엇을 해야 하는가라는 문제에 이르게 됩니다. 어떤 사람들은 주일에 할 수 있는 것과 해서는 안 되는 것에 대하여 말하기를 좋아합니다. 또 어떤 사람들은 주일에 공원에 가서 걸어도 되는지 안 되는지를 가지고 큰 문제를 만듭니다. 옛날 바리새인들은 안식일에 하지 않아야 할 일에 대한 긴 목록을 만들었습니다. 참된 그리스도인들은 이렇게 하지 않습니다.

주 예수 그리스도가 그의 보배로운 피로 우리를 사시고, 어둠의 세력으로부터 구원해 주셨습니다. 그래서 그리스도인들은 모든 생활에서 주를 섬기기 원합니다. 참된 그리스도인에게는 전 생활이 신앙생활입니다. 팔고, 사고, 일하는 모든 것이 다 신앙생활입니다. 매일 하나님과의 관계 속에서 사는 것입니다.

그러나 주일은 우리가 특별한 의미에서 주를 섬기는 날입니다. 물론 우리가 주중에도 기도하고 성경을 읽으면서 주님을 섬깁니다. 그러나 주일은 특별한 목적을 위해, 곧, 예배를 위해 따로 떼어 놓는 날입니다. 주일에 우리는 부지런히 교회에 나가야 합니다. 예배를 위해 성도들이 모이기 때문입니다. 말씀을 선포하는 목사가 강단에 나타나는 것을 우리는 보아야 합니다. 선포되는 하나님의 말씀을 들어야 합니다. 하나님의 말씀을 듣는 가운데 우리는 하나님을 섬기게 됩니다. 성례에 참여하는 것도 예배에 속합니다. 여러분이 주의 성찬에 올 때, 우리는 영적인 식물과 음료로 양육을 받을 뿐 아니라, 우리 주 예수 그리스도 안에서 우리 아버지가 되신 하나님을 섬기게 됩니다. 주님을 공적으로 부르고, 가난한 자들을 위해 그리스도인으로 헌금을 하는 것이 또한 예배입니다.

안식일이 영원한 안식으로 바뀌는 날까지 말씀의 봉사가 주님의 교회에서 계속되어야 합니다. 이는 주일의 말씀의 봉사를 통해 예수 그리스도 안에서 영원한 안식이 이 세상에 선포되어 즐길 수 있기 때문입니다. 그래서 우리는 말씀의 봉사자를 교육하는 신학교를 유지하고 위해 기도해야 합니다. 또 우리는 젊은이들이 말씀의 봉사를 위해 공부하도록 격려하며 이들에게 경제적인 도움을 주어야 합니다. 주일에 말씀의 봉사가 없으면 영적 빈곤이 따릅니다. 참된 안식은 주일에 복음의 참된 설교가 없는 곳에서는 발견될 수 없습니다.

끝으로 다시 기억할 것이 있습니다. 하나님의 백성들에게는 남은 안식이 약속되어 있습니다. 그런데 모든 약속은 경고를 포함하고 있습니다. 참된 신앙으로 안식일을 지키지 않는 사람은 하나님의 경고를 두려워해야 합니다. 하나님은 "그들이 내 안식에 들어오지 못하리라"고 하셨습니다.

여러분, 주일에 참된 기쁨과 감사로 주를 섬겨야 합니다. 그리스도 예수는 우리를 죄와 비참함과 죽음에서 구원해 주셨습니다. 여러분은 매 주일 주 예수 그리스도 안에서 참된 안식과 자유를 누리고 있습니까? 주일은 우리에게 큰 복입니다. 그러나 아직은 완전한 복이 아닙니다. 우리의 주일이 영원한 안식으로 넘어갈 순간이 옵니다. 우리 주 예수 그리스도는 하늘의 안식에 들어가 계십니다. 어느 날 그가 우리를 그곳으로 이끌어 가실 것입니다. 조만간 우리에게 영원한 안식과 영광에 들어갈 날이 확실히 오게 될 것입니다. 아멘.

십계명 설교 ⑤

권세에 대한 하나님의 계명

[제5계명; 네 부모를 공경하라.]
그리하면 네 하나님 여호와가 네게 준 땅에서 네 생명이 길리라.
성경봉독; 에베소서 6:1-9, 베드로전서 2:11-25

친애하는 형제자매 여러분,

지난 주일까지 언약의 율법인 십계명의 첫째 부분에 대하여 들었습니다. 이제 제5계명으로 둘째 부분이 시작됩니다. 우리는 십계명을 첫째와 둘째 부분으로 나눕니다. 그러나 둘째 부분이 첫째 부분과 본질적으로 나누어져 있는 것은 아닙니다. 두 부분은 근본적으로 하나입니다. 첫 부분에서 하나님은 우리가 어떻게 그를 경외하고 사랑해야 할 것인지 가르쳐 주고 있습니다. 둘째 부분에서는 우리가 이웃과의 관계에서 어떻게 하나님을 경외하고 사랑해야 할 것인지를 가르쳐 주십니다. 그러므로 둘째 부분은 첫째 부분에 뿌리를 두고 있습니다.

그리고 오늘 다루는 제5계명은 제4계명의 계속이라고 볼 수 있습니다. 계명들은 완전히 서로 떨어져 있지 않습니다. 제4계명에서 하나님께서는 안식일을 거룩하게 지키도록 우리에게 요구하십니다. 안식일을 거룩하게 지키는 것은 오늘 우리가 주 예수 그리스도와 그의 이루신 구원 속에서 안식을 즐기는 것을 의미합니다.

주일은 우리 주 예수 그리스도가 우리를 위해 죄와 사망을 정복하고 승리를 선언한 날입니다. 이 날이 우리에게 안식일입니다. 우리는 주일에만 안식을 즐기지 않습니다. 주간 중 매일 안식을 즐깁니다. 우리에게 주일의 안식은 우리의 주요 왕이신 예수 그리스도를 사랑하고 존경하며 순종하는 것을 의미합니다. 그에게 순종하는 데서 우리는 참된 자유와 평안을 누리게 됩니다.

주 예수 그리스도 안에서의 안식은 우리의 매일 생활의 방향을 나타냅니다. 주일에 누리는 그리스도 안에서의 안식은 생활의 모든 영역 곧 우리의 가정생활, 교회생활, 사회생활에서 나타나야 합니다. 예수 그리스도는 우리의 유일한 왕이십니다. 그의 권세가 우리의 모든 생활 영역에서 존중되고, 드러나야 합니다.

가정은 우리의 인간관계에 있어서 가장 기본적인 단위입니다. 가정을 통해 우리의 관계는 교회, 학교, 사회, 국가로 넓혀지게 됩니다. 가정에서 하나님이 주신 권세가 먼저 존중되어야 합니다. 하나님이 세우신 권세에 대한 순종이 나타나야 합니다. 제5계명은 인간관계에 있어서 권세에 대한 하나님의 요구를 말합니다.

이제 제5계명의 "권세에 대한 하나님의 계명"으로부터 다음 세 가지 요점을 생각하려 합니다.

첫째, 권세의 기초

둘째, 권세의 기원

셋째, 권세의 성격

첫째, 권세의 기초에 대해 생각합니다.

오늘날 권위가 허물어졌다는 소리를 많이 듣습니다. 인간관계의 모든 영역에서 권위가 거절 당하고 사라지고 있습니다. 특별히 지난 세기 이후 혁명정신이 우리의 생활 각 영역에 침투하여 권위가 더 이상 마땅하게 인정 받지 못하고 있습니다. 가정에서 부모의 권위가 존중되지 않고 있습니다. 학교에서 교사의 권위가 무시 당하고 있습니다. 교회에서 직분자의 권위가 존중되지 않고 있습니다. 국가적 차원에서 관원들의 권위가 무시 당하고 있습니다. 어느 곳에서나 반항하는 자녀들과 반역적인 사람들에 관한 뉴스를 듣게 됩니다.

이런 시대에 제5계명을 우리는 다시 살펴보겠습니다. 이 계명은 누구라도 쉽게 이해할 수 있습니다. 어린 아이들도 잘 이해할 수 있습니다. 그런데 우리는 이 계명의 깊은 뜻을 바로 알아야 합니다. 오늘날 동등권이니 자유니 하는 말을 자주 듣습니다. 모든 사람은 같은 권리를 가지고 자유한 사람으로 태어난다고 합니다. 그런데 사실은 이것이 혁명적인 성격의 표어입니다. 이런 생각을 가진 사람들에 의하면 인간 세계는 유기적이지 않습니다. 사회 속의 개인은 흩어져 있는 모래알과 같습니다. 모든 사람은 동등하고 서로 연관되어 있지 않습니다. 개인의 가치와 의미가 크게 강조됩니다. 이런 이념이 지배하는 세계에는 모든 사람이 왕이요, 위에 있는 모든 권세는 거부 당합니다.

이기주의와 개인주의는 모든 혁명의 근본 원인입니다. 서로의 교제를 말하지만 거기 참된 교제가 없습니다. 사랑의 교제가 없고 개인의 이권 추구만이 있습니다. 이런 혁명적이고 개인주의적인 사상이 오늘날 가정생활에 깊이 파고 들어와 자리를 잡아 갑니다. 어떤 아이들은 부모에게 이렇게 말합니다. "아버지, 어머니 저도 엄연히 한 독립적인 개인입니다. 저를 아버지 어머니의 부분처럼 여기지 마십시오. 내 스스로 걸어가게 하십시오." 이것이 오늘날 슬픈 현실의 반영입니다.

그러나 여러분, 우리는 이런 현실과 전혀 다르게 성경이 가르치는 진리가 있습니다. 하나님은 한 피로부터 사람들을 창조했습니다. 모든 사람들은 서로 떨어져 있는 모래와 같지 않습니다. 피의 유대가 있습니다. 하나님은 그의 놀라운 사랑 가운데 먼저 아담을 지으셨습니다. 다음으로 하나님은 아담의 한 부분인 갈빗대를 취하여서 하와를 지으셨습니다. 아담은 하나님의 사랑에 뿌리를 두었습니다. 아담과 하와는 하나님의 사랑 가운데서 유기적인 관계를 가졌습니다.

하나님은 아담과 하와를 통해 그들의 자녀들을 지으셨습니다. 그 결과 세상에 처음으로 가족을 구성할 수 있었습니다. 가족은 하나의 기본적인 유기적 공동체였습니다. 남편과 아버지가 가족의 머리로 세움을 입었습니다. 아버지가 가정을 다스리고, 자녀들은 그에게 순종했습니다. 하나님이 아버지를 가정의 머리로 세우시고 권위를 주셨던 것입니다.

그러나 타락한 후에 사랑 안에서 유기적인 관계가 불가능하게 되었습니다. 사람들은 하나님을 유일한 왕으로 보려고 하지 않았습니다. 자녀들은 부모의 권위를 인정하기를 원하지 않았습니다. 사람들은 가족 끼리 유기적인 일치를 받아들이려고 하지 않았습니다. 그래서 가인이 그의 형제 아벨을 죽였습니다. 거기서 개인주의가 시작되었습니다. 혁명의 시작이었습니다. 그렇지만 타락한 후에도 사람들은 아직 인간관계와 서로의 교제를 유지했습니다.

그러나 이것은 순전히 자기의 유익을 얻기 위한 관계이었습니다. 타락한 인간 세계에는 참된 유기체의 개념이 없어져 버렸습니다. 교제에 참된 사랑이 없어졌습니다. 남편과 아내가 함께 살아도 각기 자기의 유익을 추구하는 개인으로 살 뿐입니다. 자녀들을 우연히 얻은 개인으로 봅니다. 가족은 개인들의 집단입니다. 오늘 날 이런 파괴적인 이념이 우리 주변의 가정들에서 자리를 잡고 있습니다.

그런데 이런 파괴적인 이념이 교회와 사회에도 나타나고 있습니다. 교회는 같은 종교적 확신을 가진 개인들의 모임으로 여겨집니다. 이런 시각을 가진 사람들은 자연히 위로부터 주어진 직분자들의 권위를 부정하게 됩니다.

나아가, 우리 사회도 각기 자신의 이득을 찾는 독립적인 개인들의 모임이 되어 버렸습니다. 산업사회에서 고용주는 탈취자로 간주되고 있습니다. 피고용인들은 탈취를 당하는 자들로서 자신들의 이권을 확보하기 위해 고용주와 싸우곤 합니다.

여러분, 타락한 인간세상에서 우리는 사랑 안에 누려야 할 참된 교제를 잃었습니다. 하나님이 세우신 권세에 순복함으로써 나타나는 참된 교제를 잃었습니다. 타락한 세계에서는 본질적으로 개인주의만이 있을 뿐입니다. 우리의 죄가 참된 교제와 참된 인간관계를 잃게 했습니다. 죄 때문에 우리는 하나님의 주권 아래서 참된 교제를 나눌 능력을 잃었습니다.

그러나 우리 하나님은 그의 아들 예수 그리스도를 통해 그의 주권적인 은혜로 그 관계를 회복하여 주시기를 원하셨습니다. 예수 그리스도는 흩어진 하나님의 자녀들을 하나로 모으기 위해 이 세상에 오셔서 십자가에 죽으셨습니다. 그는 우리의 참된 인간성의 회복과 사랑 안에서 참된 교제의 회복을 위해 죽으셨습니다. 예수 그리스도는 세상에 있는 권세와 복종에 대한 하나님의 법을 회복하기 위해 죽으셨습니다.

둘째, 권세의 기원에 관해 살펴보십시다.

권세는 존재합니다. 하나님은 모든 사람을 꼭 같이 지으시지 않았습니다. 한 몸에 여러 지체들이 있습니다. 모든 지체들이 같은 곳에 있지 않고, 같은 기능도 갖고 있지 않습니다. 하나님은 인간 세계에 교제가 있도록 하시고, 어떤 사람에게 권세를 줘서 다른 사람 위에 두시기를 원하셨습니다. 하나님은 남편을 그의 아내 위에 두셨습니다. 부모를 자녀 위에 두셨습니다. 직분자들을 교회 회중 위에 두셨습니다. 교사를 학생들 위에, 고용주를 고용인들 위에, 백성들 위에 통치자들을 두셨습니다.

하나님은 교제를 보존하기 위해 권세를 사용하십니다. 교제 혹은 인간관계는 권세 없이는 존재할 수 없습니다. 권위가 없는 곳에는 혼란 상태가 옵니다. 권세는 교제 없이 존재할 수 없습니다. 참된 교제가 없는 곳에는 전제자가 등장합니다. 그래서 권세는 참된 교제 가운데 작용해야 합니다.

예수 그리스도 안에서 교제가 회복될 때 권세가 참된 기능을 합니다. 권세는 하나님께로부터 온다는 것을 우리는 고백합니다. 하나님은 권세의 기원이 되십니다. 모든 권세는 예수 그리스도에게 속합니다. 예수 그리스도께서 "하늘과 땅의 모든 권세를 내게 주셨다"(마 28:16)고 하셨기 때문입니다.

사도 바울은 모든 권세를 하나님의 사역자라고 불렀습니다(롬 13:1-7). 그는 다스리는 자들에 대해 "하나님의 사역자가 되어 악을 행하는 자에게 진노하심을 따라 보응하는 자"(롬 13:4)라고 합니다. 이것은 다스리는 자들에 대해 하나님이 세우신 자들이라는 사실만을 의미하지 않습니다. 이것은 다스리는 자들이 하나님을 대표한다는 것을 의미합니다. 모든 다스리는 자들은 하나님을 대표하고 있습니다. 교회의 직분자들은 단순히 보냄을 받은 자들이 아닙니다. 하나님을 대표하는 사람들입니다. 그들은 단순히 인간의 권세가 아니라 하나님의 사역자로서의 권위를 가지고 있습니다.

자녀들은 부모에게 순종해야 합니다. 단순히 부모이기 때문이거나 많은 경험을 가졌기 때문이 아니고, 하나님이 주신 권위를 가지고 있기 때문입니다. 부모는 자녀를 위한 하나님의 대리자들입니다. 부모가 명하거나 금하면 하나님이 명하고 금한 것으로 받아들여야 합니다. 부모는 가정에서 하나님의 대리자들이기 때문입니다. 자녀 된 여러분, 부모는 가정에서 하나님의 대리자임을 알아야 합니다.

교회에서도 마찬가지입니다. 목사가 권위를 가지고 있습니다. 이는 목사가 다른 이보다 성경을 더 잘 알기 때문이거나, 많이 배웠기 때문도 아닙니다. 그는 예수 그리스도의 대리자로서 권위가 있기 때문입니다. 그런고로 목사에게 청종해야 합니다. 이는 그의 설교가 매력적이어서가 아니고, 그가 예수 그리스도의 대리자로 강단에 설 수 있기 때문입니다. 이는 장로와 집사들에 대해서도 마찬가지입니다. 그들은 예수 그리스도의 대리자로서 권위를 가지고 여러분에게 옵니다.

직분자들도 같은 사람입니다. 우리 모두는 본질적으로 같은 흙에 속합니다. 그런고로 많은 결점이 있고 실수도 있습니다. 여러분이 개인적으로 누군가를 그렇게 좋아하지 않을 수 있습니다. 그러나 그가 예수 그리스도의 대리자로서 그의 이름으로 나타나면, 그 앞에 머리를 숙여야 합니다. 목사도 그의 설교나 생활이 완전하지 않습니다. 장로나 집사도 직임을 수행하는 데 완전하지 않습니다. 그러나 우리는 그들을 예수 그리스도의 종으로 존경해야 합니다.

나라를 다스리는 사람들도 하나님의 사역자들입니다. 그리스도인이 아닌 사람들이 대통령의 자리나, 다른 권세를 가진 자리에 있을 수 있습니다. 이런 경우 저주를 하거나 반역해서는 안 됩니다. 이들을 하나님의 사역자들로 여기고 존경해야 합니다. 왜냐하면 모든 "권세는 하나님께로부터 나지 않음이 없나니 모든 권세는 다 하나님께서 정하신 바"(롬 13:1)이기 때문입니다.

사도시대에 로마 황제들은 그리스도인이 아니었습니다. 로마 제국의 황제들 대부분은 그리스도 교회를 박해했습니다. 그러나 사도 베드로는 이렇게 그리스도인들에게 권고했습니다. "인간의 모든 제도를 주를 위하여 순종하되 혹은 위에 있는 왕이나 혹은 그가 악행하는 자를 징벌하고 선행하는 자를 포상하기 위하여 보낸 총독에게 하라" "하나님을 두려워하며 왕을 존대하라"(벧전 2:13,17) . 존대에 대한 결정적인 요인은 사람이 아닙니다. 하나님의 제도입니다. 나쁜 정권이 들어섰을지라도 우리는 존대할 의무가 있습니다.

우리의 사회생활에서도 마찬가지입니다. 특별히 산업세계에서 고용주는 고용인들에 대한 권세를 가지고 있습니다. 그는 하나님이 주신 권위를 가진 사역자입니다. 그런고로 고용된 사람들은 고용주에게 순복해야 합니다. 물론 고용주는 하나님의 사역자로서 자신의 사업을 운영해야 합니다. 그는 결코 자기 유익만 위해 사람을 고용하는 착취자가 되어서는 안 됩니다. 그는 합리적인 삯을 주고, 이익을 공평하게 나누어 즐길 수 있는 하나님의 사역자가 되어야 합니다.

우리의 생활 모든 영역에서 우리는 권세를 인정해야 합니다. 권세를 가진 자들이 잘못을 범해도 존대하는 것이 옳습니다. 이런 경우에 우리는 혁명적인 방법을 통해 권세를 무너뜨리는 대신 권세자들을 위해 기도해야 합니다.

셋째, 권세의 성격에 대하여 생각합니다.

우리는 권세를 가진 사람들에게 순종하고 존대해야 합니다. 그러면 언제 존대할 의무가 사라집니까? 권세자들이 우리에게 범죄행위를 요구할 때, 우리는 순종할 의무에서 벗어나게 됩니다. 권세자들이 범죄를 강요하면, 우리는 이 명령을 거절해야 합니다. 우리가 그들을 존대하는 이유는 그들 자신 때문이 아니고, 하나님의 사역자로 그들을 보기 때문입니다. 그런고로 우리는 하나님 때문에 그들을 존대하는 것입니다. 그러나 그들이 하나님을 거스르고 등장할 때 우리는 그들보다 하나님께 순종할 의무가 있습니다.

부모가 자녀들에게 범죄를 요구한다면, 자녀들은 순종의 의무에서 벗어나게 됩니다. 이것은 교회생활에도 마찬가지입니다. 믿는 자들이 하나님의 말씀을 거스르는 일을 강요당하게 될 때, 거절할 의무가 있습니다. 그런고로 사도 바울은 "자녀들아 주 안에서 너희 부모를 순종하라. 이것이 옳으니라....종들아 두려워하고 떨며 성실한 마음으로 육체의 상전에게 순종하기를 그리스도께 하듯 하라"(엡 6:1,5)고 했습니다.

제5계명은 직분 곧 부모, 당회원, 교사, 고용주, 정부관리 등 직분을 가진 사람들에게 매우 중요한 의미가 있습니다. 모든 직분자들이 권세에 대해 자신이 다른 사람들보다 낫기 때문이라고 생각하지 말아야 합니다. 하나님이 기뻐하시면서 그 자리를 주셨습니다. 권세를 가진 자들은 자신들의 덕 때문이 아니고, 하나님께서 그리스도 안에서 그 권세를 주신다는 것을 알아야 합니다. 무슨 직분이든 자랑해서는 안 됩니다. 하나님과 사람 앞에서 겸손해야 합니다. 직분이 무엇인지 아는 사람은 큰 책임이 따르는 것을 인정하고 겸손하게 됩니다.

직분자들은 언제나 누구에게 명령하는 태도를 취해서는 안 됩니다. 불행하게도 이런 죄가 늘 있었습니다. 직분의 권세가 남용되었던 것입니다. 이런 일이 부모가 지나치게 독재적일 때 가정에서 일어났습니다. 그래서 사도 바울은 "아비들아 너희 자녀를 노엽게 하지 말고 오직 주의 교훈과 훈계로 양육하라"(엡 6:4)고 했습니다. 권세의 남용은 직분자들이 교권을 행사했을 때 교회에서도 일어났습니다. 정치적으로도 독재자와 폭군에 의해 이런 일이 일어났습니다. 권세를 가진 사람들은 주 예수 그리스도의 대리자라는 사실을 잘 알아야 합니다.

모든 권세자들은 예수 그리스도요 대리자와 그의 사역자라는 사실을 잘 이해해야 합니다. 주 예수 그리스도께서 그의 제자들에게 발을 씻어 주신 일이 있습니다. 예수 그리스도는 하나님의 나라에서 가장 높은 직분을 가진 분입니다. 그러나 그는 자기를 낮추어 종이 하는 일을 스스로 하셨습니다. 이로써 그는 아름다운 모범을 보였습니다.

우리는 모두 하나님의 나라에 있습니다. 우리의 가정, 교회, 학교, 사업, 정부 모두가 하나님의 나라 영역 안에 있습니다. 우리가 하나님의 나라에서 직분을 받았으면 그리스도의 모범을 따라 권위와 겸손을 가지고 섬겨야 합니다. 하나님의 나라에서 권세는 섬기는 것입니다. 모든 직분자는 그리스도께서 원하시는 것을 해야 합니다. 목사와 장로와 집사가 다 그렇게 해야 합니다. 부모도 그래야 합니다. 고용주와 나라에서 다스리는 자들도 주께서 원하시는 것을 해야 합니다. 우리는 다 우리 자신을 위해 일하고 있지 않습니다. 일터에서 하나님을 대리하고 있습니다. 그러므로 어느 영역에서든지 하나님 아버지와 예수 그리스도 안에서 우리가 누구인지를 보여줘야 합니다. 권세와 겸손을 가지고 나타나야 합니다.

죄가 분열된 세계를 우리에게 가져왔습니다. 죄악의 세상에는 참된 권세가 받아들여지지 않았습니다. 거기에는 늘 혁명이 있었습니다. 아버지와 아들, 교사와 제자, 고용주와 고용인의 관계가 파괴되었습니다. 주 예수 그리스도는 이 파괴된 관계의 회복을 위해 이 세상에 오셨고 십자가에서 죽으셨습니다. 그는 하나님의 자녀들을 하나로 만들기 위해 죽으셨습니다. 예수 그리스도는 직분자들에게 "나의 사역자로 권위를 행사하기 위하여 이 직분을 맡긴다"고 말씀하시고, 다른 사람들에게는 "내가 세운 자들에게 내게 순종하는 것처럼 순종하라…이것은 약속이 있는 첫 계명이니 이로써 네가 잘 되고 땅에서 장수하리라"(엡 6:1-3)고 하십니다.

여러분, 우리가 하나님의 사역자로 가정에서, 교회에서, 학교에서, 사업장에서, 나라에서 우리의 권세를 바르게 사용하면 잘 될 것입니다. 우리 주께서 세우신 모든 권세에 주님께 하듯 순종하면 그 약속이 확실히 이루어질 것입니다. 언약의 하나님은 신실하시기 때문입니다. "네가 잘되고 땅에서 장수하리라"라는 아름다운 약속이 있습니다. 이것은 구약적인 약속의 표현입니다. 오늘 우리는 "영생을 믿습니다"라고 고백합니다. 이미 이 세상에서 우리는 영생의 생활을 시작하고 있습니다. 우리가 하나님이 세우신 권위를 존중히 여기고 부모를 공경하고 살면 주님의 약속을 따라 우리 아버지의 나라에서 장수할 것입니다. 영원히 살 것입니다. 아멘.

십계명 설교 ⑥

생명에 대한 존중

> [제6계명; 살인하지 말라]
> 성경봉독: 마태복음 5:17-26

친애하는 형제자매 여러분,

이 세상에서 우리는 사람들의 공동체 속에 살아갑니다. 하나님은 우리를 다른 사람들과 관계를 갖게 하셨습니다. 남편과 아내, 부모와 자녀, 고용주와 고용인 등은 모두 우리와 다른 사람들과의 관계를 말해줍니다. 모든 사람은 하나님이 주신 생명으로 매일 살아갑니다. 하나님은 제6계명에서 다른 사람의 생명에 대해 말씀하십니다.

제6계명에서 하나님은 "살인하지 말라"고 하십니다. 오늘 이 계명은 매우 낡은 요구처럼 들릴 수 있습니다. 오늘날 사람들은 서로 죽이고 죽임 당하는 환경에 익숙해져서 이런 일에 별로 놀라지 않기 때문입니다. 매일 우리는 텔레비전 혹은 신문 등 대중매체를 통해 살인에 대해 어떤 때는 학살에 대한 소식을 듣습니다.

이런 시대에 제6계명을 선포하고 들을 필요가 있을까? 여러분 가운데 생각할 분이 있을 수도 있습니다. 여러분, 이 시대가 너무 악하기 때문에 이 계명은 더욱 성실하게 선포되어야 하고 사람들은 신중하게 들어야 합니다. 특별히 이 계명은 언약의 백성들에게 주어졌습니다. 그러므로 우리는 전보다 더욱 하나님의 음성에 진지하게 주의를 기울여야 합니다.

하나님은 "살인하지 말라"는 계명으로 인간생명을 존중히 여길 것을 요구하고 계십니다. 하나님은 이 계명을 통해

첫째, 우리가 생명을 존중하고

둘째, 생명을 보호하며

셋째, 사랑으로 사람들과 교제할 것을 원하십니다.

첫째, 하나님은 우리가 생명을 존중하기를 원하십니다.

오늘날 많은 사람들이 생명을 존중히 여기지 않습니다. 여러 나라에 폭력을 휘두르고 사람을 죽이는 테러리스트들이 활동하고 있습니다. 수많은 사람들이 저들의 무분별한 살인 행위로 죽임을 당하고 있습니다. 정치적인 목적을 이루기 위해 대학살을 자행합니다. 고의적으로 살인하는 자들이 있습니다. 어떤 사람들은 자기의 육적 욕망을 채우기 위해 사람을 죽입니다. 강도가 자기 욕심을 채우기 위해 사람을 죽입니다. 대중매체는 이런 비참한 소식을 끊임없이 보도합니다.

나아가, 고의적으로 유산을 함으로써 아직 태어나지 않는 생명을 살

해하기도 합니다. 많은 나라들이 법적으로 이것을 허락할 뿐 아니라, 조장하고 있습니다. 세상에는 해마다 수백 만의 태어나지 않는 아이들이 살해를 당합니다. 이렇게 살해당한 어린이들의 피가 모두 하늘을 향해 호소하는 줄 압니다. 또 다른 방법의 살인도 있습니다. 소위 안락사입니다. 불치의 병으로 고생하는 사람들을 고의로 죽입니다. 이것을 자비의 살인이라고도 부릅니다. 최근에는 불치의 병으로 앓는 사람이 스스로 안락사를 택하고 있다는 소식도 들려옵니다. 여러 나라가 이것을 법적으로 허용하고 있습니다. 이것은 자살을 허용하는 것입니다.

더 나아가, 자살도 끊이지 않습니다. 오늘날 자살하는 사람들이 점점 늘고 있습니다. 자살하는 동기는 여러 가지입니다. 허무주의에 빠져 살 가치를 느끼지 못해 자살하는 사람들이 있습니다. 어려운 생활을 피하기 위해 자살하는 사람들이 있습니다. 게다가 고의적으로 자신의 생명을 위험에 빠뜨림으로써 자살을 초래하는 일도 있습니다. 많은 사람들이 과음, 약물 사용, 흡연, 위험한 운동 등으로 무모하게 자신의 생명을 위험에 빠뜨리는 것입니다.

여러분, 이 모든 것은 생명에 대한 무관심에서 비롯됩니다. 우리가 생명을 귀중하게 여기지 않으면, "살인하지 말라"는 제6계명을 범하는 것입니다. 왜 우리가 내 생명과 다른 사람들의 생명을 존중히 여겨야 합니까? 생명은 거룩하기 때문입니다. 왜 생명이 거룩합니까? 어떤 사람들은 생명 그 자체가 거룩하다고 합니다. 인본주의자들은 생명의 신성을 말하면서 인권 옹호에 나섭니다. 그들은 하나님을 떠나 생명의 신성을 말합니다. 그러나 사람의 생명은 그 자체가 거룩하지 않습니다. 생명이 거룩한 것은 하나님께서 지으신 것이기 때문입니다. 하나님은 우리의 창조주요 생명의 주권자이십니다.

여러분, 하나님은 우리의 생명의 창조주이십니다. 하나님은 우리 한 사람 한 사람을 그의 때에 창조하셨습니다. 하나님이 우리의 생명을 창조하시기 전에 우리는 존재하지 않았습니다. 시편 기자는 "주께서 내 내장을 지으시며 나의 모태에서 나를 만드셨나이다. 내가 주께 감사하옴은 나를 지으심이 심히 기묘하심이라. 주께서 하시는 일이 기이함으로 내 영혼이 잘 아나이다…내 형질이 이루어지기 전에 주의 눈이 보셨으며…"(시 139:13-16)라고 합니다.

내가 잉태되는 순간 나의 생명이 하나님의 전능하신 활동에 의해 창조되었습니다. 그러므로 어머니의 태 속에 있는 생명은 거룩합니다. 고의적인 유산은 인간의 생명을 살해하는 범죄입니다. 하나님만이 인간의 생명을 다스릴 권리가 있습니다. 하나님이 그의 영광을 위해 생명을 지으셨기 때문입니다. 하나님이 그의 주권적인 기뻐하심 가운데 사람의 생명을 시작하게 하시고, 그 생명을 끝낼 권리가 있습니다.

하나님은 그가 하시는 모든 일이 거룩하십니다. 하나님께서 어떤 사람의 생명을 취하시더라도 그의 행하심은 거룩합니다. 하나님께서 사람의 생명을 어릴 때 데려가시든지 혹은 나이 많아 데려가시든지, 병으로 데려가시든지 혹은 달리 데려가시든지 그의 모든 행위는 거룩합니다. 우리는 누구의 죽음이든, 우리 형제자매의 죽음이든, 우리 부모나 자녀들의 죽음이든, 내 자신의 죽음이든 모든 이의 죽음에서 하나님의 거룩한 행위를 보아야 합니다.

우리는 죽으면 하나님의 심판대 앞에 서게 됩니다. 우리가 사는 동안 생각하고 행한 모든 것이 그 순간 하나님 앞에 나타날 것입니다. 매일 하나님은 생명책에 우리의 생활상을 기록하십니다. 우리가 죽는 순간 그 책은 하나님의 심판대 앞에 펴질 것입니다. 그것이 읽혀지면 놀라게 될 것입니다. 사람들 가운데 가장 큰 자가 스스로 가장 작은 자라는 것을 느끼게 될 것입니다. 히브리서 기자는 "한번 죽는 것은 사람에게 정하신 것이요 그 후에는 심판이 있으리니"(9:27)라고 했습니다. 그런고로 사람의 죽음은 천지의 심판자이신 하나님에 의해 집행됩니다. 이 죽음을 집행하시는 하나님은 완전히 거룩하십니다.

하나님은 사람의 생명을 그의 정하신 때에 그의 거룩한 행위로 데려 가십니다. 그런고로 우리는 다른 사람의 생명과 나 자신의 생명을 귀중히 여기고 살인하지 않아야 합니다. 우리가 무모하게 다른 사람의 생명이나 내 자신의 생명을 위험에 빠뜨리지 않아야 합니다. 교통 법규를 어겨 무모하게 운전하는 일도 내 생명이나, 다른 사람들의 생명을 위험에 빠뜨리는 일입니다. 나와 다른 사람의 생명을 위험하게 하는 경기도 있습니다. 이에 대하여 우리는 주의를 기울여야 합니다. 우리는 항상 다른 사람과 내 생명을 귀중히 여겨야 합니다. 생명에 대하여는 그것을 주신 하나님만이 권리가 있기 때문입니다.

둘째, 우리는 생명을 보호할 의무가 있습니다.

살인 행위는 모든 시대에 있었습니다. 어떤 사람은 살인을 문명의 문제로 생각합니다. 그래서 살인은 원시적인 생활을 하는 사람들에 의해 자행되는 것이라고 말합니다. 그러나 전혀 그렇지 않습니다. 가장 문명화된 나라에서 살인 행위가 더 빈번한 것이 현실입니다.

인간이 타락한 후 어느 시대에나 계속 살인 행위가 있었습니다. 낙원 바로 밖에서 가인이 아벨을 죽였습니다. 타락한 세상에 미움과 시기는 살인의 근본적인 원인이었습니다. 에서의 마음이 야곱에 대한 시기와 미움으로 가득찼습니다. 왕 아합이 나봇을 미워하고 죽였습니다. 사울이 그의 시기와 미움 때문에 다윗을 죽이려 했습니다.

이 같은 시기와 미움 때문에 유대인들이 예수 그리스도를 로마인들에게 넘겨주고 십자가에 못 박게 했습니다. 산헤드린이 같은 이유로 스데반을 돌로 쳐 죽였습니다. 이렇게 해서 오늘날까지 살인이란 범죄가 계속 이어지고 있습니다. 세계 2차대전에서 나치 독일은 6백 만 유대인을 학살했습니다. 오늘날 가장 개화되고 잘사는 나라들에서 살인 행위가 줄어들기 보다는 증가되고 있습니다.

하나님께서 "살인하지 말라"고 우리에게 명하시면서 우리가 사람의 생명을 보호할 것을 원하셨습니다. 하나님은 처음부터 사람의 생명을 보호하셨습니다. 하나님께서 형제 아벨을 죽인 가인의 생명을 보호하신 것이 주목을 끕니다. 가인이 살인한 죄값으로 "땅에서 피하여 유리하는 자가 되리라"는 하나님의 말씀을 들었을 때, 그는 "무릇 나를 만나는 자마다 나를 죽이겠나이다" 하며 곧 죽임을 당할까 두려워했습니다. 이 때 하나님은 그에게 "그렇지 아니하다. 가인을 죽이는 자는 벌을 칠 배나 받으리라"고 하셨습니다. 그리고 하나님은 그를 만나는 모든 사람들에게서 죽임을 당하지 않도록 가인에게 표를 주셨습니다 (창4:1-15).

그 후 하나님은 살인자에게 죽음의 형벌을 정하셨습니다. "다른 사람의 피를 흘리면 그 사람의 피도 흘릴 것이니 이는 하나님이 자기 형상대로 사람을 지으셨음이라"(창 9:6) 고 하셨습니다. 하나님은 인류 역사상 첫 번째의 살인자인 가인의 생명을 보호하셨습니다. 이것은 이해하기 힘든 일처럼 보이지만 이상할 것이 없습니다. 왜냐하면 아무리 큰 죄인이라도 다른 사람에 의해서 죽임을 당해서는 안 되기 때문입니다. 하나님께서는 사람의 생명을 귀중하게 여기십니다. 하나님이 지으신 모든 생명은 그가 원하시는 때에 기뻐하심을 따라 마쳐져야 합니다.

또 모세의 율법에서 하나님이 사람의 생명을 보호하신다는 것을 알 수 있습니다. 출애굽기 21장에 살인과 신체적인 해를 입히는 일을 다루는 법이 있습니다. 23절과 25절에서 이렇게 말씀하셨습니다. "다른 해가 있으면 갚되 생명은 생명으로, 눈은 눈으로, 이는 이로, 손은 손으로, 발은 발로, 덴 것은 덴 것으로, 상하게 한 것은 상하게 함으로, 때린 것은 때림으로 갚을지니라."

우리 주 예수 그리스도는 이 말씀을 언급하면서 "나는 너희에게 이르노니 악한 자를 대적하지 말라. 누구든지 네 오른 뺨을 치거든 왼편도 돌려 대라"(마 5:39)고 하셨습니다.

예수님의 이 말씀은 모세를 통해 주신 율법과 대조되는 것으로 보입니다. 그래서 어떤 사람들은 구약시대에는 엄격하게 갚으시는 하나님으로 나타나시고, 신약시대에는 놀라운 사랑의 하나님으로 나타난다고 합니다. 이렇게 생각하는 것은 큰 잘못입니다.

여러분, 왜 하나님은 구약시대에 "생명은 생명으로, 눈은 눈으로"

갚으라고 명령하였을까요? 이 명령을 하게 된 배경을 주의 깊게 살펴보아야 합니다. 율법은 생명을 보호하기 위해 주어졌습니다. 타락한 인간은 본성적으로 항상 이웃을 미워하고 죽이려 하는 경향이 있습니다. 생명은 하나님의 통치 영역입니다. 그래서 생명은 보호되어야 합니다. 보호의 조치가 없으면 누구든지 자유롭게 다른 사람을 죽이게 될 것입니다.

그런고로 하나님은 형벌의 법을 세우셨습니다. "생명은 생명으로"라는 말에는 보복의 요소가 있습니다. 그런데 여기에는 또 억제하는 요소도 있습니다. 하나님은 의로운 형벌과 보복의 법을 정하셨습니다. 악행자도 보호받을 권리가 있습니다. 악행자는 스스로 행한 악행 이상의 중한 벌을 받아서는 안 됩니다.

여기서 개인적인 보복은 금지되고 정죄됩니다. 당시 이스라엘 백성들에게는 공식적으로 판단하도록 부름을 받은 사람들이 있었습니다. 나아가 로마서 13장에 따르면 하나님은 살인과 무질서를 막기 위해 칼을 사용하는 자들을 다스리도록 세우셨다고 합니다.

그런고로 제6계명은 죽이는 것을 항상 죄라고 말하지 않습니다. 생명을 보호하기 위해 합법적인 사형은 정당합니다. 이스라엘 백성들에게 가장 중한 형벌은 돌로 쳐 죽이는 것이었습니다. 그래서 사형은 하나님의 법이었습니다. 우리는 이미 "다른 사람의 피를 흘리면 그 사람의 피도 흘릴 것이니"(창 9:6)라고 한 하나님의 법을 언급했습니다. 이것은 사형의 법을 포함하고 있습니다. 이 법은 제6계명과 모순이 되지 않습니다.

그러므로 하나님은 살인을 막기 위해서 국가에게 칼을 갖게 하셨습니다. 많은 나라들이 순전히 인본주의적인 근거에 의해 사형제도를 없앴습니다. 그러나 이것은 성경적이 아닙니다. 사형제도는 살인을 막기 위해 필요합니다. 물론 언제, 어떤 경우에 사형이 적용되어야 하느냐 하는 문제는 확실히 어렵습니다. 그러나 인간적인 자비가 하나님의 공의를 넘어서서는 안 됩니다.

이로써 우리는 모든 전쟁을 정죄할 수 없다는 것을 알았습니다. 국가는 불의한 침범에 대하여 땅과 백성의 생명을 보호해야 합니다. 군대제도를 반대하는 것은 비 성경적입니다. 오늘날 상당히 예민한 문제가 있습니다. 핵 전쟁이 정당화될 수 있는가? 하는 문제입니다. 상당수 사람들이 핵무기를 반대하며 평화운동을 합니다. 누구도 전쟁을 원하지 않습니다. 그러나 우리는 악한 세력이 있는 세상에 살고 있다는 것을 알아야 합니다. 가능한 한 많은 사람들을 죽이기 원하는 용의 세력이 있습니다. 현재 악하고 위험한 나라들이 핵무기를 갖고 있습니다. 이런 세력이 억제되어야 합니다. 그래서 우리는 무서운 전쟁의 억제 수단으로 핵무기를 정죄할 수 없습니다.

하나님은 인간의 생명을 보호십니다. 그가 바로 인간의 생명을 창조하셨기 때문입니다. 하나님은 인간의 생명을 보호하기 위해 인간의 여러 제도와 법을 사용하십니다. 하나님은 우리의 생명을 귀하게 여기십니다. 왜 하나님이 그의 외아들을 이 세상에 보냈습니까? 영원한 죽음에서 우리를 구원하기 위해서였습니다. 곧 하나님이 우리의 생명을 이처럼 사랑하시기 때문에 그의 외아들을 주셨습니다.

셋째, 하나님은 우리가 사랑 안에서 사람들과 교제하기를 원하십니다.

"살인하지 말라"라는 말씀은 "사랑 가운데 서로 사귀고 살라"는 의미도 포함돼 있습니다. 사람의 생명이란 무엇입니까? 단순히 호흡, 심장의 고동, 혈관 속에 흐르는 피가 아닙니다. 이것들 이상의 것입니다. 사람에게 생명은 다른 사람들과 교제하는 생활을 의미합니다.

우리는 여러 방향에서 교제를 합니다. 아내와 남편과 자녀와 교제합니다. 교회에서 형제자매들과 교제합니다. 친구와 이웃들과 교제합니다. 일터에서 동역자들과 교제합니다. 우리가 사랑하는 사람들 중 세상을 먼저 떠나 슬퍼하게 될 때 우리는 생명이 무엇인지 새삼 깨닫게 됩니다. 생활에 공허감을 느낍니다. 상실감을 느낍니다. 그래서 생명이란 다른 사람과 사귀고 사는 것입니다.

사람은 원래 교제하는 존재로 지음을 받았습니다. 사람은 태초부터 하나님과 교제했습니다. 다른 사람들과 교제했습니다. 사람의 삶이란 단순히 혈관 속에 피가 흐르는 것이 아니었습니다. 아담의 생명은 그의 아름다운 아내 하와를 기쁨으로 가까이 하고 교제를 즐기는 것이었습니다. 아담과 하와는 에덴동산에 들어가 하나님이 지으신 모든 피조물을 즐겼습니다. 거기는 시기나 미움이 없었습니다. 그들이 타락하지 않았다면, 자녀들과 함께 아름답게 교제하며 생명을 즐겼을 것입니다.

그러나 언약의 말씀에 대한 불순종으로 타락하게 되었습니다. 타락은 그 놀라운 교제의 생활을 파괴했습니다. 미움과 시기가 사람들의 마음에 들어왔습니다. 그것 때문에 가인은 아벨과 교제를 즐길 수 없었습니다. 결국 가인은 그의 형제 아벨을 죽였습니다. 그는 냉정하게도 "내가 내 아우를 지키는 자니이까?"(창 4:9)라고 말했습니다. 이처럼 가인의 심성이 타락한 인류의 모든 후손들에게 계속 전해져 왔습니다. 이 타락한 심성이 작용하는 곳마다 부부간의 교제, 부모와 자녀간의 교제, 고용주와 고용인간의 교제가 단절되고 맙니다. 거기엔 미움, 충돌, 분열, 싸움, 살인이 있습니다. 이런 상황이 오늘 우리 주변에 빈번하게 나타나고 있습니다.

이처럼 비극적인 세상에 살고 있는 우리에게 하나님은 "살인하지 말라"라는 제6계명을 주십니다. 그 계명의 배후에는 복음이 있습니다. 왜냐하면 불신자들은 이 계명을 들을 귀가 없고, 그 내용을 이해할 수 없기 때문입니다. 그 계명은 종의 집에서 해방을 얻어 하나님의 은혜로 귀와 눈이 열린 사람들에게만 주어졌습니다. 그런고로 그리스도의 신자들만이 "살인하지 말라"는 계명을 올바르게 듣고 이해할 수 있습니다. 신자들만 사랑 안에서 다른 사람들과 참된 교제를 할 수 있습니다.

하나님은 그의 아들 예수 그리스도를 통해 새 백성을 지으셨습니다. 하나님의 아들이 우리에게 참된 교제 생활을 회복시켜 주시기 위해 십자가에서 무서운 고독과 고통을 당하셨습니다. 하나님 아버지로부터 잊음을 당하시고 모든 사람들에게도 싫어버림을 당했습니다. 이런 일을 당하심으로써 그는 하나님과 우리 사이에 막힌 담과, 사람과 사람 사이의 막힌 담을 허물고, 교제의 생활을 회복시켜 주셨습니다. 한 새로운 백성, 교회를 새로 창조하셨습니다.

여러분, 이제 우리는 "살인하지 말라"는 제6계명의 깊이를 이해할 수 있습니다. 그 계명은 오늘 우리에게 "내 백성들이여 너의 형제자매를 사랑하라. 그리고 사랑 안에서 다른 사람과 교제하라"라고 합니다. 우리 언약의 하나님은 그의 아들 예수 그리스도를 통해 참된 교제를 회복시켜 주셨습니다. 그리스도 안에서 우리는 남편과 아내로서, 부모와 자녀로서, 교회에서 형제와 자매로서 참된 교제를 하게 됩니다.

하나님은 우리 각 사람에게 그의 섭리 아래 가정에서 남편과 아내, 아들과 딸, 손자와 손녀의 자리를 주셨습니다. 교회에서 직분자로서뿐 아니라 교회에서 없어서는 안 될 몸의 지체로서의 자리를 주셨습니다. 우리는 교제 속에서 우리의 아름다운 자리를 발견하고 사랑 안에서 교제해야 합니다. 교회는 이 타락한 세상에 있는 낙원입니다. 낙원에는 미움이나 시기가 없습니다. 아름다운 교제만 있습니다. 우리 모두는 그리스도인으로서 타락하고 어두운 이 세상에서 아름다운 낙원에서 즐기게 되는 교제의 빛을 비출 의무가 있습니다.

가인의 심성은 우리에게서 근본적으로 영원히 사라져야 합니다. 예수 그리스도 안에서 하나님의 사랑만이 우리 마음을 지배해야 합니다. 미움과 시기는 근본적으로 우리 마음에서 제거되어야 합니다. 예수님은 "옛 사람에게 말한 바 살인하지 말라....하였다는 것을 너희가 들었으나...나는 너희에게 이르노니 형제에게 노하는 자마다 심판을 받게 되고, ...미련한 놈이라 하는 자는 지옥 불에 들어가게 되리라"(마 5:21,22) 라고 말씀했습니다.

이 말씀은 무엇을 의미했습니까? 우리가 사랑 가운데 살아야 한다는 것을 의미했습니다. 사랑 가운데 살지 않고 "생각이나 말이나 몸짓으로" 미움 속에 사는 사람은 지옥불의 형벌에 해당됩니다. 그는 참된 그리스도인이 아니기 때문입니다.

하나님의 사랑이 우리의 생활을 지배해야 합니다. 우리 하나님은 우리가 완전한 사랑을 갖기를 원하십니다. 우리는 스스로 하나님의 요구를 만족시켜 드릴 수 없다는 것을 인정합니다. 그러나 하나님은 하실 수 있습니다. 하나님의 은혜와 능력이 우리로 하여금 완전한 사랑의 교제를 할 수 있게 하시기를 바랍니다. 아멘.

십계명 설교 7

성결한 결혼생활

[**제7계명; 간음하지 말라.**]
성경봉독; 에베소서 5:22-33

친애하는 형제자매 여러분,

오늘은 하나님의 언약의 율법인 제7계명에 관하여 전하려고 합니다. 제7계명은 "간음하지 말라"라고 합니다. 이것은 우리의 결혼생활과 성생활에 관련된 내용입니다. 사람들은 이런 주제에 관해 말하는 것을 좋아하지 않습니다. 그러나 우리 언약의 하나님은 직설적으로 이 문제를 우리 앞에 제시하시고 거룩하게 살 것을 요구하십니다. 결혼은 하나님께서 사람을 창조하셨을 때 주신 귀한 선물입니다. 하나님께서 남자와 여자를 창조하시고 그들이 결혼하게 하셨습니다. 그래서 결혼은 하나님께서 사람에게 주신 큰 복입니다.

모든 사람이 결혼하는 것은 아닙니다. 모든 결혼생활에서 자녀가 생산되는 것도 아닙니다. 그러나 이 계명은 모든 사람들에게 적용됩니다. 결혼생활과 성생활은 주 하나님을 섬기는 일과 관계가 있습니다. 그래서 우리는 이것을 그리스도의 구속사역이라는 빛을 통해 보아야 합니다.

오늘날 우리가 사는 세계는 거룩한 결혼생활을 부인하는 경향이 있습니다. 간음, 순결, 거룩이란 말을 낡은 유물로 여깁니다. 성적인 만족을 위한 충족은 모든 사람이 가진 권리로 봅니다. 그래서 성적인 욕망을 먹는 것과 마시는 것과 같은 욕망으로 생각합니다. 주릴 때 사서 먹고 마시는 것이 자연스러운 것 같이 성적 욕망을 채우는 것도 마찬가지로 여깁니다.

이로써 성은 오늘날 점차적으로 상품화되고 있습니다. 그래서 여러 나라에서 공창제도를 인정하고 이것을 성 산업이라고 부르기까지 합니다. 뿐만 아니라 많은 나라에서 동성애와 동성애자들의 결혼을 인정하고 있습니다. 이것은 하나님이 세우신 남녀간의 결혼제도를 전적으로 부인하는 일이요, 무서운 음란죄입니다. 오늘의 상황은 옛날 노아 시대보다 더 심각합니다.

이런 시대에 예수 그리스도 안에서 거룩한 결혼생활에 관해 듣는 것은 복입니다. 우리의 생활은 그리스도 안에서 새로워졌습니다. 우리의 결혼생활도 죄로부터 구원을 받았습니다. 그리스도인의 결혼생활은 자연적인 질서의 문제가 아니고, 은혜와 신앙의 문제입니다. 그런 고로 결혼생활은 거룩해야 합니다.

제7계명을 통해 우리 언약의 하나님은 우리에게 "성결한 결혼생활"을 원하십니다. 하나님이 이것을 요구하시는 이유는

첫째, 결혼은 하나님이 제정하셨기 때문이고

둘째, 모든 부정과 음란은 하나님의 저주를 받기 때문이며
셋째, 우리의 몸과 영혼은 성령의 전이기 때문입니다.

첫째, 결혼은 하나님이 제정하신 제도이기 때문에 거룩해야 합니다.

우리 언약의 하나님은 "간음하지 말라"고 명령하십니다. 왜 하나님께서 이렇게 명령하십니까? 그것은 너무 당연한 일이기 때문에 특별한 이유를 말씀하시지 않습니다. 하나님의 백성들은 하나님이 제정하신 결혼제도를 파괴하거나 범할 수 없다는 것을 잘 알고 있습니다.

하나님은 이 사실을 잘 알고 있는 그의 자녀들에게 왜 이 계명을 주십니까? 여기에 언약의 하나님의 큰 자비가 나타나고 있습니다. 하나님은 우리의 연약함을 잘 아십니다. 우리들은 매우 영향을 받기 쉬운 죄악의 세상에 있습니다. 본성적으로 하나님의 법을 쉽게 범할 수 있는 자리에 있습니다. 그런고로 하나님께서는 그 계명으로 우리의 의무를 생각나게 하시고, 결혼생활을 거룩한 길로 인도하시기를 기뻐하셨습니다.

세상의 많은 사람들이 결혼 문제를 심각하게 여기지 않습니다. 많은 사람들이 결혼을 남녀 간에 맺는 하나의 사회적 계약으로만 생각합니다. 그들의 결혼은 대부분 외모의 매력, 성적인 만족, 편의 혹은 사회적 유익에 기반을 두고 있습니다. 그래서 이런 조건을 충족해야 하며 더 이상 만족할 수 없게 되면, 자유롭게 결혼관계를 해체합니다. 이것이 현대인들이 생각하고 생활하는 방식입니다.

처음 인간이 타락한 후 얼마 안 되어 이런 생활이 시작되었습니다. 타락한 인간은 결혼제도를 더럽혔습니다. 성경은 아담이 타락한 후 얼마 안 되어 라멕이 두 아내를 가졌다는 사실을 알려 줍니다(창 4:19). 오늘날 어떤 사람들은 결혼제도 자체를 완전히 없애야 한다고 합니다.

결혼은 하나님이 정하신 제도입니다. 사람이 발견해 낸 것이 아닙니다. 그래서 결혼은 인간에게 주신 하나님의 선물입니다. 결혼의 중요성을 이해하기 위해 우리는 창세기 2장에 기록된 결혼제도의 설립 역사를 살펴봐야 합니다. 하나님께서 아담이 혼자 있는 것을 좋지 않게 여기고 그를 위해 돕는 배필을 지으시기를 기뻐하셨습니다. 그래서 하나님은 말씀했습니다. "사람이 혼자 사는 것이 좋지 아니하니 내가 그를 위하여 배필을 지으리라"고 하셨습니다. 여기서 우리는 하나님께서 결혼제도를 만드신 동기를 발견합니다.

그것은 사람에 대한 사랑이었습니다. 하나님은 그의 아들 그리스도 안에서 아담을 사랑하셨습니다. 그리고 그를 위해 배필을 지으시기를 기뻐하셨습니다. 하나님은 아담을 깊이 잠들게 하시고 그 갈빗대 하나를 취하여 여자를 만드셨습니다. 여자는 아담의 본질적 부분으로 만들어졌습니다. 하나님께서 그 여자를 아담에게로 이끌어 오는 순간 아담은 즉시 이 사실을 알았습니다. 이 때 아담은 큰 기쁨으로 "이는 내 뼈 중의 뼈요 살 중의 살이라. 이것을 남자에게서 취하였은즉 여자라 부르리라"고 했습니다. 이것은 아름다운 혼인의 노래였습니다.

우리는 이렇게 결혼제도가 설립되는 것을 보며 결혼의 아름다움을 깨닫게 됩니다. 결혼은 그리스도 예수 안에서 하나님의 사랑으로 둘러싸인 것이었습니다. 남편과 아내는 두 몸이 아니고, 한 몸이었습니다. 둘은 본질적으로 하나였습니다. 이것이 결혼의 아름다움입니다. 하나님은 한 남자와 한 여자로 한 몸을 이루게 했습니다. 그러므로 결혼은 파괴할 수 없습니다.

여러분, 결혼제도는 존중되어야 합니다. 결혼에 대한 세상의 풍조가 어떻든 관계없이, 결혼은 하나님이 정하신 제도입니다. 하나님은 지금도 이 제도를 위해 일하고 계십니다. 하나님의 주권적인 인도로 한 남자와 한 여자가 결혼하도록 이끌림을 받고, 한 몸이 됩니다. 물론 결혼이 이뤄지도록 남자의 갈빗대를 떼어 내어 여자를 만드는 일은 없습니다. 그러나 원리는 같습니다. 우리는 모두 하나님이 어떻게 결혼하도록 이끄셨는지 생각해 볼 수 있습니다. 결국 결혼이란 인간의 일이 아니고 하나님이 하시는 일이란 것을 알게 됩니다.

하나님은 그의 자녀들의 마음 속에 결혼을 위해 일하십니다. 하나님은 젊은 남녀간에 친교를 나누게 하십니다. 남녀의 친교는 성령의 인도를 받을 때 아름다운 것입니다. 그러므로 친교는 언제나 기도하는 마음으로 추구해야 합니다. 조심스럽게 주의 성령의 인도를 따라야 합니다. 우리 자신의 욕망, 유익 혹은 정서에 지배를 받지 않아야 합니다.

결혼생활의 중요성은 하나님이 세우신 제도에 있을 뿐 아니라, 결혼이 하나님과 그의 백성의 관계를 반영하는 사실에도 있습니다. 하나님은 결혼을 주 예수 그리스도 안에서 제정하셨습니다. 하나님이 결혼을 제정하시면서 이를 통해 그와 그의 백성들과의 언약 관계를 반영하기를 원하셨습니다. 이 사실은 성경에 매우 분명하게 나타납니다.

구약은 자주 여호와 하나님과 이스라엘 백성들과의 관계를 결혼관계로 비유하고 있습니다. 이스라엘 백성들이 주 하나님과 언약관계를 범했을 때, 간음한 자와 창녀 같은 자로 정죄를 받았습니다. 하나님은 예레미야 선지자를 통해 이렇게 말씀합니다. "네 눈을 들어 벌거벗은 산을 보라. 네가 행음하지 아니한 곳이 어디 있느냐?...배역한 이스라엘아 돌아오라...이스라엘 족속아 마치 아내가 그의 남편을 속이고 떠나감 같이 너희가 확실히 나를 속였느니라"(렘 3). 호세아 선지자의 예언도 근본적으로 같은 상황에서 주어졌습니다. 이런 약속의 말씀이 거기 있습니다. "내가 네게 장가들어 영원히 살되 공의와 정의와 은총과 긍휼히 여김으로 네게 장가들며 진실함으로 네게 장가들리니 네가 여호와를 알리라"(호 2:19,20).

이 말씀들은 남녀의 결혼관계가 하나님과 그의 백성들과의 언약의 관계를 반영하기 위해 제정됐다는 사실을 분명하게 증거합니다. 결혼의 원형은 하나님과 그의 백성들 사이의 영원한 언약관계입니다. 이 진리는 신약에 더욱 분명하게 계시되어 있습니다. 왜냐하면 그리스도와 그의 교회와의 관계가 남편과 아내의 결혼관계로 비유되고 있기 때문입니다.

처음부터 예수 그리스도는 신랑으로 표현되었습니다. 세례 요한이 예수님을 신랑에 비교했습니다(요 3). 세례 요한은 자신을 신랑의 소리를 듣고 크게 기뻐하는 신랑 친구로 소개했습니다. 에베소서 5장에서 사도 바울은 연달아 남녀의 결혼과 그리스도와 교회와의 관계에 대해서 말합니다. 그는 남편들에게 아내들을 사랑하되 그리스도께서 교회를 사랑하고 교회를 위해 자신을 주신 것 같이 사랑하라고 권고합니다. 그리고 32절에서 결론으로 "이 비밀이 크도다, 나는 그리스도와 교회에 대하여 말하노라"고 합니다.

그리스도는 신랑이요 교회는 신부입니다. 그리스도와 그의 백성은 하나입니다. 이 관계는 마지막 날에 어린양의 혼인 잔치에서 정점에 이르게 될 것입니다. 계시록 19장에서 우리는 이렇게 아름다운 말씀을 읽습니다. "할렐루야...우리가 즐거워하고 크게 기뻐하며 그에게 영광을 돌리세. 어린 양의 혼인 기약이 이르렀고 그의 아내가 자신을 준비하였으므로..."

여러분, 이 진리에서 무엇을 이해하십니까? 우리의 결혼생활은 그리스도와 그의 교회와의 관계를 반영해야 한다는 것입니다. 여호와와 그의 교회 사이의 언약은 영원한 언약입니다. 이 언약은 파괴할 수 없습니다. 결혼이란 이처럼 거룩한 제도인 고로 우리는 결혼생활을 매우 신중하게 생각하고 거룩하게 지켜가야 합니다.

둘째, 모든 부정과 음란은 하나님의 저주를 받기 때문에 결혼생활은 거룩해야 합니다.

결혼생활은 하나님의 언약에 기반을 두고 있습니다. 하나님의 언약을 무시하거나 더럽히면 거기 하나님의 진노가 있습니다. "모든 부정은 하나님에 의해 저주를 받습니다." 부정은 먼저 간음을 의미합니다. 간음은 결혼관계의 파괴를 의미합니다. 이는 또한 결혼 상대자에 대해 성실하지 않는 것을 의미합니다.

간음하는 사람은 언제나 먼저 주님께 범죄합니다. 그는 먼저 주를 부인하고, 그 다음으로 결혼 상대자를 부인합니다. 예수 그리스도는 "네 마음을 다하고 목숨을 다하고 뜻을 다하여 주 너의 하나님을 사랑하라"(마 22:37-40)고 했습니다. 엄밀한 의미에서 주 하나님은 우리의 신랑입니다. 그래서 그는 우리의 모든 사랑, 우리 모두를 요구하십니다. 주 하나님과 우리의 관계가 올바르면, 남편과 아내로서 우리의 관계도 옳게 됩니다. 간음을 하는 것은 주 하나님과의 올바른 관계를 끊고 떠났기 때문입니다.

　간음은 결혼한 남자 혹은 여자가 제3자와 불법적인 관계를 갖는 것을 의미합니다. 제3자가 결혼을 한 사람이든 안 한 사람이든 차이가 없습니다. 남녀 관계없이 제3자와 관계를 갖는 것은 간음죄를 범하는 것입니다. 간음은 하나님의 언약적 사랑의 선물에 대한 모독입니다. 그래서 간음하는 자에게는 하나님의 진노가 있습니다.

　불법적인 이혼도 간음죄에 해당합니다. 오늘날 대부분의 나라들이 법적으로 이혼의 문을 넓게 열어놓고 있습니다. 성격 차이, 경제문제 등 어떤 이유로도 이혼하는 것을 정당하게 여기고 있습니다. 우리 주님의 말씀이 완전히 부인 당하고 있는 것입니다. 주 예수 그리스도는 "누구든지 음행한 연고 외에 아내를 내어 버리고 다른 데 장가드는 자는 간음을 함이니라"(마 19:9)고 했습니다.

　오늘날 많은 사람들이 결혼생활을 존중하지 않고 있습니다. 순결한 생활이 거부되고 있습니다. 많은 사람들이 결혼이 필요 없다고도 합니다. 결혼예식을 단지 호적에 등록하는 과정으로 보기도 합니다. 공식적인 결혼예식 없이 남녀가 동거하는 것을 예사로 여깁니다. 결혼생활을 실험하는 일도 있습니다. 여러분. 이 모든 것은 다 간음이요 부정입니다.

동성애도 부정입니다. 우리 주님을 십자가에 못 박은 로마 세계의 지배적인 죄 가운데 하나가 동성애였습니다. 그래서 사도 바울은 로마인들의 생활에 관해 말하며 경고합니다. "그들의 여자들도 순리대로 쓸 것을 바꾸어 역리로 쓰며, 그와 같이 남자들도 순리대로 여자 쓸 것을 버리고 서로 향하여 음욕이 불 일듯 하매 남자가 남자와 더불어 부끄러운 일을 행하여 그들의 그릇됨에 상당한 보응을 그들 자신이 받았느니라"(롬 1:26-27).

해 아래 세상에 새로운 것이 없습니다. 예수 그리스도를 거역하는 오늘의 세계도 옛 로마 세계와 다르지 않습니다. 옛 로마시대의 부정이 우리 시대에 점차적으로 심각해지고 있습니다. 오늘날 동성애자들은 공개적으로 그들의 권리를 주장합니다. 어떤 나라들은 동성애자들의 동거를 결혼으로 인정하고 있습니다. 근년부터 어떤 교회들은 동성애자들을 감독, 목사로 세우고, 동성애자들의 결혼예식을 집행하기까지 합니다. 동성애는 하나님의 말씀이 분명하게 정죄하는 무서운 부정입니다.

모든 부정은 하나님의 저주 아래 있습니다. 하나님은 간음하는 자들과 부정한 사람들에게 하나님의 진노가 있다는 것을 경고하십니다. 노아 홍수 전에 하나님의 아들들이 두려움 없이 부정하게 살았습니다. "하나님의 아들들이 사람의 딸들의 아름다움을 보고 자기들이 좋아하는 모든 여자를 아내로 삼는지라"(창 6:2). 그 때 하나님의 홍수 심판이 그들에게 왔습니다. 누가 하나님의 아들입니까? 그들은 언약 가운에 있었던 셋 계통의 아들들이었습니다. 그러나 그들은 믿지 않는 가인 계통의 딸들을 아내로 삼았습니다. 하나님의 심판이 이들에게 떨어졌습니다.

이스라엘의 역사는 주 하나님께서 그의 언약 백성들이 언약의 의무를 등한히 하고 부정하게 살았을 때 진노하셨다는 것을 빈번하게 증거합니다. 물론 그들이 회개하면 언제나 죄에 대한 용서가 있었습니다. 그러나 우리는 예수 그리스도께서 음행한 죄를 회개하는 여자에게 "가서 다시는 죄를 범하지 말라"(요 8:11)고 하신 말씀을 기억해야 합니다. 간음한 죄를 회개했습니까? 앞으로 더 이상 그런 죄를 범하지 않아야 합니다. 부정은 언제나 하나님이 저주하시기 때문입니다.

여기서 우리는 혼합결혼도 심각한 문제로 인식해야 합니다. 우리 젊은이들 가운데 별 생각 없이 불신자나 이단에 속한 사람을 남자 친구, 혹은 여자 친구로 삼아 결혼하려는 사람이 있습니다. 결혼은 그리스도와 그의 교회와의 관계를 반영하는 것이어야 합니다. 그런고로 처음부터 친교는 그리스도의 사랑에 기반을 두어야 합니다. 친구가 참된 그리스도인이 아닌 한 어떻게 주님과 그의 교회를 섬기는 일에 대해서 서로 이야기할 수 있습니까? 젊은 형제자매 여러분은 친구를 선택할 때 이 문제를 심각하게 생각해야 합니다. 여러분의 사랑은 참된 사랑이 되어야 합니다. 예수 그리스도 안에서 누군가를 사랑할 때, 그를 참으로 사랑할 수 있을 것입니다.

오늘날 결혼이 깨어져 서로 갈라서는 모습을 교회에서도 보게 됩니다. 그 원인이 무엇입니까? 대부분의 경우 그 원인을 과거에서 찾아볼 수 있습니다. 예수 그리스도를 믿는 믿음과 사랑 밖에서 깊은 생각 없이 친교를 가진 데 있습니다. 여러분, 교회 안에 있는 하나님의 자녀들 가운데서 친구를 찾고 발견하시기 바랍니다. 그러면 하나님의 언약의 복을 받는 길을 가게 될 것입니다.

셋째, 우리의 몸과 영혼이 성령의 전이기 때문에 결혼생활을 거룩하게 해야 합니다.

우리는 본성적으로 범죄하는 경향이 있어 온갖 죄악으로 부패하기 쉽습니다. 그러나 주 예수께서 그의 보배로운 피로 우리를 사셨습니다. 그래서 지금 우리의 몸과 영혼이 성령의 전이 되었습니다. 그런고로 우리의 생활은 거룩해야 합니다. 우리는 모든 부정한 행동이나 몸짓, 말이나, 생각이나, 욕망을 버려야 하며, 이런 죄를 범하도록 유혹하는 것은 무엇이든 다 버려야 합니다. 우리는 이 모든 것이 무엇을 의미하는지 알고 있습니다.

사도 베드로는 "음심이 가득한 눈을 가지고 범죄하기를 그치지 아니하고 굳세지 못한 영혼들을 유혹하며 탐욕에 연단된 마음을 가진 자들이니 저주의 자식이라"(벧후 2:14)고 합니다. 사도 바울은 이렇게 말했습니다. "음행과 온갖 더러운 것과 탐욕은 너희 중에서 이 이름조차도 부르지 말라.... 누추함과 어리석은 말이나 희롱의 말이 마땅치 아니하다"(엡 5:3). 우리는 이런 권면을 신중하게 받아들여야 합니다. 오늘 말과 행동과 사진과 그림의 오염이 어디에나 가득하기 때문입니다. 하나님의 자녀들은 이 모든 것을 멀리해야 합니다. 예수 그리스도께서 그의 피로 우리를 사셨고, 우리의 몸과 영혼은 성령의 전이 되었기 때문입니다.

여러분, 우리의 결혼생활은 거룩해야 합니다. 우리의 결혼도 우리 구주로 말미암아 구원을 받았기 때문입니다. 타락한 세상에서는 결혼의 아름다움이 사라졌습니다. 그러나 하나님의 자녀들에게는 그 아름다움이 회복되었습니다. 그래서 사도 바울은 결혼의 복음을 에베소 교회 성도들에게 전했습니다. 그는 그리스도인 남편들에게 아내들을 사랑하되 예수 그리스도가 그의 교회를 사랑하고 자신을 주신 것같이 사랑하라고 하며, 남편과 아내는 그리스도와 교회가 하나인 것처럼 하나가 되어야 한다고 했습니다. 이것은 놀라운 복음입니다.

우리는 여기서 당시의 문화적 배경을 기억하고 읽는다면 더욱 복음의 아름다움을 실감하게 됩니다. 당시 이방 로마에서 여자의 신분은 아주 무시 당했습니다. 여자는 낮은 인간으로 취급되고 종처럼 사용되었습니다. 그런고로 결혼생활에 사랑의 교제가 없었습니다. 그런데 이제 사도 바울은 결혼의 아름다움을 선포합니다. 아내는 남편보다 낮지 않으며, 남편을 위한 배필이라고 합니다. 남편과 아내는 한 몸이니 주 예수 그리스도 안에서 서로 사랑해야 한다고 합니다. 남편과 아내 모두를 주 예수 그리스도가 그의 피로 친히 사셨습니다. 양자가 다 성령의 전입니다. 남편과 아내는 결혼생활에서 그리스도와 그의 교회의 관계를 반영해야 합니다. 남편은 예수 그리스도께서 그의 교회를 사랑하되 죽기까지 사랑한 것처럼 그의 아내를 사랑하고, 아내는 교회가 주 예수 그리스도를 존경하고 복종하는 것처럼 복종하고 존경하라고 합니다.

무엇보다 남편과 아내는 자기들의 몸과 영혼이 성령의 전인 것을 알아야 합니다. 그리스도인의 결혼생활은 성령의 전을 거룩하게 지키는 생활이어야 합니다. 이 성전 안에는 거룩한 사랑만이 빛나야 합니다. 모든 부정을 멀리 해야 합니다.

교회에 결혼하지 않은 사람들이 있습니다. 그들은 결혼의 아름다움을 체험할 수는 없습니다. 이것이 결혼하지 않은 사람들에게 어려운 문제가 될 수 있습니다. 인간의 연약함을 극복하기 위한 싸움이 있습니다. 그러나 우리는 이것을 알아야 합니다. 하나님의 나라에서 이들의 자리는 매우 귀중합니다. 사도 바울은 결혼하지 않고 지내는 성도들의 가치에 관해 말하고 있습니다. 사도 바울 자신은 결혼한 적이 없습니다. 그는 심지어 결혼하지 아니한 사람들과 과부들에게 "나와 같이 그냥 지내는 것이 좋으니라"(고전 7:8)라고 했습니다.

여러분, 결혼생활은 오직 이 세상에 속한 것입니다. 하늘에는 결혼이 없습니다. 하늘뿐 아니라, 새 하늘과 새 땅에도 결혼은 없습니다. 그렇다면 거기엔 무엇이 있습니까? 종국에는 어린양의 혼인잔치가 기다리고 있습니다. 거기엔 끝 없는 연회의 즐거움이 있을 것입니다. 여러분은 모두 그리스도의 신부입니다. 성령의 전인 여러분의 몸과 영혼을 항상 거룩하게 보존하시기 바랍니다. 신랑 되신 예수께서 곧 오십니다. 거기 우리의 영원한 복락이 있습니다. 아멘.

십계명 설교 ⑧

세상의 소유에 대한 사명

[제8계명; 도적질하지 말라.]

성경봉독: 디모데전서 6:3-12

친애하는 형제자매 여러분,

사도 바울은 "우리가 세상에 아무것도 가지고 온 것이 없다"(딤전 6:7)고 했습니다. 실로 우리는 벗은 몸으로 출생했습니다. 그래서 우리가 현재 이 세상에서 가진 것은 무엇이든 다 우리 주 하나님의 선물입니다. 우리는 많이 가졌든 적게 가졌든 가진 것으로 만족해야 합니다.

그러나 많은 사람들은 현재 가진 것으로 만족하지 않습니다. 이 같은 불만이 이따금 도적질할 마음을 갖게 합니다. 도적질은 무서운 죄입니다. 그러나 우리는 본성을 따라 직접 간접으로 이 죄를 범합니다. 이따금 우리는 가진 것 보다 더 많은 것을 가지기를 원합니다. 이런 욕망이 도적질을 하게 합니다.

우리의 이 연약함을 아시는 하나님께서는 은혜롭게도 "도적질하지 말라"는 계명을 우리에게 주십니다. 우리는 여기서 다시 하나님께서 밖에 있는 사람들이 아닌, 언약 백성들에게 주신 계명이란 사실을 알아야 합니다. 이 계명 위에도 "나는 너희를 애굽 땅 종 되었던 집에서 이끌어낸 너의 하나님 여호와로라"라는 말씀이 있습니다. 그러니 이 계명에서 우리는 전제자의 엄한 음성이 아니라, 우리 언약의 하나님의 자비로운 음성을 듣습니다.

제8계명에서 우리 언약의 하나님은 우리들에게 "땅의 소유에 대한 사명"에 대하여 가르쳐 주십니다. 다음 세 가지 요점으로 제8계명을 생각해 보고자 합니다.

첫째, 우리의 소유는 하나님의 선물입니다.
둘째, 우리는 하나님의 선물에 대한 청지기입니다.
셋째, 하나님의 선물은 영원한 기업에 대한 보증입니다.

첫째, 우리의 소유는 하나님의 선물입니다

우리가 이 세상을 살아가는데 소유물은 매우 중요합니다. 재물이 없거나 돈이 없이 우리는 이 세상에서 평안히 살 수 없습니다. 우리는 가끔 재해를 당한 지방이나, 전쟁이 일어난 나라에서 재산을 잃고 어려움을 당하는 사람들의 비참한 생활을 보기도 하고 듣기도 합니다. 이 세상에서 물질적인 소유는 꼭 필요합니다. 성경에 땅의 소유를 멸시하라는 말씀은 어디에도 없습니다. 우리가 감사함으로 물질을 받아 사용할 때 부정하거나 멸시할 필요가 전혀 없습니다. 모든 것은 하나님께 속하고 하나님에게서 오기 때문입니다.

　우리가 소유한 모든 것을 통해 우리는 하나님의 언약적 사랑을 알 수 있습니다. 왜냐하면 우리가 소유하고 즐기는 모든 것은 하나님 아버지께로부터 오기 때문입니다. 하나님의 사랑이 처음부터 인간에게 어떻게 나타났는지 낙원에서 인간이 살던 때를 뒤돌아 봅시다. 주 하나님은 천지와 그 가운데 있는 모든 것의 창조주이십니다. 그는 모든 것을 소유하신 분이요 통치자이십니다. 하늘과 땅과 거기 충만한 것이 다 그의 것입니다.

　그러나 하나님은 인간에게 모든 것을 주셨습니다. 그것은 언약의 하나님의 사랑이었습니다. 언약 안에서 사람은 하나님의 아들이었습니다. 하나님은 그 아들에게 사랑 안에서 모든 것을 주셨습니다. 그는 아들에게 "동산 각종나무의 열매는 네가 임의로 먹으라"(창 2:16)고 말씀하셨습니다. 거기에는 생명나무가 있었습니다(창 2:9). 아담과 아담 안에 있는 모든 사람들은 귀한 언약의 자녀들이었습니다. 하나님은 언약 안에서 아들 아담에게 은혜로운 아버지였습니다.

　하나님은 그의 아들에게 모든 피조물을 다스릴 놀라운 특권을 주셨습니다. 물론 하나님이 모든 피조물을 다스리는 일에서 손을 떼신 것은 아닙니다. 그는 만물의 유일한 소유자와 통치자로서 그대로 계십니다. 그러나 무한한 사랑 가운데서 하나님은 그의 아들을 대리자로 세우셨습니다. 사람이 낙원에서 가진 모든 것은 하나님께 속했습니다. 그리고 그것들은 순전히 하나님의 선물이었습니다. 낙원에서 아무 것도 사람에게 속한 것은 없었습니다. 물 한 방울도 풀 잎 하나도 사람의 소유가 아니었습니다. 아들 아담은 하나님 아버지가 사랑으로 준 모든 선물을 즐겼습니다. 그래서 그의 모든 생활은 감사였습니다.

그런데 여러분, 타락한 후 사람은 하나님의 대리자로서 자격을 빼앗기고 하나님의 선물을 잃었습니다. 그러나 하나님은 불가해한 사랑으로 사람에게 아버지가 되는 일을 포기하지 않았습니다. 하나님은 아들의 자격을 회복하시기를 기뻐하셨습니다. 하나님은 사람에게 가까이 다가오셔서 그의 영원한 언약, 은혜의 언약을 계시하셨습니다. 말하자면, 하나님은 여인의 씨로 올 자신의 아들의 사역을 통해 사람들을 자기 자녀로 다시 받아들이기로 하시고 이것을 알려 주셨습니다 (창 3:15).

하나님은 자신의 언약에 대해 신실하십니다. 그는 결코 사람들을 전적으로 버리시지 않았습니다. 하나님은 거듭 그의 언약의 백성들에게 자신이 만물의 소유자요 통치자이심을 선포하셨습니다. 주 하나님이 시내산에서 그의 백성들에게 "도둑질하지 말라"는 율법을 주셨는데 그가 가진 주권으로 모든 사람들에게 재물을 주시겠다는 선언입니다. 하나님께서 이스라엘 각 지파들에게 가나안 땅을 나누어 주신 것만 봐도 분명하게 알 수 있습니다. 가나안 땅은 주 하나님의 소유입니다. 그래서 하나님은 그 땅을 이스라엘 모든 지파와 가족들에게 세밀하게 나누어 주셨습니다. 이에 관해서는 여호수아서 13장부터 19장까지 읽어 보시기 바랍니다.

주 하나님은 그 땅의 유일한 소유자로 계십니다. 이스라엘 백성들은 그 땅을 할당 받아 사용할 수 있었습니다. 이스라엘 백성들은 언약의 하나님의 손에서 놀라운 선물을 받았습니다. 그 선물은 그 가족들 내에서 상속되고 보존되어야 했습니다. 그들 가운데 가난한 사람들이 없어야 합니다. 거기 도적질이 없어야 합니다. 하나님께서 각 사람의 유산을 정하여 주셨기 때문입니다. 이스라엘 백성들 가운데 부자와 가난한 사람들 사이의 구별이 있고, 한 사람이 다른 사람보다 더 많이 소유하는 사회였습니다. 그러나 모든 사람은 자신에게 할당된 것으로 만족해야 했습니다.

여기에서 우리는 또한 레위기 19장 35, 36절 말씀을 생각하게 됩니다. 거기서 하나님은 이런 말씀을 주셨습니다. "너희는 재판할 때나 길이나 무게나 양을 잴 때에 불의를 행하지 말고 공평한 저울과 공평한 추와 공평한 에바와 공평한 힌을 사용하라. 나는 너희를 인도하여 애굽 땅에서 나오게 한 너희의 하나님 여호와이니라." 왜 하나님은 이런 말씀을 이스라엘 백성에게 주셨습니까? 하나님께서 각 지파와 각 사람에게 정확한 소유의 몫을 할당해 주셨기 때문입니다. 어떤 사람은 자신의 몫으로 만족하지 않고 자신에게 할당된 것보다 더 많은 것을 갖기 위하여 속이고 도적질을 할 우려가 있습니다. 그런고로 하나님은 이런 죄를 경고하신 것입니다.

여러분, 우리 언약의 하나님은 우리에게 풍성한 선물을 주셨습니다. 우리가 현재 소유한 것이 적을 수도 있습니다. 그러나 그것은 은혜로 하나님이 내게 주신 선물입니다. 우리는 가끔 받은 것만으로는 불만하는 시험에 들곤 합니다. 사탄은 우리를 죄로 이끌 기회를 찾습니다. 사람들은 더 가지려고 도적질을 합니다.

사도 바울의 말을 들읍시다. "돈을 사랑함이 일만 악의 뿌리가 되나니 이것을 탐내는 자들은 미혹을 받아 믿음에서 떠나 많은 근심으로써 자기를 찔렀도다"(딤전 6:10). 이 말씀이 얼마나 참됩니까? 대부분의 비참한 결과는 돈을 사랑한 데서 옵니다. 예수 그리스도께서 "너희가 하나님과 재물을 겸하여 섬길 수 없느니라"고 하시며 재물을 우상에 비유한 것은 공연한 말씀이 아닙니다(마 6:24, 눅 16:13). 돈 자체가 악이 아닙니다. 그러나 사람들이 돈을 우상으로 만듭니다. 시편 기자는 "의인의 적은 소유가 악인의 풍부함보다 낫도다"(시 37:16)라고 했습니다. 여러분, 아무리 적게 받았을지라도 하나님이 우리에게 주신 선물로 만족하며 살아야 합니다.

우리는 본성적으로 도적질하는 죄를 극복하기 어렵습니다. 오늘 우리의 생활은 더욱 더 복잡해져 갑니다. 이런 현실이 이 계명에서 금지한 죄를 쉽게 범하게 합니다. 예를 들면 사고파는 일이나, 세금 문제에서 그러합니다. 우리는 스스로 모든 시험을 극복할 수 없습니다. 그렇지만 예수 그리스도의 구원하시는 능력을 힘입고 이 계명을 지킬 수 있습니다.

예수 그리스도는 우리를 위해 이 계명을 완전히 지켰습니다. 그는 땅 위의 모든 보화를 부인했습니다. 이들로부터 우리를 구원하기 위해서였습니다. 예수님은 세상에서 그의 머리 둘 곳을 갖지 않으셨습니다. 그는 자신의 몸에 걸치고 있던 겉옷까지 빼앗겼습니다. 그는 십자가 위에 벗은 몸으로 달렸습니다. 이로 말미암아 그는 우리의 구원을 완성했습니다. 이 중보자 예수 그리스도로 말미암아 우리는 이제 아담과 하와가 낙원에서 가지고 누렸던 그 기쁨을 다시 맛볼 수 있게 되었습니다. 예수 그리스도를 믿는 믿음으로 우리는 우리가 가진 것이 아무리 작아도 아버지께서 주신 것으로 만족하고 즐길 수 있습니다.

둘째, 우리는 하나님의 선물에 대한 청지기입니다.

제8계명에서 하나님은 단순히 도적질해서는 안 된다는 것 이상을 요구하십니다. 우리는 하나님의 청지기입니다. 하나님은 우리들이 할 수 있는 대로 우리 이웃의 유익을 증진시키고, 어려운 가운데 있는 사람들에게 줄 수 있도록 성실하게 일할 것을 요구하십니다.

앞서 말한 대로 사람은 처음부터 이 땅 위에서 하나님의 대리자로 세움을 받았습니다. 사람은 왕이 아니었고, 왕의 대리자요 자녀였습니다. 그래서 사람은 만물에 대한 하나님의 청지기로 세워졌습니다. 사람은 처음부터 아버지 하나님의 유익을 위해 살아야 할 의무가 있었습니다. 언약의 하나님은 사랑으로 사람을 감싸주셨습니다.

사람은 아무 노력 없이 하나님께로부터 모든 보화를 얻었습니다. 하나님은 언약 안에서 사람을 그의 사랑하는 아들로 보셨습니다. 그러나 사람은 타락함으로써 하나님의 사랑을 무시하고 반역했습니다. 그러나 하나님은 그의 놀라운 사랑으로 다시 우리를 언약의 축복의 세계로 인도하셨습니다. 다시 우리를 그의 청지기로 회복시켜 주셨습니다.

우리를 잘 아시는 하나님은 우리의 한도를 따라 선물을 주셨습니다. 우리는 이 선물을 다루는 하나님의 청지기들입니다. 우리가 현재 무엇을 가지고 있든 하나님이 우리에게 주시고 맡기신 것입니다. 우리는 하나님의 뜻대로 섬기는데 이것을 사용할 의무가 있습니다. 금, 은, 돈, 물질 때문에 우리가 주에게서 멀어진다면 이는 매우 불행한 일입니다. 이스라엘의 역사가 경고합니다. 솔로몬 시대는 금이 넘치고 사치스런 생활이 지배했습니다. 그 결과는 어떠했습니까? 그 끝이 부패와 타락을 초래했습니다.

여러분, 우리는 이것을 알아야 합니다. 이 세상에서 얼마나 가지고 있느냐의 문제는 우리의 참된 행복과 구원에 결정적인 요소가 아닙니다. 우리가 이것들을 어떻게 다루느냐가 중요한 문제입니다. 하나님이 주신 선물을 가지고 우리가 하나님과 이웃을 섬기고 있느냐가 중요합니다. 우리가 가진 모든 것을 내어 줄 필요는 없습니다. 우리는 받은 선물에 대한 하나님의 청지기라는 사실을 알아야 합니다. 청지기는 주인의 것을 잘 돌봐야 합니다. 우리는 다 맡은 것을 가지고 어떻게 했는지 앞으로 하나님 앞에서 책임 있는 자세로 설명해야 할 것입니다. 주님을 위해 드리는 데는 주저하고 인색하면서 자신을 위해서는 아낌없이 쓴다면 하나님 앞에 좋은 청지기가 아니고 도적입니다.

세상에서 가진 재물을 어떻게 사용할 것인지의 문제는 매우 중요합니다. 이 문제는 또한 매우 어렵기도 합니다. 우리의 소유를 잘 사용하는 것은 확실히 어려운 일입니다. 성경 마태복음 19장에 기록된 부자 청년의 이야기는 우리에게 큰 교훈을 줍니다. 이 청년이 예수님에게 "선생님이여 내가 무슨 선한 일을 하여야 영생을 얻겠습니까?"라고 물었습니다. 예수님의 답이 예사롭지 않습니다. "네가 영생에 들어가려면 계명을 지키라"고 하셨습니다. 여기서 예수님은 사람이 율법을 지킴으로써 영생을 얻을 수 있다고 가르치려는 것이 아닙니다. 이런 대화를 통해 예수님은 계명, 특별히 제8계명이 가진 참되고 깊은 뜻을 깨우쳐 주시기를 원했습니다.

젊은 그 사람은 적극적인 답을 했습니다. "네, 저는 이 모든 계명을 다 지켰습니다. 제게 아직 무엇이 부족합니까?" 여러분, 이 청년이 아주 교만하다고 생각하지 마시기 바랍니다. 그렇지 않습니다. 그는 매우 신중한 청년입니다. 그는 부자임에도 불구하고 영적 생활에 무관심하지 않게 살아왔습니다. 예수님은 그를 귀하게 여겼습니다. 그는 거의 부족한 것이 없었습니다.

이 때 예수님은 그의 마음을 들여다 보시고 그에게 부족한 것이 무엇인지를 아셨습니다. 그래서 예수님은 말씀하셨습니다. "네가 온전하고자 하면, 가서 네 소유를 팔아 가난한 자들에게 주라"고 하셨습니다. 이것은 그가 전에 들어보지 못했던 계명입니다. 그렇다면 이것은 제11계명입니까? 아닙니다. 제8계명의 깊은 뜻을 알리는 것입니다. 예수님은 이 청년에게 무엇이 실제 부족한지를 잘 보셨습니다. 그는 매우 진지한 사람이었습니다. 그는 하나님의 계명에 무관심하지 않았습니다. 그는 살인자도 아니고, 간음한 자도 아니고, 거짓 증거하는 자도 아니었습니다. 그는 탐욕을 갖지도 않았습니다.

그러나 여러분, 이 청년에게 부족한 것 한 가지가 있었습니다. 무엇입니까? 필요하다면 그가 가진 모든 소유를 부인할 줄 알아야 하는 것입니다. 그러나 그는 이것을 하려고 하지 않았습니다. 그렇게 할 수 없었습니다. 이것이 그가 부족한 것입니다. 성경은 예수님의 요구에 "그 청년이 재물이 많으므로 이 말을 듣고 근심하며 떠나니라"라고 기록하고 있습니다. 사실상 그는 "선생님이여, 나는 그것을 할 수는 없습니다"라고 말한 것입니다.

여러분, 우리는 주님의 청지기들입니다. 주께서 요구하실 때 우리의 모든 소유까지도 부인할 수 있는 마음을 가져야 합니다. 이것이 제8계명의 깊은 의미입니다. 여러분은 이 계명을 어떻게 받아들이십니까? 우리는 예수님이 모든 사람에게 이것을 요구하지 않는다는 생각으로 이 물음에 쉽게 지나가 버릴 수 있습니다. 그러나 예수님이 무엇을 말씀하시든 언제나 진지하십니다. 우리는 가볍게 이 물음을 지나가서는 안 됩니다. 여러분은 주께서 주신 모든 선물로 주님과 이웃을 섬기기를 원하십니까?

 우리 주님은 간혹 그의 교회와 나라를 위해 그의 자녀들에게 무거운 요구를 하실 수 있습니다. 우리는 감사함으로써 이 요구에 적극 반응할 의무가 있습니다. 주께서 우리에게 돈과 재산을 주시는 것은 이것으로써 그를 섬기기 위해서입니다. 우리 주 하나님은 부자이십니다. 그래서 우리가 드리는 헌금 없이도 모든 것을 하실 수 있습니다. 그러나 주님은 우리를 언약 안에서 자녀로 여기십니다. 그는 자기를 위해 우리가 봉사하기를 기뻐하십니다. 여러분 우리가 그를 섬기기 위해 부름을 받았다는 것이 얼마나 놀라운 은혜입니까!

 셋째, 이 세상에서 받은 하나님의 선물은 영원한 기업에 대한 보증입니다.

 이제 우리가 가진 재물의 가치가 어디에 있는지를 살펴보겠습니다. 세상의 물건은 우리의 생활을 위해 영속적인 가치가 없습니다. 그것들은 상대적이고 일시적인 가치가 있을 뿐입니다. 이는 이미 말한 대로 이 세상의 재물을 멸시해야 한다는 것을 의미하지 않습니다. 그들이 일시적 가치가 있다는 것은 단순한 사실이요 진리입니다. 사람은 출생할 때 이 세상에 아무것도 가지고 오지 않았습니다. 죽을 때에도 아무것도 가지고 갈 수 없습니다. 어떤 사람들은 수천억 원의 재산을 모으지만 죽을 때 한 푼도 가지고 가지 못합니다. 그러므로 세상의 재물을 사랑하고 거기 의존하고 사는 것은 매우 어리석은 일입니다.

우리는 누가복음 12장(16-21)에서 예수님이 말씀하신 비유를 기억합니다. 한 부자가 풍성하게 추수를 하였습니다. 그는 이렇게 생각했습니다. "내가 곡식 쌓아 둘 곳이 없으니 어찌할까!...내 곳간을 헐어 더 크게 짓고 내 모든 곡식과 물건을 거기 쌓아 두리라." 이 사람은 또 재치 있는 사업가로 후일 사람들이 곡식을 필요로 하고 값이 오를 때 팔아 큰 이익을 챙길 수 있다는 생각도 했을 것입니다. 그래서 그는 스스로 자신을 위로했습니다; "내 영혼아 여러 해 쓸 물건을 많이 쌓아 두었으니 평안히 쉬고 먹고 마시고 즐거워하자." 예수님은 이 사람에게 무어라 말씀하셨습니까? "어리석은 자여 오늘 밤에 네 영혼을 도로 찾으리니 그러면 네 준비한 것이 누구의 것이 되겠느냐?" 마음을 세상 재물에 두고 사는 것은 어리석은 일입니다.

여러분, 세상의 소유, 재물의 참된 가치가 무엇입니까? 영원한 하늘의 유산에 대한 보증이라는 것입니다. 우리는 이 세상에 아무것도 가지고 오지 않았습니다. 그러나 우리 언약의 하나님은 은혜로 우리에게 많은 것을 주셨습니다. 우리가 가진 돈, 우리가 가진 집, 우리가 가진 물건은 다 주님의 선물입니다. 우리는 이 모든 것을 예수 그리스도로 말미암아 은혜로운 언약의 하나님으로부터 받았습니다. 이것들은 우리가 또한 앞으로 그의 아들 예수 그리스도를 통해 받게 될 새 땅에 대한 보증입니다.

주께서 그의 백성 이스라엘을 가나안 땅으로 이끄시면서 그들 모두에게 상속하게 하셨습니다. 이스라엘 각 지파는 배당된 몫을 받았습니다. 그들은 가나안 땅을 은혜로 받았습니다. 각 지파, 각 가정은 은혜로 땅을 받았습니다. 값없이 받은 선물이었습니다. 이 선물은 이스라엘에게 무엇을 의미했습니까? 그 선물은 그들이 그리스도의 공로로 받게 될 하늘의 가나안에 대한 보증이었습니다.

여러분, 우리가 이 세상에서 가지고 즐기는 것이 무엇이든 그것은 다 예수 그리스도로 말미암아 은혜로 받은 것입니다. 이들에게서 영원한 상속을 보증 받으시기 바랍니다. 그리스도로 말미암아 받을 새 하늘과 새 땅의 보증을 받으시기 바랍니다. 주 하나님은 우리에게 가정, 자녀, 집, 직업, 돈을 은혜로 주셨습니다. 주 하나님은 예수 그리스도로 말미암아 은혜로 하늘의 영원한 기업을 주실 것입니다.

가나안에서 이스라엘 모든 지파가 할당된 몫의 땅이 있었습니다. 모든 가족들도 할당된 땅이 있었습니다. 그 몫의 크기는 달랐습니다. 하나님의 기뻐하시는 뜻에 따라 각 지파와 가족에게 다른 크기의 땅이 주어졌습니다. 이스라엘 백성들은 자신들이 받은 몫을 지킬 의무가 있었습니다. 다른 지파나 가족의 몫을 넘어다보는 것이 금지되었습니다.

여러분, 오늘도 우리 언약의 하나님은 서로 다른 양의 몫을 우리에게 주십니다. 그는 우리 각 사람을 잘 아시고 그의 주권적인 기쁘신 뜻을 따라 선물을 우리에게 주셨습니다. 은혜로 받게 된 몫으로 만족하십시다. 우리가 이 세상 재물에서 새 하늘과 새 땅의 보증을 받을 때 우리는 언약의 하나님으로부터 받은 것 외에 어떤 것도 받기를 원하지 않을 것입니다.

　친애하는 여러분, 영원한 하늘의 상속이 이미 확보되어 있음을 알고 감사하시기 바랍니다. 우리는 이미 이 세상에서 받은 선물로 하늘의 일부를 상속 받았습니다. 주님은 은혜로우십니다. 매일 주신 것으로 만족하고 살며 주신 선물로 감사하고 주를 섬기며 사시기 바랍니다. 아멘.

십계명 설교 9

진리 안에서 진리를 말할 것

[제9계명; 네 이웃에 대하여 거짓 증거하지 말라.]

성경봉독; 잠언 19:1-16

친애하는 여러분,

사람은 말을 할 수 있습니다. 말을 할 수 있다는 것은 하나님이 사람에게 주신 가장 큰 선물 중 하나입니다. 하나님은 사람이 말할 수 있게 하심으로써 다른 모든 피조물과 구별이 되게 하셨습니다. 천사들이 어떤 말을 하는지 우리가 모르지만 말을 하는 것으로 알려져 있습니다. 그러나 모든 피조물 중에 자신의 혀로 말할 수 있는 피조물은 오직 사람뿐입니다.

주 하나님은 또한 우리에게 말씀하십니다. 하나님은 말로써 우리와 언약관계를 맺으십니다. 하나님은 자기와 우리와의 언약관계와 사람과 사람과의 관계가 유지되고 강해지기를 원하십니다. 이것은 말을 함으로써 가능합니다.

태초에 낙원에서 사람은 진리를 알고 말했습니다. 사람이 진리만 알고 말했을 때, 그는 하나님과 다른 사람과 완전한 관계를 가졌고, 하나님과 다른 피조물과 화평을 즐겼습니다. 그러나 타락함으로써 사람은 진리를 떠나 진리를 말할 능력을 잃었고 사탄의 종이 되었습니다. 동시에 하나님과 다른 사람과의 정상적인 관계를 잃었습니다. 그러나 하나님은 큰 자비로 그의 아들 예수 그리스도로 말미암아 사탄의 권세로부터 우리를 구원해 주셨습니다. 그래서 우리는 다시 그리스도 안에서 진리를 알고 말할 수 있게 되었습니다.

그러나 우리는 아직 부패한 본성을 가진 육체 속에 살고 있습니다. 그래서 거짓을 말하는 경향이 있습니다. 우리 하나님은 부패에서 비롯된 우리의 약한 마음을 잘 아십니다. 그래서 그는 "네 이웃에 대하여 거짓 증거하지 말라"는 계명을 주셨습니다. 이 계명은 우리가 "진리 안에서 진리를 말할 것"을 요구합니다. 이에 다음 세 가지 요점에 대해 생각하려 합니다.

첫째, 9계명의 필요성
둘째, 9계명의 심각성
셋째, 9계명을 지킬 수 있는 사람에 대해서 입니다.

첫째, 제9계명의 필요성에 관하여 주목합시다.

"네 이웃에 대하여 거짓 증거하지 말라"라는 계명을 들을 때, 우리는 언제나 사실 그대로 말해야 하는 것으로 이해합니다. 일반적으로 그렇게 하는 것이 우리의 의무입니다. 우리는 어떤 사실에 대해 진실을 떠난 말로 왜곡해서는 안 됩니다. 이것은 아주 큰 죄입니다. 그러나 이것만으로 우리가 이 계명의 깊은 뜻을 충분히 이해했다고 말할 수 없습니다.

"거짓 증거하지 말라"는 계명을 깊이 이해하기 위해서는 다음 두 가지를 생각할 수 있습니다. 하나는 모든 거짓말과 속이는 것을 피해야 한다는 것입니다. 다른 하나는 진리를 사랑하고, 정직하게 말해야 한다는 것입니다. 거짓말 하는 것과 진리는 전적으로 상반됩니다. 우리가 진리를 말해야 바른 정보를 전하게 됩니다.

그러면 진리란 무엇입니까? 성경에서 우리는 "사랑 안에서 진리를 말하라" 혹은 "진리 안에 행하라"는 말을 발견합니다(엡 4:15). 이것은 우리에게 하나님과 교제하며 생활하라는 것입니다. 하나님이 진리이시기 때문입니다.

여러분, 하나님이 참된 분이시고, 그의 말씀은 진리입니다. 그래서 예수 그리스도는 "아버지의 말씀은 진리니이다"(요 17:17)라고 했습니다. 우리는 하나님의 백성입니다. 그러므로 우리는 진리를 사랑하고 진리 안에 생활함으로써 그의 백성인 것을 나타내어야 합니다. 에덴동산에서 하나님의 진리가 들렸습니다. 에덴동산에서 하나님의 진리가 영광스럽게 빛났습니다.

그러나 불행하게도 에덴동산에 거짓말인 죄가 침투했습니다. 사탄이 거짓말을 가지고 행복한 인간세계에 침투했습니다. 아담과 하와가 거짓말에 귀를 기울였습니다. 그 순간 에덴동산의 아름다운 모든 것은 망가지고 부패하게 되었습니다. 거짓이 진리 대신 인간생활을 지배하기 시작한 것입니다.

거짓이 계속 지배하면, 인간사회는 모두 무너지게 될 것입니다. 그래서 하나님은 그의 백성들에게 "너는 이웃에 대하여 거짓 증거하지 말라"는 제9계명을 주셨습니다. 이 계명은 무엇보다 순수한 공의를 집행하는 일과 관련 있습니다. 우리는 교회 치리회나 법정에 증인으로 부름을 받을 수 있습니다. 이 때 우리는 어떻게 해야 합니까? 모든 일을 사실 그대로 말해야 합니까? 물론입니다.

그러나 증거를 할 때 이웃의 참된 유익을 추구하는 것이 아주 중요합니다. 무죄선고를 받든지 정죄를 받든지 이웃에게 공의가 나타나야 합니다. 거짓 증거라는 것은 이웃에게 공의가 나타나지 않고, 손해를 입히는 방법으로 말하는 것입니다. 이것은 큰 죄가 됩니다.

인간세계에는 거짓 증거가 많습니다. 많은 사람들이 거짓 증거하는 일을 두려워하지 않습니다. 성경에도 우리는 거짓 증거에 대한 여러 예들을 발견합니다. 그 가운데 악한 이세벨이 나봇에 대해 한 거짓 증거를 들 수 있습니다. 왕 아합이 나봇의 포도원을 갖기를 원했습니다. 그러나 나봇은 그 포도원이 조상들에게서 받은 유산이어서 주기를 거절했습니다. 아합은 크게 실망했습니다. 그의 아내인 악한 이세벨이 어떤 방법으로든 그 포도원을 갖기로 결심하고 불량자 두 사람을 나봇에 대한 거짓 증인으로 채용했습니다. 저들은 아무 근거 없이 나봇이 하나님과 왕을 저주했다고 거짓 증거를 했습니다. 그 결과 나봇은 돌에 맞아 죽었습니다(왕하 21).

신약에서도 우리는 거짓 증거에 대한 가장 악한 예를 발견합니다. 예수 그리스도는 참되고 의로운 분이었습니다. 이런 의인 예수 그리스도가 산헤드린과 본디오 빌라도 앞에 끌려 왔습니다. 예수님은 무죄하고 거룩합니다. 그의 모든 원수들도 이것을 잘 알고 있었습니다. 그러나 그를 심판하는 자리에서 저들은 예수님에 대한 거짓 증거를 찾기 위해 노력했습니다.

결국 두 거짓 증인들이 산헤드린 공회 앞에 나와서 거짓 증거를 했습니다. "이 사람의 말이 내가 하나님의 성전을 헐고 사흘 동안에 지을 수 있다"고 말한 것입니다. 물론 진실한 말이 아니었습니다. 예수님이 하신 말씀을 완전히 왜곡한 것이었습니다. 당연히 거짓 증거였습니다(마 26:61).

비슷한 거짓 증거를 본디오 빌라도 앞에서도 하였습니다. 유대인의 왕이라고 말한데 대해 고발한 것입니다. 예수님은 이 세상 나라에 속한 왕이 아니었습니다. 대제사장과 장로들은 예수님의 말씀을 왜곡하여 거짓 증언을 했습니다(마 27:11-14). 예수님은 거짓말과 거짓 증언 때문에 고난을 당했습니다. 거짓말은 인간 역사에서 가장 무서운 죄 가운데 하나입니다. 사람은 본성적으로 거짓말하는 경향이 있습니다.

여러분, 이 계명은 재판뿐 아니라 나아가 우리의 일상생활과도 관계됩니다. 사람은 이웃의 해악을 추구하는 경향이 있습니다. 그래서 때로는 거짓말하기를 두려워하지 않습니다. 이것은 무서운 죄입니다. 그래서 은혜로운 우리 언약의 하나님은 "너는 이웃에 대하여 거짓 증거하지 말라"는 계명을 주셨습니다.

이 세상은 불행하게도 남을 속이는 일로 가득 차 있습니다. 거짓은 어느 곳에나 있습니다. 사업하는데 거짓이 있습니다. 신문, 텔레비전, 인터넷을 통한 광고에, 책에 거짓이 가득합니다. 거짓으로 사람들 사이의 관계가 파괴되고 있습니다. 거짓은 세상 사람들 사이에만 일어나는 문제가 아닙니다. 하나님의 백성들 사이에도 일어납니다.

다윗이 그가 친구라고 생각한 사람들에 관해 불편한 심정을 시편에서 여러 번 말했습니다. "내가 신뢰하여 내 떡을 나눠 먹던 나의 가까운 친구도 나를 대적하여 그의 발꿈치를 들었나이다"(시 41:9). "내 생명을 찾는 자가 올무를 놓고 나를 해하려는 자가 괴악한 일을 말하며…"(시 38:12) "뱀 같이 그 혀를 날카롭게 하니 그 입술 아래에는 독사의 독이 있나이다"(시 140:3). 다윗의 원수들은 하나님이 주신 혀의 선물을 그의 생을 파괴하는데 사용한 것입니다. 다윗의 적이 이스라엘 교회 안에 있었습니다.

거짓말은 종종 교회 안에 나타나 교회 공동체의 교제 생활에 큰 해를 끼칩니다. 그래서 제9계명이 하나님의 백성들에게 주어졌습니다. 거짓말은 하나님의 백성들의 공동체에서 추방되어야 합니다. 하나님은 또 이렇게 말씀하십니다. "너는 거짓된 풍설을 퍼뜨리지 말며 악인과 연합하여 위증하는 증인이 되지 말며…다수를 따라 부당한 증언을 하지 말라"(출 23:13).

사람이 본성적으로 거짓말하는 경향은 슬프게 합니다. 이것을 인정하면서 다윗은 시편 15편에서 "여호와여 주의 장막에 머무를 자 누구오며 주의 성산에 사는 자 누구오니이까?…그의 마음에 진실을 말하며, 그의 혀로 남을 허물하지 아니하며 그의 이웃을 비방하지 아니하는 자니…"라고 합니다. 왜 사람들이 거짓말을 하고 거짓증거를 합니까? 하나님과 이웃을 향한 사랑이 없기 때문입니다. 거짓말은 성도들의 교제를 파괴합니다. 거짓말을 하는 사람들에게는 미래가 없습니다. 그런고로 제9계명은 주의 교회에서 계속 선포되어 들리도록 해야 합니다.

둘째, 제9계명의 심각성에 주목하게 됩니다.

이 계명은 거짓말이라는 심각한 죄와 관계되기 때문에 크게 강조되고 있습니다.

모든 거짓말과 속이는 것은 마귀의 일입니다. 우리 주 예수 그리스도께서 유대인들에게 하신 말씀에도 이것은 분명합니다. 그는 이렇게 말씀하셨습니다. "너희는 너희 아비 마귀에게서 났으니 너희 아비의 욕심대로 너희도 행하고자 하느니라. 그는 처음부터 살인한 자요 진리가 그 속에 없으므로 진리에 서지 못하고 거짓을 말할 때마다 제 것으로 말하나니 이는 그가 거짓말쟁이요 거짓의 아비가 되었음이라" (요 8:44). 이 말씀에서 거짓은 마귀에게서 온다는 것과 모든 거짓은 마귀의 지시로 하게 된다는 것을 분명하게 알 수 있습니다.

마귀라는 말은 악한 것을 말하는 자, 고소자, 중상자를 의미합니다. 마귀도 가끔 진리를 말할 수 있습니다. 그러나 사람에게 손해와 파멸을 초래할 때만 진리를 말합니다. 마귀의 목적은 언제나 개인이나 사회에 가능한 한 많은 손해를 입히는 것입니다.

역사의 시초부터 마귀는 사람을 속이기 시작했습니다. 마귀는 매우 교활합니다. 그래서 마귀는 바로 거짓말하지 않았습니다. 마귀는 처음에 하와에게 다가와서 "하나님이 참으로 너희에게 동산 모든 나무의 열매를 먹지 말라 하시더냐?"라고 질문을 던져 하와의 마음 속에 호기심을 자극했습니다. 그리고 나서는 결국 근본적인 거짓말로 "너희가 결코 죽지 아니하리라. 너희가 그것을 먹는 날에는 너희 눈이 밝아지리라"고 했습니다.

그러므로 인간의 타락은 마귀의 거짓말로 시작되었습니다. 마귀는 사람의 행복을 깨뜨리기를 원했습니다. 그는 거짓말로 그의 목적을 이루었습니다. 하와는 마귀의 말을 듣고 그대로 하나님이 금하신 실과를 따 먹었습니다. 아담도 함께 따 먹었습니다. 결국 그들은 죄 가운데 떨어지고 말았습니다.

거짓말과 미움은 항상 함께 합니다. 마귀는 거짓말쟁이요 동시에 살인자입니다. 예수님은 "마귀는 거짓말쟁이요, 거짓의 아비며…처음부터 살인자"(요 8:44)라고 말씀하셨습니다. 마귀는 낙원에서 거짓말로 사람을 영적으로 죽였습니다.

여러분, 마귀는 악한 일을 계속하고 있습니다. 마귀가 인간 생활에 얼마나 악한 영향을 끼쳐 왔습니까? 예수님은 당시의 유대인들에게 "너희는 너희 아비 마귀에게서 났으니…"라고 하시면서 그들을 마귀의 자식들로 불렀습니다. 유대인들은 스스로 아브라함의 자손인 것을 자랑했습니다. 그러나 예수님은 "너희는 너희 아비 마귀에서 난" 마귀의 자식들이라고 하셨습니다. 이 말은 심각하나 참입니다. 왜냐하면 당시 유대인들은 마귀에게 이끌려 예수 그리스도를 십자가에 내어 주어 못 박게 했기 때문입니다. 거짓말과 미움은 서로 떨어질 수 없는 관계가 있습니다.

그 결과 사람이 타락한 후 마귀는 인간생활에 큰 영향력을 행사해 왔습니다. 오늘날 마귀는 인간생활의 모든 영역에서, 교회에서, 사회에서 영향력을 행사하고 있습니다. 그의 영향력은 오늘날 속이는 모든 적 그리스도적인 활동으로 나타납니다.

우리는 이제 거짓말의 죄가 얼마나 심각하며 제9계명이 얼마나 중요한지를 알았습니다. 주께서 "네 이웃에 대하여 거짓 증거하지 말라"고 하신 것은 실상 "마귀의 영향을 받지 말라"는 의미입니다. 이 계명을 통해 하나님은 마귀의 전형적인 일인 모든 거짓말, 사기를 근본적으로 금하십니다.

세상에는 여러 형태의 속임수가 있습니다. 우리는 남의 말을 왜곡하지 않아야 합니다. 남의 말을 왜곡하게 되면 그 사람에 대해 아주 잘못된 인상을 줄 수 있습니다. 남의 말을 하지 않아야 합니다. 악한 의도를 갖지 않고 남의 말을 할 수도 있습니다. 그러나 남의 등 뒤에서 그에 관한 말을 하게 되면 험담이 되기 쉽습니다. 사실을 말할 수도 있습니다. 그러나 자칫하면 성도의 교제에 심각한 해를 끼치게 됩니다.

우리는 중상하지 않아야 합니다. 중상자는 이웃에 대하여 의도적으로 거짓말을 하는 것입니다. 중상하는 자의 마음은 이웃에 대한 미움과 시기로 가득합니다. 이 모든 죄는 마귀의 조종을 받아 하는 일이기 때문에 참으로 심각합니다.

여러분, 우리의 혀는 우리 몸의 놀라운 지체입니다. 말은 또한 하나님의 아름다운 선물입니다. 혀와 말로 우리는 서로 의사를 소통하게 되며, 하나님과 우리 이웃과의 관계를 견고하게 할 수 있습니다. 그러나 이것들이 잘못 사용될 때 아주 큰 해를 끼치게 됩니다. 남을 비꼬는 한 마디 말이 교제를 곧장 끊어지게 할 수도 있습니다.

그러므로 여러분 야고보가 한 말을 진지하게 들어야 합니다; "혀도 작은 지체로되 큰 것을 자랑하는 도다. 보라 얼마나 작은 불이 얼마나 많은 나무를 태우는가. 혀는 곧 불이요 불의의 세계라. 혀는 우리 지체 중에서 온 몸을 더럽히고 삶의 수레바퀴를 불사르나니 그 사르는 것이 지옥 불에서 나느니라"(약3:5,6). 실로 작은 불이 큰 숲을 태우는 것 같이 작은 거짓말이 무서운 비참함을 초래할 수 있습니다. 그래서 거짓말쟁이와 사기꾼은 하나님의 무거운 심판의 형벌을 면하기 어렵습니다.

우리는 이런 마귀의 일을 우리 개인과 교회에서 물리쳐야 합니다. 여러분, 우리 교회 공동체의 생활은 저 앞으로 올 새 예루살렘의 모형이 되어야 합니다. 저 새 예루살렘에는 거짓말하는 자들이 없을 것입니다. 왜냐하면 "거짓말하는 모든 자들은 불과 유황으로 타는 못에 던져질"(계 2:8) 것이기 때문입니다.

셋째, 우리가 이 계명을 지킬 수 있는가 하는 문제입니다.

우리가 진리만 말할 수 있습니까? 여러분, 우리 인간은 본성적으로 하나님과 이웃을 미워하는 경향이 있습니다. 그래서 우리는 인간으로서 불가능하지만 하나님의 은혜로 이 계명을 지킬 수 있는 사람들이 되었습니다. 우리 주 예수 그리스도께서 우리를 마귀의 권세로부터 구원해 주셨기 때문입니다. 우리는 이제 이 계명의 배후에 하나님의 풍성한 은혜를 보게 됩니다.

낙원의 상태를 소개함으로써 이 설교를 시작했습니다. 낙원에서는 진리가 영광스러운 빛이 나타났습니다. 아담과 하와는 진리 가운데 함께 살았습니다. 그런데 곧 마귀로 말미암아 그 영광스런 복된 상태가 절망적으로 파괴되었습니다. 그러나 은혜의 하나님은 사람을 그 절망적인 상태에 영원히 버려두시지 않았습니다. 타락했지만 곧 놀라운 은혜가 그들에게 나타났습니다. 곧 구주의 약속으로 구원의 소망의 빛이 비치기 시작했습니다. 우리는 메시아에 대한 약속의 말씀을 발견합니다(창 3:15). 주 하나님은 사탄이 여자의 후손의 발꿈치를 상하게 할 것이나, 여자의 후손은 사탄의 머리를 상하게 할 것이라고 약속 하셨습니다.

실제로 여인의 후손인 예수님은 이 세상에 오셔서 십자가에 달리시고 그의 발꿈치가 상함을 입었습니다. 사탄은 단지 그의 발꿈치를 상하게 할 뿐이었습니다. 그러나 예수 그리스도는 십자가 위에서 "다 이루었다" 하심으로 사탄의 머리를 상하게 했습니다. 다시 말하면 사탄의 세력을 정복하고 죽은 자가 일어나심으로써 그의 승리를 나타내셨습니다. 이로 말미암아 예수 그리스도는 거짓의 아비인 사탄의 권세에서 우리를 구원해 주셨습니다.

그래서 예수 그리스도는 일찍이 우리에게 "나는 길이요 진리요 생명이니"(요 14:6)라고 말씀하셨습니다. 실로 예수님은 진리이십니다. 우리가 예수님 안에 있으면, 우리는 진리 안에 있습니다. 거짓의 아비 사탄이 쫓겨났기 때문입니다. 예수님은 "나는 세상의 빛이니"(요 8:12)라고 말씀하셨습니다. 우리가 예수 그리스도 안에 걸어가면, 우리는 어두움에 다니지 아니하고 진리만을 말하게 됩니다.

우리 하나님 여호와께서 "네 이웃에 대하여 거짓 증거하지 말라"고 하셨지만 우리에게 전혀 할 수 없는 것을 명령하시지 않았습니다. 이 계명 위에는 또한 이렇게 기록되어 있습니다; "나는 너를 애굽 땅, 종 되었던 집에서 인도하여 낸 네 하나님 여호와로라." 예수 그리스도는 우리의 구주입니다. 그가 우리를 사탄의 종된 집, 곧 거짓의 종된 생활에서 구원하셨습니다. 그래서 그의 능력으로 우리는 진리만 말할 수 있습니다.

여러분, 우리 주 예수 그리스도의 능력으로 진리만 말하시기 바랍니다. 모든 거짓말은 마귀의 일입니다. 우리가 진리만 말할 때 우리 언약의 하나님은 영광을 받으십니다. 우리가 진리만 말할 때 우리 언약의 하나님과의 관계는 더욱 견고해집니다. 우리가 진리만 말할 때, 형제자매와의 관계가 아름다워지고 더욱 견고해집니다. 우리 주 하나님은 진리만 말하는 자들 가운데 계십니다.

친애하는 여러분, 항상 진리만 말하고 생활하시기 바랍니다. 그러면 우리가 하나님의 영광스런 장막 속에 거하게 되고, 하나님의 거룩한 성 새 예루살렘에서 영원히 거하게 될 것입니다. 아멘.

십계명 설교 ⑩

온 마음을 원하시는 언약의 하나님

[제10계명; 네 이웃의 집을 탐내지 말라.]
네 이웃의 아내나, 그의 남종이나 그의 여종이나, 그의 소나 그의 나귀나,
무릇 네 이웃의 소유를 탐내지 말라.
성경봉독; 잠언 23:15-26

친애하는 여러분,

오늘은 언약의 계명 중 마지막 계명에 관하여 들으실 것입니다. 얼핏 보면 이 계명은 제7계명과 제8계명을 반복하는 것 같이 보입니다. 제10계명이 이웃의 아내와 집과 관련되어 있기 때문입니다. 이웃의 아내를 탐하는 사람은 이미 그의 마음 속에 간음죄를 범한 것입니다. 무엇이든 이웃의 소유를 탐하는 사람은 벌써 그의 마음에 도적질하는 죄를 범한 것입니다. 그러나 우리가 제 10계명을 주의하여 다시 읽어보면, 우리 이웃의 무엇을 탐하는 것 이상을 말하고 있음을 알게 됩니다.

사람의 모든 탐욕은 마음에서 옵니다. 마음은 사람의 중심입니다. 언약의 하나님은 우리의 마음을 온전히 차지하는 유일한 왕이 되시기

를 원하십니다. 우리의 마음이 그에게만 향하기를 원하십니다. 우리 언약의 하나님은 우리의 사랑을 받으시기 원하십니다. 그래서 하나님은 "나 외에 어떤 것도 탐하지 말라"고 하십니다. 하나님의 계명 중 어느 하나라도 어긋나는 지극히 작은 생각이나 욕망도 우리 마음 속에 일어나서는 안 된다는 것입니다.

물론 마음은 십계명의 모든 계명들과 관련이 있습니다. 우리의 마음은 어떤 종류의 나쁜 일에도 기울어지지 않아야 합니다. 하나님만 향해야 합니다. 그래서 제10계명은 모든 다른 계명들과도 관련됩니다. 이 마지막 계명으로 하나님 여호와는 우리의 마음에 어떤 틈도 허용하시지 않습니다. 마지막 계명에서 하나님은 실상 "내 아들아 네 마음을 내게 주라"(잠 23:26)고 요구하십니다. 언약의 하나님은 우리 마음에 유일한 왕이 되기를 원하십니다.

제10계명에서 "우리의 온 마음을 요구하시는 언약의 하나님"의 음성을 듣게 됩니다. 우리는 여기서 다음 세 가지 요점을 생각해 보겠습니다.

첫째, 이 요구에 대한 우리의 무능
둘째, 이 요구에 대한 우리의 가능성
셋째, 이 요구에 대한 우리의 성취의 기쁨입니다.

첫째, 이 계명의 요구에 대한 우리의 무능을 생각합니다.

우리는 온 마음을 요구하시는 하나님의 계명을 지킬 수 없는 사람들이라는 사실을 잘 압니다. 지혜의 왕 솔로몬이 "내 아들아 네 마음을 내게 주라"고 했습니다. 이 말씀에 영원한 지혜가 되신 하나님의 메시지가 담겨 있습니다. 우리는 구원의 하나님께 우리의 마음을 드려야 합니다. 이것이 복음의 메시지입니다. 하나님은 오시는 메시아 안에서 구약의 형태로 이 메시지를 주셨습니다.

우리는 하나님께 우리 마음을 드려야 합니다. 이 계명은 우리에게 근본적인 행동을 요구합니다. 마음이 바로 사람의 중심이기 때문입니다. 자신의 마음을 주는 사람은 자신의 모든 것을 줍니다. 한 청년에게 자기 마음을 주는 처녀는 그녀의 모든 것을 줬다는 뜻입니다. 양편이 마찬가지입니다. 이것은 또한 결혼에서도 마찬가지입니다. 한 남자와 한 여자가 마음을 서로 줄 때 서로에게 모든 것을 주는 것입니다. 그들이 결혼해서 서로에게 자신을 주지 않으면 그 결혼은 실패하게 됩니다.

주 하나님은 그의 자녀들의 마음을 전적으로 가지기를 원하십니다. 주 하나님은 그의 자녀들의 마음과 그들의 모든 생활을 차지하시기를 원하십니다. 왜 주 하나님은 이것을 원하십니까? 언약의 계명의 서론에서 그 이유를 발견하게 됩니다. "나는 너를 애굽 땅 종 되었던 집에서 인도해 낸 네 하나님 여호와로라." 하나님 여호와가 그의 백성을 종 되었던 집에서 구원해 내셨습니다. 자기를 위해 자신의 백성을 갖기를 원하셨기 때문입니다. 하나님 여호와는 자신의 백성을 바로에게 주지 않았습니다. 그는 자기를 위해 그 백성을 얻기 위해 바로와 싸우셨습니다. 결국 그는 바로를 파멸시키고 이스라엘을 구원했습니다.

하나님 여호와는 일찍이 아브라함과 그의 후손과 언약을 맺으셨습니다. 그 백성이 앞으로 가나안에 들어가 살고, 거기에서 그들의 생활이 번창하기를 원했습니다. 그래서 하나님 여호와는 그의 자녀들의 마음을 요구했습니다. 남편이 그의 아내의 마음을 구하는 것과 같이 하나님은 그의 백성의 마음을 구하셨습니다. 우리는 이것을 호세아 선지자의 감동적인 예언의 말씀에서 읽게 됩니다. "보라 내가 그를 타일러 거친 들로 데리고 가서 말로 위로하리라"(호 2:4).

하나님 여호와는 말로만 하신 것이 아니라 이스라엘 백성들의 마음에 말씀하십니다. 이스라엘 백성은 그의 남편에게 신실하지 못한 아내처럼 하나님께로부터 돌아섰습니다. 그러나 주 하나님은 그들을 사랑하셔서 패역한 백성들의 마음을 찾으십니다. 주 하나님은 얼마나 큰 사랑의 마음으로 그의 백성에게 나타나셨습니까?

솔로몬의 잠언에 "내 아들아 너의 마음을 내게 주라"라는 말씀을 우리는 바로 이해해야 합니다. 주 우리 하나님은 우리의 마음을 원하십니다. 왜냐하면 그가 먼저 우리에게 그의 마음을 주셨기 때문입니다. 여기 제10계명의 근거가 있습니다. 하나님은 그의 주권적 사랑 가운데서 우리가 그에게 마음을 주기를 원하십니다. 이 계명은 무한한 깊이가 있습니다.

옛날 왕들은 그의 백성들에게 많은 것을 요구했습니다. 그러나 백성의 마음을 요구할 수는 없었습니다. 그의 백성들에 대한 하나님의 법은 이것입니다. 그가 먼저 자기 백성들에게 아버지의 마음을 주셨습니다. 그런 다음 그는 그들의 마음을 요구하십니다. 이 세상의 왕은 그의 백성들에게 모든 것을 요구할 수 있습니다. 그러나 그는 그들의 마음을 요구할 수는 없습니다. 왕의 왕이 되신 주님만이 그의 백성의 마음을 요구할 수 있습니다.

"너의 마음을 주라"는 말씀의 밑바탕에는 우리를 죄의 종된 집에서 인도해 내신 하나님의 뜨거운 사랑이 있습니다. 이 요구는 사람의 마음을 얻기 위한 그리스도와 마귀 사이의 큰 싸움을 의미합니다. 사탄은 언제나 우리의 마음을 정복하려고 합니다. 그러나 그리스도는 우리 주님이시요, 마귀보다 강하십니다. 그러나 여러분, 우리 주님은 우리의 책임 있는 행동을 통해 우리 마음을 정복하기를 기뻐하십니다. 그런고로 우리는 우리 마음의 악한 생각과 욕망과 싸워서 사탄이 우리 마음을 차지하지 못하게 해야 합니다.

이제 문제는 우리가 악한 생각과 욕망을 버릴 수 있는가, 하는 것입니다. 이것은 우리 마음이 관련되어 있습니다. 성경은 "만물보다 거짓되고 심히 부패한 것은 마음이라"(렘 17:9)고 합니다. 예수 그리스도는 이렇게 말씀하셨습니다. "속에서 곧 사람의 마음에서 나오는 것은 악한 생각 곧 음란과 도둑질과 살인과 간음과 탐욕과 악독과 속임과 음탕과 질투와 비방과 교만과 우매"(막 7:21,22)라고 했습니다. 이를 볼 때 우리가 주의 계명을 지키는 것이 매우 어렵다는 것을 알게 됩니다. 왜냐하면 이 계명은 "하나님의 계명들의 어느 하나라도 어긋나는 지극히 작은 생각이나 욕망도 우리 마음에 일어나서는 안 된다"고 요구하기 때문입니다. 우리 마음은 언제나 악한 방향으로 가려는 경향이 있습니다. 우리가 이런 사실을 인정하지만 하나님의 계명은 지키기가 너무 어렵습니다.

우리 마음은 본성적으로 모든 악을 향해 기울어져 있습니다. 그런데 하나님은 우리의 온 마음을 요구하십니다. 그러나 우리는 온 마음을 하나님께 줄 수 없다는 것을 알게 됩니다. "이 세상에서 가장 거룩한 사람이라 해도 작은 걸음으로 순종을 시작할 뿐입니다." 우리가 계명들을 완전히 지킬 수 없습니다.

오늘날 오순절파의 어떤 사람들은 중생한 그리스도인들이 적어도 완전한 상태의 바로 접경까지 이를 수 있다고 주장합니다. 이것은 환상입니다. 이것은 완전주의자들이 하는 말입니다. 참된 그리스도의 교회는 이런 완전주의를 언제나 거절해 왔습니다. 이런 주장은 하나님의 말씀과 정면으로 상충되기 때문입니다. 사도 바울도 "나는 육신에 속하여 죄 아래 팔렸도다", "내가 원하는 것은 행하지 아니하고 도리어 미워하는 것을 행함이라"(롬 7:14,15)고 고백했습니다. 사도 요한은 "만일 우리가 범죄 하지 아니하였다 하면 하나님을 거짓말하는 이로 만드는 것이니 또한 그의 말씀이 우리 속에 있지 아니 하니라"(요일 1:10)고 했습니다.

우리는 이 세상에서 완전함에 이를 수 없습니다. 이 세상에서 가장 거룩한 사람이라도 작은 걸음으로 순종을 시작할 뿐입니다. 우리는 우리의 부패한 본성을 알고 있습니다. 우리는 이 본성을 극복하기 위해 열심히 노력할 수 있습니다. 그러나 가끔 실패합니다. 우리가 온 마음으로 주를 섬길 수 없기 때문입니다. 우리가 온 마음을 주 하나님께 드릴 수 없습니다. 우리는 하나님께 온 마음을 드릴 수 없는 우리 자신의 무능을 고백합니다.

둘째, 이 계명을 지킬 가능성에 관하여 생각해 봅니다.

우리가 온 마음으로 주를 섬길 수 없다고 고백하면서, 동시에 온 마음으로 주님을 섬길 수 있다고 고백합니다. 이것은 모순되게 들립니다. 그러나 신앙의 세계에서는 모순이 되지 않습니다. 여기서 우리는 은혜의 기적에 주목하게 됩니다.

하나님이 주신 계명을 완전히 지킨 한 분이 계셨습니다. 온 마음을 아버지 하나님에게 드린 한 분이 계셨습니다. 그는 예수 그리스도입니다. 예수 그리스도는 우리 대신 하나님의 법을 완전히 순종하고, 우리 대신 그의 온 마음을 하나님 아버지께 드렸습니다. 이제 기적이 일어납니다. 이 예수 그리스도를 통해 하나님이 우리 아버지가 되셨습니다. 아버지 하나님이 우리에게 아들의 마음, 양자의 영을 주셨습니다. 그래서 그는 우리가 믿음으로 그에게 완전히 순복할 것을 요구하십니다. 하나님 아버지는 우리가 온 마음을 다해 자신에게 주기를 원하십니다.

이제 우리가 이 같은 하나님 아버지의 요구를 만족시켜 드릴 수 있을까요? 드릴 수 있습니다. 이제 우리는 주 예수 그리스도를 믿는 믿음으로 우리 마음을 그에게 드릴 수 있습니다. 가장 거룩한 사람이라도 이 세상에서는 작은 걸음으로 순종을 시작할 뿐입니다. 그러나 그리스도인은 진지한 목적을 가지고 하나님의 모든 계명을 따라 살기 시작합니다.

여기서 우리는 그리스도인의 겸손과 감사를 발견하게 됩니다. 그리스도인은 이 세상에 사는 동안 단지 순종하는 생활을 시작만 하게 되고, 많은 죄를 범할 수 있음을 알기 때문에 스스로 겸손해 집니다. 그렇지만, 그리스도인은 또한 완전에 이르는 삶의 시작을 깨닫고, 자신 있게 완전에 이르는 미래를 바라봄으로써 감사하는 마음을 가지게 됩니다.

그리스도인이라고 하지만 우리는 이 세상에서 완전할 수 없습니다. 우리는 완전을 향해 나아가는 길에 있습니다. 이 세상 생활에서 우리는 두 가지 요소를 가지고 있습니다. 한편으로 죄에 대한 고백과 완전에 이르지 못한 불만과 안타까움이 있습니다. 다른 편으로 더 이상 죄의 권세 아래 있지 않고 구원하시는 그리스도의 권세 아래 있다는 감사의 고백이 있습니다. 완전한지 못하다는 불만이 매우 큽니다. 그러나 동시에 하나님의 구원의 은혜가 크기 때문에 이루 말할 수 없는 큰 기쁨을 누리는 것입니다.

여러분, 우리의 완전은 이 땅 위에서 이루어질 수 없습니다. 그러나 우리는 이 세상의 삶이 끝난 후에 완전에 이르게 되는 분명한 미래를 내다 보고 있습니다. 그런고로 우리는 이 세상에서 하나님의 계명을 따라 진지한 목적을 가지고 살아갑니다. 여기서 진지한 목적이란 말을 바로 이해해야 합니다.

이 세상에서 우리는 순종생활을 겨우 시작할 뿐입니다. 그러나 우리는 이것으로 만족하지 않습니다. 성령이 역사하시기 때문에 우리는 마음 속에 하나님의 계명을 따라 진지한 목적을 가지고 살아갑니다. 우리는 계명을 따라 살기 위해서 죄와 싸웁니다. 그렇지만 우리는 종종 우리의 연약함 때문에 실패합니다. 그래도 우리는 다시 계속 일어나 싸웁니다. 진지한 목적을 가지고 우리는 계속 싸웁니다. 왜냐하면 주 하나님이 결국 우리를 완전한 데로 이끌어 주실 것과 우리가 완전하게 될 것을 믿기 때문입니다.

사도 바울은 작은 걸음으로 순종생활을 시작했습니다. 그는 평생 실망하지 않고 싸웠습니다. 주께서 결국 완전에 이르게 해 주실 것을 굳게 믿었기 때문입니다. 그래서 그는 생의 종말에 이르렀을 때 이렇게 말했습니다. "나는 선한 싸움을 싸우고 나의 달려갈 길을 마치고 믿음을 지켰으니, 이제 후로는 나를 위하여 의의 면류관이 예비되었으므로 주 곧 의로운 재판장이 그 날에 내게 주실 것이라"(딤후 4:7,8).

형제자매 여러분, 우리는 현재 완전하지 않습니다. 그러나 우리는 앞으로 확실히 완전하게 될 것입니다. 그러므로 우리는 계속 하나님의 계명을 따라 살도록 자극을 받고 격려를 받게 됩니다. 십계명에 대한 설교는 매우 중요합니다. 이 설교를 통해 우리가 계속 바른 길에 설 수 있기 때문입니다.

오늘날 하나님의 계명이 낡은 가르침으로 잊혀져 가고 있습니다. 많은 교회들이 십계명 설교를 그쳤습니다. 하나님의 계명이 선포되지 않는 곳에는 그리스도인의 생활이 무너집니다. 우리는 현대의 속화된 교회에서 이런 현상을 봅니다. 하나님의 계명에 대한 설교는 그리스도인에게 생활의 성숙을 위해 매우 중요합니다. 계명을 통해 우리는 예수 그리스도 안에서 피난처를 구하는 참된 겸손과 선한 욕망을 알 수 있습니다. 우리는 또한 계명을 통해 선한 길로 걸어가는 법을 배우게 되고 완전을 추구하게 됩니다.

하나님은 자신의 계명이 자기 백성들에게 계속 선포되기를 원하십니다. 하나님 여호와는 주권적인 위엄을 갖고 우리에게 오시는 살아계신 분이십니다. 그는 인간의 반역 때문에 이 세상에 진노하시는 하나님이십니다. 이런 하나님이 그의 계명을 짓밟는 자들에게 진노하시지 않겠습니까? 우리는 심판자가 다시 오실 때까지 기다려야 합니다. 그 때 하나님의 계명을 짓밟은 자들은 "산들을 대하여 우리 위에 무너지라 하며 작은 산들을 대하여 우리를 덮으라"(눅 23:30) 할 것입니다. 하나님은 이미 저 두려운 날의 길에 서 계십니다.

여러분, 이 분은 동시에 그의 백성들에게는 은혜와 구원의 하나님이십니다. 그는 자기 자녀들에게 아버지의 마음을 가지고 계십니다. 계명의 설교는 하나님의 자녀들에게 기쁜 메시지입니다. 우리는 작은 걸음으로 순종을 시작하고 있을 뿐이라는 것을 깨달았습니다. 하나님께서 자신의 계명을 통해 우리를 은혜롭게 바른 길로 가게 하신다는 것을 압니다. 완전에 이르는 길은 아직 멉니다. 그러나 하나님은 우리를 완전으로 이끄실 것입니다.

우리는 계명의 설교에서 하나님이 "내 아들아 네 마음을 내게 주라"는 하늘 아버지의 간절하고 은혜로운 부르심을 듣게 됩니다. 이 부름을 받아들이는 사람은 누구나, "주님 내 마음을 주께 드리게 하시고, 아버지의 계명을 따라 기쁘게 걸어가게 하소서"라고 응답하게 됩니다.

셋째, 계명을 따라 사는 성취의 기쁨을 생각합니다.

우리가 마음을 주께 드리고 온 마음으로 그를 섬기는 것은 큰 기쁨입니다. 우리가 온 마음으로 하나님을 섬길 때, 낙원의 기쁨과 영광을 누릴 수 있습니다. 하나님께서 처음에 아담과 하와를 거룩한 욕망을 가진 사람으로 창조하셨습니다. 그들의 마음은 전적으로 하나님에게만 향하였습니다. 그 때 거기 충만한 기쁨과 행복이 있었습니다. 낙원에서 그들은 거룩한 욕망을 가졌습니다. 그들은 거룩한 욕망이 성취되었을 때, 거기 언제나 기쁨이 있고 행복이 있었습니다. 그러나 불행하게도 타락하여 우리는 거룩한 욕망을 잃었습니다. 우리는 죄악과 욕망의 종이 되어 참된 기쁨과 행복을 잃었습니다.

그러나 예수 그리스도 안에서 하나님의 은혜로 우리는 죄의 종된 자리로부터 구원을 받았습니다. 거룩한 욕망이 다시 우리 마음에 자리를 잡았습니다. 우리는 온 마음을 다하여 하나님을 섬기고자 하는 욕망을 가지게 되었습니다. 이제 우리는 온 마음을 다해 하나님의 계명을 따라 살고 싶어하는 욕망이 있습니다. 이 거룩한 욕망이 우리의 매일 생활에서 이루어질 때, 우리는 확실히 기쁨과 행복을 누리게 됩니다.

그러나 우리는 이따금 우리의 거룩한 욕망을 이루지 못한 채 죄에 빠져 비참해집니다. 그렇지만 우리는 죄의 노예생활에서 해방되어 작은 걸음으로 순종을 시작하게 된 것을 압니다. 이것은 작지만 놀라운 시작입니다. 왜냐하면 우리들의 완전을 위해 우리 안에서 주님의 선한 사역이 시작되었기 때문입니다.

작은 걸음으로 순종생활을 시작하면서 우리는 낙원의 기쁨을 맛봅니다. 우리 안에 선한 일을 시작하신 주께서 자신의 일을 완성하실 것입니다. 주께서 우리를 완전으로 이끄십니다. 우리가 완전한 기쁨을 누릴 날이 오고 있습니다.

여러분, 우리가 그의 계명을 따라 온 마음을 다해 주를 섬기면 확실히 기쁨을 누릴 수 있습니다. 주 하나님은 우리에게 기쁨을 주시기를 원하십니다. 우리를 완전한 기쁨으로 이끄시며 자신도 기뻐하시고 우리에게 "아들아 네 마음을 내게 다오!"라고 요구하십니다. 여러분의 온 마음을 주께 드리십시오. 그러면 기쁜 생활을 누리게 될 것입니다. 낙원의 기쁨이 여러분에게 돌아오게 될 것입니다. 아멘.

제 3 편
주의 기도 해설 설교

하늘에 계신 우리 아버지,
아버지의 이름을 거룩하게 하시며,
아버지의 나라가 오게 하시며,
아버지의 뜻이 하늘에서와 같이 땅에서도 이루어지게 하소서.
오늘 우리에게 일용할 양식을 주시고,
우리가 우리에게 잘못한 사람을 용서하여 준 것 같이,
우리 죄를 용서하여 주시고,
우리를 시험에 빠지지 않게 하시고, 악에서 구하소서.
나라와 권능과 영광이 영원히 아버지의 것입니다. 아멘.

주의 기도 설교 ①

그리스도인의 기도

[성경봉독]
마태복음 6:9-13, 누가복음 11:1-13

친애하는 형제자매 여러분,

기도는 우리 그리스도인의 생활에 있어서 가장 중요한 요소 가운데 하나입니다. 기도로 우리는 예수 그리스도를 통해 하나님 아버지와 밀접한 언약적 교제를 갖습니다. 우리는 평안하고 모든 일이 잘 되는 날에 기도로 하나님께 감사를 드립니다. 또 재난의 날이나 어려움을 당하는 날에 하나님께 도움을 위해 기도합니다. 외로운 날에도 우리는 기도로 하나님의 은혜를 구합니다. 그리스도인은 기도하는 사람입니다. 탁월했던 하나님의 종들이 했던 기도가 성경에 보존되어 있습니다. 아브라함, 모세, 다윗, 엘리야 같은 인물들의 기도를 성경에서 발견하게 됩니다. 시편의 대부분은 기도의 형식입니다.

우리 주 예수 그리스도도 항상 기도하셨습니다. 그리고 그는, 우리가 무엇을 위해 기도할 것이지를 가르쳐 주셨습니다. 요한복음 17장에서는 그가 이 세상에서 마지막 밤에 드린 대제사장적 기도가 있습니다. 그리고 예수 그리스도는 우리에게 우리가 "주의 기도"라 부르는 모범적인 기도를 가르쳐 주셨습니다. 예수님은 기도의 응답에 대해서 확신을 주셨습니다. "구하라 그러면 너희에게 주실 것이요. 찾으라 그리하면 찾아 낼 것이요, 문을 두드리라 그리하면 너희에게 열리리라. 구하는 이마다 받을 것이요, 두드리는 이에게는 열릴 것이니라"(마 7:7,8).

사도들과 초대교회 그리스도인들은 뜨거운 기도의 생활을 했습니다. "그들이 사도들의 가르침을 받아…오로지 기도에 힘 쓰니라"(행 2:42) 사도 바울은 데살로니가 성도들에게 "쉬지 말고 기도하라"(살전 5:17)고 권고합니다.

그러므로 그리스도인들은 기도하는 사람들입니다. 그리스도인들은 가정에서, 학교에서, 교회에서, 일터에서 기도합니다. 기도가 이렇게 잘 알려져 있지만 이 문제를 다루기는 쉽지 않습니다. 많은 오해가 있기 때문입니다. 기도는 감사를 나타내는 가장 중요한 방편이어야 합니다. 그러나 기도가 종종 사람의 욕망을 채우는 수단으로 생각되어지고 있습니다. 기도는 하나님의 뜻에 복종하는 가장 겸허한 표현이 되어야 합니다. 그러나 기도가 종종 하나님께 인간의 뜻을 강요하는 것으로 나타나곤 합니다. 기도는 하나님의 나라와 그의 의를 구하는 것이 되어야 합니다. 그러나 기도가 이따금 사람의 육신적인 욕망에 불과한 표현으로 나타나곤 합니다.

오늘은 "주 기도"를 다루기 전에 "그리스도인의 기도"에 대하여 먼저 생각하고자 합니다. 이제 다음 세 가지 요점을 생각하려 합니다.

첫째, 우리는 왜 기도해야 하는가?
둘째, 우리는 어떻게 기도해야 하는가?
셋째, 우리는 무엇을 위해 기도해야 하는가?

첫째, 우리는 왜 기도해야 합니까?

우리가 기도하는 것이 왜 필요합니까? 우리 주 하나님은 모든 것을 다 아십니다. 그는 우리에게 무엇이 필요한지 잘 아십니다. 그런데 우리가 필요로 하는 것을 하나님이 모르시는 것처럼 하나님께 구할 필요가 있을까요? 그래서 전혀 기도하지 않는 사람들이 있습니다.

우리에게 기도가 왜 필요합니까? 첫째, 기도는 우리가 하나님께 감사를 표현할 수 있는 가장 중요한 방편이기 때문입니다. 하나님은 우리의 찬양과 감사를 받으시기에 합당한 분이십니다. 그는 우리를 종되었던 집에서 구원해 주셨기 때문입니다. 또한 그는 우리를 죄 사함과 의와 영생을 발견하고 누리는 그의 사랑하는 아들의 나라로 옮겨 주셨기 때문입니다. 우리는 그의 구원하심과 베풀어 주신 은총을 감사해야 합니다.

그러면 우리가 어떻게 하나님께 감사할 수 있습니까? 참된 감사는 우리가 받은 것에 대한 대가로 무엇을 하기 위해 하는 것이 아닙니다. 하나님은 우리에게 어떤 것을 대가로 요구하시지 않습니다. 또 우리는 하나님에게 무엇을 돌려드릴 필요가 없습니다. 하나님은 친히 모든 좋은 것들의 원천이시기 때문입니다.

하나님은 모든 것을 가지고 자족하십니다. 외부로부터 어떤 것을 필요로 하지 않습니다. 그 원천은 누가 더 채울 필요가 없습니다. 하나님은 원천이십니다. 하나님은 모든 선한 것들의 유일한 원천이시요, 모든 생명의 원천이십니다. 그는 화평과 기쁨의 원천입니다. 하나님은 모든 것을 가진 분입니다. 누구도 그의 충만에 어떤 것을 더할 필요가 없습니다.

하나님은 스스로 가진 것으로 만족하십니다. 이것이 시편에 잘 표현되어 있습니다. "내 백성아 들을지어다. 내가 말하리라. 이스라엘아 내가 네게 증언하리라. 나는 하나님 곧 네 하나님이로다....내가 네 집에서 수소나 네 우리에서 숫염소를 가져가지 아니하리니 이는 삼림의 짐승들과 뭇 산의 가축이 다 내 것이며 산의 모든 새들도 내가 아는 것이며 들의 짐승도 내 것임이로다. 내가 가령 주려도 네게 이르지 아니할 것은 세계와 거기에 충만한 것이 내 것임이로다. 내가 수소의 고기를 먹으며 염소의 피를 마시겠느냐? 감사로 하나님께 제사를 드리며 지존하신 이에게 네 서원을 갚으라"(시 50:7-14).

이 말씀을 우리는 어떻게 이해합니까? 하나님이 기뻐하시고 영광을 받으시는 것은 우리의 선물이나 제물이 아니라는 것입니다. 하나님이 가장 기뻐하시고 영광을 받으시는 것은 우리의 진지한 감사입니다. 참된 감사는 하나님의 은혜로우심을 기쁨으로 인정하는 것입니다. 기도는 주로 하나님이 선하시다는 것을 인정하는 것입니다. 우리는 모든 은혜의 샘에서 늘 풍성하게 마시고 기도로 감사를 나타내는 것입니다.

우리에게 기도가 왜 필요합니까? 둘째로, 하나님은 그의 은혜와 성령을 그침 없이 진지한 열망을 가지고 구하는 자들에게 주시기 때문입니다. 하나님은 모든 은혜의 유일한 원천입니다. 우리는 오직 하나님께로부터만 생수를 얻어 마실 수 있습니다. 은혜의 원천이신 하나님 밖에서 우리는 어떤 좋은 것도 얻어 누릴 수 없습니다.

그렇다면 우리는 그의 은혜와 복을 어떻게 얻어 누릴 수 있습니까? 기도의 방편을 통해서만 얻어 누릴 수 있습니다. 하나님은 전제자처럼 구하든 구하지 않든 주시는 분이 아닙니다. 그는 진지하게 구하는 자들에게 자신의 은혜를 주십니다. 그래서 웨스트민스터 대소교리문답에도 그리스도가 자기 중보의 혜택을 자기 교회에 전달하시는 외적 방편은 말씀과 성례와 기도라고 했습니다(대 154문답·소 88문답).

이스라엘의 구원의 역사를 살펴보십시오. 이스라엘 백성들이 애굽에서 박해를 받으며 부르짖는 소리가 하나님께 상달되었습니다. 성경은 "하나님이 그들의 고통 소리를 들으시고 하나님이 아브라함과 이삭과 야곱에게 세운 언약을 기억하셨다"(출 2:23,24)고 합니다. 하나님은 이스라엘의 부르짖음에 응답하셔서 그들을 애굽의 종된 집에서 구원해 내셨습니다. 부인 한나를 보십시오. 한나는 기도로 주 하나님과 씨름했습니다. 한나가 기도에 깊이 들어갔을 때 포도주에 취한 여인처럼 보였습니다(삼상 2:12-16). 주께서는 그녀가 진지하게 드리는 기도를 들어 주셨습니다.

누가복음 11장에 예수님은 얼마나 진지하게 기도해야 하는지 말씀하셨습니다. 한 사람이 밤중에 친구의 방문을 받았습니다. 그의 집은 그에게 줄 먹을 것이 아무것도 없었습니다. 그래서 이웃 친구 집에 떡을 빌리러 갔습니다. 그러나 그 집의 모든 가족이 이미 잠자리에 들었습니다. 비록 친구지만 일어나 떡을 빌려준다는 것은 쉬운 일이 아닙니다. 친구는 일어나 그에게 떡을 주려고 하지 않았습니다. 그러나 주님은 말씀했습니다; "비록 벗됨으로 인하여서는 일어나 주지 아니할지라도 그 간청함을 인하여 일어나 그 요구대로 주리라." 주님은 끊임없이 간청하는 자들에게만 그의 은혜를 주십니다.

여러분, 하나님은 자기 백성들을 나무 조각이나 벽돌처럼 취급하지 않으시고, 합리적이고 책임 있는 존재로 취급하십니다. 하나님은 자기 백성들이 은혜에 주리고 목말라 그에게 부르짖을 때, 그들에게 만족하게 하십니다. 오늘 많은 사람들이 영적으로 주려 죽어가고 있습니다. 많은 사람들이 그리스도인이 누리는 기쁨과 평강을 알지 못합니다. 많은 사람들이 영적 생활에 무관심한 채 죽어가고 있습니다. 원인이 무엇입니까? 은혜의 원천으로 오지 않기 때문입니다. 그의 은혜와 성령을 구하지 않기 때문입니다.

주 예수님은 "구하라 그러면 주실 것이요, 찾으라 그러면 찾아 낼 것이요, 문을 두드리라 그러면 너희에게 열릴 것이니 구하는 이마다 받을 것이요, 찾는 이는 찾아 낼 것이요 두드리는 이에게는 열릴 것이니라"(눅 11:9,10)고 하셨습니다. 이것은 주 예수 그리스도께서 약속하신 말씀입니다.

여러분, 우리 하나님은 창고에 무한한 부를 쌓아 놓으셨습니다. 그는 언제나 무한한 사랑으로 우리에게 그것을 주시기를 기뻐하십니다. 두드립시오, 그 보화의 창고가 열릴 것입니다.

둘째, 그러면 우리는 어떻게 기도해야 합니까?

하나님은 어떤 기도를 기뻐하실까요? 기도는 그리스도인 생활에서 본질적 부분입니다. 이방 종교를 믿는 사람들도 기도합니다. 회교도들은 하루 다섯 번씩 머리를 땅에 대고 메카를 향해 기도합니다. 로마 가톨릭 신자들도 기도합니다. 그러나 문제는 하나님을 기쁘시게 하고 하나님이 들으시는 기도는 무엇인가, 하는 것입니다.

먼저 우리는 우리가 기도하는 대상인 하나님에 대해 참된 지식을 가져야 합니다. 어떤 사람들은 하나님에 관하여 이야기합니다. 그리고 자신의 형상을 따라 스스로 하나님을 만듭니다. 이것은 하나님이 아니요, 사람의 환상이 만들어 낸 것입니다. 아무리 현명한 사람이라 할지라도 참된 하나님에 관하여 말할 수 없습니다. 인간 스스로가 생산한 것은 우상입니다.

하나님 자신만이 자기가 누구인지 우리에게 알려줄 수 있습니다. 하나님은 그의 아들 예수 그리스도를 통해 자기를 우리에게 알려 주셨습니다. 우리는 예수 그리스도의 말씀을 통해 하나님을 압니다. 유일한 참된 하나님은 우리 주 예수 그리스도의 아버지입니다. 우리는 기도를 우리 주 예수 그리스도의 아버지에게 드려야 합니다. 그가 모든 은혜의 유일한 원천이시기 때문입니다. 그만이 우리가 이 세상과 영원한 세상을 위해 필요한 것을 주실 수 있기 때문입니다.

나아가, 하나님을 기쁘시게 하는 기도는 무엇입니까? 기도할 때 우리는 하나님 앞에 겸손해야 합니다. 이 겸손은 우리가 우리의 부족함과 비참함을 알 때만이 나타나게 됩니다. 누가복음 18장에 기록된 하나님을 기쁘시게 한 세리의 기도를 보십시오. 그의 겸손한 태도는 자신의 부족함과 비참함을 아는 데서 비롯되었습니다. 이는 그가 "하나님이여 불쌍히 여기소서. 나는 죄인이로소이다"라고 말한 사실에서 분명하게 나타납니다. 그는 하나님의 거룩한 얼굴 앞에서 자신의 죄를 분명하게 보았으므로 성전 앞자리로 감히 나올 수 없었습니다. 그는 감히 자신을 하나님의 자녀 가운데 하나로 생각할 수 없었습니다. 그래서 세리는 멀리 서서 감히 눈을 들어 하늘을 쳐다보지도 못하고 다만 가슴을 치며 하나님의 자비로 숨을 곳을 찾았습니다. 이처럼 겸손한 기도의 태도를 하나님은 기뻐하셨습니다. 하나님은 그의 기도를 들어 주셨습니다.

자신의 부족함과 비참함을 알게 되면 언제나 하나님을 찾고 싶은 욕망을 가지게 됩니다. 사도 바울이 "내 속 곧 내 육신에 선한 것이 거하지 아니하는 줄을 아노니"라고 말했을 때 그는 자신의 비참함을 알고 하나님의 은총을 바랐습니다. 우리는 매일 우리 안에 이 같이 비참한 형편을 발견해야 합니다. 이 때 우리는 그리스도 예수로 말미암아 하나님의 얼굴을 찾을 수 있고 그 안에서 모든 은혜를 발견할 수 있습니다.

더 나아가, 하나님이 기뻐하시는 기도는 무엇입니까? 기도하기 위해, 우리는 자격이 없지만 하나님께서 그리스도 예수 때문에 나의 기도를 들어 주실 것이라는 확신을 가지고 나오는 것입니다. 우리는 본성적으로 하나님의 보좌에 올 자격이 없습니다. 그러나 우리는 그리스도 예수의 공로로 하나님의 보좌에 올 수 있는 용기를 얻습니다.

우리는 하나님에게서 좋은 것을 기대할 만한 자격이 없습니다. 그러나 우리는 하나님께서 그의 아들 예수 그리스도 때문에 우리의 기도를 확실히 들어주실 것이라는 확신이 있습니다. 우리 하나님 아버지는 자기 아들이 그의 오른 편에서 우리를 위해 중재하시기 때문에 우리의 기도를 거절하지 않으실 것을 믿습니다. 그런고로 예수 그리스도의 이름으로 기도할 때마다 우리는 확신을 가지고 아멘으로 마치는 것입니다.

그러나 여러분, 이는 하나님께서 우리가 기도하는 모든 것을 들어 주신다는 것을 의미하지 않습니다. 우리가 기도한 것이 종종 전혀 허락되지 않을 수 있습니다. 왜 허락되지 않습니까? 아버지는 자기 아들을 위해 무엇이 좋고 좋지 않은지를 제일 잘 아십니다. 그래서 아버지는 자기 아들에게 해로운 것을 주기 싫어하십니다. 우리 하나님 아버지는 우리에게 무엇이 좋고 나쁜지를 가장 잘 아십니다. 그래서 하나님 아버지는 종종 우리의 유익을 위해 우리가 요구하는 대로 허락하지 않고 거절하십니다. 성경에서 우리는 이에 대한 여러가지 예를 발견합니다.

모세의 경우를 봅시다. 그가 가나안에 들어가기를 얼마나 원했습니까? 이것은 이해할 만 합니다. 그는 이스라엘 백성들을 목적지 가나안으로 인도하기 위해 자신의 전 생애를 바쳤기 때문입니다. 그러나 그는 가나안 땅에 들어가는 것이 허락되지 않았습니다. 그는 슬프게도 아름다운 땅 가나안이 내려다 보이는 느보산 꼭대기에서 죽었습니다. 그러면 모세는 기도의 응답을 받지 못했습까? 그의 소원이 전혀 성취되지 않았습니까? 하나님은 그의 기도를 들어 주셨고, 그의 최고의 소원이 성취되었습니다. 하나님은 그의 기도를 사람이 기대한 것과는 달리 들어주셨습니다. 모세는 이 땅에 있는 가나안에는 들어가지 못했지만, 훨씬 나은 하늘의 가나안에 들어가게 되었던 것입니다.

다른 예를 사도 바울에게서 봅니다. 그는 육체적인 병으로 고통을 겪었습니다. 그것이 그의 육체에 가시와 같았습니다. 그래서 그는 이것을 제거해 달라고 하나님께 세 번 간구했습니다. 그러나 그 기도는 그의 소원대로 허락되지 않았습니다. 하나님은 그에게 "내 은혜가 네게 족하도다. 이는 내 능력이 약한 데서 온전하여짐이니라"(고후 12:7-9)고 하셨습니다. 바울은 육체적 고통에서 구원을 받지 못했습니다. 그러나 그는 주의 말씀으로 놀라운 위로를 받았습니다. 그의 기도는 원하는 대로 응답되지는 않았지만, 응답을 받았습니다. 그가 기대한 것과는 다른 길로 응답을 받았습니다. 그는 하나님의 보좌로부터 약한 데서 큰 능력을 받아 즐기는 은혜를 입었습니다.

여러분, 우리는 하나님께서 그의 아들 예수 그리스도 때문에 우리의 기도를 확실히 들어주실 것이라는 확신이 있습니다. 그런고로 우리는 우리의 기도에 대한 그의 응답이 무엇이든 관계없이 하나님의 뜻에 기뻐하며 순복해야 합니다. 하나님은 우리 주 예수 그리스도의 아버지시요, 그는 모든 일을 우리의 유익을 위해 하신다는 것을 우리는 믿기 때문입니다.

셋째, 우리는 무엇을 위해 기도해야 합니까?

우리가 무엇을 하나님께 구해야 합니까? 우리 주 예수 그리스도가 친히 우리에게 가르치신 기도에 포함된 것 같이 우리 몸과 영혼을 위해 필요한 모든 것들을 위해 기도해야 합니다. 예수 그리스도는 우리 육체와 영혼의 구주입니다. 우리 구주 예수는 스스로 몸과 영혼을 가졌습니다. 그가 몸과 영혼으로 고난을 당하심으로써 우리의 몸과 영혼을 구원하셨습니다. 그래서 그는 우리의 몸과 영혼에 필요한 모든 것을 잘 아시고 돌보아 주십니다.

어떤 사람들은 지나치게 영적으로 생각하고 몸과 몸에 필요한 것을 등한히 여기는 경향이 있습니다. 그러나 우리 주 예수 그리스도는 우리의 몸과 영혼을 등한히 하지 않습니다. 이 사실은 그가 우리에게 가르친 기도에 잘 나타납니다. 그 기도에는 여섯 가지 간구가 있는데 두 부분으로 나눠집니다. 먼저 있는 세 가지는 전적으로 하나님과 관계된 것이고 나머지 세 가지는 우리의 몸과 영혼에 관계된 것입니다. 그래서 구하는 순서가 먼저 하나님의 영광에 관계된 것이고 그 다음에 우리 몸과 영혼이 필요로 하는 것입니다.

이것은 모든 참된 기도의 기반이 되는 중요한 원리입니다. 우리는 먼저 하나님의 영광과 관련된 것을 구해야 합니다. 모든 것은 하나님의 영광을 위해 존재하기 때문입니다. 사람이나 천사나 모든 피조물은 이 같은 하나의 가장 높을 목적을 위해 일해야 합니다. 우리가 기도로 구하고 얻는 것은 하나님의 영광에 도움이 되어야 합니다. 다음으로 우리는 이 세상에서 일용할 양식, 의복, 거처, 건강들을 필요로 합니다. 이런 것들을 우리는 하나님께 구해야 합니다. 그런데 우리가 이것들을 구하고 갖는 목적은 하나님의 영광과 그의 나라를 위한 것이어야 합니다.

우리가 이 모든 것들을 구하는 것은 이 세상에서 뿐입니다. 하늘에서는 그의 나라가 완전한 영광 가운데 영원히 있을 것입니다. 거기서는 일용할 양식이나 의복이나, 거처가 필요 없을 것입니다. 거기는 악이 없고 시험의 위험도 없을 것입니다. 거기서 우리의 기도는 영원한 찬양으로 바뀔 것입니다. 얼마나 영화로운 세계입니까? 이 세상에서 우리는 필요로 하는 것을 기도로 하나님께 구합니다. 그러나 곧 우리는 완전한 영광 가운데 삼위 하나님만 찬양하게 될 것입니다. 아멘.

주기도 설교 ②

기도의 대상; "하늘에 계신 우리 아버지"

[주의 기도]

하늘에 계신 우리 아버지
성경봉독: 마태복음 6:5-15

친애하는 여러분,

기도는 우리가 하나님께 감사를 나타내는 중요한 방편입니다. 그리스도인은 기도를 통해 하나님을 모든 복의 유일한 원천으로 인정하고, 감사하게 됩니다. 기도는 진심에서 나와야 하고, 하나님과 우리와의 분명한 교제가 되어야 합니다. 우리는 영이신 하나님께 기도합니다. 그런고로 우리는 기도를 통해 신령과 진정으로 하나님께 나타나야 합니다.

기도는 밖으로 드러내기 위한 전시가 아닙니다. 예수님이 세상에 계실 때 바리새인들은 자신들이 하는 일을 밖으로 드러내기를 좋아했습니다. 그들은 외식자들이었습니다. 사람들에게 보이기 위해 회당과 거리에 서서 기도하기를 좋아했습니다. 그들은 무슨 말인지도 모르고 중언부언 기도했습니다.

예수님은 바리새인들의 생활을 보시고, 누구나 그들의 그릇된 기도를 따르기 쉽다는 것을 아셨습니다. 그래서 예수님은 제자들에게 모범기도를 가르쳐 주셨습니다. 우리는 이것을 "주 기도"라고 부릅니다. 그러나 예수님이 이렇게 가르쳐 주신 대로만 늘 기도하라는 것은 아니었습니다. 모범기도로 주신 것입니다. 그래서 우리 기도의 형태는 이 모범을 따라야 합니다.

주님의 기도는 모범으로만 사용돼야 한다는 것은 아닙니다. 주어진 그대로 가끔 사용하는 것이 좋습니다. 십계명이 하나님께서 주신 율법 중의 율법인 것처럼, 주님의 기도는 기도 중의 기도라 할 수 있습니다. 이 기도는 하나님의 아들인 예수 그리스도의 입술에서 바로 나온 것이기 때문입니다. 그래서 주님이 가르치신 기도는 완전한 기도라고 할 수 있습니다.

이 기도는 기도의 대상, 간구, 결론 이렇게 세 부분으로 되어 있습니다. 오늘은 기도의 대상에 관하여 들으실 것입니다. 기도의 대상은 "하늘에 계신 우리 아버지"입니다. 이는 몇 마디 되지 않지만 한없는 보화가 담겨 있습니다. 이에 대하여 세 가지 요점을 생각하려 합니다.

첫째, 아버지의 언약적 사랑

둘째, 아버지의 위엄

셋째, 아버지의 가족으로서 교회입니다.

첫째, "하늘에 계신 우리 아버지"라는 호칭에서 하나님 아버지의 언약적 사랑을 생각하게 됩니다.

우리 주 예수 그리스도는 하나님을 "우리 아버지"로 부르라고 가르쳐 주셨습니다. 하나님은 전능자, 창조자, 무소부재자, 전지하신 분 등 여러가지 이름으로 불려질 수 있습니다. 그러나 예수님은 우리에게 기도를 가르치시면서 아버지라는 호칭을 사용하셨습니다. 이것은 매우 주목할 만 합니다. 구약에서 이런 호칭이 거의 사용되지 않았기 때문입니다. 그렇다면 예수님은 전혀 새로운 하나님의 이름을 소개했습니까?

예수님께서 사용하신 이 호칭은 전혀 새로운 것이 아니었습니다. 이에 대한 기본적인 생각이 이미 구약시대에 있었습니다. 하나님은 그의 백성들에게 자기를 점진적으로 계시하셨습니다. 그는 아브라함에게 자신을 전능자와 언약의 하나님으로 계시하셨습니다. 모세에게는 자기를 야훼, 곧 자존자로 계시하셨습니다. 다윗에게는 자신을 목자로 계시하셨습니다.

이처럼 점진적인 계시를 통해 하나님은 "아버지"라는 이념이 이스라엘 백성들에게 전혀 생소하지 않았습니다. 하나님은 계속해서 이스라엘 백성들에게 아버지의 사랑을 보여주셨습니다. 그들이 하나님께서 원하시는 길을 벗어나면 사랑으로 징계했습니다. 다윗은 하나님의 인도하심과 돌보심을 통해 아버지의 사랑을 보았습니다. 그래서 그는 "아버지가 자식을 긍휼히 여김 같이 여호와께서는 자기를 경외하는 자를 긍휼히 여기시나니"(시 103:13)라고 했습니다. 예레미야를 통해 하나님은 "나는 이스라엘의 아버지요 에브라임은 나의 장자니라"(렘 31:9)고 하셨습니다.

하나님과 이스라엘 백성들 사이에는 아들 예수 그리스도를 통해 이미 아버지와 아들의 관계가 있었습니다. 하나님은 그의 아들 안에서 아브라함과 그의 후손들을 사랑했습니다. 하나님은 이스라엘을 많은 민족 중에서 택하시고 그의 아들 안에서 그들에게 자신의 사랑을 나타내셨습니다. 은혜의 언약 속에서 하나님은 이스라엘 백성들에게 특별한 약속을 하셨습니다. 그래서 이스라엘은 하나님의 언약의 사랑을 알고, 그의 영광을 위해 감사의 생활을 할 의무가 있었습니다. 그러나 이스라엘 백성들은 그 사랑을 무시하고 하나님에 관해 이상한 개념을 가졌습니다. 특별히 이것은 바리새인들의 신앙생활에서 분명히 드러났습니다.

바리새인들에게 하나님은 너무 엄위하고 거룩하여 접근할 수 없는 분으로 여겨졌습니다. 그들에게 하나님은 사랑과 은혜로 충만한 아버지 하나님이 아니었습니다. 인간의 행위를 따라 엄격하게 상벌을 내리시는 분이었습니다. 이로써 그들은 실상 이방 신관을 따랐던 것입니다. 바리새인들에 의하면 하나님과 그들 사이에는 큰 거리가 있었습니다. 그 거리는 선행을 해야 좁혀질 수 있다고 생각되었습니다. 그래서 그들은 선행을 위해 살았습니다. 그들은 하나님과 사람들에게 선행을 보이기를 좋아했습니다. 그들에게 하나님은 자비하신 아버지가 아니라 엄한 심판자였습니다.

바리새인들이 이렇게 하나님을 잘못 이해하고 있었으므로 예수님은 그의 제자들에게 하나님을 아버지로 보게 하고, 그렇게 부르도록 가르쳤습니다. 여러분, 우리 주 예수 그리스도는 하나님을 아버지로 부르라고 우리에게 가르쳐 주셨습니다. 이것은 놀라운 일입니다. 예수님이 우리들에게 하나님을 "우리 아버지"라 부르게 하셨기 때문에, 우리는 그의 자녀들이 틀림없습니다. 하나님과 우리 사이는 부자의 관계입니다. 우리가 어떻게 하나님을 아버지로 부를 수 있습니까? 우리가 어떻게 하나님의 자녀들이라 불려질 수 있습니까?

어떤 사람들은 이것을 매우 자연스런 일이라고 합니다. 사람은 원래 하나님의 형상을 따라 지음을 받았고, 우리는 모두 아담의 자손들이니, 하나님은 우리 모두의 아버지요, 우리는 다 그의 자녀라는 것입니다. 그런데 이런 해석은 인간의 범죄로 인한 타락과 비참함을 초래한 무서운 역사를 완전히 부인합니다. 하나님이 사람을 자신의 형상을 따라 지은 것은 사실입니다. 우리 모두가 첫 사람 아담의 후손들이란 것도 사실입니다. 태초에 아담이 지음을 받았을 때, 그는 참으로 하나님의 아들이었습니다.

그러나 그런 기반 위에 있음에도 불구하고 우리는 하나님을 "우리 아버지"라 부를 수 없게 되었습니다. 첫 사람 아담의 타락으로 우리 모두가 하나님의 자녀가 되는 특권을 잃어버렸기 때문입니다. 우리는 하나님의 집에 외인이 되어버렸습니다. 하나님의 자녀에서 마귀의 자녀로 변하고 말았습니다. 이 말이 이상하게 들리겠지만, 사실입니다. 왜냐하면 예수님이 회개하지 않는 유대인들에게 이렇게 말씀하셨기 때문입니다. "너희는 너희 아비 마귀에게서 났으니 너희 아비의 욕심대로 너희도 행하고자 하느니라"(요 8:44).

이것은 무엇을 우리에게 의미합니까? 우리는 본성적으로 하나님을 아버지라 부를 권리가 있지 않다는 것입니다. 그래서 하나님은 모든 사람들의 아버지라고 말하는 보편주의 사상은 거짓된 것입니다. 이런 사상은 우리 언약의 하나님의 무서운 진노를 초래할 것입니다.

그러나 예수님은 우리가 기도할 때 하나님을 아버지로 부르도록 가르치셨습니다. 예수님이 가르치신 것은 다 진리입니다. 그는 하나님의 아들이요, 그가 친히 말씀하신 대로 그가 진리이기 때문입니다(요 14:6). 그가 우리에게 하나님을 아버지로 부르라고 명령하셨습니다. 이것은 놀라운 은혜입니다. 하나님을 "우리 아버지"로 부를 수 있는 모든 법적인 권리가 우리에게 회복되었기 때문입니다. 하나님은 우리 아버지입니다.

이것은 우리 자신의 선택에 기반을 두고 있지 않습니다. 우리가 스스로 하나님을 우리 아버지가 되게 하지 않았습니다. 우리가 그를 우리 아버지로 선택하지 않았습니다. 여러분, 하나님이 그의 이해할 수 없는 사랑 가운데서 자신을 우리 아버지가 되게 하셨습니다. 그는 그의 아들 예수 그리스도 안에서 우리를 그의 자녀로 취하셨습니다.

십자가를 바라보고 하나님의 놀라운 사랑을 보시기 바랍니다. 하나님의 아들 예수께서 우리를 구속하기 위해 지옥의 고통을 당하셨습니다. 십자가에서 그가 상함을 받게 하시는 것이 하나님 아버지의 뜻이었습니다(사 53:10). 이것이 우리를 그의 자녀로 회복시킬 수 있는 유일한 길이었기 때문입니다.

하나님은 계속 우리를 그의 자녀로 만들기 위해 많은 일을 하셨습니다. 그는 성령과 말씀으로 우리를 거듭나게 하셨습니다. 나아가 그는 우리 속에 새 생명을 일깨워 주시고, 아들의 영을 우리에게 거하게 하셔서 우리가 하나님을 "아빠 아버지"로 부르게 하셨습니다(롬 8:15,16).

여러분, 예수님은 우리에게 하나님을 "우리 아버지"로 부르도록 가르쳤습니다. 예수님 자신이 우리의 구주요 중보자이기 때문입니다. 그가 친히 우리를 구속하여 우리로 하여금 하나님을 "우리 아버지"로 부를 수 있게 하셨습니다. 여러분, 이제 하나님의 보좌는 더 이상 우리에게 접근할 수 없는 두려운 곳이 아닙니다. 그 보좌는 우리 주 예수 그리스도의 아버지의 보좌요, 우리 아버지의 보좌이기 때문에, 우리는 이제 그 보좌 앞에 담대하게 나갈 수 있습니다. 아버지는 아들을 거절하지 않으십니다. 이것을 아는 지식이 우리의 기도에 날개를 달아 줍니다.

둘째, 위엄 가운데 계시는 우리 아버지를 생각합니다.

일반적으로 아버지와 아들 사이에는 밀접한 관계가 있습니다. 이 세상의 부자관계를 통해서도 우리는 하나님과의 관계를 어느 정도 이해할 수 있습니다. 하나님은 우리 아버지입니다. 아버지라는 이름보다 하나님께 더 가까이 갈 수 있는 이름은 없습니다.

그러나 우리가 그 이름을 이해하기 위해서 조심해야 할 것이 있습니다. 하나님과 우리의 밀접한 관계를 하나님은 이제 우리와 같으며 가까운 이웃이라는 의미로 이해해서는 안됩니다. 오늘날 부모와 자녀의 밀접한 관계가 심하게 변질되고 있습니다. 자녀들이 부모에게 마땅히 보여야 할 공경심을 나타내지 않습니다. 아버지의 권위가 자녀들에 의해 거의 부인되고 있습니다. 아버지는 사랑뿐만 아니라, 권위도 의미합니다. 그런고로 우리는 하나님 아버지 앞에 그릇된 아버지의 개념을 가지고 가지 않아야 합니다. 매우 경외하는 마음으로 가야 합니다.

하나님은 우리 아버지입니다. 그러나 하나님은 하늘에 계시고 한없는 위엄을 가지고 계십니다. 솔로몬이 기도하면서 표현한 말이 생각납니다. 그는 성전 건축을 완공하고 이렇게 기도했습니다. "이스라엘의 하나님 여호와여 위로 하늘과 아래로 땅에 주와 같은 신이 없나이다…. 하나님이 참으로 땅에 거하시리이까! 하늘과 하늘들의 하늘이라도 주를 용납하지 못하겠거든 하물며 내가 건축한 이 성전이리이까?" (왕상 8:23,27)

선지자 이사야는 이상 중에 높이 들린 보좌에 앉으신 만군의 여호와이신 왕을 뵈었습니다. "그의 옷자락은 성전에 가득했고 스랍들이 모시고 섰는데 각기 여섯 날개가 있어 그 둘로는 자기의 얼굴을 가리고 그 둘로는 자기의 발을 가리었고, 그 둘로는 날며 서로 불러 이르되 거룩하다 거룩하다 거룩하다 만군의 여호와의 영광이 온 땅에 충만하도다"(사 6:1-5). 선지자가 이 위엄이 가득한 주 하나님의 영광을 보았을 때 "화로다 나여 망하게 되었도다"라고 외쳤습니다.

여러분, 이 모든 것이 무엇을 의미합니까? 우리 하나님 아버지는 하늘과 땅에서 가장 높은 왕이라는 것입니다. 하나님은 가까이 할 수 없는 빛 가운데 계십니다. 우리가 이것을 잊지 않도록 주 예수님은 "하늘에 계신 우리 아버지"로 부르도록 우리에게 가르치십니다. 그런고로, 우리는 경외하는 마음으로 하나님께 나와야 합니다. 우리가 교회에서나, 가정의 식탁에서나, 어디서든지 기도할 때마다 경외하는 마음을 가지고 경외하는 태도로 해야 합니다. 요즈음 교회 예배에서 이처럼 경외하는 태도가 사라져 가고 있습니다.

그런데 우리는 여기서 "하늘에 계신"이라고 덧붙인 말을 장소로 이해해서는 안 됩니다. 이것은 하나님께서 우리가 거의 도달할 수 없는 저 하늘 먼 곳에 계신다는 것을 의미하지 않기 때문입니다. 하나님은 무소부재하셔서 어느 곳에나 계십니다. 그는 하늘에 계실 뿐 아니라, 땅에도 계십니다. 사도 바울은 아덴 사람들에게 "그는 우리 각 사람에게서 멀리 계시지 아니하도다. 우리가 그를 힘입어 살며 기동하며 존재하느니라"(행 17:27,28)고 했습니다. 하나님은 "하늘의 하늘이라도 용납하지 못할 만큼"(대하 6:18) 위엄이 크십니다.

다윗은 "내가 하늘에 올라갈지라도 거기 계시며 스올에 내 자리를 펼지라도 거기 계시니이다"(시 139:8)고 했습니다. 그렇습니다. 하나님은 어디든지 계십니다. 우리가 어디에서 기도하든 하나님은 들으십니다. 우리가 기도로 마음을 드릴 때 장소에 관계없이 사무실에 있든 전철 안에 있든 하나님은 우리의 기도를 들으십니다. 하나님은 침실에서 하는 우리의 고요한 기도에도 귀를 기울이십니다.

"하늘에 계신 우리 아버지," 이 말은 또한 하나님께서 그의 능력과 지혜와 영광에 있어서 모든 피조물 위에 높이 계신다는 것을 뜻합니다. 하나님은 자기 자녀들의 유익을 위해 전 우주를 다스리시고 운행하십니다. 그의 자녀들이 위험할 때, 그들이 피할 길이 없을 때, 그는 하늘로부터 사자들을 보내 도우십니다. 하나님 아버지는 자녀들 가운데서 이 세상으로부터 취하는 것이 최선이라고 생각하시기도 하는데 그들을 하늘의 집으로 데려가셔서 영원한 안식을 주십니다. 우리 하나님 아버지는 이 모든 것을 그의 무한한 자비와 지혜와 권능으로 행하십니다.

예수 그리스도는 우리에게 하나님을 "하늘에 계신 우리 아버지"로 부르도록 가르치셨습니다. 우리 아버지가 하늘에 계신다는 사실은 우리에게 엄청난 위로가 됩니다. 우리 아버지가 이 땅 어디에 거하신다면 그에게 가는 길이 쉽게 막힐 수 있습니다. 그러나 그가 하늘에 계시기 때문에 그에게 가는 길은 결코 막히지 않습니다. 산이나 바다가 우리 아버지께 나아가는데 장애가 될 수 없습니다.

그가 하늘에 계시기 때문에 우리는 어디서나 어느 때나 그의 이름을 부를 수 있습니다. 바울과 실라는 감옥에서도 하나님께 기도하고 찬미할 수 있었습니다(행 16:25). 그들의 발은 쇠사슬에 매여 있었습니다. 그러나 그들은 기도로 하나님을 가까이 하는 데는 완전히 자유로웠습니다. 하늘에 계신 우리 아버지는 그들의 기도를 들으셨습니다.

우리는 어떤 때 내 길이 막혔다고 생각하며 낙심합니다. 이것은 큰 잘못입니다. 하늘에 계신 아버지께 나아가는 길은 언제나 열려 있습니다. 그는 하늘에 계시기 때문에 우리는 어떤 환경에서든지 하나님 아버지와 교제할 수 있습니다. 하늘에 계신 우리 아버지와의 교제는 우리 그리스도인에게 헤아릴 수 없는 보화입니다.

셋째, 아버지의 가족인 교회에 관해 생각합니다.

예수님이 가르치신 "우리 아버지"라는 말을 주목합니다. 예수님이 기도에 "우리"라는 복수를 사용하신 것은 큰 의미가 있었습니다. 어떤 사람들은 신앙에 대해 하나님과 개인 사이에 존재하는 개인적인 문제라고 합니다. 그래서 개인적인 신앙을 가지고 고백해야 한다고 합니다. 물론, 우리는 개인적인 신앙을 가져야 하고 고백해야 합니다. 다윗도 이렇게 말했습니다. "내 반석이신 하나님께 말하기를 어찌하여 나를 잊으셨나이까....내 영혼아 네가 어찌하여 낙심하며 어찌하여 내 속에서 불안하여 하는가. 너는 하나님께 소망을 두라. 그가 나타나 도우심으로 말미암아 내 하나님을 여전히 찬송하리로다"(시 42). 그러나 여러분, 개인적인 신앙을 모든 진리로 받아들인다면 하나님의 언약의 보화를 잃어버리게 됩니다.

하나님은 분명히 자기 백성을 한 사람씩 한 사람씩 그의 교회로 불러 모으십니다. 그러나 성경은 먼저 하나님의 백성, 곧 교회가 있다고 우리에게 가르쳐 줍니다. 하나님은 그의 백성, 곧 그의 교회를 구원하십니다. 하나님 아버지는 창세 전에 그리스도 안에서 택한 그의 백성들이 있었습니다(엡 1:4). 예수 그리스도는 영생을 위해 선택된 교회를 위해 십자가에서 죽으셨습니다. 그래서 하나님의 백성이라는 하나의 무리가 이미 있었습니다.

이 사실은 언약의 역사에서 분명히 나타납니다. 아브라함과 그의 후손들인 한 무리의 하나님의 백성은 곧 교회였습니다. 하나님은 아브라함에게 말씀했습니다. "내가 내 언약을 나와 너 및 네 대대 후손 사이에 세워서 영원한 언약을 삼고 너와 네 후손의 하나님이 되리라"(창 17:7). 이삭과 야곱은 각기 개인이었습니다. 그러나 그들은 아브라함에게서 완전히 독립되어 있지 않았습니다. 그들은 출생하기 전에 이미 하나님의 언약 속에서 교회에 속해 있었습니다. 이삭은 한 개인이었습니다. 그렇지만 그는 먼저 영생을 위해 선택된 교회에 속했으며, 아브라함과 함께 하나님의 기업에 동참했었습니다.

여러분, 여러분과 저가 다 개인입니다. 그러나 우리는 먼저 그리스도의 몸인 교회에 속했습니다. 내가 하나님의 언약 속에서 교회와 유대를 갖지 않았다면 오늘 하나님과 나와 어떤 유대도 있을 수 없습니다. 내가 교회의 지체가 아니라면, 하나님에게서 기대할 아무것도 없을 것입니다. 하나님의 언약은 이미 교회가 있다는 것을 의미합니다.

오늘 어떤 사람들은 이 놀라운 은총을 버리고 교회를 떠납니다. 이런 사람들은 기독교 신앙을 단지 개인적인 문제로만 여깁니다. 어느 교회에 속하느냐는 문제가 될 것도 없고, 비록 교회에 속하지 않아도 개인적인 믿음만 있으면 구원을 받는다고 생각합니다. 이런 사람들은 하나님께서 맺으신 언약관계를 부인합니다. 따라서 언약의 하나님과 그의 교회에 대하여 심각한 죄를 범하고 있습니다.

믿는 부모를 가진 청소년 여러분, 여러분은 그리스도인 부모에게서 태어났기 때문에 처음부터 그리스도의 교회에 속했고, 언약의 자녀에 속했습니다. 이것은 놀라운 은혜입니다. 여러분은 이 특권을 스스로 추구하지 않았습니다. 하나님께서 자신의 주권적인 은혜로 이 특별한 복을 주셨습니다. 그렇다면 여러분은 개인적인 신앙을 공적으로 고백하고 하나님의 영광을 위해 삶으로써 그의 놀라운 은혜에 대한 반응을 보여야 합니다.

우리는 모두 우리가 개인이기 전에 하나님의 백성에 속합니다. 바리새인들은 이 언약의 신앙을 이해하지 못했습니다. 그래서 그들은 개인주의적인 생활을 하게 되었습니다. 하나님의 백성은 한 몸이란 생각을 갖지 못했고, 언약의 공동체에 대한 생각이 전혀 없었습니다. 언약의 공동체에서 지체들간에 참된 교제가 없었습니다. 각자가 자기 자신만을 위해 살았습니다.

그런고로 우리 주 예수 그리스도는 그의 제자들에게 "하늘에 계신 우리 아버지"를 부르며 기도하라고 가르쳤습니다. 이로써 우리 주 예수 그리스도는 하나님의 교회에 대해 바른 생각을 갖고 성도들과 교제하도록 가르쳐 주셨습니다. 물론 우리는 개인적으로 기도해야 합니다. 동시에 우리는 서로를 위해 함께 기도해야 합니다.

한 지체가 몸을 떠나서 있을 수 없습니다. 우리는 하늘에 계시는 한 분 아버지를 모시고 있기 때문에 하나의 가족입니다. 영생을 위해 선택된 백성들의 수가 그의 교회에 완전히 차게 될 때, 우리 주 예수 그리스도는 다시 오실 것입니다. 그 때 하나의 백성인 우리 모두는 영원한 즐거움을 누릴 것입니다. 한 가족인 우리는 은혜로우신 아버지를 기뻐하며 영원히 함께 섬기게 될 것입니다. 아멘.

주의 기도 ③

첫째 간구; 아버지의 이름을 위한 간구

[주의 기도 본문]
아버지의 이름을 거룩하게 하시며
성경봉독; 시편 8편

친애하는 형제자매 여러분,

주님께서 가르치신 기도에는 여섯 가지 간구가 포함되어 있습니다. 이것을 자세히 살펴보면 우리는 하나님 여호와가 주신 10계명과 주 예수 그리스도께서 가르치신 기도와의 사이에 유사한 점이 있다는 것을 깨닫게 됩니다. 그것은 둘 다 두 부분으로 나눠져 있다는 사실입니다. 10계명에 관하여 그 첫 부분이 언약의 하나님과 올바른 사랑의 관계를 우리에게 요구하며 둘째 부분은 이웃과 우리와 올바른 사랑의 관계를 요구합니다. 그런데 이 두 부분은 서로 매우 밀접한 관계가 있습니다. 하나님에 대한 사랑이 이웃을 향한 사랑의 기반이 되기 때문입니다.

주님이 가르치신 기도에도 같은 원리가 있습니다. 여섯 가지 간구는 두 부분으로 나누어집니다. 10계명처럼 첫 부분의 세 가지 간구는 하나님께 대한 관계입니다. 둘째 부분의 세 가지 간구는 인간의 상호관계와 땅에 대한 것입니다. 10계명처럼 주님이 가르쳐 주신 기도에서도 먼저 하나님을 사랑해야 한다는 같은 원리를 발견하게 됩니다. 땅에 속한 것에 대한 간구의 동기가 하나님의 사랑이 되어야 한다는 것입니다.

하나님과 관계되는 첫 세 가지 간구 중의 하나가 "아버지의 이름을 거룩하게 하시며"입니다. 이것은 첫 번째 간구요 가장 중요한 간구입니다. 이렇게 간구함으로써 우리는 하나님 아버지의 이름이 영광스럽게 빛나고 그가 영광과 찬양을 받으시기를 구하는 것입니다. 그리스도께서 탄생하신 밤에 천사들이 "지극히 높은 곳에서는 하나님께 영광이요"(눅 2:14)라고 찬양했습니다. 하나님 아버지의 이름을 거룩하게 하는 것과 찬양은 하늘에서 영원히 요구하는 것입니다. 요한계시록에 "아멘 찬송과 영광과 지혜와 감사와 존귀와 권능과 힘이 우리 하나님께 세세토록 있을찌어다"(계 7:12)라고 하는 것은 새 하늘과 새 땅에서 모든 피조물의 찬송이 될 것입니다.

앞으로 언젠가 어떤 간구는 필요가 없어져 그치게 될 것입니다. 예를 들면 하늘에서 우리는 "오늘 우리에게 일용할 양식을 주시고…"라고 기도할 필요가 없을 것입니다. 거기서는 더 이상 주지 않을 것이기 때문입니다. 그러나 "주를 찬양하라"라는 할렐루야 찬양은 거기서 끊임없이 소리 높여 불려지게 될 것입니다.

그런고로 이 세상에서 우리의 첫 번째 간절한 간구는 "아버지의 이름을 거룩하게 하시며"입니다. 여기서 우리는 세 가지 요점을 생각하려 합니다.

   첫째, 이 간구의 의미

   둘째, 이 간구의 내용

   셋째, 이 간구의 성취입니다.

   첫째, "아버지의 이름을 거룩하게 하시며"라는 간구의 뜻을 생각합시다.

   이 간구는 하나님 아버지께서 그의 이름을 거룩하게 하실 것을 우리가 구하는 것입니다. 어떤 사람이 "우리가 하나님께 이것을 구할 필요가 있는가? 그는 주권자이시고 전능하신 분인데 우리가 이렇게 간구할 필요가 어디 있는가?"라고 말할 수 있습니다. 그렇습니다. 하나님은 절대 주권을 가진 전능하신 분입니다. 그가 원하시는 것은 무엇이든 하실 수 있습니다. 따라서 하나님은 자기를 위해 무엇을 하도록 요청을 받을 필요가 없습니다. 그러나 우리는 하나님께서 그의 이름을 거룩하게 하도록 간구할 필요가 있습니다. 물론 하나님은 이런 요청을 받을 필요가 없는 것이 사실입니다. 하나님은 스스로 무엇을 해야 하는지를 아시기 때문입니다. 그가 기뻐하시는 것을 그의 전능하신 권세와 능력으로 행하시기 때문입니다.

   그러나 여러분, 하나님 아버지의 영광을 위해 살고 그의 이름을 찬양하는 것이 우리의 의무입니다. 그래서 하나님 아버지의 덕을 더욱 더 높이는 것이 우리의 소원이 되어야 합니다. 그의 아름다운 덕이 영광스럽게 빛나는 것을 보는 것이 우리의 소원이 되어야 합니다. 그런고로 우리는 "아버지의 이름을 거룩하게 하시며"라고 기도할 의무가 있습니다.

여기서 먼저 "아버지의 이름"이란 말을 분명하게 이해해야 합니다. 하나님의 이름은 단순히 하나의 칭호가 아닙니다. 그것은 그의 행하신 모든 일을 통해 나타난대로의 하나님 자신을 가리킵니다. 그의 덕은 전능함과 지혜와 선하심과 의와 자비와 진리로 아름답게 나타났습니다. 하나님은 이러한 분입니다. 그의 이름은 이 모든 아름다운 덕의 요약입니다.

하나님은 그의 아름다운 덕을 여러 방법으로 우리에게 나타내셨습니다. 하나님의 자녀들인 우리는 이것을 볼 수 있습니다. 다윗은 이것을 보고 찬탄하며 외쳤습니다. "여호와 우리 주여 주의 이름이 온 땅에 어찌 그리 아름다운지요. 주의 영광이 하늘을 덮었나이다"(시 8:1). 하나님은 그의 창조행위를 통해 전능하신 분으로 자기를 계시하셨습니다. 아무것도 없는 데서 하늘과 땅과 그 가운데 만물을 지으셨습니다.

다윗은 다시 놀라운 심정으로 하나님을 찬양했습니다. "하늘이 하나님의 영광을 선포하고 궁창이 그의 손으로 하신 일을 나타내시는도다. 날은 날에게 말하고 밤은 밤에게 지식을 전하니.."(시 19:1,2) 하나님은 창조의 사역으로 그의 무한하신 지혜를 나타내셨습니다. 창조를 통해 계시된 그의 모든 지혜를 누가 다 이해할 수 있습니까? 자그마한 벌레부터 우주에 도는 천체에 이르기까지 그의 피조물을 볼 때 그의 지혜에 놀라지 않을 수 없습니다.

창조 후에 하나님은 계속 그의 모든 피조물들을 유지하고 다스림으로써 그의 아름다운 덕인 전능하심과 지혜와 선하심을 나타내셨습니다. 그대로 두면 다 파멸될 수 있기 때문에 하나님은 모든 피조물들을 한 순간도 그대로 두시지 않았습니다. 하나님은 계속해서 그의 모든 피조물들을 그의 능력과 지혜와 선하심으로 유지하시고 다스리십니다. "여호와께서 샘을 골짜기에서 솟아나게 하시고 산 사이에 흐르게 하십니다"(시 104:10). 하나님은 "구름으로 하늘을 덮으시며 땅을 위하여 비를 준비하시며 산에 풀이 자라게 하십니다"(시 147:8).

지난 긴 역사를 통해 하나님의 활동하심을 보게 됩니다. 노아 시대에 하나님은 홍수로 세상을 심판하셨습니다. 그러나 믿는 노아와 그의 가족들에게는 자비를 베푸셨습니다. 엘리야 시대에는 하나님께서 가뭄을 통해 의롭게 심판하셨습니다. 또한 하나님은 바벨론에 잡혀간 포로들에게 고국에 돌아올 수 있게 하심으로써 그의 신실하심을 나타내셨습니다. 이 모든 계시에도 불구하고 하나님께서 다른 이름으로 자신을 나타내시지 않았다면 우리는 하나님의 이름이 아름답다는 것을 충분히 깨달을 수 없었을 것입니다.

하나님은 놀라운 은혜로 우리에게 특별한 이름을 계시하셨습니다. 그는 그의 아들 예수 그리스도를 통해 우리에게 자비로운 아버지로 자신을 계시하셨습니다. 하나님께서는 그의 아들을 이 세상에 보내심으로서 자신을 우리의 창조자로서, 또한 우리의 자비로운 아버지로서 자신을 나타내셨습니다. 하나님은 세상을 이렇게 사랑하셔서 그의 외아들을 우리에게 주셨습니다.

하늘과 땅을 지으신 전능하신 하나님은 우리 주 예수 그리스도의 아버지요, 또 예수 그리스도 안에서 우리의 아버지입니다. 요즘 하나님을 아버지라고 부르지 말아야 한다고 주장하는 여권주의자들이 나타났습니다. 성경에 계시된 대로 하나님을 아버지로 부르지 않고 달리 부르자는 것은 아들을 우리에게 주신 하나님 아버지에 대해 모독하는 죄를 범하는 것입니다.

하나님은 우리 주 예수 그리스도의 아버지요, 그리스도 예수 안에서 우리의 아버지입니다. 얼마나 아름답게 계시된 이름입니까? 예수 그리스도를 통해 우리는 그가 창세 전에 우리를 택하신 것과 은혜의 언약을 맺으셨다는 사실을 알게 됩니다. 하나님은 처음부터 계속해서 언약의 복음을 선포하셨습니다. 족장들을 통해 선포하셨고 선지자들을 통해 선포하셨으며 성전의 의식과 희생제물을 통해 선포하셨습니다.

때가 찼을 때 하나님은 그의 아들을 보내시고 십자가 위에 그를 희생하게 하심으로써 은혜의 언약을 확증하셨습니다. 예수 그리스도로 말미암아 하나님의 이름이 해처럼 빛이 났습니다. 하나님의 이름은 "우리 아버지"입니다. 이제 우리는 하나님이 우리 주 예수 그리스도의 아버지요, 또한 그로 말미암아 우리의 아버지인 것을 알게 됩니다.

예수 그리스도는 우리가 하나님을 "하늘에 계신 우리 아버지"라 부르도록 가르쳐 주셨습니다. 그리고 "아버지의 이름을 거룩하게 하시며"라고 간구할 것을 가르쳐 주셨습니다. 우리가 하나님의 이름을 "우리 아버지"로 알고 그것을 거룩하게 하는 것이 우리가 진정으로 바라는 소원이 되어질 것입니다.

둘째로, 이 간구가 어떤 내용을 포함하고 있는지 살펴봅니다.

하나님은 역사 속에 하시는 모든 일을 통해 자기 이름을 거룩하게 하십니다. 이미 말한 대로 하나님은 역사 속에서 전능하시고, 의로우시고. 거룩하시고 자비로우신 분으로 자신을 나타내십니다. 하나님은 어느 누구에게서도 그의 이름이 손상되는 것을 허락하지 않으십니다. 하나님은 자기 명예를 보호하시고 자기 이름을 거룩하게 하십니다. 그런데도 우리가 하나님의 이름을 거룩하도록 기도할 필요가 있을까요? 물론 있습니다. 우리가 그의 자녀이기 때문에 그의 이름이 환히 빛나는 것을 진심으로 바라게 됩니다.

그러나 이 간구에서 우리가 가장 바라는 것은 그의 이름이 우리로 말미암아 거룩하게 되는 것입니다. 세상은 어두움에 속해 있습니다. 세상 사람들은 하나님의 이름을 모릅니다. 그래서 세상 사람들은 하나님의 이름을 거룩하게 할 줄 모릅니다. 그러나 하나님은 은혜 가운데 우리에게 그의 이름을 자비로운 아버지로 계시하셨습니다. 그래서 우리는 그의 이름을 거룩하게 할 사명이 있습니다.

그럼 우리가 어떻게 그의 이름을 거룩하게 할 수 있습니까? 무엇보다 먼저, 우리는 그의 아들을 통해 우리에게 계시된 대로 그를 분명하게 앎으로써 그의 이름을 거룩하게 할 수 있습니다. 예수 그리스도 안에서 그를 아는 것은 우리의 보배입니다. 예수 그리스도 안에서 자신을 계시한 대로 우리가 하나님 아버지를 분명하게 알 때, 그의 이름은 거룩하게 되고 영광을 받게 됩니다.

하나님은 그의 아들을 통해 은혜의 언약을 우리에게 계시했습니다.

우리가 큰 죄인임에도 불구하고 하나님은 그의 아들 예수 그리스도를 통해 우리의 아버지가 되시는 것을 기뻐하셨습니다. 하나님 아버지의 사랑에 대해 그 높이와 깊이와 길이와 넓이는 측량할 수 없습니다. 우리는 예수 그리스도 안에서 하나님 아버지를 압니다. 그러나 그에 대한 우리의 지식은 아직도 미미합니다. 큰 바다에 한 방울의 물과 같이 보잘 것이 없습니다.

그러면 우리가 어떻게 그에 대한 지식을 더 많이 얻을 수 있습니까? 성경을 읽고 연구함으로써 그에 대한 지식을 더 할 수 있습니다. 하나님에 대한 지식을 더 얻으면 얻는 만큼 우리는 그의 이름을 더 거룩하게 할 수 있습니다. 그런고로 우리는 이 첫 번째 간구에서 "아버지, 아버지의 이름이 나로 말미암아 거룩하게 되기 위해 저에게 아버지에 대한 지식을 더해 주옵소서"라고 기도하게 됩니다.

나아가, 이 첫째 간구는 우리 하나님께서 그의 이름이 모든 영광과 존귀를 받으실 수 있는 그런 방법으로 세상 모든 일을 다스려 주실 것을 구하는 것입니다. 하나님의 자녀들은 항상 하나님의 영광에 관심을 가집니다. 하나님을 예수 그리스도 안에서 아버지로 아는 사람은 생의 목적을 하나님의 영광에 둡니다. 그들은 세상에서 어떤 어려움을 당하든 하나님을 영화롭게 하기만 원합니다. 전쟁에 대한 소문이나 비참한 재난의 소식을 들을 때 "아버지여 아버지의 이름을 거룩하게 하옵소서"라고 기도합니다.

때로는 우리가 큰 환난 가운데 빠질 수 있습니다. 우리가 병으로 고생하고 건강을 잃을 수 있습니다. 갑자기 우리가 사랑하는 사람이 별세하여 우리 곁을 떠날 수 있습니다. 이럴 때 우리는 "아버지 어떻게 이런 일이 일어날 수 있습니까?"라고 하나님께 묻는 시험에 들 수 있습니다. 그러나 참된 하나님의 자녀들은 항상 하나님의 영광에 관심을 가지기 때문에 "하나님 아버지 내게 어떤 일이 일어나든 아버지의 이름을 거룩하게 하옵소서"라고 기도하게 됩니다.

이것이 우리 주 예수 그리스도의 기도이기도 했습니다. 겟세마네 동산에서 그는 "아버지여 나를 구원하여 이 때를 면하게 하여 주옵소서. 그러나 내가 이를 위하여 이 때에 왔나이다. 아버지여, 아버지의 이름을 영광스럽게 하옵소서"(요 12:27,28)라고 기도했습니다. 환난 날에 이 기도가 또한 우리의 기도가 되어야 합니다. 우리는 그의 아들의 형상을 좇아 다시 지음을 받은 하나님의 자녀이기 때문입니다.

더 나아가, 이 첫 간구는 우리의 모든 삶 속에서 하나님이 존귀하게 되어 찬양 받으시기를 구하는 것입니다. 우리의 모든 삶 곧 우리의 생각, 말, 행동으로 하나님을 존귀하게 하는 것이 우리의 의무입니다. 타락한 후 우리는 하나님에 대한 참된 지식을 잃었습니다. 하나님의 존귀를 위해 살 능력도 없어졌습니다. 그러나 하나님은 놀라운 은혜로 예수 그리스도 안에서 우리를 다시 지으셨습니다. 그래서 우리의 자리를 은혜롭게 회복시키고, 세상에서 그의 이름의 영광을 위해 살 수 있도록 해 주셨습니다. 이제 우리는 우리의 모든 삶을 그의 이름이 존귀하도록 통제할 의무가 있습니다.

여러분, 하나님의 이름이 우리의 생각으로 영광과 찬양을 받아야 합니다. 우리 하나님은 거룩하십니다. 우리는 언제나 마음 속에 거룩한 생각을 품어야 합니다. 여러분의 거룩한 생각으로 하나님의 이름이 존귀하게 되고 찬양을 받습니까? 우리는 하나님의 자녀들입니다. 우리는 우리의 말로써 하나님 아버지를 높여야 합니다.

오늘 우리 주변에 들려오는 말이 심하게 오염되었습니다. 우리의 혀는 무엇 때문에 주어졌습니까? 혀로써 우리는 하늘에 계신 아버지의 선하심과 자비하심을 고백하고 찬양해야 합니다. 시편 기자는 "주를 찬송함과 주께 영광돌림이 종일토록 내 입에 가득 하리이다"(시 71:8)라고 했습니다.

하나님 아버지의 이름이 우리의 경건한 생활로 거룩하게 되며 영광을 받을 수 있습니다. 우리가 우리 입으로 하나님을 찬양하면서 빛 가운데로 걸어가야 합니다. 하나님을 찬양하면서 어둠속에 걷는 것은 마귀적인 죄악의 삶입니다. "아버지의 이름을 거룩하게 하옵소서"라고 기도하는 사람은 거룩하게 살아야 합니다.

오늘 입으로는 하나님을 찬양하나, 어둠 속에 걷고 있는 많은 사람들이 있습니다. 하나님의 아들들이 사람들의 딸들을 사랑하는 것을 봅니다. 어떻게 빛과 어두움이 혼합될 수 있습니까? 많은 하나님의 자녀들이 어두움의 자녀들처럼 걷고 있습니다. 진심으로 "아버지의 이름을 거룩하게 하옵소서"라고 기도하는 하나님의 자녀들은 어두움의 일을 할 수 없습니다.

자녀들은 스스로 하는 말과 행위로 종종 자신들이 누구의 자녀인지를 드러냅니다. 말과 행동으로 우리는 하나님의 자녀들이요, 하나님은 우리 아버지임을 보여야 합니다. 그런고로 우리는 "아버지의 이름이 나의 말과 행위로 거룩하게 하옵소서"라고 기도해야 합니다. 우리 주 예수 그리스도는 우리에게 "이렇게 너의 빛이 사람 앞에 비치게 하여 그들로 너희 착한 행실을 보고 하늘에 계신 너희 아버지께 영광을 돌리게 하라"(마 5:16)고 하셨습니다.

셋째, 이 간구가 언제 완전히 성취되는지 살펴봅시다.

우리는 기도로 하나님 앞에 우리의 선한 소원을 아룁니다. 간구하는 사람은 그것이 성취되기를 바랍니다. "아버지의 이름을 거룩하게 하시옵소서"라고 간구함으로써 우리는 하나님의 이름이 항상 우리에 의해 영광과 찬양을 받을 것을 구합니다. 하나님이 영광을 받으시는 것이 우리가 존재해야 할 제일 되는 목적입니다. 각 피조물은 지음을 받은 목적이 있습니다. 해는 빛을 비추기 위해 지음을 받았습니다. 포도나무는 포도 열매를 맺기 위해 지음을 받았습니다.

사람은 그의 창조자의 영광을 위해 살도록 지음을 받았습니다. 웨스트민스터 소요리문답 첫째 문답에서도 "사람의 제일 되는 목적은 하나님을 영화롭게 하고 영원토록 그를 즐거워하는 것"이라고 했습니다. 우리는 예수 그리스도 안에서 하나님의 자녀가 되어 그의 영광을 위해 살도록 새롭게 지음을 받았습니다. 그래서 우리 삶의 목표는 오직 "하나님의 영광"(Soli Dei Gloria)이 되어야 합니다.

우리는 하나님을 예수 그리스도 안에서 우리 아버지로 알고 고백함으로써 아버지의 이름을 거룩하게 할 수 있습니다. 우리가 우리의 모든 삶, 우리의 생각과 말과 행동을 그의 영광을 위해 통제할 때 아버지의 이름이 영광을 받게 됩니다.

그러나 우리들이 아버지의 이름을 이 세상에서 완전히 거룩하게 할 수 없습니다. 우리의 삶 속에서 그의 영광을 위해 온갖 노력을 기울인다 해도 언제나 유감스런 흔적은 남습니다. 이 타락한 세상에서 우리는 자주 하나님 아버지의 이름이 더럽혀지는 것을 보게 됩니다. 이런 상황이 우리를 슬프게 합니다.

여러분, 그럼에도 불구하고 아버지의 이름을 거룩하게 하는 우리의 기도는 무의미하지 않습니다. 아버지의 이름을 영원히 거룩하게 할 영원한 나라가 우리의 기도와 함께 임하기 때문입니다. 적그리스도의 권세는 그리스도인의 생활을 파괴하기 위해 온갖 노력을 다 합니다. 이 악한 권세가 절정에 이르면 아버지의 영광을 위한 우리의 삶은 더욱 더 어려워질 것입니다.

그러나 여러분, 참되고 유일한 권세가 있습니다. 우리 주 예수 그리스도는 만주의 주요 만왕의 왕이십니다. 그가 유일한 승리자입니다. 그는 영생을 위해 택한 자들을 그의 교회로 계속 모으시고 보호하시며 보존하십니다. 그러므로 최후의 발언권은 적그리스도의 권세에 있지 않습니다. 우리 주 예수 그리스도가 최후의 권위를 가지고 있습니다. 그가 하늘과 땅의 모든 권세를 가졌기 때문입니다. 우리 아버지는 악한 권세를 그의 아들 예수 그리스도를 통해 끝낼 것이요 그의 이름을 영원히 거룩하게 하실 것입니다.

우리가 "아버지의 이름을 거룩하게 하옵소서"라고 기도하는 동안 우리 아버지는 그의 아들 예수 그리스도를 통해 그것을 들으십니다. 앞으로 어느 날, 이 기도가 완전하게 응답될 것입니다. 새 예루살렘이 하나님으로부터 하늘에서 내려 올 것입니다. 이 세상은 순식간에 홀연히 새 땅으로 변할 것입니다. 사탄의 권세는 불못에 던져져 더 이상 있지 않을 것입니다. 새 하늘과 새 땅에 하나님의 영광이 완전하게 빛나게 될 것이요, 이 세계는 하나님 아버지의 성전이 될 것입니다.

거기서 아버지의 이름은 그의 아들 예수 그리스도를 통해 영원히 거룩하게 될 것입니다. 그래서 우리는 이 세상에서 끊임없이 "하늘에 계신 우리 아버지, 아버지의 이름을 거룩하게 하시고 아버지의 나라가 오게 하옵소서"라고 기도하는 것입니다. 아멘.

주의 기도 설교 ④

둘째 간구; 아버지의 나라가 임하기 위한 간구

[주의 기도 본문]
아버지의 나라가 오게 하시며
성경봉독: 다니엘 7:1-14

친애하는 형제자매 여러분,

우리 주 예수 그리스도는 우리에게 하나님 아버지의 나라가 오게 해 달라고 기도하도록 가르치셨습니다. 하나님 아버지의 나라는 무엇을 의미합니까? 이것은 오랫동안 회자됐던 물음입니다. 하나님의 나라에 대한 견해는 다 같지 않습니다. 어떤 사람들은 그리스도 교회가 윤리적인 생활을 하여 아름답게 발전하고 물질적인 번영으로 이 세상에 낙원이 올 것이며 그것이 바로 하나님의 나라라고 주장합니다. 이렇게 주장하는 사람들의 대부분은 사회복음주의자들입니다.

오늘 그리스도인이라 불리는 상당수 사람들이 하나님의 나라를 이런 식으로 이해하고 있습니다. 이들이 보는 나라는 이 세상에 속한 나라요 순수하게 사회적이고 정치적인 나라입니다. 이들은 굶주림과 눌림과 사회적 불의가 사라지는 곳에 하나님의 나라가 온다고 합니다.

그래서 자신들의 힘으로 하나님의 나라를 오게 하기 위해 사회정의 운동에 앞장을 섭니다.

그러나 여러분, 우리 주 예수 그리스도가 우리에게 기도하라고 가르쳐 주신 하나님 아버지의 나라는 이 세상에 속한 것이 아닙니다. 예수 그리스도는 거듭나지 않은 사람은 이것을 볼 수 없다고 말씀하시면서 이 사실을 분명히 하셨습니다. 예수님은 니고데모에게 "진실로 네게 이르노니 사람이 물과 성령으로 나지 아니하면 하나님의 나라를 볼 수 없느니라"(요 3:5)고 하셨습니다.

그러므로 여기 말한 하나님의 나라는 누구나 육안으로 볼 수 있는 나라가 아니고, 영적인 나라입니다. 하나님 아버지는 그의 아들 예수 그리스도를 이 나라의 왕으로 세우셨습니다. 예수께서 친히 본디오 빌라도 앞에서 "내 나라는 이 세상에 속한 것이 아니라"(요 18:36)고 밝히 말씀하셨습니다.

이제 하나님의 나라에 대해 바르게 이해하면서 "아버지의 나라가 임하기 위한 간구"를 생각하려 합니다. 여기서 우리는 다음 세 가지 요점에 주목합시다.

첫째, 아버지의 나라의 기초
둘째, 아버지의 나라의 계속적 사역
셋째, 아버지의 나라의 완성에 관해서입니다.

첫째, 하나님 아버지의 나라의 기초를 주목합시다.

시편 기자는 시편 97편에 여호와의 왕권을 고백하며 이렇게 노래합니다. "여호와께서 다스리시니 땅은 즐거워하며 허다한 섬은 기뻐할지어다. 구름과 흑암이 그를 둘렀고 의와 공평이 그의 보좌의 기초로다…의인이여 너희는 여호와로 말미암아 기뻐하며 그의 거룩한 이름에 감사할지어다." 시편 기자는 이로써 하나님이 왕이신 것을 감사함으로 인정할 뿐 아니라, 왕의 권위에 기쁘게 복종합니다.

타락하기 전 낙원의 원래 상태가 생각납니다. 여호와 하나님이 낙원에 왕으로 계셨습니다. 아담과 그의 아내 하와는 하나님을 왕으로 경외했습니다. 그들은 그 나라의 첫 번째 신하고 순종하는 의로운 백성이었습니다. 하나님은 첫 낙원에서 하늘과 땅과 그 가운데 있는 모든 것들이 자신을 왕으로 높이고 영원히 영광을 돌리며 더욱 완전한 상태로 나아갈 수 있기를 원했습니다.

그러나 아담의 타락으로 이 길이 막혔습니다. 사탄은 치명적인 해를 입힐 기회를 발견했습니다. 사탄은 먼저 하늘에서 하나님의 나라에 혼란을 일으키기 위해 온갖 노력을 했지만 성공하지 못했습니다. 그 때 그는 다시 이 땅에서 같은 해를 가하려고 노력했습니다. 사탄은 아주 교활한 방법으로 아담과 하와에게 접근했습니다. 그 결과 상당한 성공을 거두었습니다. 사탄은 그들로 하여금 하나님의 언약을 불순종하고 타락하게 함으로써 이 땅에서 상당한 권세를 얻었습니다.

여기서 우리는 두 가지를 마음에 새겨야 합니다. 첫째, 하나님은 유일한 왕이십니다. 그러므로 사탄이 그의 뜻을 거스려 활동하거나 그의 보좌를 침범할 수 없습니다. 둘째로, 하나님은 사탄에게 이 땅에서 상당한 권세를 행사하도록 허락하신다는 것입니다. 이 사실은 우리에게 숨겨진 하나님의 신비한 뜻입니다. 그래서 사탄은 땅에서 무서운 권세를 가지고 하나님의 나라를 거스려 활동합니다. 예수님은 사탄을 "이 세상의 왕"이라고 부르기까지 했습니다(요 12:31, 엡 2:2).

어거스틴은 이 세상에는 두 도성 곧 하나님의 도성과 땅의 도성, 예루살렘의 도성과 바벨론의 도성이 있다고 했습니다. 이 두 도성은 예수 그리스도가 다시 오셔서 온 세상이 하나님의 영원한 나라가 되어 하나님께서 완전히 통치하실 때까지 계속 있을 것이라고 했습니다. 이 세상 도성이 지속되는 한 사탄의 무서운 권세는 있을 것입니다. 그런고로 우리는 "아버지의 나라가 오게 하소서"라고 간절히 기도하게 됩니다.

사탄의 권세가 멸하고 하나님 아버지의 나라가 와야 합니다. 이 세상이 하나님을 사랑하고 경외하는 것으로 채워져야 합니다. 모든 나라, 모든 백성이 진심으로 유일한 왕이신 하나님께 복종하는 세계가 되어야 합니다. 그런데 하나님 아버지만이 이 모든 것을 이루실 수 있습니다. 하나님은 이를 위해 이미 많은 일을 하셨습니다.

하나님은 낙원에서 일찍이 구주에 대한 약속(여자의 후손)으로 인간에게 구원의 소망을 주셨습니다(창 3:15). 이 약속으로 사탄의 후손에 대한 전쟁이 선포되었습니다. 여자의 후손에게 승리가 약속되었습니다. 여러분, 이것이 하나님의 나라의 기초입니다. 하나님의 나라는 이 기초 위에 결국 전보다 더 영화롭게 회복될 것입니다. 온 땅이 하나님의 이름을 높이고 하늘의 왕의 뜻을 좇아 즐거이 섬기게 될 것입니다. 이 나라의 완성은 새로운 시작을 의미합니다. 하나님 아버지의 나라의 기초가 놓였기 때문에 "아버지의 나라가 임하소서"라고 하는 기도는 큰 뜻이 있습니다.

이 나라의 기초는 시대마다 그 가치가 보존되어져 왔습니다. 하나님은 계속 자기 자녀들을 인도하시고 자신의 도성을 세워 가십니다. 하나님은 자기 자녀들을 세상의 도성에서 불러내어 분리하시고 자신의 도성을 세워 가십니다. 일찍이 하나님은 아벨과 셋과 에녹과 노아를 가인의 계통에서 분리하여 살게 하셨습니다. 땅의 도성이 크게 확장되어 하나님의 나라의 시민들이 살 틈이 별로 없게 되었을 때, 하나님은 아브람을 그의 조상의 땅 갈대아 우르에서 불러내셨습니다. 따라서 그는 이스라엘을 다른 모든 민족들과 분리하셨습니다.

나아가, 하나님은 다윗을 통해 그리스도 메시아가 태어나게 될 왕들의 계통을 세우셨습니다. 그리스도는 참된 여자의 후손이요 다윗 계통의 왕이십니다. 그는 사탄의 권세를 멸하게 될 하늘나라의 왕이십니다. 장차 이 왕의 나라가 온 땅에 가득할 것입니다.

다니엘의 꿈에서 우리는 이것을 밝히 알게 됩니다. 다니엘은 바다에서 나오는 네 괴물 짐승들을 보았습니다. 이 네 괴물 짐승들은 옛 부터 내려오는 큰 나라들을 가리킵니다. 이 나라들은 적 그리스도의 권세가 있습니다. 이들을 통해 사탄은 통치를 합니다. 우리는 여기서 하나님께 왜 이 사탄의 권세를 허용하는지 묻지 말고 그 권세에 대하여 어떤 조치를 취하시는지 관심을 가져야 합니다.

하나님의 보좌에 좌정한 인자의 모습이 나타납니다. 이 모습에서 우리는 하나님께서 사탄의 권세를 어떻게 하시는지 보게 됩니다. 다니엘서에 보십시오. 인자에게 권세와 영광과 나라가 주어졌습니다. "그의 권세는 소멸되지 아니하는 영원한 권세요 그의 나라는 멸망치 아니할 것이라"(단 7:13,14)고 합니다. 이것이 오시는 메시아, 여자의 참된 후손 그리스도의 모습입니다. 그는 13절에서 "인자 같은 이"이라 불리워지고 있습니다. 그는 참 사람입니다. 동시에 그는 참 하나님이십니다. 그는 영원한 나라의 왕이 되십니다. 모든 땅 위의 권세들을 자기에게 복종시킵니다.

메시아 예수 그리스도는 그의 백성들을 위해 죽으시고 부활하신 후에 하늘과 땅의 모든 권세를 받으셨습니다(마 28:18). 그 때의 약속의 복음이 성취되었습니다(창 3:15). 그리스도의 왕적인 권세는 새로워진 하나님의 나라의 표입니다. 그리스도로 말미암아 구속을 받은 그 나라의 시민들은 하나님을 다시 즐겁게 섬기게 됩니다. 왕이신 예수 그리스도의 백성이기 때문입니다.

예수님은 놀라운 왕이십니다. 빌라도가 예수님에게 "네가 유대인의 왕이냐?"(눅 23:3)고 물었습니다. 빌라도는 예수님의 왕권에 대하여 전혀 이해하지 못했습니다. 예수님은 당당하게 "네 말이 옳도다"라고 대답하셨습니다. 그러나 그는 "내 나라는 이 세상에 속한 것이 아니라"(요 18:36)고 하셨습니다. 이로써 예수님은 그의 위대하심을 나타내셨습니다. 그는 이 세상의 왕이 아니고, 하늘 나라의 왕이십니다. 그런데 그 나라는 땅에도 세워질 것입니다. 이것이 하나님의 나라의 신비요 놀라움입니다.

사탄에 대한 큰 공격은 이미 시작되었습니다. 그리스도께서 이미 이 땅에 오셔서 승리하셨기 때문에 이 공격은 더욱 거세게 계속될 것입니다. 그래서 우리는 더욱 힘차게 "아버지의 나라가 오게 하소서"라고 기도를 드려야 합니다. 온 땅이 영원한 나라의 왕이신 인자 예수 그리스도의 권세로 가득해야 하기 때문입니다.

둘째로, 하나님 아버지의 나라의 기초가 놓였으므로 그 나라의 건설은 계속됩니다.

우리 주 예수 그리스도께서 "아버지의 나라가 오게 하시며"라고 기도할 것을 가르친 것은 매우 큰 뜻이 있습니다. 이렇게 가르치신 이유는 하나님 아버지의 나라가 아직 완성되지 않았다는 것을 의미하기 때문입니다. 그래서 이 기도는 필요합니다. 하나님의 나라를 완성하기 위해서는 열심히 기도를 드려야 하고 많은 일을 해야 합니다.

하나님의 나라가 아직 완성되지 않은 사실은 인자에 관해 다니엘이 본 이상에서도 분명합니다. 인자가 나타나 죽음을 정복했을 때 적그리스도의 세력이 멸한 것처럼 보입니다. 다니엘서 7장의 네 괴물 짐승들은 옛 세계의 나라들 모습입니다. 넷 중 마지막 괴물이 로마제국을 가리킵니다. 예수께서 탄생하셨을 때, 로마제국은 그 권세의 절정에 있었습니다. 그러나 몇 세기 후에 로마제국은 무너지고 말았습니다.

그렇다면 로마제국 후에 모든 악한 권세는 사라져 버렸고 하나님의 나라에 대한 반대 세력이 더 이상 없어졌다고 말할 수 있습니까? 물론 그렇게 말할 수 없습니다. 신약의 계시록 13장의 사도 요한이 본 이상에서 우리는 다니엘이 보았던 이상과 근본적으로 같은 것을 다시 보게 됩니다. 요한은 바다에서 나오는 한 괴물 짐승을 보았는데, 이 짐승은 뿔이 열, 머리가 일곱 달린 괴물이었습니다. 이것은 다니엘이 본 것과 같은 네 짐승이 아니고, 하나의 짐승이었습니다. 이 짐승은 다니엘이 본 네 괴물 짐승들과 매우 유사했습니다. 요한이 본 이 괴물 짐승은 적그리스도의 권세를 나타냅니다. 이는 곧 예수님이 재림하시기 전에 나타날 말세의 세계 왕국을 가리킵니다. 여기서 우리가 분명하게 알 수 있는 것은 옛 세계 왕국의 불경건한 권세가 예수님이 처음 세상에 오신 후에도 완전하게 파멸되지 않았다는 것입니다.

여러분, 악한 적그리스도의 권세는 계속 이 땅에서 그 힘을 과시하고 있습니다. 그 권세는 놀라운 힘을 가졌는데 어떤 때는 이 땅에 적그리스도의 나라를 세울 수 있는 것처럼 보이기도 합니다. 그러나 우리는 이것을 알아야 합니다. 우리 주 예수 그리스도는 하늘에 오르시고, 하늘과 땅의 모든 권세를 받으셨습니다. 그러나 그의 나라는 아직 완성되지 않았습니다. 사탄은 그의 나라를 대적하고 있습니다. 공중에 권세 잡은 사탄의 권세와 영향력이 확장되는 것처럼 보입니다. 하나님의 나라 시민들이 시대마다 빈번히 박해를 받아 왔습니다.

오늘날의 형편을 봅시다. 악의 세력이 정치 사회 경제 모든 분야에서 확장되고 있습니다. 공의가 짓밟히고 있습니다. 살인자가 마땅한 형벌을 받지 않고 있습니다. 지난 날 부끄러운 것이 지금은 자랑이 되고 있습니다. 동성애가 부끄러운 것이 아니고 자랑스러운 것으로 여겨지고 있습니다. 여러 나라 여러 교회들이 이 부끄러운 일을 공인하고 있습니다. 어두움의 왕자가 온 세상을 다스리고 있는 것처럼 보입니다.

그러나 여러분, 이 모든 어두운 현실에도 불구하고 예수 그리스도는 유일한 왕이십니다. 그의 왕국의 건설은 계속되고 있습니다. 누구도 이를 가로막지 못합니다.

가야바가 주재한 산헤드린 공의회 앞에서 우리 주 예수 그리스도가 하신 선언을 우리는 기억합니다. 그는 큰 승리를 선언하면서 이렇게 말씀하셨습니다. "내가 너희에게 이르노니 이 후에 인자가 권능의 우편에 앉아 있는 것과 하늘 구름을 타고 오는 것을 너희가 보리라"(마 26:64).

마지막 날에 하나님의 나라의 완성으로 나타나게 될 모든 것이 이미 주 예수 그리스도께서 부활하셨던 날에 시작되었습니다. 그리스도가 부활하신 날부터 재림하실 때까지 그의 왕권은 계속될 것입니다. 지금도 그리스도의 나라의 일은 진행되고 있습니다. 그런고로 우리는 "아버지의 나라가 오게 하소서"라고 하는 간구에 큰 의미가 있음을 발견하게 됩니다.

그것은 양면성이 있습니다. 한편으로는 하나님 아버지의 나라가 아직 완성되지 않았다는 사실입니다. 다른 한편으로는 완성을 향한 작업이 계속되고 있다는 것입니다. 그래서 이 기도가 필요해 우리는 "아버지의 나라가 오게 하소서"라고 간절히 기도하는 것입니다.

혹 여러분 중에 "우리가 하나님의 나라의 완성을 위해 기도하고 일할 필요가 있는가? 하나님이 스스로 하시는 일이 아닌가?"라고 말할 분이 있을지 모릅니다. 물론 하나님은 스스로 이 일을 하십니다. 그러나 하나님은 우리가 하는 봉사의 방편을 통해 그의 나라를 세우시기를 기뻐하십니다. 이것이 중요합니다. 신자들 중에는 모든 것을 하나님의 주권에 맡기고 자기 의무는 잊고 지내는 사람들이 있습니다. 이런 사람은 게으른 종이요, 장차 문 밖으로 쫓겨날 자들입니다. 여러분, 우리는 하나님 아버지의 나라를 건설하기 위해 기도하고 일함으로써 하나님의 동역자가 되어야 합니다. 하나님은 우리의 기도와 봉사를 요구하십니다.

여러분, 우리는 이따금 우리 주위 사람들을 보고, 그들이 하나님의 나라 건설에 등한하고, 말씀의 권위에 순종하지 않으면 분개하는 경향이 있습니다. 그러나 우리는 우리 자신을 먼저 살펴서 하나님의 권위에 더욱 더 순복하고 있는지 자신에게 물어야 합니다. 우리 자신을 먼저 평가하지 않고는 다른 사람들에 관해 말할 권리가 없습니다. 내가 먼저 하나님의 나라에 순종하는 시민이 되어야 합니다. 물론 이렇게 되기 위해서 우리는 그의 능력, 곧 그의 말씀과 성령의 능력을 받아야 합니다. 그래서 "아버지의 나라가 오게 하소서"라고 기도하게 됩니다.

나아가, 이 간구는 "아버지의 교회를 보존하시고 증대케 하소서"라는 내용을 포함합니다. 여기 하나님의 나라와 교회 사이에 관한 문제가 있습니다. 하나님의 나라와 교회는 같은 것을 의미하지 않습니다. 그러나 이 둘은 서로 불가분 밀접한 관계가 있습니다. 하나님 아버지의 왕권이 인정되는 곳에 하나님의 나라가 있습니다. 어디에 하나님의 왕권이 인정됩니까? 이 세상에서는 발견되지 않습니다. 이것은 하나님의 교회에서 발견됩니다. 교회에서 왕의 말씀이 선포되고 받아들여집니다. 이 세상의 왕의 권세가 물러나게 됩니다. 그래서 교회는 바로 하나님의 나라의 중심입니다.

그런데 이 하나님의 나라는 그 중심인 교회에서 사방으로 확장되어야 합니다. 하나님 나라의 시민들은 각자 진지하게 왕의 말씀을 받아들여야 합니다. 그리고 하나님 나라의 신실한 시민으로 세상에 나타나야 합니다. 그래서 하나님의 나라 백성은 왕의 말씀을 그의 가정에, 그의 직장에, 사회적 정치적 영역에 적용하고, 생활의 모든 영역에서 하나님의 나라를 확장해야 합니다. 우리는 "아버지의 나라가 오게 하소서"라고 계속 기도할 필요가 있습니다.

더 나아가, 이 간구는 "마귀의 일과 하나님 아버지께 대항하여 스스로를 높이는 모든 권세들과 하나님 아버지의 거룩한 말씀을 대적하는 모든 음모를 멸해 주실" 소원을 포함합니다. 세상에는 하나님 아버지의 나라를 확장하지 못하게 방해하려는 많은 악한 세력이 있습니다. 오늘 우리는 하나님의 말씀에 신실하게 봉사해야 할 의무가 있습니다.

중세에 마귀는 교회에서 하나님의 말씀을 빼앗고 대신 우상숭배와 미신으로 교회를 무너뜨리려 했습니다. 위대한 개혁자 루터와 칼빈은 교회에서 하나님의 말씀에 관한 봉사를 회복하고 보존하기 위해 온갖 노력을 기울였습니다. 당시의 마귀가 오늘도 교회에서 하나님의 말씀의 가치를 형편없이 평가절하고 교회의 증대를 막으려 합니다. 다시 말하면 하나님의 나라가 임하지 못하게 막음으로써 교회를 파괴하려고 온갖 노력을 다하고 있습니다.

그러나 하나님은 우리의 기도를 들으시고 그의 나라가 오게 하십니다. 마귀의 방해 작업에도 불구하고 하나님의 나라의 일이 계속되고 있습니다. 하나님은 그의 말씀에 봉사하게 하시고 또 선교사역을 통해 그의 교회를 지키고 증대케 하십니다. 우리 자녀들이 매일 가정에서 교회에서 학교에서 구원의 지식을 얻고 자라가고 있습니다. 하늘에 계시는 우리 아버지께서는 매일 우리가 그의 나라가 오기를 바라고 기도하는 것을 들어 주십니다.

우리가 하는 일에는 결함이 많습니다. 마귀는 우리를 대적하여 일하고 있습니다. 그러나 예수 그리스도가 참된 왕이라는 것을 우리는 압니다. 그는 아버지의 나라가 완성될 때까지 계속 일할 것입니다. 그가 십자가에서 드린 제물 때문에 이것은 보장되어 있습니다. 하나님 아버지의 나라 일은 예수 그리스도로 말미암아 완성될 때까지 계속될 것입니다.

셋째, 우리는 하나님 아버지의 나라가 참으로 완성된다는 확신을 가지고 기도합니다.

우리가 성경에서 악한 마귀의 권세가 하는 일에 관하여 읽을 때 종종 혼란을 겪게 됩니다. 구약의 다니엘 7장과 신약의 계시록 13장에는 옛날의 악한 권세가 반드시 마지막 때 적그리스도로 돌아온다고 나와 있습니다. 그런데 다행히도 악한 권세는 유일한 권세가 아닙니다. 거기 유일한 왕의 권세, 참 권세가 있습니다.

다니엘 2장에서 느브갓네살 왕이 꿈을 꾸고 잠을 이루지 못한 사실을 우리는 기억합니다. 다니엘은 큰 신상을 보았습니다. 그 우상의 "머리는 순금이요, 가슴과 두 팔은 은이요, 배와 넓적다리는 놋이요, 그 종아리는 쇠요, 그 발은 얼마는 쇠요 얼마는 진흙"이었습니다(단 2:31-34). 이 우상은 옛날의 강한 나라들을 상징했습니다. 얼마나 힘 있게 보이는 우상입니까? 사람들이 유혹을 받을 수 있을 만 합니다. 이 세상 임금의 나라가 오는 것처럼 보입니다. 그러나 이 세상의 통치자가 진정한 권세를 가지고 있습니까? 결국 그 통치자가 온 세상에 자신의 권세를 행사하게 될까요? 그럴 수 없습니다.

유일한 다른 권세가 있습니다. 이는 예수 그리스도의 권세입니다. 하나님의 말씀이 하나님 아버지의 나라의 완성과 영광에 관하여 놀라운 것을 가르치고 있습니다. 느브갓네살 왕이 꿈을 꾸다가 마지막 장면에서 무엇을 봅니까? 그는 구르는 돌을 보았습니다. 왕은 "손대지 아니한 돌이 산에서 나와 쇠와 놋과 진흙과 은과 금을 부서뜨리는 것"을 보았습니다. "이 돌은 태산을 이루어 온 세계에 가득" 차는 것을 보았습니다(단 2: 35,46). 그 돌이 우상을 깨뜨렸습니다. 그것은 하나님의 나라의 모습입니다. 이 나라는 예수 그리스도 안에서 왔습니다. 왜냐하면 그는 인간이 손대지 않았던 돌이었기 때문입니다. 그는 온 세계를 채웠습니다. 곧 온 세계는 그의 왕적 권위로 가득 찼습니다. 이것이 그리스도의 나라요, 그리스도를 통한 하나님 아버지의 나라입니다.

하나님 아버지의 나라는 예수 그리스도께서 산헤드린 공회 앞에서 선언하신 대로 그가 "하늘 구름을 타고" 오실 때 절정에 달할 것입니다. 그 때 땅의 나라들은 파멸될 것이요, 그리스도로 말미암아 하나님 아버지의 나라가 승리할 것이요, 영원히 계속될 것입니다. 이 모든 것은 "주 예수께서 그 입의 기운으로 불법한 자(적그리스도)를 죽이시고 강림하여 나타나심으로"(살후 2:9) 일어날 것입니다. 그 때 하나님 아버지의 나라는 완성될 것입니다.

마지막 날에 짐승의 권세, 곧 적 그리스도의 권세가 무섭게 나타날 것입니다. 계시록 13장은 그 때의 형편을 알려줍니다. 짐승의 우상에게 경배하지 않는 자는 다 죽임을 당하게 되고 짐승에게서 표나 짐승의 이름을 받지 않으면 팔 수도 살 수도 없을 것이라고 합니다(13:15-

17).

그러나 여러분, 다음 장인 14장에서 놀라운 환상을 봅니다. 시온산에 어린 양이 서 있고 그와 함께 십사만 사천이 서 있는데 그들의 이마에는 어린 양의 이름과 아버지의 이름이 쓰여져 있습니다. 이들이 보좌 앞에서 새 노래를 부릅니다. 이 사람들이 누구입니까? 사람들 가운데서 속량함을 받은 자들이요, 어린 양에게 속한 자들입니다. 그들은 확실히 예수 그리스도로 말미암아 하나님의 권능으로 짐승을 이긴 사람들입니다.

여기서 우리는 예수 그리스도로 말미암은 하나님 아버지의 나라의 완성을 봅니다. 짐승을 이긴 자들이 유리 바닷가에 서서 그들의 손에 하나님의 거문고를 가지고 하나님의 종 모세의 노래, 어린양의 노래를 부릅니다. "주 하나님 곧 전능하신 이시여 하시는 일이 크고 놀라우시도다. 만군의 왕이시여! ...누가 주의 이름을 두려워하지 아니하며 영화롭게 하지 아니하리이까..."

여러분, 그렇다면 하나님 아버지는 우리 기도를 확실히 들어주시고 계십니다. 하나님 아버지의 나라는 예수 그리스도 안에서 우리 기도와 더불어 오고 있습니다. 확실히 하나님 아버지의 나라는 옵니다. 하나님은 거기서 만유 안에 만유가 되실 것입니다. "하늘에 계신 우리 아버지, 아버지의 나라가 오게 하소서." 아멘.

주의 기도 설교 ⑤

셋째 간구; 아버지의 뜻이 이뤄지기 위한 간구

[주의 기도 본문]
아버지의 뜻이 하늘에서와 같이 땅에서도 이루어지게 하소서.
성경봉독: 시편 119:1-16, 히브리서 5:7-10

친애하는 여러분,

우리 주 예수 그리스도는 "하늘에 계신 우리 아버지…아버지의 뜻이 하늘에서와 같이 땅에서도 이루어지게 하소서"라고 기도할 것을 가르쳐 주셨습니다. 이것은 주께서 가르친 기도의 내용 중 세 번째 간구입니다. 첫 번째 간구는 아버지의 이름이 거룩히 여김을 받기 위한 것이었고, 둘째 간구는 아버지의 나라가 오게 하기 위한 것이었습니다. 이제 이 셋째 간구는 아버지의 뜻에 관련된 것입니다. 하나님 아버지의 나라가 임하도록 기도하는 하나님의 자녀들이 그의 뜻이 이루어지기를 기도하는 것은 매우 자연스런 일입니다. 하나님 아버지의 뜻이 그의 나라를 지배해야 하기 때문입니다.

여기서 우리는 인간의 이기적인 생각을 전적으로 버리고, 하나님의 뜻만 이루어지기를 원하게 됩니다. 그럼 하나님의 뜻은 어디에 있습니까? 하나님 아버지께서 우리와 맺은 언약의 요구하는 내용 가운데 나타나 있습니다. 그래서 하나님의 언약적 요구에 순종하는 것이 하나님의 뜻을 이루게 하는 것입니다.

오늘 "하나님의 뜻이 이뤄지기 위한 간구"에서 다음 세 가지를 생각해 보려고 합니다..

첫째, 언약 속에 있는 미래의 영광
둘째, 우리 생에 있어서의 싸움
셋째, 예수 그리스도 안에서의 위로입니다.

첫째, 우리가 하나님 아버지의 뜻이 이뤄지기 위해 기도하는 것은 언약 속에 있는 미래의 영광을 알기 때문입니다.

하나님의 뜻은 우리들에게 알려진 것과 숨겨진 것이 있습니다. 어떤 하나님의 뜻은 우리에게 잘 알려져 있습니다. 예를 들면 하나님은 계명을 통해 그가 우리에게 무엇을 원하시는지 분명하게 알려 주셨습니다. 하나님의 계명이 그의 뜻이라는 것은 의심할 여지가 없습니다. 그런데 우리에게 분명하게 알려지지 않은 하나님의 뜻이 있습니다. 예를 들면 우리 가족 가운데 한 사람이 중한 병을 앓고 있을 때 우리는 그가 속히 나아 건강이 회복되기를 바랍니다. 그러나 하나님의 뜻은 우리에게 숨겨져 있습니다. 하나님은 우리의 바라는 것과는 달리 그를 데려가실 수 있습니다. 그래서 이런 때 하나님의 뜻은 우리에게 숨겨져 있습니다.

그렇다면 이 셋째 간구에서 말하는 하나님의 뜻을 어떻게 이해해야 할까요? 어떤 사람들은 이것은 우리에게 숨겨진 하나님의 뜻을 말한다고 합니다. 말하자면 역경을 만났을 때 하나님의 뜻에 순복하기를 구하는 것이라고 합니다. 세상에 살면서 우리는 질병, 실직, 사고, 사별 등 여러가지 어려운 일을 당할 수 있습니다. 이런 일들을 우리는 받아들이기 어렵기 때문에 이를 극복하기 위해 위로부터의 능력이 필요합니다.

그러나 이 셋째 간구는 이런 문제에만 한정되어 있지 않습니다. 더 많은 것을 포함하고 있습니다. 우리 매일 생활에서 하나님의 뜻이 이루어지는 것도 관계됩니다. 하나님이 명하신 뜻이 이루어지는 것도 포함됩니다. 하나님의 뜻은 그의 계명들에 계시되어 있습니다. 하나님의 뜻을 이루는 것은 그의 계명을 듣고 그대로 순종하는 것입니다. 이것은 "하늘에서와 같이 땅에서도"라고 덧붙여진 말에서도 분명합니다.

여기서 우리는 하늘에 있는 천사들을 생각하게 됩니다. 주께서 이 기도를 가르치시면서 하나님의 보좌 주위에 서서 그의 명령을 기다리는 천사들을 마음에 두었을 것이 확실합니다. 천사들은 항상 하나님의 뜻을 이루는 일을 기뻐하며 그의 명령을 기다리고 있습니다. 그들은 하나님이 명하시는 것이라면 무엇이든지 항상 온 마음과 온 정성과 온 힘을 다하여 민활하게 실행합니다. 그들이 받은 명령이 무엇이든지 주저하지 않고 불평하지도 않습니다. 그들은 언제나 하나님의 명령이 떨어지기만을 열심히 기다립니다. 그래서 명령을 받으면 번개처럼 움직입니다.

우리가 이렇게 간구하는 동안 하늘의 천사들처럼 자신의 뜻을 부인하고 불평 없이 하나님의 뜻에 순종할 수 있기를 바라게 됩니다. 우리는 하늘에 있는 천사들과 매우 다르다는 사실을 인정합니다. 죄악의 권세가 우리 마음 속에 역사하고 있다는 것을 알고 있습니다. 이것은 정말 가공할 만한 사실입니다. 우리 인간이 처음에는 그렇지 않았습니다. 사람도 천사와 같았습니다. 천사 이상이었습니다. 천사들이나 사람은 다 처음에 하나님을 순종하고 섬기도록 지음을 받았습니다. 주 하나님을 섬기고 산다는 것이 얼마나 영광스러운 일입니까? 천사들은 하나님의 뜻을 이루기 위해 하늘에 살 수 있도록 지음을 받게 되자 온 하늘에서 감사 찬양을 했습니다(욥 38:7). 그러나 천사들은 하나님의 사자들이 되었을 뿐입니다.

그 때 하나님은 땅에서 그의 뜻을 섬기는 자로 사람을 지으셨습니다. 먼저 아담을, 다음으로 하와를 지으셨습니다. 천사와는 아주 구별되게 그들은 하나님의 자녀로 지음을 받았습니다. 무엇보다 그들은 하나님의 언약 안에서 그의 자녀들이었습니다. 이것이 천사와 사람의 큰 차이였습니다. 사람이 하나님의 자녀로서 이 땅에서 언약 안에서 하나님의 뜻을 이룰 수 있다는 것은 큰 영광입니다. 그들은 실로 크게 기뻐하며 자기 소명을 다했습니다. 완전한 상태의 그들은 천사를 순종 생활의 본으로 삼을 필요가 없었습니다. 하나님의 자녀들은 천사 이상이었기 때문입니다. 천사들은 단순히 하나님의 종에 불과했습니다. 그러나 사람들은 하나님의 자녀들이었습니다. 그래서 기쁜 찬양의 소리가 낙원에서 들렸습니다. 아담과 하와는 언약의 영광을 즐기고 살았습니다.

그런데 여러분, 이 모든 영광은 범죄하고 타락함으로써 잃게 되었습니다. 천사의 세계에 먼저 반역이 있었습니다. 그룹들 중 하나와 그의 추종자들에 의한 반역이었습니다. 그들은 바로 하늘에서 땅으로 쫓겨났습니다(딤전 3:6). 그러나 신실한 천사들은 그들의 자리를 지키며 하나님 앞에 봉사를 계속했습니다. 타락한 그룹들은 하나님의 원수인 사탄이 되었습니다. 하나님의 원수가 된 사탄의 파괴행위는 그치지 않았습니다. 사탄은 땅 위에 있는 사람이 하나님께 반역하도록 유혹했습니다. 사탄은 하나님이 사랑하는 사람을 미워했습니다. 그래서 사람에게 하나님을 배반하도록 유혹했습니다. 결과적으로 아담과 하와는 하나님의 뜻을 불순종했습니다. 이들은 언약에 계시된 하나님의 뜻을 더 이상 순종하지 않았습니다. 낙원에서 찬양이 그쳐 더 이상 들리지 않았습니다.

그러나 하나님은 사람에게 은혜로우셨습니다. 그래서 하나님은 그들에게 메시아 안에서 구원을 약속하셨습니다. 그의 신실하심 가운데 하나님은 그의 아들 예수 그리스도를 이 땅에 보내시고 그들을 사탄의 노예 된 생활에서 구원해 주셨습니다. 이 예수 그리스도로 말미암아 우리는 "하늘에 계신 우리 아버지…아버지의 뜻이 이루어지게 하소서"라고 기도하는 것을 다시 배웠습니다. 그리스도 안에서 하나님의 언약이 다시 회복되었기 때문에 우리는 다시 이렇게 기도할 수 있게 되었습니다. 그리고 그리스도 안에서 우리가 다시 하나님의 뜻을 이룰 수 있게 되었습니다.

그러나 우리 사람의 본성은 매우 연약하고 우리의 뜻은 자주 그릇됩니다. 그래서 하늘의 천사들이 순종하는 모습을 본 받으려고 합니다.

우리가 하나님의 자녀요, 천사는 하나님의 사자에 불과하기 때문에 천사들의 순종을 모범으로 삼는다는 것은 어떤 점에서 부끄러운 일입니다. 그러나 천사에게서 배우는 것은 앞으로 올 영광의 회복을 가리킨다는 사실을 기억해야 합니다.

우리는 아름다운 미래를 바라보고 있습니다. 지난 여러 세기 동안 하나님의 자녀들이 "하늘에 계신 우리 아버지, 아버지의 뜻이 이루어지게 하소서"라고 기도해 왔습니다. 우리는 언약의 영광이 완전하게 빛날 새 예루살렘의 영광을 바라보며 살고 있습니다. 새로운 성 예루살렘에서 우리는 하나님의 자녀로서 앞자리를 차지하게 될 것이고 천사들은 뒷자리에 있을 것입니다. 왜냐하면 천사들은 하나님의 사자일 뿐이기 때문입니다. 이 같은 영광의 미래를 바라보면서 우리는 이 악한 세상에서 계속 기도하고 순종할 힘을 얻게 됩니다.

둘째, 하나님의 뜻을 이루기 위한 기도는 우리가 언약적 의무를 수행하는 데 싸움이 따르기 때문에 필요합니다.

하나님의 뜻을 이룬다는 것은 우리가 매일 싸워야 한다는 것을 의미합니다. 하나님의 자녀들에게는 계속되는 싸움이 있습니다. 하나님의 뜻을 이루기 위해 진지하게 기도하는 사람은 그의 일상생활에 항상 신중합니다. 기도와 일하는 것을 병행합니다. 이것은 셋째 간구에서 분명합니다. 여기서 은연중 우리는 "아버지, 우리와 모든 사람들이 우리 자신의 뜻을 부인하고, 아버지의 뜻만 선하시니 아버지의 뜻을 아무 불평 없이 순종하게 하소서"라고 기도하는 것입니다(하이델베르그 요리문답 124).

우리 자신의 뜻을 부인하는 것은 매우 필요합니다. 죄가 항상 우리의 뜻대로 작용하기 때문입니다. 우리 자신의 뜻은 부패했습니다. 우리의 뜻은 가끔 사탄에게 노예가 되기도 합니다. 그러므로 우리는 우리 자신의 뜻을 항거하고 싸워야 합니다. 그러나 이것은 우리 자신의 뜻을 전적으로 제거하는 것을 의미하지 않습니다. 이것은 부자연스런 일입니다. 이런 부자연스런 사상이 이방종교에 있습니다. 그들은 우리가 의지를 전적으로 제거하고 벗어날 때 참으로 평화롭고 행복한 세계가 있다고 합니다. 이와 매우 유사한 사상이 오늘의 신비주의와 로마 가톨릭 교회의 금욕주의에서도 발견됩니다.

그러나 자기 부인에 대한 성경의 가르침은 이런 사상과 아무 관련이 없습니다. 하나님은 뜻과 욕망을 가진 사람을 창조하셨습니다. 젊은 청년이 같은 또래의 젊은 처녀를 욕망하는 것은 죄가 아닙니다. 사람이 돈을 벌 욕망을 갖는 것은 죄가 아닙니다. 이런 욕망을 억누르고 버리는 것은 부자연한 일입니다. 문제는 죄가 우리 욕망 속에 작용하는 것입니다. 사람이 하나님의 계명을 거스려 스스로 욕망하는 것을 취하려 합니다. 인간이 범죄 타락한 후 언제나 그러했습니다.

자기중심의 문화가 지배하는 오늘의 상황은 더욱 더 심각합니다. 많은 사람들이 "내가 원하는 것을 갖겠다. 누가 나의 주인이 되랴? 내가 내 자신의 주인이다"라고 합니다. 이것이 대부분 현대인들의 태도입니다. 자기 자신을 하나의 신으로 여기는 것입니다. 이런 개인의 찬양이 생활을 파괴합니다. 가정생활에서 조화와 결속을 앗아갑니다. 사회생활이 무질서해집니다. 그래서 삶의 현장이 그릇된 의지의 싸움터가 됩니다. 그 결과 혼돈이 옵니다.

이런 배경에서 우리는 "우리와 모든 사람들이 우리 자신의 뜻을 부인해야 한다"는 말의 의미를 이해해야 합니다. 죄는 우리 생활에 많은 해를 끼칩니다. 우리가 우리 자신의 뜻을 고집하면 우리 개인과 가정, 사회생활에 엄청나게 비참한 결과를 초래할 뿐입니다.

그러면 우리가 하나님 아버지의 뜻을 어떻게 알 수 있습니까? 하나님 아버지의 말씀을 통해 알 수 있습니다. 그러나 하나님의 말씀이 모든 경우에 대해 하나님의 분명한 뜻을 제시하고 있지는 않습니다. 성경은 하나의 백과사전이 아닙니다. 그래서 우리는 경우에 따라 하나님의 말씀을 통해 하나님의 뜻을 이해할 의무가 있습니다. 예를 들면 우리가 다른 나라로 이민을 가려고 할 때 성경에서 하나님의 분명한 인도를 발견할 수 없습니다. 이런 경우 우리는 기도하면서 하나님의 말씀으로부터 하나님의 뜻을 찾아야 합니다. 우리가 생각하고 결정하는 표준은 하나님의 영광이고 영적인 안녕입니다. 사도 바울은 "하나님의 선하시고 기뻐하시고 온전하신 뜻이 무엇인지 분별하도록 하라"(롬 12:2)고 했습니다.

우리는 "나는 그리스도인이다", 혹은 "나는 교회의 교인이다"라고 말하는 것으로 만족하지 않아야 합니다. 우리 생활의 모든 경우에서 하나님의 뜻을 분별해야 합니다. 그래서 우리는 우리 자신의 뜻을 부인하고 하나님의 뜻을 이루어야 합니다. 왜 우리가 우리의 뜻을 부인해야 합니까? 우리 자신의 뜻은 언제나 많은 비참한 결과가 따르기 때문입니다. 여러분이 여러분 자신의 뜻을 따라가더라도 쓰디 쓴 결과가 언제나 바로 초래되지는 않습니다. 잠시 동안 즐겁게 지낼 수 있습니다. 한동안 성공도 할 수 있습니다. 그러나 결국 많은 고통과 비참함을 맞이하게 될 것입니다. 왜 우리가 하나님 아버지의 뜻을 순종해야 합니까? 하나님은 언제나 그의 은혜 가운데서 우리의 구원을 기뻐하시기 때문입니다. 하나님의 뜻에 순종하는 것은 종종 고통스러울 수도 있습니다. 그렇지만 결국에는 기쁨과 평강과 행복을 가져옵니다.

모든 사람들이 그들 자신의 뜻을 부인하고 하나님의 뜻을 이루어야 합니까? 물론 그렇습니다. 왕이나, 대통령이나, 정치인이나, 사업가나 모두가 자기 뜻을 부인하고 하나님의 뜻을 이루어야 합니다. 예외가 있을 수 없습니다. 우리는 하나님의 자녀이기 때문에, 먼저 우리 자신의 뜻을 부인하고 하나님 아버지의 뜻을 이루어야 합니다. 현재 우리는 낙원의 언약적 영광 속에 살고 있지 않습니다. 새 예루살렘의 언약적 영광은 아직 오지 않았습니다. 우리는 현재 그 사이에 살고 있습니다. 그런고로 우리는 매일 하나님 아버지의 뜻만 순종함으로써 우리의 언약적 의무를 수행하기 위해 싸워야 합니다.

우리 자신의 뜻을 부인하고 하나님의 뜻 가운데 사는 것은 쉽지 않습니다. 끊임없는 싸움을 의미합니다. 여러분, 세상에서 여러분의 생활은 어떻습니까? 청소년 여러분, 친구들 간에 교제하며 어떻게 행동합니까? 이 문제에 대한 하나님의 뜻은 그의 말씀에 분명히 나타나 있습니다. 여러분이 "아버지의 뜻이 이루어지게 하소서"라고 기도하면서 현재 그의 뜻을 이루고 있지 않다면 큰 문제입니다. 하나님의 언약의 진노를 두려워 해야 합니다.

하나님 아버지에 대한 언약적 의무에 대하여 우리는 "아무 불평 없이" 이행해야 합니다. 부모의 말에 자녀가 불평할 수 있습니다. 물론 그렇게 해서는 안 됩니다. 그러나 하나님 아버지께서 하시는 말씀에 우리가 불평한다면 이것은 심각한 일입니다. 우리는 하나님 아버지를 전심으로 순종해야 합니다. 하나님 아버지의 뜻은 항상 선하고 아름답기 때문입니다. 언약의 자녀인 우리는 모든 생활에서 하나님 아버지에 뜻에 순종하기 위한 선한 싸움을 싸워야 합니다.

나아가, 우리는 하늘에 있는 천사들처럼 우리의 직분과 소명을 즐겁고 성실하게 수행해야 합니다. 이 땅 위에서 우리가 이상적인 상태에 이를 수는 없습니다. 그러나 우리는 끊임없이 노력해야 합니다. 직분에 관하여 먼저 목사, 장로, 집사를 생각하게 됩니다. 이 모든 직분자들이 각기 자기 직분을 성실하게 수행해야 합니다. 게으른 직분자가 "아버지의 뜻이 이루어지게 하소서"라고 기도할 수 있습니다. 이런 기도는 오히려 자기를 정죄하는 것이 됩니다.

그런데 이것은 특별한 직분자들한테만 관련되지 않습니다. 교회에서 특별한 직분자로 부름을 받지 않는 모든 이에게도 적용됩니다. 모든 그리스도인은 직분자입니다. 그리스도인은 "기름부음을 받은 자"를 의미하기 때문입니다. 여러분은 모두 가정에서, 학교에서, 직장에서 하나님 아버지께서 주신 직분이 있습니다. 여러분 중에는 가정에서 주부로, 어머니로서 직분이 있습니다. 남편과 아버지로서 직분이 있습니다. 이 모든 직분을 통해 하나님의 뜻을 이루어야 합니다. 천사들의 모범을 따라야 합니다. 천사들이 하나님의 지시에 얼마나 민첩하게 반응하는지를 생각하면서 우리는 부끄러워 할 줄 알아야 합니다.

이제 우리가 살아가는 가운데 재난을 당하면 하나님 아버지의 뜻과 관련하여 어떻게 반응해야 할까요? 우리는 이미 하나님의 숨겨진 뜻에 관해서 듣고 깨달았습니다. 우리가 병, 죽음, 슬픔, 박해로 불행한 일을 당할 때, "아버지의 뜻이 이루어지게 하소서"라고 기도해야 합니까? 물론입니다. 우리는 모든 환경에서 하나님 아버지의 선하심을 믿어야 합니다. 우리는 이 모든 일을 아무 불평 없이 받아들여야 합니다. 참된 그리스도인이 이런 일을 수동적으로 받아들이는 것은 유감스러운 일입니다. 적극적으로 받아들여야 합니다. 이것이 불합리하고 어리석게 보일 수 있습니다.

그러나 바울을 보십시오. 그의 육체 안에 가시가 제거되어지기를 진심으로 바라고 기도했지만 하나님 아버지는 이 기도를 들어 주지 않았습니다. 그러나 그는 이 결과를 적극적으로 받아들였습니다. 그는 하나님의 은혜로운 손길을 발견하고 말했습니다. "내가 그리스도를 위하여 약한 것들과 능욕과 궁핍과 박해와 곤고를 기뻐하노니 이는 내가 약한 그 때에 강함이라"(고후 12:10). 그러므로 여러분 우리는 바울처럼 우리 삶에서 불행한 일들을 적극적으로 받아들일 줄 알아야 합니다.

여러분, 오랫동안 병으로 고생하는 사람이 어떻게 "아버지의 뜻이 이루어지게 하소서"라고 기도할 수 있습니까? 아버지의 행하심이 참으로 선하다고 어떻게 고백할 수 있겠습니까? 참된 그리스도인은 할 수 있습니다. 이로써 우리는 선한 싸움을 싸워야 합니다. 기도하고 싸우는 것이 그리스도인에게 생활의 표어입니다. 이것이 완성으로 나아가는 길입니다. 죄는 정복되어야 합니다. 죄의 마지막 권세가 멸하고 매장되어야 합니다. 우리의 옛 사람이 죽어야 하고 새 사람이 일어나야 합니다. 선택 받은 자들의 마지막 자녀가 그의 싸움을 마칠 때 우리 주 예수 그리스도가 그의 영광 중에 재림할 것입니다. 그 때 우리의 싸움도 끝날 것입니다.

셋째, 우리가 아버지의 뜻이 이루어지기를 기도하는 이유는 예수 그리스도 안에서 받을 위로를 알기 때문입니다.

하나님 아버지의 자녀들은 선한 싸움에서 큰 위로를 받습니다. 위로는 우리 자신으로부터 오지 않습니다. 참된 위로는 언약의 중보자 예수 그리스도 안에 있습니다. 우리가 오늘 읽은 히브리서 5장의 내용을 봅시다. 하나님 아버지께서 예수님이 큰 고난 가운데서 올린 간구를 들으셨다고 합니다. "그가 육체로 계실 때에 자기를 죽음에서 능히 구하실 이에게 심한 통곡과 눈물로 간구와 소원을 올렸고 그의 경건하심으로 말미암아 들으심을 얻었나니라"(7절). 이것은 놀랄만한 말씀입니다. 특별히 8절에 "그가 아들이시면서 받으신 고난으로 순종을 배웠다"고 하는 말씀은 이해하기 어렵습니다. 예수 그리스도가 순종을 배웠다는 것이 어떻게 가능합니까? 그가 아직 순종을 배워야 합니까? 여기서 우리는 이해하기 어려운 신비를 발견하게 됩니다.

그러나 우리는 예수 그리스도가 참으로 사람이었다는 것을 잊지 않아야 합니다. 참 사람이었던 예수님은 무죄했습니다. 그러나 그는 그의 백성의 죄를 위해 하나님의 진노를 견디어야 했습니다. 그것은 고난이었습니다. 그것은 그에게 무서운 싸움과 직면하게 했습니다. 우리는 겟세마네 동산에서 그가 기도로 싸우셨던 것을 잘 알고 있습니다. 누가는 그 때의 상황을 이렇게 알려 줍니다. "예수께서 힘쓰고 애써 더욱 간절히 기도하시니 땀이 땅에 떨어지는 핏방울 같이 되더라" (눅 22:44). 히브리서 기자는 "통곡과 눈물로 간구와 소원을 올렸다"고 말합니다. 겟세마네에서 그는 하나님 아버지의 뜻과 싸웠습니다. 그는 거기서 일찍이 우리에게 가르쳐 주셨던 기도의 세 번째 간구대로 "아버지여, 나의 뜻이 아니고 아버지의 뜻을 이루소서" 하는 기도하며 싸웠습니다.

이제 우리는 여기서 예수 그리스도가 어떻게 그의 아버지의 뜻을 이루는 것을 배우게 되었는지 알게 되었습니다. 예수 그리스도는 참된 사람이었습니다. 사람으로서 그의 욕망은 고난의 잔에서 구원을 받는 것이었습니다. 그러나 아버지의 뜻은 그가 십자가 위에서 자기를 희생 제물로 드리는 것이었습니다. 왜냐하면 그는 세상의 구주요 대제사장으로 보냄을 받았기 때문입니다. 하나님 아버지의 뜻은 고난의 잔을 마시는 것이었습니다. 그래서 그는 사람으로서의 욕망을 부인하고 하나님 아버지의 뜻에 순종했습니다. 우리 주 예수 그리스도는 고난의 길로 순종을 배웠습니다. 예수 그리스도는 "아버지의 뜻을 이루소서"라는 기도로 십자가의 길로 나아가야 한다는 것을 배웠습니다.

이 모든 것이 우리에게는 이해하기 어려운 일입니다. 순간마다 우리에게 내려져야 했던 하나님의 무서운 진노가 그에게 내려져 새로운 힘으로 눌렀습니다. 그러나 우리 주 예수 그리스도는 "다 이루었다"고 외치실 때까지 성실하게 하나님의 뜻에 순종했습니다.

친애하는 여러분, 이것이 우리의 위로입니다. 언약의 중보자 예수 그리스도가 하나님의 뜻을 이루었기 때문에 언약의 자녀들인 우리가 크게 위로를 받습니다. "그리스도 예수는 우리에게 지혜와 의로움과 거룩함과 구원함이 되셨기"(고전 1:30) 때문입니다. 예수 그리스도로 말미암아 우리에게는 영광스런 미래가 있습니다. 현재 우리는 하나님의 뜻에 순종하기 위해 싸웁니다. 그러나 앞으로 어느 날 우리도 하늘에 있는 천사들처럼 하나님 아버지의 뜻을 완전히 순종하게 될 것입니다. 그 때 새 하늘과 새 땅이 임할 것입니다. 거기서 우리는 앞자리를 차지할 것이고, 천사들은 우리 뒤에 앉을 것입니다. 그 때 모든 싸움은 끝나고 우리는 영원히 하나님 아버지의 뜻을 완전히 이루고 그를 섬기게 될 것입니다. 아멘.

주의 기도 설교 ⑥

넷째 간구; 일용할 양식을 위한 간구

[주의 기도 본문]
오늘 우리에게 일용할 양식을 주소서.
성경봉독; 누가복음 12:13-31

친애하는 여러분,

우리 주 예수 그리스도는 우리가 "하늘에 계신 아버지…오늘 우리에게 일용할 양식을 주소서"라고 기도를 가르쳐 주셨습니다. 이것은 우리 사람들과 관련있는 세 가지 간구 가운데 첫 번째 것입니다. 일용할 양식을 구하는 것은 사소한 문제가 아닙니다. 이 문제는 어느 시대나 사람들에게 최대 관심사였습니다. 이것은 사람의 생존을 위해 가장 중요한 문제였기 때문입니다. 이 세상에서 사람의 생명은 먹고 마시는 것으로 유지가 됩니다. 처음부터 하나님은 그렇게 사람을 창조하셨습니다.

이 세상에서 신자나 불신자가 다 생존을 위해 일용할 양식을 필요로 합니다. 그런데 예수님은 신자들인 우리에게 일용할 양식을 위해 기도하라고 가르쳐 주셨습니다. 혹 신자들 중에 이렇게 묻는 사람이 있을지도 모르겠습니다. "이 세상에는 불신자들도 일용할 양식으로 잘 살고 있지 않는가?. 그들 가운데 어떤 사람들은 필요 이상의 많은 것을 얻어 누리며 살고 있다. 그렇다면 신자들인 우리가 왜 이런 일용할 양식을 위해 기도해야 하는가?" 어떻게 보면 이런 물음은 일리가 있습니다.

그러나 예수님이 신자인 우리에게 일용할 양식을 위해 기도하라고 가르치신 것은 우리가 하나님의 자녀들이기 때문입니다. 하나님의 자녀들인 우리에게 일용할 양식의 문제는 죄 사함의 문제와 악으로부터 구원 받는 문제보다 적지 않은 신앙적인 문제입니다. 우리는 이 일용할 양식의 문제를 신앙의 범주 안에서 보아야 합니다.

우리 그리스도인의 생활은 자연적인 것과 영적인 것 사이에 차이를 두지 않습니다. 우리 그리스도인의 생활에는 단 하나의 차원이 있을 뿐입니다. 그것은 하나님의 은혜로 사는 세계의 차원입니다. 우리가 일용할 양식을 위해 기도할 때, 우리는 고상한 목적을 위해 기도하는 것입니다. 우리는 아버지 하나님을 섬기기 위해 일용할 양식을 구하는 것입니다. 우리의 식탁은 감사의 제단입니다.

우리는 오늘 "일용할 양식을 위한 간구"에서 다음 두 가지 요점을 생각하려 합니다.

첫째, 간구의 배경이고

둘째, 간구의 내용입니다.

첫째, 일용할 양식을 위한 간구의 배경을 살펴봅니다.

양식은 시대마다 언제나 큰 문제가 되어 왔습니다. 굶주림은 개인이나 국민들에게 두려운 문제입니다. 오늘날도 여러 나라에 굶주림으로 죽어가는 사람들의 비참한 소식이 들려 옵니다. 양식이 부족하면 무서운 결과를 초래합니다.

그런데 양식이 부족한 것은 큰 비극이지만, 물질적으로 풍부한 것도 사람들에게 큰 해가 될 수 있습니다. 번영이 사람들을 크게 위험하게 할 수도 있습니다. 현재 우리는 비교적 풍요한 사회에 살고 있습니다. 때때로 불경기로 어려움을 겪기도 하고, 부자와 가난한 사람들의 차이도 있지만 거의 모두가 적어도 먹고 마시는 문제에 대해서는 크게 염려하지 않고 있습니다.

만일 아무것도 먹을 것이 없다면 사람들은 적은 것이라도 갖기를 원할 것입니다. 그래서 적은 것을 얻으면 감사합니다. 그러나 먹고 마실 것이 많으면, 사람들은 일반적으로 더 많은 것을 원하는 경향이 있습니다. 그래서 오늘날 풍요한 사회에 사는 많은 사람들은 더욱 더 탐욕에 빠지게 됩니다. 사람들은 자기보다 더 잘 사는 사람들을 부러워하며 시기도 합니다. 왜 저들은 우리보다 더 잘 살아야 하는가? 그래서 수입이 모두 같아야 한다고 생각하는 사람들이 있습니다. 이런 탐심은 산업사회에서 혁명을 부추기게 됩니다. 사람은 가지면 가질수록 더 많이 갖기를 원합니다. "거머리에게는 두 딸이 있어 다오 다오 하느니라. 족한 줄을 알지 못하고 족하다 아니 한다"(잠언 30:15). 이는 물질주의자들에게 적용될 말입니다.

우리 주 예수 그리스도는 일용할 양식을 위해 기도하라고 가르쳐 주셨습니다. 일용할 양식은 많지 않은 것처럼 보입니다. 그러나 일용할 양식을 위한 간구는 깊은 의미가 있습니다. 이 간구의 배경을 이해하기 위해 우리는 저 낙원의 상태를 생각해 봅시다.

낙원에서 하나님은 각종 초목을 두셨습니다. 아담과 하와는 그 동산에서 자유롭게 열매를 따 먹고 즐길 수 있었습니다. 열매는 그들의 육체적인 생명을 위해 주신 것이었습니다. 에덴동산의 생활은 더 발전하여 양들은 그들에게 아름다운 털을 제공했습니다. 소는 우유를 제공하고, 들은 푸른 초원을 제공했습니다. 특별한 사명을 받은 모든 피조물들은 하나님과 사람을 섬겼습니다.

사람은 에덴동산에서 하나님의 대리자였습니다. 하나님은 사람에게 만물을 주어 이들을 가지고 자신을 섬기게 했습니다. 처음에 하나님과 사람들 사이에 완전한 조화가 있었고, 사람들과 다른 피조물들 사이에도 완전한 조화가 있었습니다. 그러나 불행히도 우리 조상 아담이 하나님의 언약의 말씀에 불순종하여 타락함으로써 이 조화를 깨뜨리고 말았습니다. 하나님이 금하셨던 선악을 알게 하는 나무의 열매를 따서 먹었습니다. 이로 말미암아 죄가 세상에 들어왔습니다.

타락하기 전에 사람은 여호와 하나님을 섬기기 위해 먹고 마셨습니다. 타락한 후에는 이것이 완전히 변해버렸습니다. 더 이상 하나님을 섬기지 않고, 그의 영광을 위해 먹고 마시며 살지 않게 되었습니다. 그러면 이제 무엇을 위해 먹고 마십니까? 인간 자기의 만족과 영광을 위해 먹고 마시며 사는 것입니다. 이로써 인간의 감사생활은 완전히 사라져 버리고 허랑방탕하게 생활하는 탕자가 되어버렸습니다.

그러나 하나님은 은혜로우십니다. 그는 은혜 가운데 비참한 상태로부터 인간을 회복시켜 주시시기를 원했습니다. 그래서 그는 그의 아들 예수 그리스도를 이 세상에 보내셨습니다. 아들 예수 그리스도는 우리를 구원하기 위해 어떤 삶을 사셨습니까? 옛 뱀 사탄에 의해 그는 광야에서 시험을 받았습니다(마 4). 그는 제일 먼저 떡으로 시험을 받으셨습니다. 사탄은 말 했습니다. "네가 하나님의 아들이어든 이 돌들로 떡덩이가 되게 하라."

둘째 아담이신 예수 그리스도는 첫 아담과 완전히 달랐습니다. 그는 하나님 아버지께 계속 성실했습니다. 그는 40일 동안 금식하고 주린 상태에 있었습니다. 그러나 하나님 아버지가 주시지 않는 한 떡을 만들어 먹는 일을 거절하시고 "사람이 떡으로만 살 것이 아니요, 하나님의 입으로부터 나오는 모든 말씀으로 살 것이니라"고 하셨습니다. 둘째 아담 예수님은 그의 생의 마지막에 모든 것을 빼앗겼습니다. 십자가에 달린 예수님을 바라보십시오. 그는 목이 말랐습니다. 그는 벗은 몸이었습니다. 그는 끝까지 순종의 길을 갔습니다. 이로 말미암아 둘째 아담이신 우리 주 예수 그리스도는 첫 아담이 잃은 것을 회복시켜 주셨습니다.

이런 배경을 생각하며 우리는 이 넷째 간구인 "오늘 우리에게 일용할 양식을 주소서"를 이해해야 합니다. 우리가 구하는 이 양식이 그리스도 안에서 하나님이 주시는 은혜의 선물이라고 고백합니다. 여기서 우리는 신지와 불신자의 차이를 발견합니다. 불신자들은 양식을 당연한 것으로 생각합니다. 그것을 자신의 노동으로 얻은 열매로만 보기 때문입니다. 그러나 신자들은 그것을 그리스도의 공로로 하나님이 주시는 순수한 은혜의 선물로 봅니다.

어떤 사람들은 예수님이 참으로 일용할 양식을 위해 기도하라고 가르쳤을까 하며 의심합니다. 이들은 예수님이 말씀하신 양식을 영적 양식으로 이해하려고 합니다. 그 근거로 요한복음 6장에 예수님이 "내가 생명의 떡이니" 하지 않았는가? 말합니다. 그래서 예수님이 가르친 기도에서 일용할 양식은 "영적 양식"을 가리킨다고 주장합니다. 그러나 예수님이 가르치신 이 기도문을 너무 영적으로 보는 것은 경계해야 합니다.

이 간구는 영적 양식과 관련해서 말하고 있지 않습니다. 예수님은 분명히 우리의 일용할 양식에 관하여 말씀하십니다. 우리는 하나님의 완전한 나라가 올 때까지 그의 나라를 촉진하기 위해 일할 사명이 있습니다. 우리가 하늘로 취해져 천사들처럼 하나님 아버지의 뜻을 완전히 섬기게 될 순간까지 이 땅 위에서 그의 뜻을 이루기 위해 힘써야 합니다. 우리는 이 세상에서 놀라운 사명이 있습니다. 그것을 이루기 위해 우리는 육체적인 힘이 필요합니다. 우리에게는 일용할 양식이 있어야 합니다. 그래서 우리는 우리가 받은 사명을 이루기 위해 "일용할 양식을 주소서"라고 하나님 아버지께 간구하는 것입니다.

둘째, 이제 이 간구의 내용을 살펴봅시다.

이 간구에서 우리는 육신에 필요한 모든 것을 위해 하나님 아버지께 구합니다. 왜냐하면 하나님 아버지는 모든 좋은 것의 원천이시기 때문입니다. 그의 축복이 없이는 우리의 염려와 노력, 하나님 아버지께서 주신 선물까지도 우리에게 아무 유익이 되지 못합니다.

우리는 이렇게 간구함으로써 우리가 필요로 하는 모든 물질을 위해 하나님 아버지를 완전히 의지하고 있음을 나타냅니다. 우리가 오늘 누가복음 12장에 기록된 부자의 비유에 대한 본문을 읽었습니다. 이 부자는 하나님을 의존하고 살 생각이 전혀 없었습니다. 풍성한 소출과 많은 곡식에 의존하며 살았습니다. 그가 밭에서 풍부한 소출을 거두었습니다. 그래서 그는 작은 곳간을 헐고 큰 곳간을 지었습니다.

결과 그는 여러 해 쓸 곡식을 가득히 쌓아 두기를 원했습니다. 이 사람은 일용할 양식을 위해 기도할 필요성을 느끼지 못했습니다. 자신의 풍부한 곡식으로 만족했습니다. 그는 스스로 말했습니다; "내 영혼아 여러 해 쓸 물건을 많이 쌓아 두었으니 평안히 쉬고 먹고 마시고 즐거워하자"라고 했습니다. 이 물질주의자는 결국 하나님의 심판을 받았습니다. "어리석은 자여, 오늘 밤에 네 영혼을 도로 찾으리니 그러면 네 준비한 것이 누구의 것이 되겠느냐?"

많은 현대인들은 이 부자와 같습니다. "우리가 일용할 양식을 위해 기도할 이유가 어디 있는가? 내가 열심히 일해서 벌어 살아가고 있지 않는가?" 합니다. 오늘날 많은 사람들은 자만합니다. 하나님께 감사할 줄 모르고 먹고 마십니다. 마음 속으로 "내가 돈을 모아 앞날을 위해 쌓아 놓겠다. 하나님의 도움이 왜 필요한가?"라고 합니다. 사람이 얼마나 교만해졌습니까?

여러분, 이렇게 자만한 생각을 거스려 우리는 하나님께 완전히 의존하는 신앙을 가져야 합니다. 우리는 일용할 양식의 선물을 위해 겸손하게 구해야 합니다. 우리는 본성적으로 하나님을 배반하는 성질이 있습니다. 그래서 일용할 양식을 받을 자격이 없습니다. 하나님께서 그의 아들 예수 그리스도 안에서 우리에게 주시기를 기뻐하지 않는다면 어떻게 우리가 일용할 양식을 얻어 누릴 수 있습니까? 우리는 겸손하게 일용할 양식을 위해 하나님 아버지께 구하고, 받은 양식에 대해 그에게 감사해야 합니다.

번영과 풍부함을 누리면 다른 위험이 있습니다. 사람들은 작은 것을 좋아하지 않습니다. 작은 몫을 무시합니다. 이것은 감사를 모르는 사람들의 정신상태입니다. 오늘날 많은 사람들이 작은 몫의 가치를 인정하지 않으려 합니다. 종종 작은 것을 버리곤 합니다. 이것은 사람들이 자만해졌다는 증거입니다.

여러분, 이것이 놀라운 일은 아닙니다. 옛날 이스라엘 백성들이 광야에서 꼭 같은 일을 했기 때문입니다. 그들은 광야에서 하나님이 매일 내려 주시는 만나를 먹고 살았습니다. 하나님은 이들에게 그 날 필요한 만큼만 거두라고 하셨습니다. 그러나 저들은 욕심을 부렸습니다. 매일 필요 이상의 만나를 거두어 그 이튿날 아침까지 두었습니다. 그러자 거기 벌레가 생기고 냄새가 났습니다(출 16:20).

하나님은 사십년 동안 광야에서 만나를 비 같이 내려주셨습니다. 황무한 광야에서 이스라엘 백성들이 얼마나 이적적인 돌봄을 즐겼습니까? 그런데 그들은 불평하며 말했습니다. "누가 우리에게 고기를 주어서 먹게 할까!" 하며 애굽 종 되었던 집에서 먹던 것을 그리워하고 "만나 외에는 보이는 것이 없도다"라고 불평했습니다(민 11:4-6).

그들은 하나님이 은혜로 내려주시는 만나에 질려 다른 메뉴를 찾았습니다. 애굽에서 먹던 생선과 오이와 참외와 부추와 파와 마늘을 원했습니다. 우리는 너무 성급하게 저들을 향하여 감사를 모르는 백성들이라고 비난할 수 없습니다. 우리도 본성적으로 저들보다 낫지 않습니다. 여러분은 참으로 일용할 양식을 위해 하나님을 전적으로 의지하고 살아갑니까? 여러분이 가진 작은 것이라도 중심으로 하나님께 감사하고 있습니까?

"오늘 우리에게 일용할 양식을 주소서." 중심으로 기도하는 사람은, 이 기도로 자신이 하나님 아버지 안에서 풍성한 것을 가지고 있다고 고백하는 것입니다. 우리 스스로는 가난합니다. 그러나 우리 하나님 아버지는 풍성하게 가지고 계십니다. 부자의 비유를 다시 생각해 봅시다. 그는 풍부한 곡식을 가지고 부자라고 생각했습니다. 그러나 실제로 심히 가난했습니다. 그는 자기 영혼에게 "영혼아 여러 해 쓸 물건을 많이 쌓아 두었으니 평안히 쉬고 먹고 마시고 즐거워하자"라고 말했습니다. 이것이 그의 영혼에게 말한 부자였습니다. 그 영혼은 이상한 영혼이었습니다. 세상에서 먹고 마시고 즐기는 것 밖에는 모르는 영혼이었기 때문입니다. 그 영혼은 모든 것을 주시는 하나님 아버지를 몰랐습니다. 그러므로 그는 심히 가난했습니다.

예수님께서 이 비유를 말씀하시기 전에 형제 사이에 유산을 나누는 일 때문에 한 사람이 와서 요청했습니다. "선생님, 내 형을 명하여 유산을 나와 나누게 하소서." 이 청년이 예수님에게 부자에 대한 비유의 말씀을 하실 수 있게 동기를 부여했습니다. 예수님은 "삼가 탐심을 물리치라. 사람의 생명이 그 소유의 넉넉한 데 있지 아니하니라"고 하시며 천국의 부유함에 관하여 말씀하셨습니다.

그러나 그 사람은 예수님이 전하는 복음에 관심을 갖지 않았습니다.

그는 단지 한 가지 유산을 나누어 가지기만 원하면서 예수님이 이 문제를 해결해 주기를 바랐습니다. 그는 물질 문제를 그의 영혼의 구원 문제보다 더 중요하게 여겼습니다. 이 사람에게 자기 생명을 확보하는 길은 예수 그리스도의 말씀에 있는 것이 아니라, 땅에 속한 물질, 곧 많은 돈을 가지는 데 있었던 것입니다. 여기서 우리는 세상 것을 의지하고 사는 사람에게서 큰 빈곤을 보게 됩니다.

이 넷째 간구를 다시 자세히 살펴봅시다. 말은 아주 단순합니다. 그러나 내용은 매우 중요합니다. 이 간구는 우리가 어떤 피조물도 의지하지 않고 하나님 아버지만 신뢰하는 것을 뜻하고 있습니다. 이것은 예수님께서 잇달아 주시는 말씀에서도 분명합니다. 그는 "목숨을 위하여 무엇을 먹을까 무엇을 마실까 몸을 위하여 무엇을 입을까 염려하지 말라"고 하셨습니다.

예수님께서 아울러 하나님 아버지께서 친히 돌보시는 새들과 꽃들에 대하여 언급하셨습니다. "공중의 새를 보라. 심지도 않고 창고에 모아들이지도 아니하되 하나님 아버지께서 기르시지 않는가! 백합화를 보라. 수고도 않고 길쌈도 하지 않지만 얼마나 아름다운 의복을 입고 있느냐!"(마 6:25-34)

예수님이 이렇게 말씀하신다고 우리가 그저 낙관주의적 인생관을 가지고 살아가라는 뜻일까요? 주 예수님은 우리가 실업상태에 있거나 경제적인 어려움을 당할 때 늘 낙관적인 생각을 가지고, "염려할 것 없다. 하나님이 돌보아 주신다" 하며 살아가기를 원해 하신 말씀입니까? 이런 태도로 우리는 참된 위로를 기대할 수 없습니다.

우리는 예수님께서 "염려하지 말라. 목숨이 음식보다 중하지 아니하며 몸이 의복보다 중하지 아니하냐?"하신 말씀에 주목해야 합니다 (마 6:25). 예수님은 생명의 안전이 먹는 것이나 입는 것보다 훨씬 더 중요하다는 사실을 분명하게 하셨습니다. 이 모든 것 보다 더 중요한 것이 무엇입니까? 그것은 하나님의 나라와 그의 의입니다. 그래서 그는 "그런즉 너희는 먼저 그의 나라와 그의 의를 구하라. 그리하면 이 모든 것을 너희에게 더하시리라"고 하셨습니다(마 6:33).

앞으로 어느 날 우리는 하나님 앞에서 어떻게 살았는지 설명해야 합니다. 하나님의 심판대 앞에서 우리가 그의 나라와 그의 의를 증진하기 위해 어떻게 살았는지 물음을 받고 답을 해야 할 것입니다. 땅에서 가졌던 많은 재물을 가지고 하나님의 심판대 앞에 당당히 서서 우리 자신을 정당화할 수 없을 것입니다. 이 땅의 소유가 우리에게 아무런 위로를 주지 못할 것입니다.

그렇다면 우리의 육신은 별 중요하지 않다는 말입니까? 물을 수 있습니다. 물론 중요합니다. 우리가 하나님의 나라와 그의 의를 증진하는 일을 하기 위해 우리 육신은 매우 중요합니다. 육체의 건강 없이는 우리가 하나님의 나라를 위해 일할 수 없습니다. 건강한 육체를 위해 우리는 잘 먹고 마셔야 합니다. 아버지 하나님은 확실히 이것을 아십니다.

우리가 하나님의 나라를 섬기려는 즐거운 마음을 가지고 있을 때. 하나님 아버지께서 먹을 것과 마실 것을 꼭 주실 줄 믿습니다. 그래서 우리는 신뢰하며 "하늘에 계신 우리 아버지, 오늘 우리에게 일용할 양식을 주소서"라고 기도합니다.

이 신뢰는 모든 환경에서 우리에게 참된 위로를 줍니다. 어려운 환경 속에서도 우리는 하나님 아버지를 바라보고 그로부터 위로와 힘을 얻게 됩니다. 왜냐하면 우리 하나님 아버지는 공중의 새를 먹이시고 들의 백합화를 아름답게 입히시기 때문입니다. 그는 그리스도 안에서 자녀된 나를, 우리를 잊으시지 않을 것입니다. 확실히 일용할 수 있는 먹을 것과 마실 것을 주실 것입니다. 우리는 이런 위로를 우리 구주 예수 그리스도로 말미암아 하나님 아버지께로부터 받습니다. 그래서 확신을 가지고 "오늘 우리에게 일용할 양식을 주소서"라고 기도합니다.

여러분, 우리는 우리 생의 끝날까지 이 기도를 드릴 것입니다. 이 세상을 떠난 후에는 더 이상 이런 기도를 드리지 않을 것입니다. 하늘에는 일용할 양식을 위해 기도할 필요가 없기 때문입니다. 거기서 우리는 천사와 같을 것입니다. 하늘에서도 우리는 육신을 가집니다. 그러나 그 육신은 현재 우리가 가진 것과는 전혀 다를 것입니다. 바울은 "음식은 배를 위하여 있고 배는 음식을 위하여 있으나 하나님은 이것저것을 폐하시리라"(고전 6:13)고 하였습니다. 그렇습니다. 하늘에서 우리는 질적으로 전혀 다른 육체를 갖게 될 것입니다.

우리는 하늘을 향해, 완전을 향해 가는 길에 있습니다. 이 길을 가는 동안 우리는 일용할 양식이 필요합니다. 우리 하나님 아버지는 이 길에서 우리가 무엇을 필요로 하는지 잘 아십니다. 그는 또 우리가 그의 자녀들로서 받은 사명을 수행하기 위해서는 무엇이 필요한지도 잘 알고 계십니다. 우리가 그의 나라와 그의 의를 구하고 사는 한, 그는 우리에게 일용할 양식을 주실 것이며 우리는 계속 그가 주시는 복을 즐길 것입니다.

여러분, 혹 하나님께서 우리가 필요하다고 생각하는 것을 주시지 않을 때에도 우리는 하나님 아버지를 신뢰해야 합니다. 왜냐하면 지난 날 우리가 절대로 필요로 했던 것을 하나님 아버지께서 주시지 않는 일이 없었기 때문입니다. 그래서 우리는 전적으로 하나님 아버지를 신뢰하고 "아버지, 오늘 우리에게 일용할 양식을 주소서"라고 기도해야 합니다. 하나님 아버지는 그리스도의 공로로 그의 양자가 된 우리를 돌보시기를 기뻐하시기 때문입니다. 아멘.

주의 기도 설교 ⑦

다섯째 간구; 죄 사함을 위한 간구

[주의 기도 본문]
우리가 우리에게 잘못한 사람을 용서하여 준 것 같이 우리 죄를 용서하여 주소서.
성경봉독: 시편 51편

친애하는 형제자매 여러분,

우리 구주 예수 그리스도는 "우리가 우리에게 잘못한 사람을 용서하여 준 것 같이 우리 죄를 용서하여 주소서"라고 가르쳐 주셨습니다. 이것은 주 예수님께서 가르치신 기도 가운데 다섯째 간구입니다. 지난 시간 우리는 넷째 간구에서 우리 육신을 위해 일용할 양식을 구해야 한다고 배웠습니다. 이제 이 다섯째 간구에서 우리 영혼을 위해 죄 용서를 구하는 법에 대해 배우게 됩니다. 우리는 몸과 영혼을 가지고 있습니다. 우리 주 예수님은 이 양자에 관해 같은 관심을 보여 주셨습니다.

죄 용서를 위한 간구는 우리 생활에 매우 중요한 문제입니다. 그러나 많은 사람들이 이 문제를 바르게 이해하며 살피지 않았습니다. 말로 기도하기는 어렵지 않습니다. 쉽게 이 말을 외우고 기도할 수 있습니다. 그러나 많은 사람들은 이따금 자기 죄가 별로 심각하지 않다고 생각합니다. 마음 속으로 "완전한 사람이 어디 있느냐"고 생각합니다. 이런 사람들은 죄라는 것을 인간이 불완전하다는 증거라고만 여기고 크게 걱정할 필요가 없다고 생각합니다. 이것은 죄에 대한 마귀적 접근 태도입니다.

그리스도인이라고 불리는 사람들 가운데서도 의문을 가지고 더러 묻습니다. "우리는 이미 예수 그리스도 안에서 구원을 받았고, 우리 죄는 다 용서를 받았으며, 또 용서를 받을 것인데 우리가 죄 용서를 받기 위해 기도할 필요가 있는가?"라고 합니다. 어떤 사람들은 심지어 "우리는 예수 그리스도 안에 있다. 우리는 중생한 사람으로서 죄를 범하지 않는다. 그런데 왜 우리가 아직도 죄 용서를 구해야 하는가?"라고 말하기도 합니다. 이것은 소위 완전주의자들의 이론입니다. 한국에서도 지난 날 이렇게 주장하는 사람들이 있었습니다. 자신들의 경건을 돋보이게 하며 교회에 분열을 일으켰습니다.

이런 잘못된 견해들을 생각할 때 이 다섯째 간구는 바로 이해할 필요가 있습니다. 우리 구주 예수 그리스도는 이 기도가 우리의 구원을 위해 필요했기 때문에 가르쳐 주셨습니다.

이 다섯째의 "죄 사함을 위한 간구"에서 다음 세 가지 요점을 살피고자 합니다.

첫째, 우리 죄의 실제
둘째, 그리스도의 보혈의 공로로 얻게 되는 죄 용서
셋째, 감사의 표현입니다

첫째. 우리 죄의 실제를 살펴봅시다.

우리 주 예수 그리스도는 "우리 죄를 용서하여 주소서"라고 가르쳐 주셨습니다. 그러므로 이 간구는 "우리의 죄"가 있다는 사실을 분명하게 알려줍니다. 누구든지 자기 죄를 인정하지 않는 한 죄를 용서해 달라고 하지 않을 것입니다. 그래서 우리는 먼저 우리 죄를 인정해야 합니다. 이 점에 있어서 우리는 이따금 심각한 잘못을 범합니다. 우리가 다른 사람들의 죄는 예리하게 보지만, 우리 자신의 죄는 잘 보지 못하는 것입니다. 그런고로 우리 주 예수 그리스도는 "어찌하여 형제의 눈 속에 있는 티는 보고 네 눈 속에 있는 들보는 깨닫지 못하느냐"(마 7:3)고 말씀하셨습니다.

우리는 우리 자신의 죄를 먼저 보아야 합니다. 우리에게는 유전적인 죄가 있고 우리 스스로 범하는 진짜 죄가 있습니다. 또 우리는 그리스도인이기 때문에 죄를 범하지 않는다고 생각하지 않아야 합니다. 우리가 매일 실제로 죄를 범하고 있습니다. 사도 요한은 "만일 우리가 죄가 없다고 말하면 스스로 속이고 또 진리가 우리 속에 있지 아니할 것이요"(요일 1:8)라고 했습니다. 실로 우리의 본성은 전적으로 부패했습니다. 그래서 그 부패성이 때때로 놀랄 정도로 드러납니다.

노아는 의인이요 당대에 완전한 자였습니다(창 6:9). 그러나 홍수 후 갑자기 술에 취하는 죄에 빠져 하체를 드러내는 부덕한 죄를 범했습니다. 아브라함을 생각해 보십시오. 그가 하나님의 지시하심을 받고 자신의 고향 땅 친척 집을 떠날 정도로 신앙이 매우 좋아 보였습니다. 그러나 기근을 만나 애굽에 내려갔을 때 바로 왕에게 그의 아내 사래를 누이라고 거짓말하는 큰 죄를 범했습니다. 모세의 경우를 보십시오. 그는 구약 시대에 가장 큰 선지자요 지도자로 불렸습니다. 그런데 그는 한번의 불신과 불순종으로 하나님을 노엽게 했습니다. 이 때문에 그는 가나안 땅에 들어가는 것이 허락되지 않았습니다.

하나님의 마음에 합했던 사람 다윗의 역사를 보십시오. 그는 한때 간음죄와 살인죄를 범했습니다. 우리는 우리가 가진 부패성 때문에 계속 범죄하는 것을 부인할 수 없습니다. 바울 사도가 "내가 원하는 선은 행하지 아니하고 도리어 원하지 아니하는 바 악을 행하는 도다"(롬 7:20)라고 했습니다.

우리는 곤고하고 비참한 죄인들입니다. 우리는 부패한 본성을 가지고 있습니다. 이처럼 부패한 본성이 어디에서 왔습니까? 이것은 원죄, 곧 첫 아담의 죄로부터 왔습니다. 이 유전적 죄로 인하여 우리의 본성이 다 부패하여 우리는 죄를 범하게 됩니다. 우리는 본성적으로 죄에 전적으로 매여 있습니다. 그래서 우리는 스스로 아무런 선도 행할 수 없을 만큼 부패했습니다.

그런데 어떤 사람들은 이런 인간의 부패된 본성을 부정하려 합니다. 그러나 사람이 전적으로 부패된 본성이 있다는 것은 다윗의 고백과도 완전히 일치합니다. 다윗은 "내가 죄악 중에서 출생하였음이여 어머니기 죄 중에서 나를 잉태하였나이다"(시 51:6)라고 고백했습니다. 그러나 다윗이 이렇게 고백한 것은 자기 부모에게 책임을 지우고 자기 자신은 책임을 면하기 위한 것이 아니었습니다. 그는 원죄로 말미암은 자기 자신의 부패가 심각하다는 것을 고백했던 것입니다.

여러분. 이 같은 다윗의 고백이 또한 우리 자신의 고백이 되어야 합니다. 우리는 부패한 우리 자신을 다시 선하게 만들 수 없습니다. 하나님이 스스로 우리를 다시 정상으로 회복시켜 주시지 않는 한 우리는 죄 가운데 영원히 망하게 됩니다.

어떤 사람들은 이처럼 죄 용서를 위한 간구가 우리 현대인들에게 합당하지 않다고 말합니다. 죄라는 말은 낡은 것이기 때문이라는 것입니다. 현대사회에는 죄가 없고 다만 악이 있을 뿐이라고 합니다. 악은 사람 속에 있는 것이 아니고, 인간사회의 체제 속에 자리 잡고 있다고 합니다. 자본주의 체제가 나쁘고, 이것이 탐욕, 빈곤, 부정. 미움 등의 여러 악을 생산한다고 합니다. 그래서 이런 악한 체제를 무너뜨리면, 악이 없는 새로운 세계가 나타날 것이라고도 합니다.

사람들은 마음의 부패성을 인정하려고 하지 않고 고백하기를 원하지 않습니다. 사람들은 자기 마음의 부패성을 인정하고 고백하는 것을 정말 어렵게 생각합니다. 이것이 인간의 부패한 본성입니다. 그러므로 사람들이 죄 용서를 구한다는 것은 확실히 어렵습니다. 성령으로 말미암아 우리의 부패성과 죄에 관해서 알아야만이 우리는 죄 용서를 위한 참된 기도를 중심으로 드릴 수 있습니다.

우리 죄에 대한 참된 지식을 가질 때만이, 우리는 "하늘에 계신 우리 아버지, 우리의 죄를 용서해 주소서"라고 기도할 수 있습니다. 다윗이 원죄와 관련된 자신의 죄가 정말 심각하다는 것을 인정했을 때 그는 진심으로 죄 용서를 위해 기도할 수 있었습니다. 다윗은 자신의 간음죄와 살인죄에 대한 하나님의 정죄를 피하려 하지 않았습니다. 하나님만이 자기를 다시 정상적인 자리로 회복시켜 줄 수 있다는 것을 알았습니다. 이것이 그의 유일한 소망이었습니다.

그래서 그는 "하나님이여, 우슬초로 나를 깨끗하게 하소서 내가 정하리이다. 나의 죄를 씻어 주소서. 내가 눈보다 희리이다"(시 50:7)라고 부르짖었습니다. 여기서 우리는 사죄를 위해 눈물로 호소하는 하나님의 한 아들을 발견합니다. 다윗은 자기 죄 때문에 하나님께로부터 버림을 당할 수 있다는 것을 알았을 때, 이를 피할 수 있는 길을 오직 하나 보았습니다. 죄 용서를 위해 하나님의 은혜에 호소하는 길이었습니다.

여러분, 우리는 여기서 다윗의 회개를 이상한 방법으로 변명해 주려 해서는 안 됩니다. 어떤 사람들은 다윗이 회개한 것은 구원을 염려하거나 죄로 멸망당하는 것이 두려워서가 아니고, 단지 하나님을 기쁘시게 하기 위해서였다고 합니다. 이렇게 말하는 사람은 죄에 대한 하나님의 진노를 교묘히 피하겠다는 의도가 엿보입니다. 그렇다면 거기에는 회개와 죄 사함에 대한 의미는 거의 없어집니다.

이런 그릇된 견해를 가진 사람들이 교회에는 언제나 있습니다. 이런 사람이 교회의 장로라면 회중을 위해 그의 의무를 바로 수행할 수 없습니다. 직분자들은 교회 성도들에게 자문하는 사람 이상입니다. 장로들은 그리스도께서 그의 보배로운 피로 산 교회의 감독자들입니다. 목사와 장로는 범죄자에게 에스겔이 언약의 백성에게 한 것처럼 심각하게 경고할 수 있어야 합니다. 에스겔은 언약의 백성을 향하여 "이스라엘 족속아 돌이키고 돌이키라. 너희 악한 길에서 떠나라. 어찌하여 죽고자 하느냐?"(겔 33:11)라고 했습니다. 오늘 같이 어둡고, 거짓 교리가 주위에 만연한 시대에 그리스도의 교회는 하나님의 백성을 위로하고 격려할 뿐 아니라, 필요하면 심각한 경고도 할 수 있는 신실한 직분자들을 필요로 합니다.

다윗은 자신이 하나님의 언약을 통한 하나님의 자녀라는 굳건한 믿음을 가졌기 때문에 자신의 죄가 심각하다는 것을 알았습니다. 그는 하나님이 자신의 심각한 죄 때문에 쫓아낼 수 있다고 생각했습니다. 그래서 그는 "나를 주 앞에서 쫓아내지 마시며 주의 성령을 내게서 거두지 마소서"(시 51:11)라고 호소했습니다. 그는 자기 앞서 왕 되었던 사울에게서 이런 사례를 분명히 보았습니다. 사울은 확실히 언약의 약속 안에서 하나님의 아들이었습니다. 성령이 사울 안에 거하셨습니다. 그러나 그의 죄 때문에 하나님은 성령을 그에게서 거두시고, 그는 하나님의 집에서 쫓겨났습니다. 그래서 다윗은 그의 죄에 대해 큰 슬픔을 느꼈고 하나님께 죄 용서를 받기 위해 간절히 기도했습니다.

여러분, 우리도 우리 마음의 부패성을 알아야 합니다. 모든 죄는 하나님의 진노를 받기에 합당합니다. 우리는 그리스도 안에 있습니다. 그러나 이 세상에서 아직 우리의 옛 본성이 죽지 않았기 때문에 우리는 시시때때로 범죄합니다. 그런고로 우리는 매일 우리 죄를 고백하고 죄 용서를 구해야 합니다. 왜 우리가 이렇게 해야 합니까? 하나님의 자녀라는 것을 우리가 확신함으로써 오직 이 길이 계속 보존될 수 있기 때문입니다.

둘째, 그리스도의 보혈의 공로 때문에 죄 용서를 받게 됩니다.

하나님이 우리 죄를 사해 주시는 것은 그리스도의 보혈의 공로 때문입니다. 그래서 이 다섯 번째 간구에서 우리는 하나님 아버지께서 그리스도의 보혈 때문에 우리의 죄를 용서해 달라고 구하게 됩니다.

여기서 "용서한다"는 말을 주목합시다. 이 말은 하나님께서 우리 죄를 너그럽게 봐주신다는 것을 의미하지 않습니다. 하나님은 어떤 것도 그저 너그럽게 보고 지나가지 않으십니다. 하나님은 이런 분이 아닙니다. 하나님은 모든 것을 매우 진지하고 확실하게 취급하십니다. 하나님은 모든 것을 보시고 책임을 물으십니다. 용서는 매우 어려운 문제입니다. 용서는 없앤다는 것을 의미합니다. 이는 레위기 16장에 기록된 광야로 보내는 염소를 생각나게 합니다. 제사장은 먼저 그 염소의 머리 위에 손을 얹었습니다. 이것은 백성의 죄를 그 동물에게 지운다는 뜻이었습니다. 그 동물을 멀리 광야로 보내는 것은 백성의 죄를 없앤다는 것을 상징했습니다.

이것이 이제 예수 그리스도 안에서 이루어졌습니다. 예수께서 그의 백성의 죄를 담당하셨기 때문입니다. 하나님께서 우리 죄를 그의 아들 예수에게 지웠습니다. "하나님이 죄를 알지도 못하신 이를 우리를 대신하여 죄로 삼으셨습니다"(고후 5:21). 그 결과 예수 그리스도는 십자가 위에서 우리 죄를 없게 하셨습니다.

예수 그리스도가 우리에게 "우리 죄를 용서하여 주소서"라고 기도를 가르치셨을 때, 그는 겟세마네와 골고다로 향해 가는 삶의 길에 계셨습니다. 그는 죄 용서를 위해 터를 놓는 길 위에 있었습니다. 히브리서 기자는 예수께서 "자기 피로써 백성을 거룩하게 하려고 성문 밖에서 고난을 받으셨느니라"(히 13:12)고 했습니다. 골고다는 예루살렘 성벽 밖에 있습니다. 예수님은 성 안에서 죽어서는 안 되었습니다. 그 이유가 무엇입니까? 예루살렘 성은 거룩하기 때문입니다. 예수님은 우리 죄를 지셨기 때문에 성 밖에서 죽음을 당했습니다.

레위기 16장에서 우리는 다시 속죄제로 드린 수송아지와 염소의 가죽과 고기와 똥을 성문 밖으로 내다가 불사르라고 하는 말씀을 읽게 됩니다. 이것은 이 동물들의 몸이 부정한 것으로 성 밖에서 타 없어지게 되었다는 것을 가리킵니다. 이것 역시 예수 그리스도 안에서 성취되었습니다. 예수 그리스도는 부정한 자처럼 성 밖에 내침을 당했습니다. 그는 우리를 위해 부정한 자가 되었고 죄로 여겨졌습니다.

이제 죄 용서함을 위한 하나님의 보증은 이중으로 분명해졌습니다. 우리 죄가 예수 그리스도에게 지워졌고, 그가 우리를 대신하여 죄로 여겨져 버림을 당했던 것입니다.

시편 51편은 그리스도의 오심과 그의 속죄에 대한 보증으로 가득 차 있습니다. 다윗은 "우슬초로 나를 정결하게 하소서"라고 기도했습니다. 다윗은 우슬초가 그의 죄를 깨끗이 할 수 없다는 것을 잘 알고 있었습니다. 죄를 씻는 다른 길, 곧 그리스도의 피가 있어야 한다는 것을 알았습니다. 다음으로 우리는 이사야가 선언하는 복음을 듣습니다. "오라 우리가 서로 변론하자. 너희의 죄가 주홍 같을지라도 눈과 같이 희어질 것이요 진홍 같이 붉을지라도 양털같이 희게 되리라"(사 1:18). 율법과 선지자들은 이렇게 오시는 메시아 그리스도께서 죄를 없이 할 것이라고 놀라운 보증을 하였습니다. 죄 용서를 구하는 자는 그리스도의 피에 호소해야 합니다.

중심으로 진지하게 기도하는 사람은 누구나 죄 용서 받는다는 것을 확신하게 됩니다. 하나님은 죄를 용서해 주십니다. 하나님 아버지는 이 목적을 위해 그의 외 아들을 십자가에 못 박혀 죽게 하셨기 때문입니다. 하나님이 하신 일은 놀랍고 자비스럽습니다. 우리가 그리스도의 피의 공로를 의지하고 죄의 용서를 구할 때, 하나님 아버지는 확실히 들어 주십니다. 동물의 제물에서 피가 흘렀고 염소가 광야로 멀리 보내진 것과 같이 확실하게 우리의 죄를 없이 해 주실 것입니다. 옛 언약시대의 대 속죄일은 즐겁게 지내는 축제일이 아니었습니다. 스스로를 괴롭게 하는 날로 큰 의미가 있었습니다(레 23:26-29). 수난절에 그 의미가 십자가에서 나타났습니다. 하나님이 죄 용서함의 터를 놓으셨습니다.

우리가 그리스도의 피의 공로를 의지하고 죄 용서를 구할 때, 우리는 참으로 죄 용서를 받습니다. 하나님은 우리가 망쳐 놓은 것을 회복시켜 주십니다. 우리는 죄의 종 된 집에서 구원을 받습니다. 그러나 우리는 아직도 완전과는 거리가 멀다는 것을 잘 압니다. 우리는 단지 순종하는 생활을 겨우 시작했을 뿐입니다. 우리는 계속 그리스도의 공로를 의지하고 죄 용서를 위해 기도해야 합니다.

그리스도로 말미암아 동이 서에서 먼 것 같이 하나님은 우리 죄를 옮겨주십니다. 죄를 용서 받는 가운데 참된 위로와 기쁨이 있습니다. 여러분, 매일 죄를 고백하고 용서를 구하십니까? 이것이 여러분의 생활을 기쁘고 즐겁게 만들어 줄 것입니다.

셋째로, 감사의 표현에 대해서 생각합시다.

이 다섯째 간구는 더 많은 것을 포함하고 있습니다. 곧, "우리가 우리에게 잘못한 사람을 용서하여 준 것 같이"를 포함하고 있습니다. 우리 그리스도인의 생활에서 내게 잘못한 사람을 용서해 주는 것이 가장 어려운 문제 가운데 하나입니다. 우리는 하나님이 우리 죄를 용서하기를 원합니다. 그렇다면 우리는 우리에게 잘못한 사람도 용서해야 합니다.

우리는 여기서 바로 이해하고 넘어가야 합니다. 우리에게 잘못한 사람을 용서해 주었으니 그 대가로 하나님이 우리 죄를 용서해 주는 것이 아닙니다. 우리의 공로를 내세워 하나님께 무엇을 구해서는 안됩니다. 이런 생각은 전혀 잘못입니다. 하나님이 우리 죄를 용서하는 것과 우리가 다른 사람의 잘못을 용서하는 것을 비교하지 않아야 합니다. 그럼에도 불구하고 둘 사이에는 밀접한 관계가 있습니다. 하나님의 사죄는 우리가 다른 사람의 잘못을 용서하게 되는 동력이 됩니다. 하나님께 중심으로 죄의 용서를 구하는 사람은 다른 사람의 잘못을 용서해 줄 마음을 가지게 됩니다.

여기서 우리는 예수님이 마태복음 18장에서 말씀하신 무자비한 종의 비유를 생각하게 됩니다. 베드로가 예수님께 형제가 내게 죄를 범하면 몇 번이나 용서해 주어야 하는 지를 물었습니다. 이 때 그는 일곱 번을 용서해 주는 것이 매우 너그러운 행위로 생각하고 "일곱 번까지 하오리이까?" 했습니다. 이것은 그의 형제가 여덟 번째 죄를 범하면 "나는 이상 더 용서하지 못해"라고 말할 수 있다는 것을 의미할 수 있습니다. 예수님은 베드로에게 무어라 하셨습니까? "일곱 번뿐 아니라 일곱 번을 일흔 번까지라도 할지니라"고 하셨습니다. 그러므로 죄를 용서하는 것은 숫자의 문제가 아니고 마음의 문제라는 것입니다. 주 예수님은 형제의 잘못을 한 없이 용서해 주어야 한다고 하신 것입니다.

예수 그리스도의 제자 된 여러분, 형제의 잘못을 얼마나 용서해주기를 원합니까? 예수님은 이제 계속해서 무자비한 종의 비유를 말씀하심으로써 우리가 실제 생활에서 어떻게 그의 뜻을 따라 살아야 할 것인지 베드로와 우리에게 가르쳐 주십니다. 이 종은 만 달란트의 빚을 졌습니다. 이것은 당시 한 노동자가 십오 년 동안 일을 해서 번 금액에 해당되는 큰 돈입니다. 그는 주인에게 이 돈을 갚을 수 없었습니다. 그는 갚을 날을 연기해 달라고 애원했습니다. 주인은 매우 자비스러워 그를 불쌍하게 여겨 그 큰 빚을 다 탕감해 주었습니다. 그러므로 이 종에게서는 누구한테나 감사하는 생활과 다른 사람에게도 자비를 베풀 것으로 기대할 수 있습니다.

그런데 이 종이 자기에게 백 데나리온의 빚진 동료를 만났습니다. 백 데나리온은 노동자의 하루 품삯에 불과한 적은 돈이었습니다. 이 종이 이렇게 적게 빚진 자를 어떻게 다루었습니까? 그는 목을 잡고 빚을 갚으라 했습니다. 그는 갚겠다며 좀 참아 달라고 간청했지만 이 종은 곧장 감옥에 가두었습니다. 이 악한 종을 보십시오. 그가 이렇게 한 이유는 어디에 있습니까? 그가 자기 주인에게 얼마나 많이 탕감을 받았는지를 알지 못했기 때문입니다. 빚을 탕감해 주었던 주인은 이 무자비하고 감사를 모르는 종에게 다시 갚을 것을 요구하고 감옥의 옥졸에게 넘겼다고 했습니다(마 18:21-35).

예수님은 이 비유로 우리에게 무엇을 가르쳐 주십니까? 하나님의 자녀들인 우리는 먼저 하나님의 크신 자비로 무서운 죄를 용서받은 사실을 알고 우리도 형제자매들의 잘못을 즐거이 용서할 줄 알아야 한다는 것입니다.

형제자매의 죄를 용서하기를 원하지 않는 사람은 자신이 얼마나 많은 죄를 용서 받았는지 정말 모르는 사람입니다. 그는 아직 감사의 생활을 하고 있지 않다는 증거를 보여 주는 것입니다.

여러분은 중심으로 "우리가 우리에게 잘못한 사람을 용서하여 준 것 같이 우리의 죄를 용서하여 주소서"라고 기도하고 있습니까? 이 간구는 깊고 풍성한 내용이 있습니다. 여러분이 성령의 인도하심을 따라 살고 있다면 하나님 아버지께서 그리스도 안에서 무한한 자비로 많은 죄를 용서해 주셨다는 사실을 분명히 압니다. 그 결과 형제자매의 잘못을 용서하면서, 하나님께 죄 용서를 담대하게 구할 것입니다. 그 때 여러분의 마음은 확실히 죄에서 해방되어 참된 평강과 풍성한 기쁨을 누릴 것입니다. 아멘.

주의 기도 설교 8

여섯째 간구; 악으로부터 구원의 간구와 기도의 성취

[주의 기도 본문]

우리를 시험에 빠지지 않게 하시고 악에서 구하소서.
나라와 권세와 영광이 영원히 아버지의 것입니다. 아멘.
성경봉독; 계시록 19:1-10

친애하는 형제 자매 여러분,

주의 기도의 마지막 여섯째 간구는 "시험과 악으로부터의 구원"입니다. 그리고 끝으로 간구의 결론이 있습니다. 결론은 언제나 주목할 만한 것입니다. 결론은 송영입니다. 곧 "나라와 권세와 영광이 영원히 아버지의 것입니다"로 하나님을 찬양하면서, 하나님의 약속의 성취에 대한 확신을 고백하는 "아멘"으로 기도를 마무리합니다.

오늘은 "악으로부터 구원의 간구와 기도의 성취"에 대하여 다음 세 가지 요점을 생각하겠습니다.

첫째, 시험과 악으로부터의 승리

둘째, 송영

셋째, 기도 응답의 확신입니다.

첫째, 시험과 악으로부터의 승리에 관하여 생각합시다.

구주 예수 그리스도는 "우리를 시험에 빠지지 않게 하시고 악에서 구하소서"라고 가르치셨습니다. 이 간구는 악한 사탄으로부터의 구원을 위한 것입니다. 이 세상에서 우리는 아직 완전한 상태에 있지 않습니다. 자주 악한 자, 마귀에 의해 시험을 받습니다. 그래서 우리는 계속 영적 전쟁을 하게 됩니다. 마지막 승리는 아직 오지 않았습니다. 그러나 그 승리가 오고 있습니다. 우리는 마침내 완전한 승리를 얻을 때까지 견디며 악한 자와 싸워야 합니다. 이 거룩한 싸움에서 우리는 최후의 승리를 약속 받았습니다.

그러나 우리는 이 세상에서 악한 자로부터 오는 시험이 심각하다는 것을 잊지 않아야 합니다. 악한 자의 시험을 과소평가해서는 안 됩니다. 이 세상은 계속 악한 자의 시험이 있습니다. 이것은 우리에게 현실입니다. 마귀는 아직도 갖은 유혹을 다하고 있습니다. 그는 아직 유황 불못에 던져지지 않았습니다. 우리에게 승리의 향연인 어린 양의 혼인 잔치가 아직 이르지 않았습니다.

악한 자 사탄 마귀는 아직 우리 가까이 있습니다. 계시록 12장은 이 사실을 분명하게 보여 줍니다. 큰 용이 하늘에서 땅에 내어 쫓겨나 크게 분을 내고 여자의 자손들에게 전쟁을 감행합니다. 사탄은 그의 때가 얼마 남지 않은 것을 알고 하나님께서 그의 아들을 통해 이루신 일을 파괴하기 위해 모든 노력을 다합니다.

그런고로 예수님께서 한번 베드로에게 "시몬아 시몬아 보라 사탄이 너희를 밀 까부르듯 하려고 요구하였으나 그러나 내가 너를 위하여 네 믿음이 떨어지지 않기를 기도하였노니 너는 돌이킨 후에 네 형제를 굳게 하라"(눅 22:31)고 하셨습니다. 그러므로 예수님이 베드로를 위해 기도하지 않았다면 그는 믿음을 잃었을 것이고 버림을 당했을 것입니다. 베드로도 사탄의 악한 노력을 잘 알고 있기 때문에 믿는 성도들에게 "근신하고 깨어라. 너희 대적 마귀가 우는 사자 같이 두루 다니며 삼킬 자를 찾나니 너희는 믿음을 굳건하게 하여 그를 대적하라"(벧전 5:8)고 경고했습니다.

오늘날 어떤 사람들은 마귀가 없다고 합니다. 마귀가 없다면 시험에 관해 염려할 필요가 전연 없습니다. 마귀는 자기의 존재를 부인한다고 해서 모욕감을 느끼지 않습니다. 오히려 이것을 놀라운 기회로 여깁니다. 왜냐하면 그들 모두를 사로잡고 조종할 수 있는 엄청난 기회를 얻기 때문입니다. 마귀를 생각하지 않는다면 시험에 관해 생각할 필요가 없습니다. 시험이 없다면 그것에 대항해 싸울 필요가 없습니다. 그러면 마귀 사탄은 쉽게 희생물을 잡아 삼킬 수 있습니다.

그러면, 시험이 없습니까? 시험이 참으로 어떤 것인지 아는 사람이 있었다면 그는 우리 주 예수 그리스도였습니다. 그는 공적인 봉사를 시작할 바로 그 때에 광야에서 마귀로부터 시험을 받았습니다. 겟세마네 동산과 골고다까지 마귀는 예수님을 시험하여 아버지를 순종하는 길에서 떠나게 하려고 노력했습니다. 지금도 마귀는 하나님의 자녀들을 시험합니다. 여러분 마귀의 시험을 과소평가하지 마시기 바랍니다. 마귀는 우리를 계속 시험합니다.

그런데 마귀는 우리를 시험하기 위해 어떤 방편을 사용합니다. 그것이 무엇인 줄 아십니까? "세상과 우리 자신의 육신"입니다. 세상은 우리를 밖에서부터 공격해 옵니다. 세상이라는 말은 초목이나 금이나 은 같이 우리 주변에 보이는 것들을 의미하지 않습니다. 여기 세상이란 말은 마귀가 지배하는 죄악된 인간세상을 가리킵니다.

하나님이 지으신 것은 다 선합니다. 하나님께서 만물을 지으신 후 그 모든 것을 보시고 좋았다고 하셨습니다. 이것은 아직도 그대로 적용됩니다. 그러나 범죄한 사람은 자기의 죄를 위해 이들을 사용합니다. 이 세상은 우리를 끊임없이 공격해 옵니다. 이 세상의 배후에는 누가 있습니까? 마귀가 있습니다. 세상이 마귀의 도구로 사용되고 있습니다. 마귀가 우리를 공격하는 또 다른 수단이 있습니다. 그것은 우리 자신의 육신입니다. 이것은 무엇을 의미합니까? 죄악의 본성을 가진 우리의 마음을 의미합니다. 죄악에 물든 마음은 안으로부터 우리를 범죄하도록 선동합니다.

여러분, 하나님의 피조물, 우리 밖에 있는 것들은 그 자체로서는 선합니다. 그 피조물들 안에는 악이 없습니다. 에덴 낙원 가운데 선악을 알게 하는 나무가 있었습니다. 그 나무 자체는 선했습니다. 그 나무에 어떤 악독이 없었습니다. 하나님은 사람에게 그 나무의 실과를 먹지 않도록 경고했습니다. 누가 그 나무의 실과를 사람에게 먹도록 영향을 주었습니까? 나무가 사람에게 어떤 영향을 행사하지 않았습니다. 나무가 어떤 시험을 주지 않았습니다. 그럼 무엇이 시험을 하고 영향을 주었습니까? 마귀였습니다. 마귀가 사람을 시험했고 사람의 마음이 마귀에게 유혹을 당했습니다.

사람의 마음이 문제의 중심입니다. 현재 우리의 마음의 본성이 죄로 부패했습니다. 하나님께서 금지한 것을 보는 것은 우리의 눈입니다. 그런데 하나님이 금한 것을 자기의 것으로 만들겠다는 뜻을 가지고 보게 하는 것은 우리의 마음, 우리의 육신입니다. 이 모든 배후에는 무엇이 있습니까? 마귀가 있습니다.

그런고로 악한 자, 마귀로부터의 구원을 위해 기도하는 것은 매우 필요합니다. 주 하나님의 도움 없이는 우리가 악을 극복할 수 없기 때문입니다. 우리는 스스로 나는 악한 세력을 이길 수 있고 모든 시험을 극복할 수 있다고 생각하며 우리 자신을 과대평가하지 않아야 합니다. 다윗을 보십시오. 그는 하나님의 마음에 합한 경건한 왕이었습니다. 그러나 간음죄와 살인죄를 범했습니다. 우리 가운데 누구도 자기 힘으로 악을 이길 수 없습니다. 그런고로 우리는 계속해서 하나님 아버지의 은혜로운 보존을 위해 기도해야 합니다. 하나님 아버지, "시험에 빠지지 않게 하시고 악에서 구하옵소서"라고 기도해야 합니다.

그러나 여러분, 여기서 한 가지 잊지 않아야 합니다. 기도에는 노력이 함께 해야 합니다. 우리는 악에 대하여 강력한 저항을 해야 합니다. 구원을 위해 기도하는 사람은 그의 죄악적인 마음에 끌려가지 않아야 합니다. 다윗이 그의 궁전 옥상으로부터 아름다운 여자가 목욕하는 것을 보았습니다. 그 때 그는 그 자리에서 도망을 가야 했습니다. 그러나 그는 자신의 부패한 마음의 욕망에 자기를 맡겼습니다. 이것이 그를 비참한 범죄의 자리로 이끌었습니다.

이런 점에서 요셉은 훨씬 지혜가 있었고 성실했습니다. 그는 보디발의 아내로부터 강한 시험을 받았을 때 도망을 갔습니다. 우리는 우리 자신의 부패한 마음에 강력하게 저항해야 합니다. 여러분, 행동이 따르지 않는 기도는 아무 도움이 되지 못합니다. 기도가 결코 우리의 책임을 제쳐 두지 않습니다. 기도와 노력이 언제나 함께 해야 합니다.

그리고 승리는 계속 싸움해야만 얻을 수 있습니다. 성도의 견인 곧, 성도는 끝까지 견디어 구원을 받게 된다는 것이 아름다운 성경적 교리입니다. 그러나 우리가 이 교리를 주장하면서 방심하지 않아야 합니다. 하나님 아버지는 기도와 싸우는 길을 통해 우리를 보존하시고 끝까지 그의 길로 걸어가게 하십니다.

우리는 확실한 승리의 약속이 있습니다. 우리 주 예수 그리스도가 마귀를 이겼습니다. 승리자 그리스도 안에서 우리는 확실히 승리할 것을 믿습니다. 그러나 우리는 또 빌라델비아 교회에 주신 주님의 말씀을 들어야 합니다. "네가 나의 인내의 말씀을 지켰은 즉 내가 또한 너를 지켜 시험의 때를 면하게 하리니 이는 장차 온 세상에 임하여 땅에 거하는 자들을 시험할 때라"(계 3:10). 여러분, 우리들이 어떻게 악의 시험 가운데서 계속 굳게 서 있을 수 있고, 승리의 삶을 살 수 있습니까? 우리가 매일 주 예수 그리스도를 믿고 살 때에 할 수 있습니다. 성령의 능력으로 계속 선한 싸움을 해야만이 승리의 삶을 살 수 있습니다.

이로써 여섯째 간구는 승리의 기도가 됩니다. 이 땅에서의 우리의 삶은 완전한 승리를 의미하는 어린 양의 혼인 잔치에 대한 미래가 있습니다. 우리는 마침내 완전한 승리를 얻을 것이고 어린 양의 혼인잔치에 나아갈 때까지 선한 싸움을 싸워야 합니다. 마귀는 아직도 우리를 시험하려고 하며 우리가 가는 길에 비참한 일을 많이 일으킬 태세입니다. 그러나 마귀는 결국 유황불 못에 던지어 질 것이요, 어린 양의 혼인 잔치가 열릴 것입니다. 오늘 우리는 이 놀라운 미래를 바라보고 살아갑니다.

둘째, 주님의 기도의 결론인 송영을 살펴 보겠습니다.

우리는 영적으로 육적으로 필요한 모든 것을 하나님 아버지 앞에 구한 후 "나라와 권세와 영광은 아버지의 것입니다"라는 송영으로 간구를 마칩니다. 그런데 이 송영은 달리 "아버지께서 우리의 왕이십니다. 아버지께서 만물을 아버지의 권세 아래 두고 계십니다. 아버지의 영광은 영원합니다"라는 말로 표현할 수 있습니다.

계시록에서 이와 거의 같은 아름다운 송영을 발견하게 됩니다. 계시록 18장에서 견고한 성 바벨론의 몰락을 말한 후 19장에 "할렐루야 구원과 영광과 능력이 우리 하나님께 있도다. 그의 심판은 참되고 의로운지라"라고 큰 음성이 들리고, "아멘 할렐루야" 찬양이 울려 퍼집니다(계 19:1-4). 이 찬양은 주 하나님의 위대하심과 권세에 관계된 것입니다.

그 때 어린 양의 혼인을 노래하는 소리가 나타납니다. 구원 받은 큰 무리가 주와 함께 잔치를 베풉니다. 이것을 "어린 양의 혼인잔치"라고 합니다(계 19:9). 이는 놀라운 잔치입니다. 그런데 누가 이 놀라운 잔치의 중심에 있습니까? 우리 구주 예수 그리스도입니까, 하나님 아버지입니까? 하나님 아버지가 틀림이 없습니다. 왜냐하면 사도 바울이 고린도전서 15장에서 "그가 강림하실 때,...그가 모든 통치와 모든 권세와 능력을 멸하시고 나라를 아버지 하나님께 바칠 때라"(고전 15:23,24)고 말했기 때문입니다. 그러나 이것이 우리 구주 예수 그리스도의 위치를 격하시키는 것은 아닙니다. 아버지와 아들은 삼위 하나님 안에서 하나이기 때문입니다.

아들은 아버지의 뜻을 순종하여 그의 백성인 교회를 구원하기 위해 오셨습니다. 아들은 그의 교회와 하나가 됨으로써 아버지의 뜻을 이루었습니다. 거기에는 아름다운 일치가 있습니다. 혼인잔치에는 신랑되신 그리스도와 신부인 교회의 일치가 있습니다. 그리고 아들을 통해 하나님 아버지와 교회가 일치됩니다. 아버지는 아들과 교회를 통해 영광을 받으십니다. 모든 찬양과 존귀는 하나님 아버지께 영원히 돌려지게 됩니다. 우리가 크게 즐거워하고 기뻐하며 하나님 아버지께만 영원히 영광을 돌리게 됩니다. 이로써 우리의 구원은 절정에 달합니다.

우리가 이 땅 위에서 하나님을 찬양하지만 죄 때문에 완전하지 못합니다. 그러나 우리는 완전한 찬양을 하게 될 미래를 바라봅니다. 우리는 이미 이 땅에서 "나라와 권세와 영광이 영원히 아버지의 것입니다"로 기도를 마칩니다. 어린 양의 혼인이 다가오고 있습니다. 이 혼인잔치는 우리가 지금 있는 이 땅에서 열리게 됩니다. 그 이유는 모든 족속과 언어와 나라들로부터 온 모든 백성들을 위한 잔치이기 때문입니다.

우리는 혼인잔치에 가는 길에 있습니다. 우리는 확실히 그 잔치에 가는 길에 있습니다. 그리스도 안에서 죽은 자들은 그 잔치에 거의 가까이 왔습니다. 우리도 매일 힘을 내어 그 잔치를 향해 가고 있습니다.

혼인잔치가 준비되고 있습니다. 주 예수께서 준비하고 계십니다. 주 예수님은 "내가 너희를 위하여 거처를 예비하러 간다"고 하셨습니다 (요 14:2,3).

그러나 우리는 오늘 우리 자신의 의무를 잊지 않아야 합니다. 천사가 "어린 양의 혼인잔치에 청함을 받은 자들은 복이 있도다"(계 19:9)라고 한 말을 잘 들어야 합니다. 혼인잔치에 청함을 받은 자들은 참석하여 축하하기 위해 스스로 준비해야 합니다. 잔치에 합당한 옷을 입어야 합니다. "세마포" 옷을 입어야 합니다. "세마포 옷은 성도들의 행실"(계 19:8)이라고 했습니다. 잔치를 위한 옷은 다시 무엇입니까? 예수 그리스도 안에서 믿음으로 감사하며 행하는 행실입니다.

여러분, 어린 양의 혼인잔치에 청함을 받았습니까? 그렇다면 거기 참석하기 위해 스스로 준비해야 합니다. 가정에서 교회에서 세상에서 그리스도인으로 신실하게 삶으로써 스스로 준비해야 합니다. 어린 양의 혼인잔치를 위해 준비하는 사람은 마귀와 세상과 자기의 육신과 대적하여 싸우는 선한 싸움에 동참합니다.

하늘나라의 잔치에 가는 길에서 천사들이 우리를 돕고 있습니다. 놀라운 일입니다. 계시록 19장을 읽어 보십시오. 사도 요한이 천사들을 보고 큰 감명을 받았습니다. 그는 천사의 위대함에 놀라 자신에 대해 아무것도 아닌 것으로 여겼습니다. 그래서 천사 앞에 엎드려 경배하려 했습니다. 그 때 천사가 말했습니다. "나는 너와 및 예수의 증언을 받은 네 형제들과 같이 된 종이니 삼가 그리하지 말고 오직 하나님께 경배하라"(계 19:10)고 했습니다. 그는 말하자면 "경배를 받으실 오직 한 분이 계신다. 그는 하나님이다"라고 한 것입니다.

하나님만이 위대하고 찬양과 경배를 받으셔야 합니다. 하나님이 세상과 교회에서 일어나는 모든 것을 다스리십니다. 바벨론의 멸망과 불경건한 자들의 멸망은 주 하나님께로부터 옵니다. 교회의 구원과 어린 양의 혼인도 주 하나님께로부터 옵니다. 천사는 요한에게 말합니다. "나는 너보다 위대하지 않다. 너와 같이 된 종이다."

여러분. 이것에 관해 생각해 본 일이 있습니까? 천사들은 우리 사람들보다 높지 않습니다. 그들은 하나님의 자녀들보다 오히려 낮습니다. 우리는 하나님의 자녀들입니다. 그렇지만 천사들은 하나님의 나라를 섬기는데 우리와 동역자들입니다. 그런고로 천사들과 구원받은 큰 무리는 함께 영원한 할렐루야 찬양을 합니다. 앞으로 어느 날 천사들이 우리를 영접하고 하나님의 영광을 위해 함께 찬양하자고 청할 것입니다.

여러분, 저 아름다운 날을 향해 가는 길에 어떤 어려움과 고통이 있습니까? 기도하고 노력하며 힘을 얻고 더 얻어 시온을 향해 나아갑시다. 어린 양의 혼인잔치는 확실히 임박해 오고 있습니다. 이 세상 바벨론은 멸망하게 될 것입니다. 그러나 우리의 노력은 헛되지 않을 것입니다. 얼마 후 주 하나님을 찬양하는 할렐루야 합창이 영광스럽게 울려 펴질 것입니다.

셋째, "아멘"에 의한 기도 응답의 확신에 대해 생각합시다.

"아멘"이란 말은 "이제 기도를 마칩니다"라는 뜻이 아닙니다. 아멘은 "참되고 확실"하다는 것을 의미합니다. 그런고로 아멘은 특유한 신앙의 표현입니다. 그러면 기도의 끝에 아멘은 무엇을 의미합니까? 이는 "하늘에 계신 우리 아버지, 아버지께서 우리의 간구를 들으셨습니다. 아버지께서 들으시고 모든 것이 이뤄질 것을 확실히 믿습니다" 라고 하는 것을 의미합니다. 하나님 아버지께 기도할 때, 우리는 그가 들으신다고 확신합니다. 그가 우리의 기도를 들어주시겠다고 약속하셨기 때문입니다.

하나님 아버지께서 우리의 기도를 확실히 들어주십니다. 하나님은 우리 주 예수 그리스도 때문에 우리의 기도를 확실히 들어주실 것입니다. 주 하나님이 우리의 모든 간구를 들어 주십니다. 그러나 우리의 모든 소원이 이뤄지는 것은 아닙니다. 이것은 우리의 간구를 들어주시는 것과는 다릅니다.

우리의 모든 소원이 이루어지지 않는다는 것은 매우 다행입니다. 왜냐하면 우리의 소원은 이따금 하나님이 보실 때 우리한테 해롭기 때문입니다. 예수님은 겟세마네 동산에서 기도하실 때 "내 원대로 마시옵고, 아버지의 원대로 되기를 원하나이다"(눅 22:42)라고 했습니다. 하나님의 뜻에 반대되는 우리의 소원은 이루어지지 않아야 합니다. 하나님은 우리의 기도를 확실히 들으십니다. 우리의 소원이 이뤄지지 않을 때라도 하나님의 뜻은 이루어집니다.

여러분, 하나님이 여러분의 기도를 들어주신다고 참으로 확신합니까? 라오디게아 교회에 보내는 편지에서 그리스도는 "아멘"(계 3:14)이라고 불려지고 있습니다. 이것은 모든 하나님의 약속이 그리스도 안에서 확실히 성취되었다는 것을 의미합니다. 사도 바울도 "하나님의 약속은 얼마든지 그리스도 안에서 예가 되니 그런즉 그로 말미암아 우리가 아멘 하여 하나님께 영광을 돌리게 되느니라"(고후 1:20)고 했습니다. 우리 하나님은 아멘의 하나님 곧, 그의 약속에 신실하신 하나님입니다.

하나님께서 우리의 기도를 들으신다는 확신의 근거는 우리 안에 있지 않습니다. 약속의 말씀을 절대 확실하게 지키시는 하나님께 있습니다. 예수 그리스도는 하나님의 약속을 따라 아멘으로 이 세상에 오셨습니다. 또 약속의 성취를 간구했던 그의 백성들의 기도를 듣고 오셨습니다. 어린 양의 혼인잔치는 확실히 올 것입니다. 그것은 하나님의 약속이기 때문입니다. 또 그가 한 약속대로 그의 오심을 위한 우리의 기도가 항상 드려지고 있기 때문입니다. 우리의 기도를 그는 확실히 들어 주실 것입니다. 아멘이신 분의 약속이기 때문입니다.

우리 주 예수 그리스도는 그와 그의 교회의 혼인잔치를 위해 모든 준비를 하고 계십니다. 그는 항상 하나님 아버지께 아멘 했습니다. 십자가 위에서도 아멘 했습니다. 그는 혼인잔치, 곧 신부인 그의 교회와 일치하기를 염두에 두고 있기 때문입니다.

주님이 가르치신 기도로 우리는 여섯 가지 간구를 드립니다. 이 간구들 중 우리에게 최고의 소원은 아버지의 나라가 그의 아들의 재림을 통해 임하는 것을 보는 것입니다. 그 동안 우리의 간구 중에 어떤 것은 우리의 원대로 이루어지지 않을 수도 있습니다. 우리가 이 세상에서 고난을 당할 수 있습니다. 그러나 끝이 좋으면, 어려웠던 지난 날을 다 잊어버리게 됩니다.

위대하고 영광스런 날이 옵니다. 그 때 우리가 올린 최고의 간구가 이뤄지게 될 것입니다. 그 때 하나님 아버지께서 영원한 영광 중에 그의 아들을 통해 통치하실 것입니다. 그 때 우리는 새 하늘과 새 땅에서 영원한 영광과 존귀와 경배를 그에게만 돌리게 될 것입니다. 그 때 우리가 가끔 눈물로 드렸던 기도는 영원한 기쁨으로 변하게 될 것입니다.

주 예수여 오시옵소서. 아멘.

개혁주의 진리와 생활

■
초판 1쇄 인쇄 / 2009년 7월 20일
초판 1쇄 발행 / 2009년 7월 25일

■
지은이 / 허 순 길
펴낸이 / 김 수 관
펴낸곳 / 도서출판 영문
122-070 서울시 은평구 역촌동 10-82
☎ (02) 357-8585
FAX • (02) 382-4411
E-mail • kskym49@yahoo.co.kr

■
출판등록번호 / 제 03-01016호
출판등록일 / 1997. 7. 24

파본은 교환해 드립니다.
본 출판물은 저작권법으로 보호 받는
저작물이므로 출판사나 저자의 허락없이
무단 전재나 무단 복제를 할 수 없습니다.

정가 15,000원
ISBN 978-89-8487-260-8 03230
Printed in Korea